REVISTA DE DIREITO MERCANTIL
industrial, econômico e financeiro

157

Publicação do
Instituto Brasileiro de Direito Comercial Comparado
e Biblioteca Tullio Ascarelli
do Departamento de Direito Comercial
da Faculdade de Direito da Universidade de São Paulo

Ano L (Nova Série)
janeiro-março/2011

MALHEIROS EDITORES

REVISTA DE DIREITO MERCANTIL
industrial, econômico e financeiro

Nova Série — Ano L— n. 157 — janeiro-março/2011

REVISTA DE DIREITO MERCANTIL
publicação trimestral de
MALHEIROS EDITORES LTDA.
Rua Paes de Araújo, 29, conjunto 171
CEP 04531-940
São Paulo, SP - Brasil
Tel. (11) 3078-7205
Fax: (11) 3168-5495

Diretor Responsável: Álvaro Malheiros
Diretora: Suzana Fleury Malheiros

Assinaturas e comercialização:
CATAVENTO DISTRIBUIDORA DE LIVROS S.A.
Rua Conselheiro Ramalho, 928
CEP 01325-000
São Paulo, SP - Brasil
Tel. (11) 3289-0811
Fax: (11) 3251-3756

Supervisão Gráfica: Vânia Lúcia Amato
Composição: *Scripta*

SUMÁRIO

DOUTRINA

VÍNCULOS DE LEALDADE E REGRA DE SUBSTANCIALIDADE: UMA COMPARAÇÃO DE SISTEMAS....7
– Herbert Wiedemann (tradução de Otto Carlos Vieira Ritter von Adamek)

ATUALIDADES

ESTABELECIMENTO EMPRESARIAL VIRTUAL: REGIME JURÍDICO....27
– Tarcisio Teixeira

A TRANSFERÊNCIA DA PROPRIEDADE DOS VEÍCULOS AUTOMOTORES POR MEIO DE NOTA FISCAL FATURA....34
– Arnoldo Wald

CONTRATOS DE GARANTIA E GARANTIAS AUTÔNOMAS....44
– Luiz Mario Galbetti e Rafael Vanzella

DISCLOSURE AND COST OF EQUITY CAPITAL IN EMERGING MARKETS: THE BRAZILIAN CASE....70
– Alexsandro Broedel Lopes e Roberta Carvalho de Alencar

AS SOCIEDADES DE PESSOAS NA ATUALIDADE. UMA VISÃO COMPARATIVA CRÍTICA....93
– Vera Helena de Mello Franco

NOTAS SOBRE A SOCIEDADE PERPÉTUA....112
– Erasmo Valladão A. e N. França e Marcelo Vieira von Adamek

POISON PILLS: PANORAMA ATUAL....115
– Marcella Blok

DECLARAÇÕES CAMBIAIS EM TÍTULOS DE CRÉDITO ELETRÔNICO....138
– Alexandre Cateb

CONSTITUIÇÃO E INTERPRETAÇÃO: UMA ANÁLISE DA DECISÃO DO STF SOBRE A NOVA LEI DE FALÊNCIAS E RECUPERAÇÃO DE EMPRESAS (ADI 3.934-DF)....150
– Lívio Goellner Goron

CRISE DOS DERIVATIVOS: REFORMA DODD-FRANK E O *CLEARING* CENTRALIZADO....167
– Samy Sanches de Almeida

A LIVRE CONCORRÊNCIA E AS PRÁTICAS PREDATÓRIAS NA ECONOMIA....186
– Mirian Franciele Olsen

ESPAÇO DISCENTE

UMA BREVE ABORDAGEM NACIONAL E INTERNACIONAL SOBRE A PROTEÇÃO LEGAL DE SINAIS E EXPRESSÕES DE PROPAGANDA............... 199
– Carlos Eduardo Neves de Carvalho

JURISPRUDÊNCIA COMENTADA

A INEFICÁCIA DE ATOS PRATICADOS ANTES DA FALÊNCIA........................... 221
– Beatriz Villas Boas Pimentel Trovo

PARECERES

NOTA INTRODUTÓRIA.. 239
SOCIEDADE QUE TEM POR OBJETO A PRESTAÇÃO DE SERVIÇOS DE NATUREZA INTELECTUAL É DE NATUREZA SIMPLES, QUALQUER QUE SEJA A FORMA DE SUA ORGANIZAÇÃO.. 241
– Erasmo Valladão A. e N. França
A NATUREZA JURÍDICA DOS SERVIÇOS PRESTADOS PELAS SOCIEDADES DE AUDITORIA.. 259
– Haroldo Malheiros Duclerc Verçosa

ATUALIDADES FORENSES

INSTALAÇÃO DA CÂMARA RESERVADA DE DIREITO EMPRESARIAL (TJSP)... 275
– Discurso do Desembargador Pereira Calças

COLABORAM NESTE NÚMERO

ALEXANDRE CATEB

Doutor em Direito Comercial pela Faculdade de Direito da UFMG. Professor do Mestrado e Graduação da Faculdade de Direito Milton Campos. Presidente da Associação Mineira de Direito e Economia. Ex-Presidente e Diretor Tesoureiro da Associação Brasileira de Direito e Economia. Advogado.

ALEXSANDRO BROEDEL LOPES

University of São Paulo – USP and Securities and Exchanges Comission of Brazil/Brazil.

ARNOLDO WALD

Doutor em Direito e Docente-Livre (1959) pela Faculdade Nacional de Direito da Universidade do Brasil (1956). Professor Catedrático de Direito da Universidade do Estado do Rio de Janeiro – UERJ. Doutor *Honoris Causa* e Professor Visitante da Universidade Paris II. Advogado em São Paulo e no Rio de Janeiro (1954). Parecerista e Árbitro.

BEATRIZ VILLAS BOAS PIMENTEL TROVO

Pós-Graduanda da Faculdade de Direito da Universidade de São Paulo – USP.

CARLOS EDUARDO NEVES DE CARVALHO

Advogado formado pela Faculdade de Direito da Pontifícia Universidade Católica de São Paulo – PUC/SP e em Administração de Empresas pela Faculdade de Economia e Administração da Universidade de São Paulo – FEA-USP. Mestre em Direito (*LL.M*) em Propriedade Intelectual pela *Franklin Pierce Law Center* (New Hampshire/USA). Pós-Graduado *Latu Sensu* em Processo Civil Pela PUC/SP (COGEAE/PUC).

ERASMO VALLADÃO A. E N. FRANÇA

Professor Doutor do Departamento de Direito Comercial da Faculdade de Direito da USP. Doutor e Mestre em Direito Comercial pela Faculdade de Direito da USP. Advogado em São Paulo.

HAROLDO MALHEIROS DUCLERC VERÇOSA

Mestre, Doutor e Livre-Docente em Direito Comercial pela USP. Professor de Direito Comercial da USP. Membro do Centro de Mediação e Arbitragem da Câmara do Comércio Brasil-Canadá. Consultor.

HERBERT WIEDEMANN

Professor Emérito da Universidade de Köln/Alemanha. Juiz aposentado do Tribunal de Justiça (*Oberlandesgericht*) de Düsseldorf/Alemanha.

LÍVIO GOELLNER GORON

Graduado em Direito Público. Mestrando em Direito no Programa de Pós-Graduação em Direito da PUC/RS. Procurador da Fazenda Nacional.

LUIZ MARIO GALBETTI

Juiz de Direito da 6ª Vara Cível do Fórum Central da Comarca de São Paulo/Capital.

MARCELLA BLOK

Graduada pela PUC/Rio. Graduanda em Direito Empresarial com ênfase em Societário e Mercado de Capitais pela

FGV/Rio. Pós-Graduada em Advocacia Empresarial – UGF. Advogada.

MARCELO VIEIRA VON ADAMEK

Doutor e Mestre em Direito Comercial pela Faculdade de Direito da USP. Pós-Graduado pelo IBRE/EASP-FGV. Advogado em São Paulo.

MIRIAN FRANCIELE OLSEN

Advogada.

OTTO CARLOS VIEIRA RITTER VON ADAMEK

Advogado em São Paulo.

MANOEL DE QUEIROZ PEREIRA CALÇAS

Desembargador do Tribunal de Justiça do Estado de São Paulo – TJSP.

RAFAEL VANZELLA

Doutor em Direito Civil pela Faculdade de Direito da USP. Professor Doutor na Fundação Getúlio Vargas. Advogado.

ROBERTA CARVALHO DE ALENCAR

Universidade de São Paulo – USP/Brasil.

SAMY SANCHES DE ALMEIDA

Graduação em Direito na USP. *LL.M.* em Direito dos Negócios pela *Georgetown University*. Bolsista da FAPESP em Iniciação Científica.

TARCÍSIO TEIXEIRA

Professor da UEL – Universidade Estadual de Londrina. Advogado.

VERA HELENA DE MELLO FRANCO

Mestre e Doutora pela Faculdade de Direito da USP. Professora da Faculdade de Direito da USP. Advogada em São Paulo.

Doutrina

VÍNCULOS DE LEALDADE E REGRA DE SUBSTANCIALIDADE: UMA COMPARAÇÃO DE SISTEMAS*

HERBERT WIEDEMANN

Tradução de

OTTO CARLOS VIEIRA RITTER VON ADAMEK**-***

1. Introdução. 2. Vínculo de lealdade de órgãos e sócios: 2.1 Posição atual; 2.2 Uma visão de Direito Comparado; 2.3 Deveres de lealdade dos membros de órgãos no Direito Alemão. Observação prévia; 2.4 Deveres de lealdade dos sócios individualmente; 2.5 Deveres de lealdade dos sócios majoritários. 3. Deliberações com ou sem motivação substancial: 3.1 Posição atual; 3.2 Apreciação crítica; 3.3 Questões prévias; 3.4 Conclusões finais. 4. Comparação geral e perspectiva.

1. Introdução[I]

A investigação do direito societário fez enormes progressos nas décadas que se seguiram à II Guerra Mundial. Nenhum outro ramo de direito privado foi de tal maneira enriquecido por um número tão considerável de grandes comentários, de tantas monografias científicas e de uma abundância a perder de vista de artigos avulsos de doutrina, como o direito privado das

* Pelo seu auxílio, o autor agradece a Sra. Eva Kaiser, cooperadora científica na Universidade de Köln. As indicações (em notas de rodapé) limitam-se ao que é necessário para a compreensão do texto. Tradução do texto original *Treubindungen und Sachlichkeitsgebot: ein Systemvergleich*.

** O texto ora traduzido foi enviado pelo autor para compor a obra *Temas de Direito Societário e Empresarial Contemporâneos – Liber Amicorum Prof. Dr. Erasmo Valladão Azevedo e Novaes França* (São Paulo, Malheiros Editores, 2011, pp. 143-168). O tradutor agradece o auxílio de Marcelo Vieira von Adamek, assim como a leitura crítica, a revisão geral e as oportunas e pertinentes sugestões apresentadas pelo Prof. Dr. Erasmo Valladão Azevedo e Novaes França e pelos Drs. Gabriel Saad Buschinelli e Thiago Saddi Tannous.

*** As notas em números arábicos são do autor; as notas em números romanos do tradutor.

I. *Sachlichkeitsgebot* é palavra de difícil tradução: *Gebot* significa "mandamento", "regra", "norma" ou "preceito"; *Sachlichkeit*, literalmente, é "objetividade". *Sachlichkeitsgebot*, por sua vez, é expressão pouco encontrada no direito societário alemão e, ao que tudo indica, teria sido cunhada no direito acionário suíço (v. Forstmoster/Meier-Hayoz/Nobel, *Schweizerisches Aktienrecht*, Bern, 1996, § 39 nota 87). Herbert Wiedemann não a empregou na sua clássica obra (*Gesellschaftsrecht-I: Grundlagen*, Munique, C. H. Beck, 1980), mas, nela, se refere a *Sachlicher Grund* ("causa", "motivo" ou "fundamento" + "material" ou "substancial") como pressuposto de juridicidade das deliberações majoritárias" ("als Rechtmäßigkeitsvoraussetzung von Mehrheitsbeschlüssen"). Diante disso, ao invés de adotarmos uma tradução meramente literal de *Sachlichkeitsgebot* como "regra de objetividade", o que teria pouco ou nenhum significado entre nós, utilizaremos a expressão "regra de substancialidade", organizações.[1] A contribuição da ciência nisso seguiu, no particular, os impulsos da legislação e da jurisprudência dos tribunais superiores, de modo que alguns ramos do Direito – como o direito das sociedades de pessoas – podem ser hoje considerados adequadamente providos, enquanto que os regramentos das associações e das sociedades cooperativas estão muito menos elaborados.

Vale isto, naturalmente, também para determinadas esferas de problemas: elas encontram na comunidade científica atenção diversa. Se antes foi a doutrina da sociedade de pessoas invalidamente constituída (*fehlerhafte Personengesellschaft*) e depois a responsabilidade, no grupo societário de fato, de sociedades limitadas (*qualifizierten faktischen GmbH-Konzern*), atualmente é ao governo das macroempresas (*Corporate Governance*) e ao controle dos seus administradores que se dedica o principal interesse. Tal mudança de tema não se explica como modismo, mas acompanha o desenvolvimento das diferentes formas societárias na legislação e na jurisprudência.

As ideias-chaves migram, os problemas fundamentais sobrevivem. Em diversos períodos, juízes e doutrinadores têm se preocupado com as tensões e os conflitos entre sócios majoritários e minoritários e entre sócios empreendedores e sócios investidores,[II] assim como, nas *Publikumsgesellschaften*,[III] com os encargos impostos por sua participação no mercado de capitais. O problema do equilíbrio intrassocietário e do adequado ajuste de interesses já marcava o direito das organizações finalísticas privadas (*Verbandsrecht*)[IV] desde sua evolução no século XIX. Com isto podem lidar a lei e o estatuto, por meio de regras procedimentais, com o tratamento correto dos conflitos internos, porém as decisões de mérito apenas podem ser tomadas com base no caso concreto. Para também ter à disposição critérios de conduta corretos, a jurisprudência na Europa e nos Estados Unidos desenvolveu cláusulas gerais e outras figuras jurídicas, as quais puderam apoiar-se nas experiências com a *bona fide* ou com a boa-fé objetiva. Por ocasião do bicentenário do direito acioná-

a significar aqui a necessidade de que, para serem válidas, as deliberações majoritárias devam, além de preencher formalmente os pressupostos legais, ter uma justificação substancial, isto é, ostentar uma justificação que tenha pertinência com a relação jurídica societária e os interesses *ex causa societatis*. Trata-se, como se vê, de um meio de controle substancial das deliberações majoritárias. Bem por isso, doravante, *Sachlichkeitsgebot* será traduzido como "regra de materialidade" ou, ainda melhor, "regra de substancialidade".

1. Para maiores desenvolvimentos, v. Fleischer, in Willoweit (coord.), *Rechtswissenschaft und Rechtsliteratur im 20*, Jahrhundert (2007), p. 485.

II. Herbert Wiedemann distingue o *sócio empreendedor* ou *sócio empresário* (*Unternehmer-Gesellschafter*) do *sócio investidor* (*Anlagegesellschafter*): socio empreendedor é todo sócio que deseja e tem o poder de exercer influência sobre a política da empresa, através da votação em assembleia ou na condição de administrador; sócios investidores, por sua vez, são os membros que apenas miram a um investimento de capital (*Gesellschaftsrecht-I: Grundlagen*, cit., § 2 I 3, p. 103).

III. *Publikumsgesellschaften* são sociedades abertas, mas, no Direito Alemão, não são apenas companhias: há também sociedades em comandita por ações e, por aceitação decorrente de evolução jurisprudencial, também as sociedades em comandita simples, nas quais as participações comanditárias são oferecidas e negociadas no mercado. Conforme explica Herbert Wiedemann, *Publikumsgesellschaften* são sociedades que negociam participações societárias no mercado de capitais, visando à obtenção de recursos; do seu gênero, são espécies típicas, no Direito Alemão, a sociedade por ações e a sociedade em comandita por ações, as quais, em tempos mais recentes, obtiveram certa concorrência das *Publikums-Kommanditgesellschaften* (sociedades em comandita simples), que angariaram no mercado quantidades apreciáveis de capital (*Gesellschaftsrecht-I: Grundlagen*, cit., § 2 I 3, pp. 122-123).

IV. A palavra *Verband* tem sentido plurívoco em alemão: em sentido estrito, designa as associações que perseguem fins políticos e exercem influência social (associações de categorias profissionais ou econômicas); em sentido lato, abrange as associações propriamente ditas e as sociedades, como esclarece Herbert Wiedemann (*Gesellschaftsrecht-I: Grundlagen*, cit., § l, p. 4).

rio na Europa festejou-se recentemente a "Marcha Triunfal do Dever de Lealdade" na Alemanha.[2] Além disso, exigiu a jurisprudência alemã, em determinados julgados, uma justificação substancial de deliberações majoritárias, mas veio a abandonar este pressuposto de suporte fático em uma série de julgados ulteriores. Sobre ambos os trilhos do desenvolvimento, a Marcha Triunfal e o ocaso, e a relação entre ambas as figuras jurídicas entre si e com o princípio da igualdade de tratamento é que aqui continuará a discussão.

2. *Vínculo de lealdade de órgãos e sócios*

2.1 Posição atual

Há duas características dos vínculos de lealdade que merecem o reconhecimento geral perante a jurisprudência e a doutrina. Sob o ponto de vista jurídico-teorético, pode-se assegurar que o dever de lealdade constitui uma cláusula geral de origem judiciária própria do direito societário, como já assinalado em 1968 por Walter Stimpel.[3] Isto dá ao princípio de Direito seu indispensável fundamento jurídico constitucional, que exige, como no direito dos contratos, um suporte normativo para o desenvolvimento jurisprudencial do direito (*Rechtsfortbildung*) – que então ocorre na altura dos olhos do legislador. O segundo alicerce é formado por sua caracterização dogmática como dever de auxílio e consideração. Sua origem no século XIX é obscura. Na atualidade, o seu reconhecimento está ligado aos trabalhos de Alfred Hueck,[4] Robert Fischer,[5] Marcus Lutter[6] e Wolfgang Zöllner,[7] que deram forma à necessária ponderação de interesses; a derivação originariamente considerada, extraída da cooperação baseada na confiança, foi abandonada porque não podia ser estendida aos sócios investidores. Seguiram-se trabalhos doutrinários de peso.[8] Dado que o dever de auxílio impõe esforços adicionais e o dever de consideração restringe direitos existentes, acaba-se por refletir aqui, em escala pequena, o problema geral de cada posição jurídica de membro em uma coletividade.

Para a continuação da discussão, é proveitoso atentar para o seu desenvolvimento nos Países anglo-saxões e nos Estados Unidos, visto que lá tal desenvolvimento jurídico ocorreu mais cedo, a riqueza em decisões judiciais é proporcionalmente maior e, no pensamento jurídico anglo-saxão, têm primazia a proteção à minoria e a proteção aos investidores. Seguindo o Direito Comparado, não devem ser classificadas então as próprias explanações, como de costume, de acordo com o conteúdo do dever de lealdade, mas devem ser ordenadas conforme as relações jurídicas nas quais podem atuar. O dever de lealdade recebe outra conformação sempre de acordo com a relação jurídica para a qual está sendo considerado; deveres de lealdade têm possivelmente outro "timbre", quando são exigidos de administradores do que quando são impostos a um sócio investidor.

2. Verse, in Bayer/Habersack (coords.), *Aktienrecht im Wandel* (2007), vol. II, pp. 579, 594, notas 18 e ss.

3. Stimpel, in Paehle/Stimpel, *Richterliche Rechtsfortbildung unter besonderer Berücksichtigung des gewerblichen Rechtsschutzes und des Personalgesellschaftsrechts* (1969), p. 18.

4. A. Hueck, in *Festschrift für Rudolf Hübner* (1935), p. 72.

5. R. Fischer, in GroßK-HGB (3ª ed., 1970), § 105, obs. 31a.

6. Lutter, AcP 180 (1980), pp. 84, 103 e ss. No mesmo sentido, ZHR 162 (1998), pp. 164, 166.

7. Zöllner, *Die Schranken mitgliedschaftlicher Stimmrechtsmacht bei den privatrechtlichen Personenverbänden* (1963), pp. 335 e ss. e 353.

8. V. Grigoleit, *Gesellschafterhaftung für interne Einflussnahme im Recht der GmbH* (2006), pp. 289 e ss.; Grundmann, *Der Treuhandvertrag, insbesondere die werbende Treuhand* (1997), pp. 269 e ss.; Th. Raiser, ZHR 151 (1987), p. 422; Martin Weber, *Vormitgliedschaftliche Treubindungen* (1999); Winter, *Mitgliedschaftliche Treubindungen im GmbH-Recht* (1988).

2.2 Uma visão de Direito Comparado

A *common law* oferece, sob o conceito mais abrangente (*Oberbegriff*) de *fiduciary duties*, uma classificação sistemática[9] e, relacionado a isso, uma concretização pragmática dos deveres de lealdade que, com diferenciações particulares no direito societário inglês como no norte-americano, têm experiência maior do que no Continente.[10] No seu conteúdo, os *fiduciary duties* nos Estados Unidos estão tripartidos como segue:

– O *duty of care*, que obriga os diretores à administração ordenada com base em informação consienciosa.[11] A ideia essencial consiste no rigoroso cumprimento do dever de desempenho da função assumida. Como as decisões também incluem necessariamente riscos, concede a *business judgement rule* uma margem de discricionariedade que exonera o desempenho da atividade.

– O *duty of loyalty* (*fiduciary duty* em sentido estrito), que obriga os diretores a não misturar a administração alheia com a administração própria de negócios, ou, pelo menos, declinar abertamente a última.[12] A ideia básica visa evitar que um administrador não sócio atue com interesses econômicos próprios e, ao mesmo tempo, como parte direta ou indireta do lado oposto. Tão longe não vale a *business judgement rule* e para o administrador não se abre margem de arbítrio.

– O *duty of good faith*,[13] de resto, obriga também os diretores a um comportamento correto, vale dizer, especialmente no tocante à observância da lei e do estatuto, e mais além, de um modo geral, a um procedimento probo e cônscio da sua responsabilidade.

A classificação tem significado prático no concernente às consequências jurídicas, porque (apenas) o dever de diligência pode ser restringido ou afastado no estatuto; em negócios por conta própria do administrador, aprovados por um comitê independente, o ônus da prova se inverte e cabe ao autor a comprovação do *unfair dealing*. Os argumentos materiais ora expostos do dever de lealdade são conhecidos no Direito Inglês, havendo, todavia, pretensão de os reconduzir a uma formulação geral:

Flannigan (2004) J.B.L., 278: "Fiduciary regulation in contrast is generic. (...) Fiduciary accountability is designed to control the opportunism of those trusted with a defined or limited access to the assets of others".

Mais atenção merece a proposta sistemática de elaborar os *fiduciary duties* conforme as diversas relações jurídicas, nas quais, naturalmente, a diferença básica entre deveres de órgãos e deveres de sócios conforma as exigências de conteúdo – e ao mesmo tempo a ulterior subdivisão propõe direcionar a análise ao círculo de pessoas favorecido em dado momento. Nisso, a jurisprudência britânica tem incluído também os credores da sociedade na qualidade de pessoas favorecidas pelo dever de lealdade, quando a empresa caiu em estado pré-falimentar.[14] Sob este ponto de vista, como já anunciado, atinge-se uma concretização adicional da cláusula de boa conduta, da mesma forma como também a boa-fé objetiva desempenha tarefas distintas conforme a modalidade de contrato na qual é evocada.

9. Flannigan (2004) J.B.L., 277.

10. Para maiores desenvolvimentos no Direito Inglês, Flannigan (2006) 122 L.Q.R., 449.

11. V., quanto a isso, Merkt/Göthel, *Amerikanisches Gesellschaftsrecht* (2ª ed., 2006), § 821.

12. Quanto a isso, v. *American Law Institute*, vol. 1 (1994), § 5.01; *Revised Model Business Corporation Act* (2005), Section 8.60.

13. Sobre isso, em minúcias, v. Eisenberg, "The duty of good faith em corporate law", *The Delaware Journal of Corporate Law* (2006), 1 e ss.

14. V. "Dylex Ltd. *vs.* Anderson" (2003) O.J. 844, Ont SCJ; em geral, atualmente em minúcias, v. Klöhn, ZGR 2008, pp. 120 e ss.

2.3 Deveres de lealdade dos membros de órgãos no Direito Alemão. Observação prévia

Ainda não se consegue constatar um resultado inequívoco para a base de avaliação e para a divisão dogmática dos deveres de lealdade com apoio na evolução até o presente. O [seu] reconhecimento como cláusula geral de direito societário e sua caracterização como ampliação ou restrição dos poderes de sócios compreendem, de fato, um reconhecimento do princípio fundamental, mas podem, em sua generalidade, contribuir apenas muito pouco para obter escalas de valores para a *corporate correctness*. Maior clareza pode surgir quando se procede a uma formação de sistemas com base nas mencionadas relações jurídicas, ou seja, para deveres dos órgãos e dos sócios (v., abaixo, itens 2.4. e 2.5), e então se indaga a quem é devido o dever de auxílio ou consideração, de caso em caso.

(a) O dever de diligência dos administradores pertence ao núcleo dos deveres dos membros de órgãos numa sociedade ou corporação (*Körperschaft*[V]); compare § 43, Al. 1, GmbHG, § 93, Al. 1, AktG, § 34 GenG. O dever de diligência repercute também nas prescrições de responsabilidade do direito societário; compare § 708 BGB. A responsabilidade dos membros da Diretoria foi restringida de maneira não negligenciável com a UMAG 2004[VI] e com a *business judgement rule* emprestada do Direto Norte-Americano, já que o legislador facilitou ao mesmo tempo no § 148[VII] AktG a persecução da responsabilidade através da propositura de ações sociais pelos acionistas. É da doutrina geral o entendimento de que, no âmbito de tomada das decisões empresariais, não há responsabilidade por erros, como já antes defendido pelas lições da jurisprudência e da doutrina.[15] Até que ponto decisões empresariais pretensiosas, como, por exemplo, a aquisição de uma empresa concorrente em além-mar, acarretam uma responsabilidade em caso de insucesso, é algo que apenas pode ser apreciado no caso concreto. De acordo com a concepção do legislador,[16] a diretoria de uma S/A há de agir no "interesse da empresa", em suas decisões e, por consequência, levar em conta não apenas o investimento dos donos do capital, mas também a conservação dos postos de trabalho, o que obriga a uma certa moderação em face de negócios e medidas mais arriscadas.

(b) O dever de lealdade encontra-se de dois modos: uma vez como dever fiduciário típico de não desapontar a confiança nele depositada e, de outro lado, como dever típico de administrador de bens de não usar sua posição para perseguir interesses patrimoniais próprios.[17] Os deveres se so-

V. A expressão *Körperschaft* (literalmente, "corporação") é virtualmente intraduzível. As *Körperschaften* fazem um contraste com as sociedades de pessoas, mas o seu conceito é mais abrangente do que o de sociedades de capitais, pois as associações também constituem *Körperschaften*. A distinção está na dependência que a organização societária tem com relação às pessoas dos sócios. Tanto nas sociedades de capitais, como nas associações, não se levam em conta as qualidades individuais dos seus membros. A distinção encontra paralelo, no Direito Anglo-Saxão, entre *corporations* e *partnerships*. Aqui também as associações podem ser consideradas *corporations*: "If an association has sufficient corporate atributes, such as centralized management, continuity of existence, and limited liability, it may be classified and taxed as a corporation" (cf. *Black's Law Dictionary*, 8ª ed., Thomson West, 2004, verbete "Association", p. 132).

VI. UMAG, *Gesetz zur Unternehmensintegrität und Modernisierung des Anfechtungsrechts* ("Lei para a Integridade Empresarial e Modernização do Direito das Ações de Impugnação" [*Anulação*]).

VII. No texto original, faz-se referência a um inexistente § 148a. Certamente, Wiedemann pretendeu se reportar ao § 148 da AktG, com a alteração dada pela UMAG, no qual é feita referência a hipóteses de ações sociais derivadas.

15. BGHZ 135, p. 244: ARAG/Garmenbeck = WM 1997, 970 = WuB A. § 111 AktG 1.97 Raiser; Fleischer, in *Festschrift für Wiedemann* (2002), p. 827.

16. V. *Deutscher Corporate Governance Kodex in der Fassung*, de 14.6.2007, 4.1.1.

17. Sobre isso, Fleischer, *Handlbuch des Vorstandsrechts* (2006), § 9, obs. 15 e ss.; GroßK-AktG/Hopt (4ª ed., 1999) § 93, obs. 156 e ss.

brepõem parcialmente, mas deveriam ser tratados separadamente em razão das consequências jurídicas distintas.

Na primeira hipótese estão as proibições de concorrência, como previstas nos §§ 112, 113 HGB, § 88 AktG, os deveres de sigilo e outros deveres de abstenção, como a proibição de privatizar *corporate opportunities*. Mas não se estende à conclusão de negócios jurídicos. O dever de lealdade em sentido estrito exige também de administradores não sócios identificação para com a sociedade e seus empreendimentos – ou seja, certamente mais do que apenas um apelo moral à prontidão para a entrada em ação do titular do cargo.

Na segunda hipótese situa-se a fiscalização dos negócios jurídicos que o administrador conclui, atuando, de um lado, como órgão representativo e, de outro lado, consigo mesmo ou com pessoa a ele ligada (*related parties transactions*).[18] O administrador deve evitar negócios consigo mesmo; mais ainda: não deve colocar-se numa situação suscetível de acarretar um conflito de interesses dessa natureza. No caso de o administrador de órgão ao mesmo tempo controlar uma outra empresa, o relacionamento negocial pode ser até vantajoso para a sociedade representada; todavia, ele precisa ser declarado abertamente e, além disso, obter em cada ocasião ou de modo genérico a aprovação pela reunião de sócios ou pelo Conselho de Supervisão. Esta figura de proibição com reserva de permissão ou de fiscalização também é encontrada sob variadas formas no moderno direito acionário, como, por exemplo, no 4.3.4 do *Corporate Governance Codex* alemão.[19] Para todos os deveres de lealdade, à evidência, não prevalece a *business judgement rule*.[20] E o § 93, Al. 1, 2ª parte, AktG, não entra em linha de consideração. O administrador, de qualquer maneira, não pode invocar ter iniciado (também) a medida no interesse da empresa e por isso agido de boa-fé. A lealdade requer empenho sem reserva de atuação em proveito alheio.

(c) Se adicionalmente uma terceira categoria de deveres de boa conduta pode ser formada, é duvidoso. A sujeição de toda e qualquer direção de empresa às normas constitucionais e infraconstitucionais em vigor – notadamente, portanto, às disposições do direito do trabalho, direito concorrencial e direito tributário e às do próprio estatuto da sociedade – dispensa explicações, uma vez que elas se dirigem diretamente aos sujeitos de direito, e os administradores são órgãos de execução. A cláusula geral alemã permite um suprimento de lacuna, no caso de a subsunção sob os deveres de diligência e de lealdade não bastar no caso concreto.

(d) Todos os deveres até aqui tratados ocorreram no relacionamento jurídico entre membro de órgão e a sociedade. Se, além disso, existem deveres do *administrador também individualmente para com os sócios* ou grupo de sócios, é algo que até agora não foi examinado. Estão os administradores ou membros da diretoria obrigados a transmitir a sócios não participantes o conhecimento que obtiveram da existência de entendimentos entre partes consorciadas? Estão os administradores ou membros da diretoria obrigados a advertir em devido tempo os sócios minoritários, antes da tomada de controle da sociedade por investidores financeiros suspeitos? Como por toda parte no direito societário, prevalece aqui também o princípio de que os danos que apenas de forma indireta têm o efeito de uma desvalorização da participação hão de ser reparados pelo patrimô-

18. V. Hertig/Kanda, in Kraakman/Davies/Hansmann, *The Anatomy of Corporate Law* (2003), pp. 101 e ss.

19. Apoiando-se no *Principles of Corporate Governance* do American Law Institute (1994), vol. 1, § 5: *fair dealing*.

20. Fundamentação governamental pública BT-Drucks 15/5092, p. 11.

nio em comum (*Gesamthand*[VIII]) ou pela pessoa jurídica de imediato. Isto vale igualmente para a violação dos deveres próprios do cargo, nos casos em que venha a ser ofendido o patrimônio social ou de outra maneira atingido o interesse da sociedade (BGH WM 1987, 13). No entanto, podem ser imaginadas situações de exceção nas quais apenas um grupo ou classe de sócios venha a ser prejudicado pela deslealdade da administração social – e então se faça necessário estender a aplicação do dever de lealdade. Da Teoria Geral do Direito Privado vem o contrato com eficácia protetiva em favor de terceiro de que a jurisprudência se utilizou para a ampliação dos deveres dos administradores de uma *GmbH & Co.*[IX-21]

Não pertencem a isto os deveres dos membros de órgãos para o cumprimento de deveres societários (*Sozialverpflichtungen*) da sociedade, como, por exemplo, para o exame de livros sociais, para a utilização de atas ou de gravações da assembleia de sócios[22] ou para o cumprimento de outros direitos de sócio. Com relação a isso pode quando muito ser imputado dever de lealdade à própria sociedade, não porém pessoalmente ao administrador.

(e) A *possibilidade de um dever de lealdade do administrador para com os credores da sociedade* está no foco da discussão internacional[23] e também já chegou ao direito societário alemão.[24] Apesar disso, restringe-se um tal dever de consideração, de antemão, ao estágio pré-falimentar da sociedade. A salvaguarda dos interesses dos credores da sociedade pela administração social é justificada com o fato de que são os credores que assumem, de forma progressiva, os riscos da empresa. A ideia fundamental de um tal alterado dever de lealdade ou de consideração convence; ela certamente ainda necessita, no entanto, de uma mais exata concretização, temporal e substancial.

No Direito Alemão das sociedades limitadas aproxima-se disto o recente desenvolvimento da assim chamada *Existenzvernichtungshaftung*.[X] Com efeito, o *Bundesgerichtshof* e a doutrina que acompanha suas decisões fundamentam em primeira linha uma responsabilidade pré-falimentar para os sócios da sociedade limitada, e não para os seus administradores. Além disso, deve tratar-se de um dever de consideração dos sócios para com a pessoa jurídica – ainda que exclusivamente com respeito aos in-

VIII. *Gesamthand*, literalmente, "mão comum ou coletiva", constitui espécie de condomínio, instituto típico do Direito Alemão e desconhecido dos demais direitos, conforme reconhece, na sua grande obra (*Gesellschaftsrecht-I*, cit., § 5 I, p. 243), o próprio Herbert Wiedemann (que é, além do mais, um grande estudioso do Direito Comparado). Pode-se fazer, com todas as reservas, um ligeiro paralelo, no Direito Brasileiro, com o patrimônio especial dos sócios na sociedade em comum (CC, art. 988).

IX. Literalmente: "sociedade limitada & cia". Trata-se de uma modalidade especial de sociedade em comandita simples (e, portanto, sociedade de pessoas) que tem, como sócio comanditado (i.e, ilimitadamente responsável), uma sociedade limitada. Trata-se de subtipo societário surgido de uma deformação, tolerada no Direito Alemão, da sociedade em comandita simples, e as razões para o seu surgimento podem ser detectadas em regras de direito tributário e, também, no desejo dos sócios de evitarem as regras de cogestão da empresa, cogentes para outros tipos societários. Na composição do nome empresarial de uma "Gmbh & Co.", exige-se que conste a indicação do tipo societário ou a correspondente abreviatura (assim: "GmbH & Co. KG").

21. Verse, *Der Gleichbehandlungsgrundsatz im Recht der Kapitalgesellschaften* (2006), pp. 431 e ss.

22. BGHZ 127, p. 107 = WM 1994, 1879 = WuB II A. § 130 AktG 1.95 Dilger.

23. V. especialmente a jurisprudência e a doutrina na Grã-Bretanha em Flannigan (2004) J.B.L., 277; Kaey 66 Modern L.R. 605, 607 e ss.; rejeitado estritamente pela *Supreme Court Delaware* em "North-American Catholic Educational Programming Foundation, Inc. *vs.* Gheewalla", *WL* 1453705 (2007); em geral Klöhn, ZGR 2008, pp. 120 e ss.

24. BGHZ 173, p. 246: Trihotel = WuB II C. § 13 GmbH 1.08 G. Reiner.

X. Por *Existenzvernichtungshaftung* entende-se a figura jurídica do Direito Alemão, de acordo com a qual os sócios de uma sociedade limitada podem ser excepcionalmente responsabilizados pelo sobreendividamento da sociedade.

teresses dos credores por créditos vencidos e exigíveis, com o que já no estágio pré-falimentar se alcança uma *par conditio creditorum*. O legislador da MoMig,[XI] ao revés, se dirige diretamente contra os administradores e os obriga, no § 64 Al. 3 do Anteprojeto,[25] à conservação do patrimônio social e, com isto, também à proteção dos credores, mas igualmente apenas por meio da introdução de um dever de diligência mais ampliado. Um passo para a "administração social em favor dos efetivamente atingidos" ainda não é obtido com isso.

A ideia de que a manutenção do capital próprio da sociedade protege simultaneamente também o capital alheio não é, com certeza, nova; o sistema europeu das sociedades de capital tem desde sempre tutelado e utilizado esta comunhão. Novo seria, já na crise, direcionar progressivamente os deveres de auxílio dos administradores e diretores para os interesses externos e, com isso, exonerá-los de seu dever de lealdade para com o seu patrão. Então não mais se cuidaria de uma ampliação dos deveres de lealdade, mas de uma mudança do curso da sociedade, que não poderá ocorrer sem o consentimento dos seus membros ou sem uma decisão judicial que o supra. A continuidade da administração social é compatível com a mudança de curso, segundo mostram os §§ 270 e ss. da InsO,[XII] mas bem exigiria também no estágio de crise um órgão de fiscalização em favor dos interesses dos credores. Somente o apelo aos deveres de lealdade e consideração em prol dos credores da sociedade não basta para romper a organização societária em vigor até a insolvência e suas balanceadas competências.

XI. MoMiG, *Gesetz zur Modernisierung des GmbH-Rechts und zur Bekämpfung von Missbräuchen* ("Lei para Modernização do Direito das Sociedades Limitadas e para o Combate de Abusos").

25. V. 25.5.2007, BR-Drucks 354/07, p. 106.

XII. InsO – *Insolvenzordnung* (Lei de Insolvência Alemã), que substituiu a KO – *Konkursordnung* (Lei Concursal Alemã).

2.4 Deveres de lealdade dos sócios individualmente

Assim como para os órgãos sociais e para os seus membros, é também proveitoso, para os deveres de lealdade dos sócios, distinguir em qual relação jurídica eles devem ser prestados por parte dos sócios individualmente. Para tanto se colocam as relações jurídicas diretamente para com a sociedade como também para com os demais sócios, uma vez que a existência dessas relações é hoje incontroversa. A base conceitual dos deveres de sócio é sem dúvida diferente e mais variada do que o cerne conceitual da posição fiduciária e deixa evidente mais uma vez que o dever de lealdade como um todo apenas pode ser compreendido no direito societário como uma cláusula geral, que oferece um indicador de caminho para o comportamento correto na vida associativa, mas que recolhe, nas diversas relações jurídicas, distintos conteúdos. No atual estágio da Dogmática, se estou vendo bem, diferentes causas são responsáveis. Em primeiro lugar, de se considerar que, de forma diferente do que na tradição anglo-saxônica, não há uma ideia fundamental histórica a que se poderia, se necessário, recorrer; de outro lado, a jurisprudência e a doutrina desenvolveram o princípio geral no Direito Alemão através dos deveres de sócio, que diante da distância entre os sócios de sociedades em nome coletivo e os acionistas de companhias abertas, hão de obter pesos diferentes. Afinal, a ditadura nacional-socialista abusou da palavra e do conteúdo do dever de lealdade para os seus objetivos, o que manchou o seu prestígio até os tempos do após-guerra.

(a) O dever de lealdade do sócio baseia-se no seu *status socii* (*Mitgliedschaft*). Se este foi adquirido na constituição ou depois, pelo ingresso na sociedade ou por transferência da participação, não tem relevância. Quem ingressa numa sociedade ou numa *Körperschaft*, obriga-se tacitamente a se abster de manifestações ou atos propositadamente lesivos à sociedade. Um esportista não deve difamar sua associação e um acionista de companhia aberta deve abster-se de perturbações maliciosas na assembleia geral. O conteúdo e a extensão dos deveres de lealdade regem-se de acordo com a respectiva projeção do agrupamento de interesses, devendo, portanto, ser determinados no caso concreto.

(b) Um novo ramo do dever de lealdade dos sócios foi criado pela jurisprudência, a fim de tornar manejável o princípio da unanimidade que, de regra, prevalece no direito da sociedade de pessoas. Respeitado o princípio da proporcionalidade, o sócio é obrigado a concordar com alterações contratuais e outras deliberações fundamentais, se isto se tornar imprescindível para a continuação da sociedade e de sua empresa.[26] Isto vale para adaptações do contrato social a novas imposições legais, assim como para alterações que se tenham tornado inevitáveis na composição do quadro societário. O dever de lealdade não vai tão longe a ponto de exigir dos sócios oponentes novos encargos adicionais não previstos no estatuto.[27] Todavia, bem pode exigir que um sócio se abstenha de se opor a aumentos de contribuições dos demais sócios, conformando-se com as desvantagens eventualmente a ele ligadas.[28]

(c) Demanda discussão saber quem pode perseguir os direitos decorrentes do vínculo de lealdade dos sócios: a sociedade mesma, a coletividade dos (demais) sócios ou os sócios individualmente – quiçá até todos eles, independentemente uns dos outros? Nas sociedades de pessoas, as pretensões sociais relacionadas com as questões patrimoniais da mancomunhão (*Gesamthand*), são exercidas pela própria sociedade e, para ela, através de seus administradores. Isto vale com certeza hoje, quando a sociedade de pessoas é reconhecida ela mesma como titular de direito, mas já antes correspondia à concepção jurídica predominante.[29] Quando o contrato social não prevê diferentemente, as questões não patrimoniais serão defendidas, também aqui independentemente da capacidade jurídica ou processual, pelos demais sócios no relacionamento interno, com o que ainda está sendo respeitado o caráter personalístico da comunhão. Os sócios de sociedades de pessoas individualmente estão autorizados a exigir deveres de lealdade de todo tipo dos seus demais sócios, mas apenas a favor da sociedade, ou seja, por via da *actio pro socio*. A propositura e a condução do processo repousam na pessoa do sócio, mas a assembleia geral dos sócios permanece, com efeito, geralmente com o poder de disposição. Nas sociedades de capital e nas *Körperschaften*, o exercício de pretensões sociais contra membros individualmente pertence à competência da pessoa jurídica e a sua efetivação às atribuições da gestão social. Membros individualmente podem fazer valer o interesse social do agrupamento por meio da substituição processual, precisamente sob os pressupostos exigidos conforme o tipo societário para uma ação social (ação social derivada). Processos paralelos são assim excluídos.[30] A situação processual deve ser considerada diferentemente quando a violação do dever de lealdade por um sócio, apenas, puder ser reparada junto aos

26. Cf., para as sociedades de pessoas: BGH NJW 1987, 133 = WuB II E. § 119 HGB 1.87 Hüffer = NJW 1987, 952; BGH WM 2005, 39 = WuB II E. § 139 HGB 1.05 J. Wertenbruch = BB 2005, 67; BGH WM 2007, 1333 = WuB II J. § 707 BGB G. Laule = BB 2007, 1522; para a sociedade limitada: BGHZ 98, 276 = WM 1986, 1348 = WuB II C. § 53 GmbH 1.87 U. H. Schneider; para a sociedade anônima: BGHZ 129, 136: Girmes = WM 1995, 882 = WuB II A. § 135 AktG 1.95 Heinrichs.

27. BGH WM 2005, 1608 = WuB II J. § 707 BGB 1.05 H.-F. Müller = NZG 2005, 753; WM 2007, 1412 = WuB II J. § 707 BGB 2.07 Laule = NZG 2007, 620 Publ. KG.

28. A respeito, Wiedemann, in *Festschrift für Hans-Joachim Priester* (2007), pp. 857 e ss.

29. V. quanto a isso, em minúcias, Wiedemann, *Gesellschaftsrecht-II* (2004), § 3 III 6.

30. Divergente quanto a isso: Lutter, ZHR 162 (1998), pp. 177 e ss.

demais sócios diretamente prejudicados, uma vez que a reparação precisa ser efetuada então no âmbito da relação jurídica entre os sócios. Situações desta espécie bem podem ser imaginadas em sociedades de dois sócios igualitários, ambos considerando-se os guardiões do bem comum.

2.5 Deveres de lealdade dos sócios majoritários

Nos vínculos de lealdade do sócio majoritário ou da maioria dos sócios, deve-se distinguir da mesma forma entre os dois grupos de suportes fáticos heterogêneos, cada qual tendo por base um juízo de valor independente. Em comum ambos têm a experiência de que a decisão majoritária na sociedade ou na *Körperschaft* tem eficácia *inter omnes*, ou seja, constitui unilateralmente relações jurídicas frente a todos os sócios e órgãos da coletividade. Como a votação nas sociedades comerciais e em outras coletividades que têm por objeto a aquisição ou administração (de bens), não ocorre por cabeça, mas de acordo com (o valor das) as participações, o poder constitutivo de uma maioria controladora tem eficácia como uma decisão alheia sobre os sócios dissidentes e os ausentes, o que se justifica pela integração ou pelo posterior ingresso (destes na coletividade), necessitando, porém, de controle judicial em casos excepcionais. Da mesma forma que se dá com os membros de órgãos, isto é de ser então reconhecido quando (a) a maioria participa de ambos os lados da transação planejada; ou (b) a deliberação majoritária intervém no *status socii* dos vencidos pela maioria de votos.

(a) Uma proteção do sócio minoritário, em se tratando de negócios jurídicos no relacionamento externo, é assegurada de modo amplo pela proibição de voto prevista no § 47, Al. 4, GmbHG. Conforme opinião unânime, a proibição de voto não vale para alterações estruturais da sociedade ou *Körperschaft*, já que são tais decisões fundamentais da competência da totalidade dos sócios e não podem ser deixadas por conta dos sócios não controladores. Deliberações sobre dissolução, agrupamento ou fusão, mas também sobre incorporação e transformação, assim como também a respeito de *delisting*[XIII] e *squeeze-out*,[XIV] são tomadas pela maioria qualificada, assim no direito societário interno como no estrangeiro. Sendo o favorecido por uma tal transação o sócio majoritário, sujeitam-se então o processo e o efeito à possibilidade do controle judicial de adequação. Um caso por assim dizer clássico está na origem da decisão BGHZ 103, p. 184 (AG) Linotype (tomada da empresa via dissolução): os sócios majoritários tinham deliberado a liquidação da sociedade, com o propósito, antes já planejado, de adquirir a empresa da massa patrimonial da companhia dissolvida. A turma julgadora também reconheceu em sua sentença a vigência do dever de lealdade para o direito acionário, mas não chegou a decidir no sentido de aplicá-lo para as deliberações de liquidação, tendo se apoiado o julgado,

XIII. No Direito Norte-Americano, *delisting* corresponde à operação de fechamento de capital.

XIV. O direito acionário alemão incorporou na AktG, não faz muito tempo, o instituto do *freeze-out/squeeze-out* – pelo qual a maioria pode, em determinadas situações, excluir a minoria acionária recalcitrante (AktG §§ 327a-327f). Em sentido estrito, porém, *freeze-out* e *squeeze-out* são operações distintas: *freeze-out* (ou *freezeout*) são, de acordo com Robert Charles Clark, "transactions in which those in control of a corporation use their control to force noncontrolling shareholders to lose their status as shareholders with any equity interest in the business operations of that corporation. Freezeouts occur when the insiders force the noncontrolling shareholders to sell their shares or otherwise disinvest" (*Corporate Law*, Nova York, Aspen Law & Business, 1986, § 12.1, p. 499). Embora utilizado por vezes como sinônimo de *freeze-out*, o *squeeze-out* não se confunde com aquela operação: nesta, não há uma transferência jurídica compulsória das participações; a pressão leva a que tal ocorra. Para uma visão geral, v. Melvin Aron Eisenberg, *Corporations and other Business Organizations: Cases and Materials*, 9ª ed., Nova York, Foundation Press, 2005, pp. 749-774; e Robert Charles Clark, *Corporate Law*, cit., §§ 12.1 a 12.4, pp. 499-530.

por isso, no conceito do *abuso do direito*.[31] De forma semelhante, estão os casos da admissão em grupo de empresas[32] e a fusão de sociedades grupadas (*Konzernverschmelzung*).

A contenção dos riscos para a minoria do *self-dealing* do sócio majoritário, via controle judicial, a um comportamento *fair*, têm sido desenvolvidos nomeadamente no direito societário norte-americano, mas atualmente já estão reconhecidos internacionalmente como *standard* em Direito Comparado. Os vínculos de lealdade do *controlling shareholder* não têm perdido importância na abalizada jurisprudência da *Supreme Court of Delaware* – ao contrário, o *leading case* "Weinberger *vs.* UOP" tem sido invocado e confirmado em julgados mais recentes:[33]

"Weinberger *vs.* UOP", Inc., 457 A. 2d 701, 711 (Del. Supr. 1983): "The concept of fairness has two basic aspects: fair dealing and fair price. The former embraces questions of when the transaction was timed, how it was initiated, structured, negotiated, disclosed to the directors, and how the approvals of the directors and the stockholders were obtained. The latter aspect of fairness relates to the economic and financial considerations of the proposed merger, including all relevant factors: assets, market value, earnings, future prospects, and any other elements that affect the intrinsic or inherent value of a company's stock. However, the test for fairness is not a bifurcated one as between fair dealing and price. All aspects of the issue must be examined as a whole since the question is one of entire fairness".

Um grupo de trabalho internacional de juristas especializados em direito societário, que em 2003 publicou as suas conclusões como *The Anatomy of Corporate Law*, chamou a atenção, como mencionado, para a necessidade do controle dos negócios consigo mesmo, não apenas dos diretores, mas também dos sócios majoritários controladores.[34] Ele lista as *related parties transactions* dentre os problemas fundamentais das modernas sociedades comerciais que, em todos os ordenamentos jurídicos examinados, valem como critério determinante (*Aufgreifkriterium*) para a possibilidade de revisão judicial. A necessidade de proteção da minoria – independentemente do objeto da deliberação e, portanto, também numa deliberação de dissolução – já é vista em face do papel duplo de sócio majoritário ou de maioria de sócios, a qual pode conduzir a uma vantagem ilícita à custa dos demais. Neste caso, não se desconhece que a Justiça apenas revê de forma restrita as deliberações majoritárias e que, por isso, se recomenda recorrer no processo decisório a peritos objetivos e independentes, antes da tomada da deliberação; indícios disso encontram-se também no moderno direito acionário alemão, no § 327c Al. 2, 2ª parte AktG. A análise do Direito Alemão neste aspecto é desfavorável.[35]

(b) O vínculo de lealdade do sócio majoritário, ou da maioria de sócios, para com os demais membros, se distancia por demais da origem dos deveres de lealdade enquanto regra geral de conduta de fiduciários quando, independentemente disso, deve conduzir à restrição de seus poderes majoritários, ou seja, de seus direitos egoísticos de sócios. A [sua] inclusão dentre os deveres de lealdade é, pois, também de data mais recente; o juízo de valor em si tem uma longa tradição. Já em 1900 verificou o notável Juiz Lindley a conexão entre

31. Quanto a isso, a interpretação autêntica de Henze, BB 1998, p. 1.089.

32. BGHZ 83, pp. 79, 84 (GmbH) Süßen: fundamentação substancial indispensável.

33. Energicamente confirmada em "Kahn *vs.* Lynch Communication Systems, Inc.", 638 A 2d. 1110 (Del. Supr. 1994).

34. Handsmann/Crakmaan (eds.); quanto a isso, Skeel, 113 *Yale L. J.* 1519 (2004); Wiedemann, ZGR 2006, pp. 240 e ss.

35. V. Hertig/Kanda, in Hansmann/Kraakman, *The Anatomy of Corporate Law* (2003), p. 126.

poder formador (direito potestativo) e responsabilidade, que mais tarde se demonstrou como uma chave para a solução de variados conflitos de interesses em direito privado:

Em "Allen *vs*. Goldreefs of West Africa, Ltd." (1900) 1 Ch. 656 escreveu J. Lindley M. R.: "The power thus conferred on companies to alter the regulations contained in their articles is limited only by the provisions contained in the statute as a condition contained in the companies memorandum of association. Wide, however, as the language of s. 50 is, the power conferred by it must, like all other powers, be exercised subject to those general principles of law and equity which are applicable to all powers conferred on majorities and enabling them to bind minorities. It must be exercised, not only in the manner required by law, but also bona fide for the benefit of the company as a whole, and it must not be exceeded. These conditions are always implied, and are seldom, if ever, expressed".

Ao Tribunal do *Reich* teria isto podido servir como exemplo em seu posteriormente afamado aresto *Victoria* no ano de 1931 quando, de maneira clássica, reconheceu o entrelaçamento do poder formador (direito potestativo) com o dever de consideração e, já também, a necessidade de observância do princípio da proporcionalidade. Com a sentença:

RGZ 132, p. 149, 163: "Do poder de decidir, através de deliberação majoritária, ao mesmo tempo também para a minoria e, com isso, indiretamente dispor dos seus direitos patrimoniais na sociedade, resulta, sem dúvida, o dever societário da maioria de levar em conta, nos limites do interesse coletivo, também os legítimos interesses da minoria, sem restringir desmesuradamente os seus direitos".

O Tribunal do *Reich* escreveu a história do Direito Alemão. O julgado durante longo tempo não obteve atenção nem continuação, mas correspondia integralmente ao espírito da época (*Zeitgeist*), ao fim da crise econômica mundial. Tanto no Velho como no Novo Mundo, a ideia de proteger mais fortemente os acionistas-investidores e criar um ordenamento mais justo para o mercado de capitais encontrou adeptos – exemplarmente nos Estados Unidos, com o *Securities Act* de 1933 e o *Securities Exchange Act* de 1934. A França desenvolveu mais tarde o seu controle jurídico com o *abus de majorité*[36] e conservou até os dias atuais esta figura jurídica para a solução do conflito entre maioria e minoria.

Na Alemanha, a ideia da proteção individual e da proteção à minoria não chegou a ser observada na época do nacional-socialismo e demorou também bastante tempo após a II Guerra Mundial até que, por analogia, a Suprema Corte a aproveitou (de novo). Tão somente com a decisão em BGHZ 71, p. 40 (GmbH) Kali + Salz, e com outros alicerces em BGHZ 103, p. 184 (AG) Linotype e em BGHZ 129, s. 136 (AG) Girmes, é que surge um desenvolvimento judicial do direito em prol da proteção dos direitos da minoria – primeiramente, de modo nenhum com base em vínculos de lealdade, mas recorrendo a um poder da maioria *ipso facto* restrito.[37]

O controle de deliberação por meio do vínculo de lealdade dos titulares do direito de voto, formadores da vontade da sociedade, é, como aquele fundado no princípio da igualdade de tratamento, um controle próprio do direito das organizações associativas. Ele tem em comum com o dever de lealdade dos membros individualmente (para com o comportamento

36. Cour com. v. 18.4.1961 (JCP 1961, p. 121.664): "Il y a abus de majorité lorsque la résolution litigieuse a été prise contrairement à l'intéret générale et dans l'unique dessein de favoriser les membres de la majorité au détriment de la minorité"; quanto a isso, Cozian/Viandier/Deboissy, *Droit des Sociétés* (19ª ed., 2006), ns. 359 e ss.; Ripert/Roblot, *Droit Commercial* (18ª ed., 2002), n. 1.587-1.

37. V. o resumo em Henze, BB 1996, pp. 489, 491; Verse, in Bayer/Habersack, *Aktienrecht im Wandel* (2007), p. 600.

correto perante a organização) a escala do princípio da proporcionalidade (*Maßstab des Verhältnismäßigkeitsgrundsatzes*), mas assenta-se em pressupostos fáticos de outras espécies e numa valoração normativa autônoma.

Importa mencionar que a regra do entrelaçamento entre poder e responsabilidade tem se imposto de modo amplo no tocante ao vínculo coletivo de lealdade no direito societário, enquanto ela, de modo crescente, tem sido recusada para a responsabilidade em grupos de sociedade. A razão disso não pode estar apenas na diferença entre um mero controle de deliberação e uma responsabilidade adicional por perdas e danos, uma vez que a jurisprudência e a doutrina têm também reconhecido obrigação de indenizar por efeito da violação do dever de lealdade.[38] De fato, a responsabilidade da sociedade controladora foi introduzida como uma responsabilidade externa, enquanto a liquidação [dos danos decorrentes] da violação ao dever de lealdade ocorre no relacionamento interno e, por isso, é melhor tolerada por parte dos que formam a opinião da política econômica.

(c) Não é fácil encaixar os deveres de consideração do sócio majoritário e da maioria dos sócios para com os demais na dogmática das relações jurídicas societárias. Uma primeira indagação busca saber se direitos de fiscalização e de ressarcimento podem ser exercidos pelos membros do respectivo grupo individualmente ou apenas pela "bancada" (grupo) – se porventura apenas nascem do *acting in concert*, da ação em conjunto. Uma outra indagação diz respeito a saber se as pretensões se dirigem contra a sociedade isoladamente ou (também) contra o grupo majoritário; no caso de se responder afirmativamente em relação ao grupo majoritário, é preciso então aclarar a relação entre os deveres existentes para com a coletividade externa à sociedade (*Sozialverpflichtungen*) e os deveres decorrentes do *status socii*. Finalmente, pode-se indagar até que ponto o contrato social ou o estatuto podem influenciar a conformação substancial e procedimental (do dever de lealdade).

Entram em consideração os seguintes problemas particulares:

– Legitimado ao exercício da ação está apenas o sócio que se considera violado nos seus interesses *ex causa societatis*. Se exerce uma pretensão indenizatória ou de restituição, assiste-lhe, de regra, exigir o cumprimento apenas para o patrimônio da sociedade. A compensação (reparação) direta no seu próprio patrimônio apenas entra em linha de consideração, desde que o patrimônio da sociedade não tenha sido atingido pela medida atacada, como, por exemplo, na recusa ao assentimento para a transferência de participações vinculadas (participações cuja transmissão está sujeita à concordância da sociedade). Defender uma prestação compensatória (adicional) diretamente ao sócio demandante gera o risco de se ter desnecessárias ações em duplicidade.[39]

– Como demandados vêm, em teoria, a sociedade ou a coletividade dos sócios, o sócio majoritário ou a maioria de sócios ou, até mesmo, individualmente, diversos membros da sociedade, conforme o caso, na dependência de em qual relação jurídica a violação do dever de lealdade possa ser censurada. Para o demandante não há praticamente direito de escolha, uma vez que para determinados assuntos em litígio no seio da sociedade há à disposição apenas determinados processos. Nas sociedades de capitais, o controle das deliberações se dá, conforme o § 243 da AktG, apenas através de ações anulatórias e declaratórias de nulidade que deverão, como tais, ser dirigidas contra a sociedade e cujo resultado produz efeitos tanto contra os órgãos como

38. BGHZ 65, p. 15 = NJW 1976, p. 191, com remissão a Ballerstedt, *Kapital, Gewinn und Ausschüttung bei Kapitalgesellschaften* (1949), pp. 181 e ss.

39. V. Lutter, ZHR 162 (1998), p. 177.

contra os sócios (§§ 246 Al. 2, 247 Al. 1 AktG). Nas sociedades de pessoas, deve ser ajuizada uma ação declaratória, na ausência de disposição em contrário no contrato social, contra os sócios que votaram a favor da deliberação; se no processo, de um ou de outro lado, todos os sócios devem tomar parte, é uma questão em aberto. Uma aplicação analógica dos §§ 241 e ss. da AktG nas sociedades de pessoas não entra em questão devido à multiplicidade de suas espécies.[40] Em muitas sociedades civis e sociedades em nome coletivo com poucos sócios, não há nenhum procedimento deliberativo organizado; o legislador deixa, com razão, por conta dos sócios, convencionar no contrato social ou *ad hoc* os pressupostos para a tomada eficaz de decisões sociais. Quando isto não ocorre, pode-se visualizar nas *Publikumspersonengesellschaften*, nas quais o dirigente da reunião de sócios tem o dever de declarar o resultado da deliberação, um prazo decadencial tacitamente convencionado para ulteriores ações anulatórias; a ineficácia de uma deliberação precisa, então, ser pleiteada dentro de um prazo razoável. Numa típica sociedade de pessoas, necessita o sócio – na falta de disciplina contratual – tentar persuadir todos os demais membros, dentro ou fora de um processo contencioso, a reconhecer seu correto ponto de vista.

3. Deliberações com ou sem motivação substancial

3.1 Posição atual

A motivação substancial, como pressuposto não escrito de suporte fático das deliberações majoritárias eficazes, experimentou, na jurisprudência alemã, apenas um lampejo passageiro, foi logo depois restringida e continua se fazendo sentir apenas em aumentos de capital. O *leading case* em BGHZ 71, pp. 40, 42 Kali + Salz[41] pareceu seguir um caminho independente para a superação da disparidade de poder e interesse entre maioria e minoria:

BGHZ 71, 40, 43: "Todavia esta prescrição – que textualmente não vincula expressamente uma tal decisão a pressupostos materiais próprios, exigindo apenas uma maioria qualificada, contra especialmente *a opinião da jurisprudência e doutrina mais antiga, ainda em parte hoje defendida* (v. von Godin/Wilhelmi, AktG, 4ª ed., § 168, obs. 8, outras evidências em Füchsel, BB 1972, 1.533 e ss.) – não é de ser entendida no sentido de que a exclusão fique ao livre arbítrio da maioria e, quando muito, limitada pelos bons costumes. Assim entendeu a Turma Julgadora, em sua decisão BGHZ 33, 175, 186, a respeito da emissão atribuída à diretoria de novas ações, conforme os §§ 169 e ss. da AktG 1937 (= §§ 202[XV] e ss. AktG 1965), cuja distribuição se fez a certos acionistas com exclusão dos demais, que esta medida foi no caso 'substancialmente justificada e, portanto, não tinha caráter arbitrário', havendo considerado que isso foi 'um meio apropriado para a salvação da sociedade e para a conservação do capital dos pequenos acionistas'".

Embora a jurisprudência tenha sido afavelmente aceita na doutrina,[42] a II Turma de Direito Privado do Superior Tribunal Federal da Alemanha não a seguiu em duas decisões posteriores sobre deliberações de liquidação.[43] Entendeu-se que a deliberação de dissolução pode ser tomada

40. Para uma introdução à ação anulatória, Karsten Schmidt, *Gesellschaftsrecht* (4ª ed., 2002), § 47 V, p. 1.397; Martin Schwab, *Das Prozessrecht gesellschaftsinterner Streitigkeiten* (2005), pp. 339 e ss.

41. Confirmado em BGHZ 83, p. 319: Holzmann (abandonado por outras razões em BGHZ 136, p. 133: Siemens/Nold); BGHZ 142, pp. 167, 169: Hilgers (aumento de capital).

XV. A remissão constante do texto original é ao § 102 da AktG: trata-se, porém, de lapso evidente.

42. De forma crítica, Röhricht, ZGR 1999, pp. 445, 469.

43. V. BGHZ 76, p. 352 (GmbH); BGHZ 103, p. 184 (AG): Linotype.

por uma maioria qualificada em seu próprio interesse e de acordo com sua livre apreciação, mas não de modo arbitrário. Na mesma direção foram mais tarde liberados de controle substancial de deliberação uma redução de capital e uma transformação do tipo societário em sociedade anônima[44] e, por via de consequência, veio a ser recusada sistematicamente a exigência de uma justificação substancial nos especialmente graves casos de exclusão.[45] Os fundamentos decisórios do Superior Tribunal Federal da Alemanha são distintos conforme o objeto da deliberação[46] e, consequentemente, convenceram quando, subsidiariamente, a eles se recorreu em caso de abuso de direito.[47]

Pelo que consta, uma pesquisa mais pormenorizada de Direito Comparado a respeito da regra de substancialidade (*Sachlichkeitsgebot*) não foi até agora levada a efeito.[48] Um tal trabalho é também difícil porque o controle substancial é tratado com outra roupagem pela dogmática vizinha, como, por exemplo, na Inglaterra, onde é considerada parte integrante da regra de *fairness*, ou, na França, adicionalmente ao princípio de igualdade de tratamento. Em todo caso, a jurisprudência e a doutrina da Suíça incluem a regra de substancialidade, o princípio da proporcionalidade e a igualdade de tratamento dentre os "princípios fundamentais do direito societário"[49] e o direito das obrigações suíço possui, para tanto, um fundamento legal claro no art. 706 do Código das Obrigações (OR):

"O conselho de administração e cada acionista têm o direito de propor judicialmente contra a sociedade ação para a anulação de decisões da Assembleia Geral que violem a lei ou o estatuto social.

"São anuláveis particularmente as deliberações que: 1. suprimirem ou limitarem os direitos dos acionistas, com violação da lei ou do estatuto; 2. sem motivação substancial suprimirem ou limitarem os direitos dos acionistas; 3. causarem para os acionistas um tratamento desigual ou prejuízo não justificado ante o fim social; 4. suprimirem a finalidade lucrativa da sociedade sem o consentimento de todos os acionistas."[50]

O mercado de capitais da Suíça parece ter feito boas experiências com um padrão alto de proteção aos acionistas. Por isso, a expectativa de que, também no direito societário alemão, uma proteção eficaz da minoria possa ser realizada de forma universal, não precisa ser abandonada.

3.2 Apreciação crítica

No tocante às objeções, em pormenor, cumpre opinar como segue:

– Expressa ou tacitamente, o controle de conteúdo é recusado pelo medo de surgirem outras ações anulatórias extorsivas. Para a grande maioria de sociedades de capital fechado, pode este argumento não ser verdadeiro porque não há os "demandistas de profissão", com o propósito de explorar a participação no mercado de capital. Para as sociedades com participação em merca-

44. BGHZ 138, pp. 71, 75 e ss.: Sachsenmilch; BGH ZIP 2005, p. 1.318.

45. V. BGH ZIP 2006, p. 2.080: *squeeze-out*.

46. Outros casos de recusa a justificação substancial em BGHZ 120, pp. 141, 145 e ss.: Bankverein Bremen; BGHZ 153, pp. 47, 58 e ss.: Macroton (Delisting); BGH ZIP 2005, p. 1.318.

47. Com reservas também Verse, *Aktienrecht im Wandel* (2007), p. 626; Wiedemann, ZGR 1999, p. 857; fundado no abuso de direito em direito privado Feischer, JZ 2003, p. 865.

48. Partindo no tema, Simone Kreß, *Gerichtliche Beschlusskontrolle im Kapitalgesellschaftsrecht* (1996), pp. 39 e ss.; Verse, *Der Gleichbehandlungsgrundsatz im Recht der Kapitalgesellschaften* (2006), pp. 115 e ss.

49. V., por fim, quando da posterior introdução da vinculação de ações, *Bger* da Suíça de 18.4.2007, GesKR 2007 (3) 311, e a conferência de Hirschle/von der Crone, SZW 2008, pp. 103, 105.

50. V., sobretudo, Forstmoser, in Forstmoser/Meier-Hayoz/Nobel, *Schweizerisches Aktienrecht* (1996), § 39, notas 87 e ss.

dos regulados, procura o legislador deter o abuso por meio de diversos procedimentos de desbloqueio (*Freigabeverfahren*) e através da competência absoluta do órgão jurisdicional.

– O Superior Tribunal Federal da Alemanha é da opinião de que uma deliberação de dissolução não carece de justificação substancial, uma vez que dispensa precisamente os sócios da persecução do fim social. Isto não é compreensível. Primeiro, a exigência da votação favorável de todos os membros de uma corporação (*Körperschaft*) para a alteração do objeto social é de lei (BGB § 33, Al. 1, 2ª parte) e a deliberação da liquidação preenche os pressupostos de uma alteração do objeto social de uma sociedade de fins lucrativos para uma sociedade em liquidação. A opinião predominante da doutrina também atém-se, no âmbito do § 179 AktG, à exigência da unanimidade, em face da qual a deliberação majoritária substancialmente fundada representaria o remédio mais brando. Ademais, uma proteção individual e da minoria é também exigida e reconhecida em situações nas quais a realização do fim social não oferece critério de avaliação para a ponderação de interesses entre maioria e minoria, como, por exemplo, na transformação e na constituição de grupo de sociedades.[51]

– A Turma Julgadora tem justificado a dispensabilidade de um controle de conteúdo material, outrossim, ao argumento de que o legislador teria de per si realizado uma correspondente ponderação dos interesses à qual estaria a jurisprudência obrigada a se ater. Também isso convence apenas em parte.[52] Não se haveria aqui de tratar do controle de conteúdo do contrato social ou do estatuto, mas de um *controle de exercício* (*Ausübungskontrolle*). Diferentemente do que [ocorre] na situação de uma sociedade personalista ou de uma associação, [a posse d]o capital qualificado não assegura uma presunção de maior correção. O legislador moderno reconhece a admissibilidade de um controle judicial, quando ele o exclui para a situação excepcional do § 186, Al. 3, 4ª parte, AktG.[53]

Como em outros casos, a primeira tarefa para a proteção substancial da minoria está em garantir a *possibilidade* de um controle judicial, respeitando, todavia, neste caso, o poder discricionário da maioria dos sócios. Quando se observa que a Justiça não deve se imiscuir nas bem preparadas deliberações das assembleias gerais das sociedades com ações em bolsa, esta preocupação não tem sustentação para a jurisdição civil: os juízes alemães tradicionalmente são bastante reservados perante as decisões relacionadas com a condução dos negócios e à estratégia empresarial.

3.3 Questões prévias

A exigência de motivação substancial é também empregada no restante do direito privado como um elemento constitutivo de suporte fático, escrito ou não escrito, das declarações de vontade da autonomia privada. São exemplos de manuais jurídicos o princípio da igualdade de tratamento e a proteção contra a discriminação. Situações de fato idênticas devem ser tratadas da mesma forma, sendo vedada a desigualdade de tratamento, quando discriminatória. Mas isto não vale, quando para tanto existem boas razões, sendo que a doutrina da igualdade distingue entre (simples) ponderações razoáveis e (severos) meios adequados.[54] Quando os poderes jurídicos de uma parte podem afetar os direitos pes-

51. A respeito, Henze, BB 1996, pp. 489, 491.

52. Com críticas, Heidenhain, obs. LM Nr. 3 ao § 222 AktG; Natterer, AG 2001, p. 629.

53. V., quanto a casos legalmente não previstos de exame de proporcionalidade, Bieder, *Das ungeschriebene Verhältnismäßigkeitsprinzip als Sachranke privater Rechtsausübung* (2007), pp. 259 e ss.

54. Prevalecendo *BVerfGE* 88, pp. 87, 96; por fim *BVerfGE* 91, p. 346; *BVerfGE* 97, p. 169.

soais ou as posições jurídicas da outra parte, uma intervenção somente deve ocorrer levando-se em conta o princípio da proporcionalidade.

Um outro exemplo fornece a aplicação da regra de substancialidade no direito do trabalho em contratos por prazo determinado. Ela tem por base decisão do Pleno do Tribunal Federal do Trabalho da Alemanha de 16 de março de 1957,[55] em seguida foi bastante ampliada pela jurisprudência e pela doutrina e, finalmente, reconhecida pelo legislador no § 14, Al. 1 TzBfG.[XVI] Tarefas semelhantes assume a motivação substancial no âmbito da flexibilização dos contratos de trabalho, nomeadamente, na exceção de compensação, revogação e repetição.[56] O mesmo pensamento, como se sabe, também serviu de base para o desenvolvimento do controle das condições gerais das transações (cláusulas contratuais gerais), bem antes de ele ter sido completado pelo direito do consumidor.[57] Com a decisão do Tribunal Constitucional Alemão sobre liberdade contratual,[58] a doutrina da proteção obteve dignidade constitucional. Contratos não devem servir de meio de heterodeterminação e os juízes não devem, assim, reconhecer as consequências de direito convencionadas em casos de paridade contratual gravemente afetada, quando os contratos onerarem de forma extraordinária um dos contratantes e resultarem de forças de negociação desigual. No caso de preponderância fática de uma das partes, não se pode considerar sem mais nem menos o conteúdo do negócio jurídico como expressão de autodeterminação da parte subjugada. O contrato não é por isso ineficaz, mas necessita, conforme a doutrina do dever de proteção, de controle judicial.

Quando se indaga do caráter jurídico da regra de substancialidade, discute-se na doutrina a sua caracterização como conceito jurídico indeterminado ou cláusula geral e, de resto, é citada como pilar material dos respectivos pressupostos dos suportes fáticos.[59] Parece-me importante tornar consciente, outrossim, o caráter da figura jurídica como diretriz ou princípio-reitor para a composição de conflitos de interesses. A regra de substancialidade, com suas subdivisões de motivação justa ou relevante, contém, assim como o princípio da proporcionalidade,[60] com suas regras parciais, antes de tudo, um programa de busca já testado, ao passo que as valorações substanciais provêm, conforme o caso, do direito escrito (lei) ou do direito jurisprudencial (jurisprudência).

Segundo a hipótese, se lá são feitas exigências mais brandas ou severas, se, portanto, a denúncia, por exemplo, apenas deve ser admitida como *ultima ratio*, as regras de aplicação do Direito contêm, certamente, também um ponto de partida substancial para a composição de interesses. Em sua maioria, basta ligar o exercício do poder formador (direito potestativo) a simples motivações substanciais e – não menos importante – submetê-las a controle judicial. O tratamento da motivação substancial na dogmática das regras de igualdade marca a sua tarefa de modo especial: se se pode abstrair da igualdade de tratamento, é algo que apenas é possível julgar à luz

55. BAG GS AP Nr. 16 ao § 626 BGB: contrato de trabalho a termo.

XVI. TzBfG – *Gesetz über Teilzeitarbeit und befristete Arbeitsverträge* (Lei alemã sobre contratos de trabalho por tempo parcial e a termo).

56. BAG 25.4.2007, AP Nr. 7 ao § 308 BGB; Bauer/Chwalisz, ZfA 2008, p. 339.

57. A respeito, Ulmer, in Ulmer/Brandner/Hensen, *AGB-Recht* (10ª ed., 2006), "Introdução", notas 47, 48.

58. V. *BVerfGE* 81, p. 142: representante comercial; *BVerfGE* 89, pp. 214, 232: contrato de fiança; *BVerfGE* 103, pp. 89, 101: pacto antenupcial; *BVerfGE* 114, pp. 1, 34: seguro de vida capitalizado.

59. V., por fim, Feuerborn, *Sachliche Gründe im Arbeitsrecht* (2003), pp. 22 e ss.

60. Sobre o princípio da proporcionalidade, Bieder, *Das ungeschriebene Verhältnismäßigkeitsprinzip als Schranke privater Rechtsausübung* (2007); Hans Hanau, *Der Grundsatz der Verhältnismäßigkeit als Schranke privater Gestaltungsmacht* (2004).

da respectiva proibição de discriminação, geral ou especial.

3.4 Conclusões finais

De volta ao direito societário. No RGZ 132, p. 149 ("Victoria") a motivação substancial explica a necessidade da deliberação majoritária para uma grande organização também em questões fundamentais – como uma conciliação razoável entre a exigência de unanimidade e a superação dos sócios minoritários. O mesmo pensamento prevalece em BGHZ 71, p. 40 (Kali + Salz). Em ambas as decisões não se fala em violações ao dever de lealdade. Também em BGHZ 103, pp. 187, 190 (Linotype) o desvio (do princípio) da mera maioria de votos foi negado em face da atribuição de competência, conforme legalmente regulada, à sociedade dominante (controladora).

Nesta decisão, tomada no ano de 1989, teria sido possível, ainda assim, considerar se não faz parte dos princípios do direito societário, não ser prejudicado não apenas contra a regra de igualdade, sem que para isso haja razão, mas também não de forma subjetiva. Probidade entre os sócios, com certeza, exige mais do que um comportamento categoricamente contrário aos bons costumes ou abusivo.[61] O ulterior desenvolvimento da aplicação da regra de substancialidade na jurisprudência dos tribunais superiores acha-se em aberto. Na sociedade de pessoas, a II Turma de Direito Privado atenuou a nulidade das cláusulas de exclusão imotivada de sócio em favor da exigência de motivações substanciais individuais.[62] No direito das sociedades de capitais, pelo contrário, preponderam até agora os julgados que permitem a intervenção nos direitos de seus membros sem justificação substancial.[63] Não se colocando exigências substanciais para a tomada de deliberações majoritárias e, ao mesmo tempo, exigindo-se rigoroso exame do voto da minoria quanto à obediência dos deveres de lealdade, não se afeta, por acaso, o equilíbrio entre os grupos de acionistas?

A regra da substancialidade deve auxiliar na solução de conflitos de interesses; os seus requisitos, por isso, precisam ser escalonados em cada caso concreto. Isto possivelmente não foi antes observado pela jurisprudência e pela doutrina no quadro da exclusão do direito de preferência. Alterações contratuais e estruturais, em todos os tipos societários, são parte integrante do necessário instrumento da política negocial, devendo, portanto, orientar-se pelos critérios do mercado e pertinentes à empresa. Os diversos grupos de sócios não podem exigir que tão só venham a ser atingidos pelas consequências como *ultima ratio* ou que os princípios de proporcionalidade sejam observados em todos os casos. No julgado Siemens/Nold BGHZ 126, p. 133, a diretoria ficou obrigada a opinar, no "bem entendido interesse" da empresa, sobre a exclusão do direito de preferência – uma variante do critério de substancialidade do qual não mais se lançou mão em julgados posteriores.

Como, no caso, não (apenas) se trata de uma questão da direção da empresa, mas também da conformação da sociedade, não se aplica à espécie o § 93, Al. 1, 2ª parte, da AktG. Mesmo considerando-se, sem hesitação, como constitucional expulsar sem motivação substancial (sem justa causa) os pequenos acionistas de uma *Publikumsgesellschaft*,[64] pode, todavia, per-

61. BGHZ 129, pp. 136, 142: Girmes liga a doutrina da restrição dos poderes formadores com compromisso de lealdade da maioria ou minoria acionária necessária à deliberação.

62. BGHZ 164, p. 98: Managermodell; a respeito em detalhes, Goette (coord.), "Die aktuelle höchstrichterliche Rechtsprechung", in *Gesellschaftsrechtliche Vereinigung*, vol. 13 (2008), pp. 1, 21.

63. V., a respeito, acima, sob 3.1.

64. De forma crítica com referência à exclusão forçada de acionistas minoritários, Schön, in *Fest-*

manecer tarefa do Poder Judiciário conceder proteção legal contra intervenções injustificadas no *status socii*.

4. Comparação geral e perspectiva

Ao lado da cláusula geral do dever de lealdade e da doutrina da motivação substancial – melhor, a doutrina dos limites dos poderes formadores (direitos potestativos) privados – ficam à disposição, a par do dever societário de igualdade de tratamento, diversos instrumentos para o controle das deliberações, naturalmente devendo ser observado, no tocante aos efeitos, o princípio de igualdade. Todas essas figuras de direito existem independentemente uma da outra: o dever de lealdade tem as raízes na posição jurídica de sócio ou de órgão; o controle das deliberações majoritárias, geradoras de gravames, nas diferenças estruturais de uma sociedade de orientação capitalística; e a igualdade de tratamento de acionistas no § 53a da AktG.[65]

As regras de direito não se encontram ordenadas umas com as outras numa relação de hierarquia e subordinação (*Über- und Unterordnung*) e, certamente, também não na de regra e exceção – mesmo quando elas têm pontos de interseção comuns e se utilizam de características de suportes fáticos comuns, como a motivação substancial. Em alguns julgados dos tribunais superiores, conjugam-se, de forma tranquila, distintas linhas de fundamentação.[66]

A moderna doutrina sugere centrar o controle das deliberações, nomeadamente no direito acionário, no vínculo de lealdade[67] ou no princípio da igualdade de tratamento,[68] previsto no § 53a da AktG, o que, nos casos individuais, poderá conduzir a considerações semelhantes e iguais resultados. Todavia, não existe nenhum motivo efetivo para se afastar por completo um dos três citados remédios jurídicos do controle das deliberações societárias e – no caso de o novo sistema de imunização provisional de registro de atos societários impugnados judicialmente (*Freigabeverfahren*), conforme o § 246a AktG,[XVII] dar bons resultados[69] – muito menos ainda razão para disso excluir todos eles. Um escrutínio decisivo teria que pressupor, pelo menos, que ao lado das apreciações subjacentes dos elementos fáticos, também haja entendimentos seguros para a distribuição do ônus da prova e para as respectivas consequências jurídicas. A jurisprudência decidirá, em cada caso individual, de quais pensamentos jurídicos se servirá para o controle das deliberações societárias. Em face do largo campo de aplicação da regra de substancialidade serão, para tanto, determinantes os bem diversos critérios e consequências jurídicas.

schrift für Peter Ulmer (2003), pp. 1.359, 1.389; Zöllner, *Der Gesellschafter 2004*, separata, pp. 5, 9.

65. Introduzidos para a execução da 2ª Diretiva do Conselho da Comunidade Europeia para a Coordenação do Direito Societário, de 31.1.1977, ABl. Nr. L 26/1, Art. 42.

66. BGHZ 89, p. 162 (KG): Heumann/Ogilvy; BGHZ 103, pp. 184, 189 (AG): Linotype.

67. Henze, BB 1996, pp. 489, 491.

68. V. Verse, in Bayer/Habersack, *Aktienrecht im Wandel* (2007), notas 30 e ss.

XVII. O procedimento em questão foi introduzido na AktG pela UMAG em 2004, prevendo-se que, na hipótese de ser impugnada judicialmente deliberação de assembleia geral que tenha por objeto a obtenção de capital, a sua redução ou a celebração de contratos de empresas (= convenções através das quais se constituem os grupos societários de direito na Alemanha, tanto os grupos de subordinação, como os de coordenação), o juiz poderá, depois de realizado um juízo de delibação, decidir que a propositura da ação não impede o registro da deliberação e que os vícios imputados à assembleia não prejudicam a eficácia desse registro, na pendência da lide. Se, posteriormente, a ação se revelar fundada, o autor da demanda deverá ser indenizado pela sociedade.

69. V. a nova versão do § 246a AktG no *Referentenentwurf* de 11.7.2007 *eines Gesetzes zur Umsetzung der Aktionärsrechterichtlinie* 2007/36/EG.

Atualidades

ESTABELECIMENTO EMPRESARIAL VIRTUAL: REGIME JURÍDICO

TARCISIO TEIXEIRA

Introdução. 1. Estabelecimento empresarial virtual. 2. Trespasse. 3. Proteção do ponto virtual. Bibliografia.

Introdução

Inicialmente, para tratarmos do estabelecimento empresarial virtual e os aspectos do trespasse e da proteção do ponto, mister se faz relembrar o que vem a ser o estabelecimento empresarial "convencional". No Brasil, a teoria do estabelecimento comercial foi introduzida por Oscar Barreto Filho, que o definiu como o "complexo de meios materiais e imateriais, pelos quais o comerciante explora determinada espécie de comércio".[1]

Por sua vez, o Código Civil de 2002, no art. 1.142, expressa que "considera-se estabelecimento todo complexo de bens organizado, para exercício da empresa, por empresário, ou por sociedade empresária".

Haroldo Malheiros Duclerc Verçosa lembra que o estudo do estabelecimento deve passar pelos tipos de universalidade – de fato e de direito –, noção de patrimônio, tutela jurídica dos bens, sua estrutura e funcionamento, elementos que o compõem e demais negócios a ele relativos.[2] No entanto, iremos nos deter na questão dos bens corpóreos e incorpóreos, considerando que a internet como suporte do estabelecimento virtual opera em um sistema digitalizado.

Quanto aos bens que compõem o estabelecimento, os bens corpóreos são aqueles que se caracterizam por ocupar espaço no mundo exterior, por exemplo, as mercadorias, as instalações, as máquinas etc. Por sua vez, os bens incorpóreos são coisas imateriais, que não ocupam lugar no mundo exterior, sendo resultado da elaboração abstrata humana, como os títulos dos estabelecimentos, as marcas, as patentes, os desenhos industriais etc.[3]

Um dos temas mais relevantes quanto ao estabelecimento empresarial é a questão do ponto comercial, que é a localização física ou lugar do comércio (por sua vez, protegido pela ação renovatória do contrato de locação, de acordo com a Lei n. 8.245/1991, art. 51, que será visto a seguir).

1. Oscar Barreto Filho, *Teoria do Estabelecimento Comercial*, p. 73. Ainda sobre o estabelecimento comercial: Rubens Requião, *Curso de Direito Comercial*, vol. 1, 22ª ed., pp. 197 e ss.; Haroldo Malheiros Duclerc Verçosa, *Curso de Direito Comercial*, vol. 1, pp. 227 e ss. Este último analisa a fundo as várias teorias, clássicas e modernas, sobre o tema.

2. Haroldo Malheiros Duclerc Verçosa, *Curso de Direito Comercial*, vol. 1, pp. 228-229.

3. Rubens Requião, *Curso de Direito Comercial*, pp. 207-213.

1. Estabelecimento empresarial virtual

Na internet, a localização virtual é dada por um nome de domínio, que, muitas vezes, se expressa pela mesma nomenclatura do título do estabelecimento (físico) ou pela nomenclatura da marca.

Ao falar do título do estabelecimento, Haroldo Malheiros Duclerc Verçosa considera: "O título do estabelecimento corresponde ao nome ou à expressão utilizados pelo empresário para identificar o local onde está instalado".[4] A marca, por seu turno, identifica o produto ou o serviço do empresário, diferenciando-os de outros da mesma natureza.[5] Logo, é pelo *site* que a atividade do empresário – atuante no comércio eletrônico – passa a ser difundida e desenvolvida, pois é ali que seus clientes podem fazer as compras.

No mundo empresarial um *site* pode ser tido como estabelecimento virtual, cuja origem é o estabelecimento empresarial. Até alguns anos atrás, o estabelecimento era físico, em um local em que os clientes do empresário se dirigiam para realizar negócios. Mais recentemente, surgiu o estabelecimento virtual, que é um local não físico para onde os clientes também "vão" (não por deslocamento físico) em busca de negócios. O estabelecimento virtual é identificado pelo nome de domínio.

Assim, o *site* empresarial, ou estabelecimento virtual, passa a ter aptidão de produzir lucros para o empreendedor.

Esse fato é chamado "aviamento", que é a aptidão de produzir lucros conferida ao estabelecimento a partir do resultado de variados fatores pessoais, materiais e imateriais. É um atributo do estabelecimento, sendo a clientela um dos fatores do aviamento.[6]

Haroldo Malheiros Duclerc Verçosa faz a distinção de aviamento objetivo e subjetivo. O primeiro decorre da localização do estabelecimento (*local goodwill*); o segundo, da competente atuação do empresário à frente de seu negócio (*personal goodwill*).[7]

Já a clientela é definida por Haroldo Malheiros Duclerc Verçosa como "o conjunto de pessoas que, de fato, mantém com o estabelecimento relações continuadas de procura de bens e de serviços".[8]

Percebe-se que, os conceitos expostos até aqui (estabelecimento, título do estabelecimento, marca, aviamento e clientela) são aplicáveis ao fato de o *site* poder ser considerado um estabelecimento virtual. Dessa forma, o nome de domínio (que espelha o endereço virtual do estabelecimento) goza de proteção jurídica, que, no Brasil, é regulado pelo Núcleo de Informação e Coordenação do Ponto Br – NIC.BR.

Considerando-se que os bens que compõem o estabelecimento empresarial podem ser corpóreos e incorpóreos, parece que seria bastante razoável situar o estabelecimento virtual como um bem incorpóreo, por não ocupar lugar no espaço físico. Assim sendo, poderia ser considerado extensão do estabelecimento, uma vez que possibilita a comercialização de produtos e a prestação de serviços.

Sobre considerar o estabelecimento virtual "auxiliar" ou "extensão" do estabelecimento empresarial, Aldemário Araújo Castro defende que os *sites* não podem ser qualificados como estabelecimentos virtuais, devendo apenas ser considerados meras extensões dos estabelecimentos físicos.[9]

4. Haroldo Malheiros Duclerc Verçosa, *Curso de Direito Comercial*, vol. 1, p. 244.

5. Newton Silveira, *A Propriedade Intelectual e a Nova Lei de Propriedade Industrial*, p. 16.

6. Oscar Barreto Filho, *Teoria do Estabelecimento Comercial*, pp. 169 e 179-180.

7. Haroldo Malheiros Duclerc Verçosa, *Curso de Direito Comercial*, vol. 1, p. 248.

8. Idem, p. 250.

9. Aldemário Araújo Castro, "Os meios eletrônicos e a tributação", in Demócrito Reinaldo Filho (coord.), *Direito da Informática – Temas Polêmicos*, p. 259.

Para Fábio Ulhoa Coelho é a acessibilidade que define se o estabelecimento empresarial é físico ou virtual; se para o acesso houver deslocamento no espaço é físico, se houver transmissão e recepção eletrônica de dados é virtual; porém, há elementos comuns aos dois, a formação do fundo de comércio, por guardarem a mesma natureza jurídica.[10]

No que diz respeito à natureza jurídica do estabelecimento, seja físico ou virtual, Maria Eugênia Reis Finkelstein considera não haver diferenças entre ambos. A peculiaridade de cada um é basicamente a maneira como se tem acesso aos produtos ou serviços.[11]

Ainda sobre a natureza do *site* como estabelecimento, é importante trazer o que escreve Elidie Palma Bifano: "O *web site*, conquanto não possa ser tido como estabelecimento, integra o conjunto dos bens de que um comerciante se utiliza no desempenho de suas atividades, portanto integra o fundo de comércio e pode ser negociado com o conjunto formador do estabelecimento ou separadamente. O valor de mercado de um *web site* está diretamente vinculado ao número de visitas (*clicks*) que ele recebe".[12]

Nesse ponto, se o estabelecimento virtual for considerado aviamento objetivo (dada a localização virtual na internet), em especial pelo nome de domínio, tal opinião esbarra na questão tratada por Oscar Barreto Filho, segundo o qual o aviamento não existe como elemento separado do estabelecimento, não podendo ser objeto autônomo de direitos, por si só, suscetível de ser alienado ou dado em garantia.[13]

Mas, levando-se em conta que o aviamento agrega valor ao estabelecimento empresarial, podemos até dizer que há um fundo de comércio no estabelecimento virtual, na medida em que o *site* seja altamente conhecido pelo grande volume de negócios, o que acrescentaria valor ao seu trespasse.

Aqui, nesse momento, é importante ter presente o que escreveu Marco Aurélio Greco sobre os tipos de *sites*: meramente passivos; canalizadores de mensagens; e inteligentes.

Basicamente, segundo os apontamentos do autor, os meramente passivos são os que apenas mostram imagens, informações de alguém ou de produtos e serviços (parecido com outros veículos de divulgação). Os canalizadores de mensagens são aqueles que possibilitam receber solicitações pelos interessados na compra de produtos ou serviços (semelhante a uma caixa de correspondência que recebe pedidos), podendo ter as atribuições anteriores. Os inteligentes são aqueles que não só recebem as solicitações, mas têm condições técnicas de realizar operações mais complexas, de interagir com o usuário; podem responder sobre a confirmação das solicitações e confirmar a disponibilidade no estoque; informar o prazo de entrega e receber o pagamento por meio de cartão de crédito ou emissão de boleto para pagamento em banco. Se for o caso de compra de bens não corpóreos, por exemplo, acesso a informações ou venda de *software*, o *site* permite a execução do *download*.[14]

Considerando o que foi exposto até aqui, especialmente quanto aos elementos que compõem o estabelecimento, parece que as duas primeiras categorias não se enquadrariam no conceito de estabelecimento empresarial, pois se poderia dizer que são mais uma das ferramentas do empresário para o exercício de sua atividade. Dife-

10. Fábio Ulhoa Coelho, *Curso de Direito Comercial*, vol. 3, 4ª ed., pp. 34-35.

11. Maria Eugênia Reis Finkelstein, *Aspectos Jurídicos do Comércio Eletrônico*, p. 57.

12. Elidie Palma Bifano, *O Negócio Eletrônico e o Sistema Tributário Brasileiro*, p. 177.

13. Oscar Barreto Filho, *Teoria do Estabelecimento Comercial*, p. 171.

14. Marco Aurélio Greco, "Estabelecimento tributário e sites na internet", in Newton De Lucca e Adalberto Simão Filho (coords.), *Direito e Internet – Aspectos Jurídicos Relevantes*, 2ª ed., pp. 341-342.

rentemente, a terceira espécie de *site* pode se enquadrar, porque guarda semelhança com as funções do estabelecimento físico,[15] o que permite o desenvolvimento da atividade empresarial, em especial vender seus produtos e serviços à clientela.

É pertinente também a distinção apresentada por José Olinto de Toledo Ridolfo, no que ele chama de "estabelecimento empresarial digital", que pode ser "originário" ou "derivado". O primeiro é aquele em que a criação, o desenvolvimento e a realização não estão vinculados a uma atividade empresarial formal e organizada que o preexiste. O segundo é a expressão digital de uma atividade econômica formal e organizada que o preceda, cuja utilização da internet é complementar ao desenvolvimento da atividade, o que o configura como uma extensão do estabelecimento empresarial convencional.[16]

A internet possibilitou o desenvolvimento de algumas atividades não conhecidas anteriormente, pelo menos não no mesmo formato, por exemplo, a possibilidade de compra e/ou entrega virtual, com uma interação total com um programa de computador. São bons exemplos a Amazon e o Submarino. Trata-se de empresas que exploram o ramo de livraria (a segunda vende também outros utensílios) e operam, exclusivamente, na internet, cujo interessado acessa o *site* (www.amazon.com ou www.submarino.com.br), seleciona o produto desejado, o *software* verifica a disponibilidade, dá o preço e aí se realiza a compra, com a posterior entrega via postal. Esta situação enquadra-se na espécie de estabelecimento empresarial digital originário.[17]

De forma diferente, com o avanço da informática, ao empresário, dependendo de sua atividade, o uso da internet é ferramenta importantíssima no desenvolvimento de sua atividade mercantil, sendo uma ferramenta que auxilia na busca do lucro. É o caso das lojas de departamento. Por exemplo, as Lojas Americanas, nos últimos anos, mantêm um *site* (*www.americanas.com*) no qual os clientes podem adquirir os mesmos produtos que são vendidos nas lojas físicas e receber no endereço indicado, posteriormente. Nesse caso, há o enquadramento na espécie de estabelecimento empresarial digital derivado.[18]

2. Trespasse

Uma questão relevante é saber se o estabelecimento virtual pode ser considerado estabelecimento empresarial ou mera extensão deste para efeitos jurídicos. Parece, todavia, que as duas situações são admissíveis; porém, o tema ganha relevo quanto ao trespasse do estabelecimento. Trespasse é a alienação de estabelecimento empresarial, prevista no Código Civil, art. 1.144 e ss., em que são estabelecidas algumas regras para sua concretização, como a averbação no registro competente, a responsabilidade solidária do alienante e adquirente, a não concorrência posterior do alienante com o adquirente, os respectivos

15. Luciana Antonini Ribeiro, analisando a classificação proposta por Marco Aurélio Greco, inclina-se no mesmo sentido (*Contratos Eletrônicos*, Dissertação de Mestrado em Direito, Faculdade de Direito da USP, pp. 32-33).

16. José Olinto de Toledo Ridolfo, "Aspectos da valoração do estabelecimento comercial de empresas da nova economia", in Newton De Lucca e Adalberto Simão Filho (coords.), *Direito e Internet – Aspectos Jurídicos Relevantes*, 2ª ed., pp. 296-297.

17. Ressalta-se que nunca haverá um estabelecimento puramente virtual, pois ele sempre terá uma sede física, na qual ficam os seus servidores, administradores etc.

18. Mais recentemente, alguns empresários que operavam exclusivamente na internet, com estabelecimentos virtuais (p.ex., o *www.polishop.com.br*), têm aberto lojas físicas a fim de que seus clientes possam ter acesso físico aos bens que eram inicialmente vendidos apenas pela rede mundial de computadores. Nestes estabelecimentos físicos, o cliente também pode efetuar suas compras. No caso, pode-se dizer que o estabelecimento empresarial físico é decorrente do estabelecimento virtual, pois, em primeiro lugar, surgiu este e depois aquele.

prazos, entre outras que escapam do objeto deste artigo.

O estabelecimento empresarial digital originário, por si só, pode constituir o fundo de comércio. Já o estabelecimento empresarial digital derivado agrega valor ao fundo de comércio do estabelecimento físico. Então, como fica a questão da possibilidade de alienação do estabelecimento virtual?

Na primeira situação, quando o empresário usar exclusivamente o *site* como forma de colocar seus produtos ou serviços no mercado, o estabelecimento virtual poderia ser objeto de trespasse, por exemplo, no caso da Amazon. Se fosse o caso, poderia vender apenas o nome de domínio – endereço virtual –, juntamente com a marca (o que provavelmente tem de mais valioso), sem, necessariamente, vender os equipamentos que lhe dão suporte.

Na segunda situação, quando o empresário mantém estabelecimento empresarial físico, por exemplo, no caso das Lojas Americanas, sendo o *site* mais uma ferramenta para colocar seus produtos e serviços à disposição da sua clientela, a alienação do estabelecimento virtual (separada do estabelecimento físico) torna-se preocupante. Vender o nome de domínio sem vender o estabelecimento físico, conjuntamente, poderia induzir a clientela a erro, uma vez que a notoriedade daquele endereço virtual e a confiabilidade dos consumidores, provavelmente, estão associadas a determinado título do estabelecimento físico (com todo o seu complexo estrutural físico: várias unidades, estoques etc.) ou marca de produto ou de serviço renomados, o que dá credibilidade às compras efetuadas naquele *site*.[19]

Parece que, mesmo não havendo um regramento expresso quanto ao estabelecimento virtual, é razoavelmente suficiente a disciplina do Código Civil de 2002 para o estabelecimento empresarial, a fim de tutelar juridicamente os empresários que desenvolvem sua atividade exclusivamente na internet ou não, tendo um estabelecimento virtual (originário) ou fazendo do seu *site* uma extensão do estabelecimento físico (derivado).[20]

No entanto, é claro que isso poderia melhorar no plano legal, do ponto de vista do trespasse, para evitar insegurança jurídica na alienação do estabelecimento virtual que é complemento do estabelecimento físico.

3. Proteção do ponto virtual

Podemos ainda questionar sobre a proteção do ponto comercial na esfera virtual. Essa proteção, a princípio, pode dar-se pelo direito contratual ou pelas regras de proteção de marca, nome empresarial, título de estabelecimento etc. Mas nossa intenção é verificar a possibilidade de se aplicar a ação renovatória, para locação mercantil por meio da Lei n. 8.245/1991, art. 51,[21] aos casos de locação de nome de domínio.[22]

A referida norma, chamada de lei de locação, protege o ponto comercial do empresário, a fim de que ele tenha direito à

19. Tratando de trespasse, poderíamos ainda questionar sobre a necessidade de consentimento dos credores para a venda do estabelecimento virtual, se ao alienante não restarem bens suficientes para solver o passivo, conforme o disposto no art. 1.145 do Código Civil.

20. Nesse sentido, Maria Eugênia Reis Finkelstein, *Aspectos Jurídicos do Comércio Eletrônico*, p. 67.

21. "Art. 51. Nas locações de imóveis destinados ao comércio, o locatário terá direito à renovação do contrato, por igual prazo, desde que, cumulativamente: I – o contrato a renovar tenha sido celebrado por escrito e com prazo determinado; II – o prazo mínimo do contrato a renovar ou a soma dos prazos ininterruptos dos contratos escritos seja de cinco anos; III – o locatário esteja explorando seu comércio, no mesmo ramo, pelo prazo mínimo e ininterrupto de três anos."

22. Neste campo, as questões se multiplicam. Apesar de não ser objeto do presente artigo, poder-se-ia questionar a possibilidade de lacração do estabelecimento virtual em caso de falência (o *site* seria "tirado do ar" colocando-se uma tarja escrito "lacrado"?).

renovação compulsória do contrato de locação do imóvel em que exerce sua atividade empresarial, tendo em vista o aviamento objetivo (localização física em que os clientes se deslocam para realizar suas compras).

Ao tratar do estabelecimento físico e estabelecimento virtual, Fábio Ulhoa Coelho afirma que possuem idêntica natureza jurídica e que há elementos comuns entre eles, como a formação do fundo de comércio, mas os diferencia com relação à forma de acesso, fisicamente no caso do primeiro e, virtualmente (por transmissão e recepção eletrônica de dados), no caso do segundo, bem como pelo fato do direito à renovação compulsória da locação, cabível ao estabelecimento físico e não ao virtual.[23]

Maria Eugênia Reis Finkelstein coaduna com esta opinião, externando não ser possível a renovação compulsória pelo empresário titular de estabelecimento virtual, mesmo quando presentes todos os requisitos do art. 51 da Lei n. 8.245/1991.[24]

Ousamos discordar dessas opiniões, especialmente quanto ao fato de "mesmo estando presentes todos os requisitos elencados pela lei de locação". Seria mesmo impossível estar diante de todos os requisitos da lei, uma vez que, no *caput* do art. 51, há a expressão "nas locações de *imóveis* destinados ao comércio" (grifo nosso).

Por si só a palavra imóvel já impede que se preencham todos os requisitos da lei, até porque a localização do estabelecimento, nesses casos, é virtual. No entanto, entendemos que, preenchidos os demais requisitos da lei, por meio de uma aplicação analógica, no caso de locação de nome de domínio, seria aceitável e possível a renovação compulsória a esse contrato.

Até porque, mesmo sendo uma norma que regula a locação de imóvel urbano, o sentido da proteção legal (estampada nos arts. 51 e ss.) é defender o ponto comercial, endereço físico do estabelecimento, cujos clientes se dirigem para adquirir os produtos ou a prestação de serviços, depois de um grande esforço do empresário em conquistar a clientela, que passa pela questão do aviamento anteriormente mencionada.

Estender esta proteção ao estabelecimento virtual parece coerente, pois, nos casos de *sites* empresariais já bem difundidos junto aos internautas, seria proteger o endereço virtual (o que poderia ser considerado "ponto virtual"), em que os usuários da internet habitualmente acessam para efetuar suas compras, sendo clientes daquele estabelecimento virtual.

Como o próprio Fábio Ulhoa Coelho afirma, todo estabelecimento virtual é identificado pelo nome de domínio, cuja função equivale à do título do estabelecimento em relação ao estabelecimento físico (identifica o lugar em que o consumidor se dirige para comprar), além de viabilizar a conexão do internauta com os computadores do empresário.[25]

De acordo com a pesquisa realizada pela *Web Shoppers* sobre o comportamento dos consumidores brasileiros na internet, em 2005, 21% das pessoas que fizeram compras acessaram o *site* digitando o nome da loja; 19% chegaram na loja virtual por meio de buscadores e comparações de preços; 16% acessaram o *site* por meio de *e-mails* promocionais.[26] Isso justifica, em grande medida, a necessidade da proteção do ponto virtual.

Negar proteção jurídica, de renovação compulsória, a possíveis contratos de locação de estabelecimentos virtuais e, consequentemente, seu nome de domínio é "fechar os olhos" para uma realidade presente, o desenvolvimento do comércio ele-

23. Fábio Ulhoa Coelho, *Curso de Direito Comercial*, pp. 34-35.

24. Maria Eugênia Reis Finkelstein, *Aspectos Jurídicos do Comércio Eletrônico*, pp. 66-67.

25. Fábio Ulhoa Coelho, *Curso de Direito Comercial*, p. 36.

26. *Comércio On-Line Movimenta R$ 3,9 Bi em 2006*, disponível em *http://idgnow.uol.com.br/AdPortalv5/InternetInterna.aspx?GUID=CFEE7411-A2F8-4*.

trônico, o que, de certo, inibirá iminentes contratações nesse sentido.

Diante do exposto, a lei do inquilinato (ou, se fosse o caso, o Código Civil no capítulo que trata de locação) poderia ser aperfeiçoada com o objetivo de dar clara proteção às locações de estabelecimento virtuais e suas possíveis renovações compulsórias, a fim de estender a proteção do ponto comercial ao ponto virtual. O tema fica ainda mais complexo se for o caso de uma cessão de uso do endereço eletrônico, tendo em vista que, por esse tipo contratual, a princípio, não haveria amparo na lei de locação, quanto à intenção de proteção do ponto.

Finalizado em 18 de junho de 2011.

Bibliografia

BARRETO FILHO, Oscar. *Teoria do Estabelecimento Comercial*. São Paulo, Max Limonad, 1969.

BIFANO, Elidie Palma. *O Negócio Eletrônico e o Sistema Tributário Brasileiro*. São Paulo, Quartier Latin, 2004.

CAMPOS, Fernando Jucá Vieira de. "Nomes de domínio: conflitos com marcas, nomes comerciais e outros direitos". In ROCHA FILHO, Valdir de Oliveira (coord.). *O Direito e a Internet*. Rio de Janeiro, Forense Universitária, 2002.

CASTRO, Aldemário Araújo. "Os meios eletrônicos e a tributação". In REINALDO FILHO, Demócrito (coord.). *Direito da Informática – Temas Polêmicos*. Bauru, Edipro, 2002.

COELHO, Fábio Ulhoa. *Curso de Direito Comercial*. vol. 3, 4ª ed. São Paulo, Saraiva, 2003.

Comércio on-line movimenta R$ 3,9 bi em 2006. Disponível em *http://idgnow.uol.com.br/AdPortalv5/InternetInterna.aspx?GUID=CFEE7411-A2F8-4*.

FINKELSTEIN, Maria Eugênia Reis. *Aspectos Jurídicos do Comércio Eletrônico*. São Paulo/Porto Alegre, Síntese, 2004.

GRECO, Marco Aurélio. "Estabelecimento tributário e sites na internet". In DE LUCCA, Newton, e SIMÃO FILHO, Adalberto (coords.). *Direito e Internet – Aspectos Jurídicos Relevantes*. 2ª ed. São Paulo, Quartier Latin, 2005.

REQUIÃO, Rubens. *Curso de Direito Comercial*. vol. 1, 22ª ed. São Paulo, Saraiva, 1995.

RIBEIRO, Luciana Antonini. *Contratos Eletrônicos*. Dissertação (Mestrado em Direito), Faculdade de Direito da Universidade de São Paulo. São Paulo, 2003.

RIDOLFO, José Olinto de Toledo. "Aspectos da valoração do estabelecimento comercial de empresas da nova economia". In DE LUCCA, Newton, e SIMÃO FILHO, Adalberto (coords.). *Direito e Internet – Aspectos Jurídicos Relevantes*. 2ª ed. São Paulo, Quartier Latin, 2005.

SILVEIRA, Newton. *A Propriedade Intelectual e a Nova Lei de Propriedade Industrial*. São Paulo, Saraiva, 1996.

TEIXEIRA, Tarcisio. *Direito Eletrônico*. São Paulo, Juarez de Oliveira, 2007.

VERÇOSA, Haroldo Malheiros Duclerc. *Curso de Direito Comercial*. vol. 1. São Paulo, Malheiros Editores, 2004.

Atualidades

A TRANSFERÊNCIA DA PROPRIEDADE DOS VEÍCULOS AUTOMOTORES POR MEIO DE NOTA FISCAL FATURA

Arnoldo Wald

I. Introdução. II. Os sistemas de transferência da propriedade. III. A transmissão da propriedade de bem móvel. IV. Tradição simbólica e tradição ficta. V. Conclusão.

I. Introdução

1. Trataremos, no presente artigo, da possibilidade de se considerar implementada a transferência da propriedade de veículos automotores e produtos afins, pela montadora, no ato da emissão da respectiva nota fiscal fatura, especialmente em se considerando que a retirada dos bens pelo comprador, na maioria das vezes, não é concomitante, permanecendo os produtos no pátio da montadora por período determinado.

2. Assim, analisaremos o sistema de transferência da propriedade de bens móveis, em especial, veículos automotores, chassis e plataformas de ônibus.

II. Os sistemas de transferência da propriedade

3. O direito contemporâneo oferece dois sistemas distintos de transferência de propriedade:

(i) *franco-italiano*, pelo qual o simples contrato transfere a propriedade. O acordo de vontades é suficiente para que determinado bem saia de um patrimônio, sendo incorporado a outro. Os registros públicos e a tradição, nesse sistema, visam apenas documentar e comprovar o negócio feito, dando-lhe efeitos em relação a terceiros que não foram parte na operação contratual; e

(ii) *germânico*, pelo qual, ao contrário, a propriedade só se transfere mediante a tradição real, simbólica ou ficta, para os bens móveis, e mediante a transcrição no Registro de Imóveis competente, para os imóveis.

4. No Brasil, o sistema adotado é o germânico. A matéria está regulada no art. 1.267 do Código Civil (semelhante aos arts. 620 e 621 do Código Civil de 1916), *in verbis*:

"Art. 1.267. A propriedade das coisas não se transfere pelos negócios jurídicos antes da tradição.

"Parágrafo único. Subentende-se a tradição quando o transmitente continua a possuir pelo constituto possessório; quando cede ao adquirente o direito à restituição da coisa, que se encontra em poder de terceiro; ou quando o adquirente já está na posse da coisa, por ocasião do negócio jurídico."

5. Sobre o tema, já tivemos o ensejo de escrever que: "A principal forma de aquisição da propriedade móvel é a tradição, ou seja, a entrega material da coisa, que se faz com a intenção de transferir a posse (*animus tradendi*). Na tradição temos duas pessoas, o *tradens* (que entrega) e o *accipiens* (que recebe)".[1]

III. A transmissão da propriedade de bem móvel

6. A transmissão da propriedade de bem móvel, cumpre frisar, deve ser fundada em negócio jurídico bilateral, no qual devem estar presentes os seguintes elementos:

(i) de um lado, a manifestação de vontade do comprador, e, de outro lado,

(ii) a aceitação do vendedor, geralmente caracterizada pela emissão da respectiva nota fiscal fatura;

(iii) a tradição da coisa, real, ficta ou simbólica.

7. Cumpre lembrar a lição de Pontes de Miranda a respeito da tradição: "Ou é a entrega da coisa (no direito romano clássico e no contemporâneo, entrega-tomada), ou por ela se entende o complexo de negócio jurídico mais o ato-real (ato-fato jurídico), que tem a eficácia de transmissão, ou mais o ato jurídico *stricto sensu*, que a tenha".[2]

8. Nas palavras de Washington de Barros Monteiro, tradição é: "(...) a entrega da coisa ao adquirente, o ato pelo qual se transfere a outrem o domínio de uma coisa, em virtude do título translativo da propriedade. Dois, portanto, os requisitos para que ela exista: a) acordo das partes, no sentido de transferir a propriedade; b) execução desse acordo mediante entrega da coisa".[3]

1. Arnoldo Wald, *Direito das Coisas*, 12ª ed., São Paulo, Saraiva, 2009, p. 186.

2. Pontes de Miranda, *Tratado de Direito Privado*, Parte Especial, t. XV, 2ª ed., Rio de Janeiro, Borsoi, 1956, p. 239.

3. Washington de Barros Monteiro, *Curso de Direito Civil*, vol. 3, 31ª ed., São Paulo, Saraiva, 1994, p. 201.

9. Quanto ao primeiro requisito para a caracterização da tradição é, portanto, o acordo das partes no sentido de transferir a propriedade, sendo a manifestação de vontade de ambas as partes suficiente para esse fim.

10. O segundo requisito é a execução do acordo mediante entrega da coisa, circunstância que merece uma análise mais detalhada, no caso de permanecer na posse da montadora o produto já alienado. Este produto fica no seu pátio, à disposição do comprador, por determinado período de tempo, até a sua efetiva retirada, que só depende da vontade do adquirente.

11. Cabe, aqui, antes de mais nada, recapitular o mecanismo de implementação das vendas pelas montadoras que geralmente é utilizado, vendas que são usualmente realizadas através de pedidos formulados pela rede de concessionárias:

(i) há um contrato de compra e venda (denominado *Master Agreement*) firmado entre cada concessionária e a montadora alienante;

(ii) a concessionária encaminha o pedido de compra;

(iii) a montadora emite a nota fiscal fatura, consumando a venda e colocando os produtos à disposição da concessionária para retirada;

(iv) após a emissão da nota fiscal fatura, os produtos adquiridos pelo comprador são por ele alienados fiduciariamente ao banco financiador;

(v) alternativamente ao item anterior, ocorre a retirada dos produtos colocados à disposição do comprador, que apresenta garantia do pagamento da duplicata.

12. Pois bem. Seja na hipótese ora analisada ou no caso de venda direta, não ocorre a entrega *real* dos produtos (tradição *real*). Esta, contudo, não é a única espécie de tradição admitida pelo nosso direito. Como ensina Caio Mário da Silva Pereira: "a tradição originariamente se configura na entrega da coisa, materialmente efetivada. Mas, como a vida social e mercantil não tolera subordinar-se diuturnamente às exigências do formalismo jurídico, a tradição procura afeiçoar-se a imposições práticas. Partindo, então, da tradição real, o direito moderno desenvolve a noção de tradição simbólica e cultiva o constituto possessório, que nos vem do Direito Romano".[4]

13. Com efeito, a doutrina especifica três modalidades distintas de tradição:

(i) *real*: quando concretizada pela efetiva entrega da coisa, feita pelo alienante ao adquirente;

(ii) *simbólica*: quando é apenas representativa, não ocorrendo materialmente; e

(iii) *ficta*: quando decorrente de *constituto possessório*; nessa hipótese, o alienante continua na posse do bem, mas altera-se o seu *animus*. Possuía como dono e passa a possuir a outro título, como comodatário ou depositário.

IV. Tradição simbólica e tradição ficta

14. A tradição simbólica, na definição de Washington de Barros Monteiro, é "traduzida por ato representativo da transferência da coisa; a entrega não é real, substituindo-se por ato equivalente, como a entrega das chaves do lugar, onde a coisa se acha".[5]

15. Como se vê, tradição simbólica é calcada em *ato equivalente* à entrega da coisa. E a melhor forma de se aferir a *equivalência* dos atos é através da análise dos usos e costumes.

16. J. X. Carvalho de Mendonça, reconhecendo, justamente, a importância dos usos e costumes para a caracterização da tradição, chega a elencar o *uso* como uma quarta categoria de tradição. Confira-se: "Pode a tradição operar-se: a) pela entrega real da mercadoria; b) pela entrega symbolica; c) pela transferência dos títulos que a representem; ou d) pelo modo por que estiver em uso no logar".[6]

17. A matéria era, inclusive, regulada pela Parte Primeira do Código Comercial (Lei n. 556, de 25 de junho de 1850), no art. 199, hoje revogado pelo Código Civil. Apesar de revogado, vale transcrever o dispositivo mencionado, que demonstra que, historicamente, sempre se consideraram os usos e costumes locais para a caracterização da tradição: "Art. 199. A tradição da coisa vendida, na falta de estipulação expressa, deve fazer-se no lugar onde a mesma coisa se achava ao tempo da venda; e pode operar-se pelo fato da entrega real ou simbólica, ou pelo do título, ou pelo modo que estiver em uso comercial no lugar onde deva verificar-se".

18. O costume, frise-se, é expressamente reconhecido como fonte jurídica,[7] composta por dois elementos necessários: o uso e a convicção jurídica. É, portanto, norma jurídica que deriva da prática uniforme reiterada, constante, pública e geral de determinado ato com a convicção de sua necessidade jurídica.[8]

19. Atualmente, é prática comum e usual no setor automobilístico, sobretudo nas relações entre montadoras e rede de concessionárias, a emissão da nota fiscal como "entrega real do título" ou *ato equivalente* à entrega do bem, que, fisicamente, permanece no pátio da montadora, por determinado período, à disposição do comprador, até a sua efetiva retirada.

4. Caio Mário da Silva Pereira, *Instituições de Direito Civil*, vol. IV, 19ª ed., Rio de Janeiro, Forense, 2007, p. 171.

5. Washington de Barros Monteiro, *Curso de Direito Civil*, vol. 3, 31ª ed., cit., p. 202.

6. J. X. Carvalho de Mendonça, *Tratado de Direito Commercial Brazileiro*, vol. V, Livro III, Parte I, Rio de Janeiro, Typ. do Jornal do Commercio, de Rodrigues & C., 1919, p. 92.

7. Art. 4º da Lei de Introdução ao Código Civil: "Quando a lei for omissa, o juiz decidirá o caso de acordo com a analogia, os costumes e os princípios gerais do direito".

8. Maria Helena Diniz, *Lei de Introdução ao Código Civil Brasileiro Interpretada: com Referências ao Novo Código Civil (Lei n. 10.406, de 10.1.2002)*, 9ª ed., São Paulo, Saraiva, 2002, p. 120.

20. Com efeito, há anos utiliza-se o referido procedimento no setor. Trata-se, portanto, de um *costume*, na acepção jurídica da palavra.

21. Acresça-se que a tradição pode ocorrer também pela entrega do título (venda sobre documentos), no caso a nota fiscal fatura, suficiente para a transferência da posse indireta dos bens alienados. Nesse tipo de venda, dá-se a ficção de que a coisa está sendo entregue pelo título que a representa.

22. Lembramos que a aquisição da posse indireta vale como tradição, conforme demonstrado por J. M. de Carvalho Santos.[9] Referido autor cita como exemplo a hipótese em que "alguém aliena um automóvel que se encontra na posse de terceiro (locatário, comodatário, depositário ou mero possuidor), transferindo ao comprador o respectivo certificado de propriedade".[10] Nesse caso, não há dúvida de que se operou a transferência da propriedade do veículo, em que pese o comprador não ter recebido a posse direta do bem, que permanece com o terceiro. No próprio exemplo mencionado, Álvaro Villaça Azevedo destaca que: "o comprador, como proprietário do veículo, e como possuidor indireto, estará autorizado a exigir a sua restituição, no tempo certo, reivindicando esse objeto. Assim, agirá, respeitando eventuais prazos existentes, de locação ou de comodato, por exemplo".[11]

23. Neste caso, a emissão da nota fiscal fatura, em se tratando de veículo novo (caminhão, van ou outro veículo de passageiros) ou de outros produtos (chassis e plataformas de ônibus, por exemplo), equivale à transferência do certificado de propriedade, transferindo-se ao comprador, portanto, a posse indireta dos bens alienados. A posse direta, por seu turno, continua com a montadora, até que o comprador retire os bens já colocados à sua disposição desde a emissão da nota fiscal fatura.

24. Ainda sobre a tradição simbólica, voltemos ao Código Comercial. O art. 200, item 3, da referida lei fazia expressa alusão à emissão da fatura como forma de tradição simbólica da mercadoria alienada. Confira-se:

"Art. 200. Reputa-se mercantilmente tradição simbólica, salva a prova em contrário, no caso de erro, fraude ou dolo: (...);

"3. a remessa e aceitação da fatura, sem oposição imediata do comprador; (...)."

25. Como se vê, a emissão da nota fiscal fatura sempre foi considerada e aceita, no direito brasileiro, como forma de tradição da mercadoria alienada e, portanto, apta a caracterizar a transferência da propriedade dos bens.

26. A discussão já foi travada, inclusive, no âmbito do direito falimentar, nos casos de pedido de restituição formulado pelo comprador que adquirira mercadorias do falido ou concordatário, sem ter recebido a sua posse direta. Nessas hipóteses, tanto a doutrina como a jurisprudência admitem a restituição dos bens ao comprador, seu legítimo proprietário. Confira-se, sobre o tema, os comentários de Rubens Requião:

"Tem-se discutido intensamente se o comprador que, tendo adquirido e pago a mercadoria, sem tradição, ao vendedor, que posteriormente impetra concordata, tem direito à restituição. É a hipótese da tradição simbólica, admitida pelo Código Comercial, que regula as hipóteses no art. 200. Entre estas se situa o fato de colocar o comprador sua marca nas mercadorias

9. Trata-se de tradição indireta, na qual a transferência se opera em consequência da aquisição da posse indireta pelo adquirente ou cessionário (*Dicionário Jurídico da Academia Brasileira de Letras Jurídicas*, 4ª ed., Rio de Janeiro, Forense, 1996).

10. J. M. de Carvalho Santos, *Código Civil Brasileiro Interpretado*, vol. XVI, Rio de Janeiro, Freitas Bastos, 1945, p. 44.

11. Álvaro Villaça Azevedo, *Comentários ao Novo Código Civil*, coord. Sálvio de Figueiredo Teixeira, Rio de Janeiro, Forense, 2008, p. 128.

compradas em presença do vendedor ou com seu consentimento, e a remessa e aceitação da fatura, sem oposição imediata do comprador.

"A entrega simbólica equivale à entrega ou tradição, embora a cousa fisicamente permaneça em poder do vendedor. A propriedade se transmite às mãos do comprador, que passa a ser o legítimo proprietário. O vendedor detém a cousa, em nome do comprador, como se fosse simples depositário. A compra e venda, perfeita e acabada, foi consumada através da tradição simbólica.

"Tanto a doutrina como a jurisprudência têm admitido, nesses casos, a restituição da cousa ao comprador, seu legítimo dono."[12]

27. Vale destacar caso que versa sobre a compra e venda de álcool, no qual se reconheceu a validade da tradição simbólica (mediante a emissão da nota fiscal) da mercadoria, efetuada antes da decretação da concordata do vendedor, como forma de transferência da propriedade. Confira-se o elucidativo parecer do Curador Fiscal de Massas Falidas, exarado nos autos do respectivo processo, acolhido na íntegra pelo Tribunal de Justiça de São Paulo:

"1ª. Consoante se vê – e claramente visto – na nota fiscal das faturas, tôdas de 3 de setembro de 1958, a vendedora Vassununga entregou simbòlicamente à compradora Cia. Nacional de Álcool aquêles 400.000 litros de álcool, porquanto de tais peças consta 'à sua ordem na usina', ou 'à sua ordem em nossa usina': houve, portanto, a tradição simbólica, aquela 'tradição virtual', a que se refere Cunha Gonçalves (*Da Compra e Venda no Direito Comercial Brasileiro*, 1ª ed., p. 327, n. 113), isto é, aquela 'tradição alegórica' aludida por Carvalho de Mendonça (*Tratado de Direito Comercial Brasileiro*, 2ª ed., 1934, vol. VI, parte 2ª, p. 71, n. 659). E essa tradição mercantil simbólica é, precisa e inequivocamente, a registrada no n. 3 do art. 200 do mesmo Código Comercial, que se refere, como uma das modalidades dessa tradição, 'à remessa e aceitação da fatura, sem oposição imediata do comprador', cumprindo-nos destacar que as faturas indicam, às expressas, 'uma coisa certa e individualmente determinada', ou seja, a 'species', requisito essencial para que a tradição possa verificar-se através da fatura (v. entre outros, Vidari, *Corso di Diritto Commerciale*, 4ª ed., vol. III, ns. 2.041/2.044; Marchieri, *Il Diritto Commerciale Italiano*, 2ª ed., vol. II, pp. 86-87, n. 590; Tartufari, 'Della vendita', in Bollafio e Vivante, *Código do Comércio*, 1ª ed., vol. II, ns. 62 e 312).

"2ª. Ora, e aí vai a segunda premissa, sabido e ressabido é que, na falência ou na concordata do vendedor, o comprador pode peticionar a restituição da coisa vendida, desde que, por meio da tradição simbólica, tenha-se tornado proprietário dela, embora na detenção do vendedor. Essa, a jurisprudência: Acórdão unânime da Primeira Turma do Supremo Tribunal Federal, de 16 de junho de 1953, relatado pelo Ministro Ribeiro da Costa e confirmando o acórdão dêsse Colendo Pretório, de 21 de novembro de 1952, adiante referido. No acórdão do Supremo, ficou consignado, às claras: 'Efetuada a venda da mercadoria, pago o preço correspondente, pela compradora, verificou-se, de acôrdo com o disposto nos arts. 199 e 200, n. III, do Código Comercial, a tradição simbólica; efetuada a entrega de parte da mercadoria, o restante ficará à disposição da compradora (...). A superveniência da concordata da vendedora não afetará aquele ajuste (...). Assim, para propor ação de restituição, não estava a compradora sujeita prèviamente a notificar a vendedora, a fim de constituí-la em mora, tratando-se de compra e venda mercantil já consumada pela emissão de faturas e duplicatas e integral pagamento do preço ajustado. Gera o contrato, assim perfeito e

12. Rubens Requião, *Curso de Direito Falimentar*, 2º vol.: *Concordatas, Crimes Falimentares, Intervenção e Liquidação Extrajudicial*, 14ª ed., São Paulo, Saraiva, 1995, p. 101.

acabado, a figura do depósito, independendo a entrega da coisa da constituição em mora, por força da interpelação judicial (...). A natureza do contrato não confere à compradora a qualidade de credora. Mas é ela dona da mercadoria cuja restituição pedira (...)' (*Rev. de Direito Mercantil*, São Paulo, vol. 5, pp. 887-888, estando o acórdão do Egrégio Tribunal Paulista, adiante referido, nas pp. 886-887).

"Acórdão unânime da respeitável Sexta Câmara Civil do Colendo Tribunal de Justiça Paulista, de 21 de novembro de 1952, relatado pelo Des. J. G. Rodrigues de Alckmin e confirmado, no recurso extraordinário n. 22.238, pelo Excelso Pretório, através do acórdão suso e retro. No acórdão desse Pretório Paulista, agravo de petição n. 60.339, decidiu-se caso perfeitamente idêntico ao presente, pois a então agravante (Usina Açucareira de Jabuticaba) tinha vendido à agravada (Dias Martins S/A) 68.253 sacas de açúcar, dos quais lhe entregou (à compradora) 40.977, motivo por que foi peticionada a restituição das restantes 27.276 sacas, porquanto fôra pago o total do valor da compra. No aludido acórdão, positivou-se que 'pago que estava o preço e efetuada a tradição simbólica, era de acolher-se o pedido de restituição' (*Rev. dos Tribs.*, vol. 208, pp. 329-331 – *Rev. de Direito Mercantil*, vol. 5, pp. 886-887, n. 10, § 8º).

"Acórdão unânime da respeitável Oitava Câmara Civil do Egrégio Tribunal de Justiça do então Distrito Federal, de 25 de abril de 1952, relatado pelo Des. Espínola Filho, no agravo de petição n. 2.453, tendo sido reformada a decisão agravada, pois o referido Pretório julgou procedente a restituição da quantia que o comprador-agravante pagara ao estabelecimento bancário a que foram endossadas, translatìciamente, pela vendedora, após falida, as duplicatas aceitas pelo primeiro (*Rev. Forense*, vol. 149, pp. 263-264 – *Rev. de Direito Mercantil*, Rio, vol. II, pp. 85-86 – *Rev. de Direito Mercantil*, São Paulo, vol. 8, fascículos 3-4, pp. 398-399, n. 20, § 6º).

"Acórdão unânime, da respeitável Segunda Câmara Civil do Colendo Tribunal de Justiça de Minas, de 24 de janeiro de 1949, relatado pelo Des. Autran Dourado (agravo de petição n. 2.491), e em o qual se julgou procedente o pedido restituitório de importância que à vendedora-concordatária o comprador adiantara, para a venda de mercadorias que lhe não foram, entretanto, entregues (*Rev. Forense*, vol. 131, pp. 455-456).

"Observação: Nesses dois acórdãos supra, não houve, sequer, restituição da coisa: focalizaram, ambos de dois, a restituição da quantia antecipadamente paga ao vendedor pelo comprador, sem que tivesse havido a entrega simbólica da mercadoria, como houve no presente caso. Se em ambos positivou-se a procedência do pedido restituitório atinente às quantias antecipadamente, pagas, evidente está que mais razão existe a quem pagou integralmente o preço, recebeu parte da mercadoria, ficando o restante com a vendedora, embora entregue simbòlicamente ao comprador.

"Acórdão da respeitável Terceira Câmara Civil do Egrégio Tribunal de Justiça de São Paulo, de 2 de dezembro de 1948, relatado pelo Des. J. R. A. Vallim (*Rev. dos Tribs.*, vol. 178, p. 335) (voto vencido do Des. Pedro Chaves).

"Acórdão da respeitável Terceira Câmara Civil do Egrégio Tribunal de Justiça Paulista, de 29 de novembro de 1948, relatado pelo Des. J. R. A. Vallim (com voto vencido do Des. Pedro Chaves) (*Rev. dos Tribs.*, vol. 178, pp. 345-346).

"Observação: Nesses dois últimos acórdãos proferidos, respectivamente, nos agravos de petição ns. 40.426 e 40.488, ficou decidido que, tendo havido tradição simbólica das mercadorias cujo preço foi pago antecipadamente, o comprador tem direito à restituição das quantias pagas, já que lhe não foram entregues, em espécie, as coisas compradas que foram objeto daquela tradição simbólica.

"Da jurisprudência acima e atrás exposta não se decidia a doutrina, em que há unanimidade de sufrágios: Carvalho de Mendonça é peremptório: 'Na falência do vendedor a reivindicação do comprador é incontestável desde que, por meio da tradição, se tornou proprietário da coisa comprada. Referimo-nos à tradição simbólica (art. 200 do Código Comercial), cujo efeito imediato é deixar a coisa comprada na detenção do vendedor' (*Tratado de Direito Comercial Brasileiro*, 2ª ed., vol. VIII, pp. 314-315, n. 1.035).

"Waldemar Ferreira frisa, também, que, falindo o vendedor, depois de haver recebido o preço e antes de ter o comprador recebido a mercadoria, se desta tornou-se proprietário ainda que simbòlicamente, nos têrmos do art. 200 do Código Comercial, ao comprador cabe o direito de requerer-lhe a restituição, por se tratar de coisa alheia (do comprador) em poder do falido (*Curso de Direito Comercial*, 1927, vol. II, p. 230, n. 93 – *Questões de Direito Comercial*, 1932, segunda série, pp. 266-267 – *Instituições de Direito Comercial*, 1955, vol. V, pp. 184-185, n. 1.567).

"Pontes de Miranda palmilha a mesma trilha, ao asseverar que, mercê da tradição, o bem é de outrem que não o falido (ou o concordatário), motivo por que cabível se torna a restituição, mas, inexistindo a tradição, o comprador, que pagou o preço, é simples credor quirografário (*Tratado de Direito Privado*, vol. 29, 1960, recém-recebido, pp. 90-91, n. 8 de § 3.389, capítulo V).

"Miranda Valverde dilucida, também, que se no dia da falência do vendedor já tenha havido a tradição simbólica da coisa vendida, o comprador tem o direito de peticionar a restituição dessa, pois já lhe pertence ela, acrescentando, à semelhança de Pontes de Miranda (v. linhas acima), que, se o comprador pagou, antecipando, o preço e não houve a tradição da coisa vendida, é êle simples credor quirografário (*Comentários à Lei de Falências*, 1955, vol. II, pp. 168-169, n. 507, onde, em nota 23, opõe-se ao magistério de Carvalho de Mendonça a propósito da segunda parte do ensino supra).

"Sampaio de Lacerda afina-se com o ensinamento suso de Valverde, que invoca (*Manual de Direito Falimentar*, 1959, p. 172, n. 95, item II, *a*).

"Fábio O. Pena não discrepa dos tratadistas retro e supra, asseverando que, face à tradição simbólica da mercadoria vendida, através da fatura, passou ela à propriedade do comprador, de modo que, assim, pode êste reavê-la da massa (ou do concordatário-vendedor), ou o respectivo preço (*Da Duplicata*, 2ª tir., 1954, pp. 57-58, n. 32).

"Otávio Mendes acorda com os demais, quando em seus comentários à Lei Falimentar de 1929, positivando que, por pertencer a coisa, a êle vendida, ao comprador, tem êste o direito de peticionar-lhe a restituição, 'como seu legítimo dono' (*Falências e Concordatas*, 1930, p. 317, final).

"Assim, portanto, Desembargadores perínclitos, a *communis opinio doctorum* germana-se com o teor de julgar dos pretórios pátrios, não se refletindo, assim na jurisprudência, como na doutrina, qualquer dúvida, por mais diminuta, por mais esbatida, em derredor à tese que constitui a segunda premissa do nosso silogismo: tendo o comprador feito o pagamento da coisa comprada e tendo-se tornado seu proprietário através da tradição simbólica, pode êle peticionar-lhe a restituição, quer na falência, quer na concordata do vendedor, em cuja detenção ficou aquela coisa.

"3ª. Logo, eis a conclusão inadversável e inconfutável, se as faturas propiciaram à compradora Companhia Nacional de Álcool a tradição simbólica dos 400.000 litros de álcool, dos quais recebeu ela apenas 111.000 (1ª premissa), faltando-lhe os restantes 289.000 litros, e se, na concordata ou na falência do vendedor, o comprador pode peticionar a restituição da coisa vendida, desde que, por via da tradição simbólica, tenha-se tornado seu proprietário (2ª premissa), evidentíssimo está que à referida compradora, ora agravada, assiste o direito à restituição daqueles faltantes 289.000 litros. Conclusão inarredável. Daí, não oferecer a respeitável sentença agravada flanco a censuras. Daí, a desrazão do presente agravo. De manifesta e onipatente vacuidade, êste. De procedência integra, inescondível, a respeitável sentença agravada. Daí, em suma e ao cabo de contas, o opinar esta Curadoria pela confirmação da sentença agravada.

"*Sic mihi videtur, sub censura* dêsse tão sábio quão acatado e respeitável Colégio Judicante.

"São Paulo, 28 de julho de 1960 (antes de decorridas as primeiras 24 horas do prazo legal de 48).

"J. Netto Armando (1º Curador Fiscal das Massas Falidas)."[13]

28. No mesmo sentido, o Tribunal de Justiça de São Paulo também decidiu que:

"*Concordata* – Restituição de mercadorias vendidas pela concordatária – Tradição simbólica após pagamento do preço pelo comprador – Pedido deferido.

"Pago o preço e efetuada a tradição simbólica de mercadorias, pode o comprador pedir-lhes a restituição na concordata do vendedor."[14]

29. O próprio Supremo Tribunal Federal tem decisão nessa linha. Confira-se:

"*Ementa*: Art. 200 n. 3 do Código de Comércio. Art. 131 do Código de Processo Civil. Art. 136 do Decreto 4.857, de 1935. Inocorrência de ofensa de texto de lei e de dissídio jurisprudencial.

"Indexação: Expedição de fatura, tradição simbólica, mercantilmente, reputa-se tradição alegórica a expedição de fatura, constituindo presunção da entrega da cousa, dir. comercial."[15]

30. Muito já se discutiu, também na jurisprudência, acerca da necessidade do registro da transferência junto ao DETRAN para a transferência da propriedade do veículo. É pacífico, no entanto, que o registro junto ao DETRAN é obrigatório apenas para o conhecimento de terceiros, tanto assim que o próprio Código de Trânsito Brasileiro, no seu art. 123, § 1º, dispõe que:

"Art. 123. (...).

"§ 1º. No caso de transferência de propriedade, o prazo para o proprietário adotar as providências necessárias à efetivação da expedição do novo Certificado de Registro de Veículo, é de trinta dias."

31. Note-se que a própria norma já faz alusão ao proprietário, deixando, portanto, claro que a transferência da propriedade é ato anterior ao respectivo registro.

32. Sobre o tema, destacamos acórdão do Tribunal de Alçada Cível do Rio de Janeiro, que considerou comprovada a tradição do veículo – entendida como forma de transferência do domínio do bem móvel – com a simples exibição do recibo de compra e venda, equiparável, à emissão da nota fiscal fatura. Confira-se: "A diligência de transferência no DETRAN não cabe ao vendedor, que não pode ser responsabilizado pela omissão de terceiro. O domínio de coisa móvel se transmite pela tradição, que se prova pelos meios idôneos, independentemente da expedição de novo certificado de propriedade. Tendo a empresa comprovado a venda por recibo de compra e venda, onde o reconhecimento de firma é anterior à ocorrência, é de ser reconhecida a ilegitimidade *ad causam* passiva".[16]

33. Destacamos, por fim, julgado do Tribunal de Justiça de Minas Gerais, que reconhece expressamente a possibilidade

13. TJSP, Agravo de Petição n. 103.005, 1ª C.Cív., Rel. Des. Carvalho Pinto, j. 30.8.1960, *RT* 317/276.

14. TJSP, Agravo de Petição n. 60.339, Rel. Des. José G. Rodrigues de Alckimin, j. 21.11.1952, *RT* 208/329.

15. STF, RE n. 7544, 2ª T., Rel. Min. Orosimbo Nonato, j. 8.5.1952, *DJ* 8.5.1952.

16. TACRJ, Apelação Cível 9.524/96, 2ª C., Rel. Juíza Marly Macedônio, j. 5.12.1996.

de tradição simbólica nas hipóteses de compra e venda de veículos:

"Não se pode olvidar, por oportuno, que a tradição não precisa ser necessariamente real, com a efetiva entrega da coisa. Pode também ser simbólica. Essa última se perfaz através de um ato que, por assim dizer, representa a entrega da coisa.

"No caso em análise, a r. sentença entendeu ter havido a compra e venda e a tradição simbólica, em face da documentação acostada às fls. 11-16, que se refere ao certificado de registro de veículos e de apólices de seguro, em nome do apelado.

"Tem-se, portanto, uma situação em que, ainda que não tenha havido a tradição real, houve a ficta, na medida em que a documentação de transferência foi entregue ao apelado, numa clara evidência de consolidação do domínio em suas mãos."[17]

34. Como se vê, considerou o referido julgado ser necessário, para a caracterização da tradição simbólica ou ficta, uma evidência de consolidação do domínio nas mãos do adquirente. Ali, tal evidência foi a entrega da documentação de transferência do veículo.

35. Outro elemento que evidencia concretamente a transferência do domínio é a efetivação de alienação fiduciária subsequente à emissão da respectiva nota fiscal fatura, da concessionária ao banco financiador, prática também comum nesse tipo de operação e amplamente aceita, sem quaisquer questionamentos.

36. Ora, se a propriedade já não tivesse sido transferida ao respectivo comprador, com a emissão da nota fiscal fatura, não seria possível efetivar-se a alienação fiduciária subsequente, que importa em nova transferência.

37. No caso de haver financiamento pelo banco, que é praticamente simultâneo à emissão da nota fiscal fatura, as posições das partes são as seguintes:

(a) o comprador é proprietário que aliena fiduciariamente o bem ao banco;

(b) o banco é credor e proprietário fiduciário (art. 2º do DL 911) com base na nota fiscal fatura e no contrato de alienação fiduciária;

(c) a montadora ou qualquer outra vendedora é mera detentora do bem em nome e por conta do comprador.

38. Sendo assim, entendemos que, na hipótese, a emissão da nota fiscal fatura é suficiente para caracterizar a transferência da propriedade do(s) produto(s), na medida em que presentes (i) manifestação bilateral de vontade e (ii) tradição simbólica.

39. Mas além da tradição simbólica, poderíamos falar, também de tradição *ficta*.

40. A tradição é ficta sempre que o transmitente continua a possuir o bem em virtude de *constituto possessório*. Sobre o tema, Sílvio de Salvo Venosa assim se manifestou: "O constituto possessório, referido na lei e já mencionado no tocante aos imóveis, é tradição ficta. O alienante continua na posse do imóvel, mas altera-se seu animus. Possuía como dono e passa a possuir a outro título. Vende a coisa e permanece com ela como locatário, por exemplo. Também é ficta a tradição *breve manu*, quando a coisa já está em mãos de quem deve recebê-la, como descreve o vigente Código, operando-se apenas a mudança do título: o locatário passa a possuir como proprietário pelo ato de alienação".[18]

41. Como visto, mesmo após a emissão da nota fiscal fatura, a montadora pode continuar na posse dos produtos alienados, que permanecem em seu pátio, à disposição do comprador para retirada.

42. Contudo, há alteração no *animus* da posse, já que a montadora-vendedora não é mais dona, mas sim mera detentora do bem, em nome e por conta do adquirente.

17. TJMG, Processo n. 2.0000.00.449771-0/000(1), Rel. Des. Tarcisio Martins Costa, j. 7.12.2004, *DJ* 19.2.2005.

18. Sílvio de Salvo Venosa, *Direito Civil, Direitos Reais*, 5ª ed., São Paulo, Atlas, 2005, p. 268.

43. Nesse sentido, para que não reste dúvida acerca da caracterização da nova relação jurídica protagonizada pela vendedora, pode-se inserir, no contrato de compra e venda, cláusula dispondo que, após a emissão da nota fiscal fatura, o comprador obriga-se a retirar o bem desde já colocado à sua disposição, em prazo estipulado, dentro do qual a vendedora deterá o bem, temporária e gratuitamente, em nome e por conta do comprador. Essa cláusula justificaria a detenção do bem pela montadora, desvinculando-a da condição de proprietária.

44. Em síntese, seja simbólica ou ficta, não temos dúvida de que, com a emissão da nota fiscal fatura, a tradição efetivamente ocorreu. E essa conclusão, além de amparada na doutrina e jurisprudência acima citadas, encontra amparo na própria interpretação da norma jurídica aplicável, no caso o supracitado art. 1.267 do Código Civil.

45. Há muito, vimos sustentando a necessidade de uma interpretação construtiva das normas, utilizando-se a "lógica do razoável". Nesse sentido, afirmamos que: "A utilização da 'lógica do razoável' ou do 'provável' põe em relevo, inicialmente, a necessidade de encontrar-se a solução diante do caso concreto dando-se especial relevo aos valores sociais e econômicos envolvidos e expressos nas normas jurídicas aplicáveis. Ou seja, trata-se de encontrar a situação que seja considerada a mais aceitável pelo meio social, não necessariamente aquela que, em termos de expressões utilizadas pelas partes ou pela lei, ou de pura lógica formal, pudesse ser considerada como a única verdadeira. Daí ressaltar Perelman que o raciocínio jurídico deve visar, fundamentalmente, a encontrar e justificar a solução de uma controvérsia de maneira a ser consagrada, tal solução, pela comunidade".[19]

19. Arnoldo Wald, *Direito Civil, Introdução e Parte Geral*, 11ª ed., São Paulo, Saraiva, 2009, pp. 315-316.

V. Conclusão

46. Diante do exposto, consideramos que, na operação de compra e venda de veículos automotores, bem como de chassis e plataformas, a emissão da respectiva nota fiscal fatura é suficiente para caracterizar a transferência da propriedade, já que:

(i) fundada em negócio jurídico bilateral, firmado mediante a manifestação de vontade do comprador, que adquire o produto da montadora, com a emissão, por esta, da correspondente nota fiscal fatura;

(ii) a emissão da referida nota corresponde à tradição simbólica dos bens, conforme orientação da doutrina e jurisprudência e os usos e costumes do setor automobilístico.

47. Assim, entendemos que a emissão da nota fiscal fatura do(s) produto(s) em questão é suficiente para caracterizar a transferência de propriedade, inclusive para o reconhecimento da respectiva receita, nos termos das regras estabelecidas para os fins do *International Financial Reporting Standards* (*IFRSs*), especialmente o *International Accounting Standard 18*, item 14, *in verbis*:

"Revenue arising from the sale of goods should be recognised when all the following criteria have been satisfied:

"(a) the seller has transferred to the buyer the significant risks and rewards of ownership;

"(b) the seller retains neither continuing managerial involvement to the degree usually associated with ownership nor effective control over the goods sold;

"(c) the amount of revenue can be measured reliably;

"(d) it is probable that the economic benefits associated with the transaction will flow to the seller; and

"(e) the costs incurred or to be incurred in respect of the transaction can be measured reliably."[20]

20. Consulta ao site *www.iasplus.com/standard/ias18.htm*, em 11.9.2008.

Atualidades

CONTRATOS DE GARANTIA E GARANTIAS AUTÔNOMAS

LUIZ MARIO GALBETTI

RAFAEL VANZELLA

I – Introdução: *1. Regime de tipicidade; 2. Esclarecimento; 3. Contratos de garantia atípicos e garantias autônomas; 4. Contrato de garantia em gênero e garantias autônomas; 5. Terminologia italiana e alemã; 6. Definições estipulantes: 6.1 Tipos contratuais gerais; 6.2 Polissemia da palavra garantia: 6.2.1 Garantia como elemento das relações jurídicas; 6.2.2 Garantia como tutela da pretensão obrigacional; 6.2.3 Garantias especiais; 6.2.4 Outros usos da palavra garantia; 6.2.5 Garantias autônomas; 6.2.6 Síntese; 7. Encaminhamento.* ***II – Contrato de garantia em gênero, ou tipo contratual geral de garantia:*** *8. Causa abstrata dos contratos de garantia; 9. Outros elementos dos contratos de garantia; 10. Causa concreta dos contratos de garantia; 11. Sobre a fiança.* ***III – Contrato de garantia em espécie: o contrato autônomo de garantia e as garantias autônomas:*** *12. Garantia autônoma em perspectiva comparada: 12.1 Portugal; 12.2 Mundo anglo-saxão; 13. Uniformização do regime das garantias autônomas; 14. Origem das garantias autônomas; 15. Dogmática das garantias autônomas; 16. Regime de independência: 16.1 Causa da atribuição do contrato autônomo de garantia; 16.2 Acessoriedade das garantias especiais; 16.3 Independência das garantias autônomas; 16.4 "Causa donandi"; 16.5 "Causa credendi"; 17. Tipos de garantia autônoma; 18. Problemas do regime de independência das garantias autônomas.* ***IV – Garantias autônomas na jurisprudência do STJ:*** *19. "Leading case"; 20. Garantias autônomas e assunção cumulativa da dívida.* ***V – Conclusão.***

I – Introdução

1. A dogmática do direito privado ainda está à procura de técnicas satisfatórias de qualificação e regramento dos contratos atípicos. Quem acredita que a disciplina desses últimos se plasma e exaure nas normas gerais sobre obrigações e contratos, menosprezando, destarte, o relevantíssimo papel que a predisposição legal dos contratos em espécie exerce nas operações de direito privado, terá, no máximo, uma boa ideia. Ela dificilmente sairá do papel. Até porque já a tiveram, e ela pouquíssimo ecoou na experiência jurídica. Desconhecem-se, com efeito, contratos atípicos que não sofram intervenções da disciplina dos contratos especiais a eles análogos,[1] por mais indesejável à promoção da autonomia contratual que seja essa prática.

2. Este estudo nasceu de uma disciplina brilhante do curso de pós-graduação da Faculdade de Direito da Universidade de São Paulo, a qual, com indistinto privilégio, seus autores cursaram. Alcides Tomasetti Júnior, mestre, concentrou seus esforços na elaboração conjunta e democrática de uma daquelas técnicas de qualificação e

1. Cf. Rodolfo Sacco, "Autonomia contrattuale e tipi", in *Rivista Trimestrale di Diritto e Procedura Civile* 1/785-808.

regramento dos contratos atípicos, chamada, por inspiração nos civilistas italianos, teoria dos *tipos contratuais gerais*. Essa última expressão a denominação mesma daquela disciplina. Com olhos de hoje, percebemos que o salto qualitativo do nosso aprendizado não esteve na adaptação de um sofisticado saber alienígena à realidade jurídica nacional. Com maior acerto, as lições do mestre serviram como um importante ingrediente ético das reflexões que sobrevivem e sobreviverão por muito tempo àquela disciplina: trata-se, em uma única expressão, do *cultivo da problematicidade*, que alguns espíritos buscam afugentar dos modelos dogmáticos a serem propostos, sem perceber como isso interfere deleteriamente nas especificidades científicas do pensamento jurídico. Ao professor Tomasetti, nossos agradecimentos e homenagens. Mas, sem desmerecer esse necessário esclarecimento em forma de devida reverência, voltemos ao tema que ora nos toca.

3. São muitos os contratos, alguns deles já nominados pelos usos e costumes contratuais, que desempenham, na prática, funções de garantia, sem que se enquadrem nos tipos de contratos de garantia conhecidos e regulados pelo direito legislado. Um deles, que já mereceu tratamento no Brasil,[2] é o contrato autônomo de garantia, fonte contratual de garantias autônomas. Diante da atipicidade dessa e de outras operações contratuais, emerge o problema característico a todo e qualquer contrato atípico que se apresenta sobre a mesa do jurista: como identificá-lo juridicamente? Qual disciplina será aplicável a ele?

4. A proposta de construção de um tipo contratual geral de garantia, ou contrato de garantia em gênero, vem para ao menos tentativamente solucionar esses questionamentos e tantos outros deles decorrentes. Uma disciplina comum, suficientemente abstrata, que apanhe todos os contratos de garantia conhecidos, seria o resultado dessa construção, e permitiria conduzir-lhe as atípicas operações contratuais de garantia, entre elas as garantias autônomas, extraindo, assim, sua identidade e seu regramento, ainda que básicos. A primeira análise desenvolvida por este estudo pretende contribuir para aquela construção; a segunda, elaborar sobre as garantias autônomas a partir do modelo construído, ainda que seja, tão somente, para oferecer-lhes uma distinção *causal*, mesmo que panorâmica, para com as demais espécies, ou subtipos, de contrato de garantia.

5. Reservar a expressão *contrato de garantia* para designar um tipo contratual geral revela uma opção pela terminologia da doutrina italiana das garantias contratuais.[3]

A doutrina alemã toma, por seu turno, a expressão *contrato de garantia* (*Garantievertrag*) não como tipo contratual geral, e, sim, como o contrato constitutivo do que os italianos denominam, precisamente, *garantias autônomas*. Em seu sentido alemão, a expressão é também utilizada por Pontes de Miranda:[4]

"*Contrato de garantia* é aquêle pelo qual alguém promete responder, no todo ou em parte, pelo risco que o outro figurante possa sofrer em negócio jurídico de que seja figurante. Os exemplos melhor esclarecem: B, por sugestão de A, montou hotel na pequena cidade, e A assume a responsabilidade pelos défices que anualmente ocorram, ou pelos lucros de x por cento; B, a quem A deu em locação a loja, monta ar-

2. Arnoldo Wald, "A garantia a primeira demanda no direito comparado", in *RDM* 66/5-12.

3. Cf. Fulvio Mastropaolo, *I Contratti Autonomi di Garanzia*, 1989; Raffaele Cicala, "Sul contratto autonomo di garanzia", in *Rivista di Diritto Civile* 2/143-151; Luigi Garofalo, "Per un'applicazione dell'*exceptio doli generalis* romana in tema di contratto autonomo di garanzia", in *Rivista di Diritto Civile* 5/629-661.

4. *Tratado de Direito Privado XLIV. Parte Especial – Direito das Obrigações: Expedição. Contrato de Agência. Representação de Empresa. Fiança. Mandato de Crédito. Constituição de Renda. Promessa de Dívida. Reconhecimento de Dívida. Comunidade. Edição. Representação Teatral, Musical e de Cinema. Empreitada*, 2ª ed., p. 115.

mazém depois de C lhe haver garantido que a renda será de x por cento, ou, próximo a findar-se o contrato, que A o renovará.

"O contrato de garantia não é acessório, e sim independente. Não se promete o adimplemento por parte de devedor principal, mas indenização de dano sofrido, ou determinada renda, ou outro resultado."

6. Adotada a expressão *contrato de garantia* como designativa de um tipo contratual geral, definem-se agora, preliminarmente, e de modo estipulante, nas lindes deste estudo, (1) tipo contratual geral e (2) garantia.

6.1 Para a compreensão dos tipos contratuais gerais é indispensável um delineamento prévio – como propõe Tomasetti Júnior[5] – da clássica tensão entre lei e fato social no âmbito da temática contratual.

Consoante seus pressupostos, concebe-se que certas operações de mercado não se subsumam aos tipos contratuais, isto é, aos modelos legais que, conformando recorrentes operações econômicas, configuram os contratos típicos. Dessa circunstância, decorre o fenômeno dos contratos atípicos.

Concebe-se, outrossim, que os contratos atípicos, e mesmo contratos típicos que, concretamente, desempenham funções discrepantes daquelas abstratamente definidas em lei, possam confrontar-se com os esquemas legais.

Dessa colisão entre práticas negociais contínuas e ordenamento legal, e na tentativa de acomodar esse fenômeno, advém a teorização dos tipos contratuais gerais.

Ora, diante da tensão entre regramento contratual legal e arranjo negocial – e aqui se vale, novamente e continuamente, de Tomasetti Júnior – caberia ao intérprete enquadrar esse último, através da expansividade do primeiro, em modelos que, compreendendo setores – não mais operações individualizadas – do processo econômico, conformam exigências mais gerais do mercado. Vale dizer, então, *modelos setoriais*, ou – para além dos modelos legais, consistentes nos contratos (típicos) em espécie – *tipos contratuais gerais*, concernentes, na dicção de Bianca,[6] às exigências gerais da vida em sociedade captada como um complexo de relacionamentos. Daí tais modelos, ou tipos, possibilitarem uma disciplina contratual adequada às variantes que emergem da prática social.[7]

Diante disso, construir o contrato de garantia como um tipo contratual geral implica admitir:

a) a existência de operações econômicas que não se subsumem aos tipos contratuais a que o ordenamento legal atribui a função, abstrata, de garantia. Assume-se, então, que são continuamente celebrados contratos atípicos que desempenham função de garantia (tais como o contrato autônomo de garantia) e contratos típicos que, apesar de abstratamente desempenharem outra função, concretamente desempenham função de garantia (tais como os negócios fiduciários);

b) a confrontação, não rara, desses contratos atípicos e desses contratos típicos com função concreta discrepante da função abstrata com o regramento contratual legal;

c) que, diante dessa confrontação, o intérprete é chamado a analisar os contratos especiais (em espécie) que desempenham função de garantia – tipos contratuais a que o ordenamento legal atribui a função, abstrata, de garantia, tais como o contrato de fiança, hipoteca, penhor, etc. – para que, expandindo-os, possa delinear o

5. *Âmbito e Justificação do Curso.* Trata-se da apresentação do curso *Tipos Contratuais Gerais*, lecionado pelo autor na Pós-Graduação em sentido estrito da Faculdade de Direito da USP, no 1º semestre de 2001.

6. *Diritto Civile III. Il Contratto*, 2ª ed., p. 487.

7. Cf. Pier Luigi Grana, "Obbligazione di garanzia e tipicità della disciplina", in *Contratto e Impresa* 2/586.

setor da vida econômica em que operam. Em última análise, isso implica identificar um *mercado* de garantias constituídas por contratos;

d) que, neste setor, ainda no seio dessa atividade hermenêutica, possam ser enquadrados os contratos atípicos, bem como os típicos com função concreta diferente da abstrata. Isso permite identificar, assim, a quais exigências do mercado tais contratos correspondem e, por consequência, construir o contrato de garantia como um tipo contratual geral a fim de dispor de uma disciplina jurídica aderente às necessidades socioeconômicas que os possam justificar.

6.2 No âmbito da dogmática jurídica, o termo *garantia* é polissêmico, cujos significados podem ser extraídos em consideração ao contexto no qual a palavra se insere. Observando, contudo, a utilização do termo *garantia* em diferentes contextos, é pertinente uma breve investigação acerca de uma eventual raiz comum dos diversos significados, visando auxiliar o emprego de tal da palavra, com o rigor que a boa técnica determina.

6.2.1 Nesse sentido, no contexto da teoria geral da relação jurídica, emprega-se o termo *garantia* para designar um dos elementos da relação jurídica, ao lado dos sujeitos, dos objetos e dos fatos jurídicos.[8]

Trata-se da *ação* (em sentido material), conforme dispunha o art. 75 do revogado Código Civil de 1916, ou seja, do conjunto de meios coercitivos de que está investido o titular da pretensão, em face do destinatário de dever comportamental que o inadimpliu.[9] Do ponto de vista estrutural, portanto, garantia é uma *posição jurídica subjetiva ativa complexa*; quanto à sua função, *efetiva* a pretensão, conferindo *segurança* às pessoas de seus titulares.[10]

6.2.2 Daí se vê a confusão terminológica desencadeada pelo art. 189 do Código Civil. A ação, que no Estado de Direito é predominantemente exercida através de remédios processuais ("ações", em sentido processual), nasce com a violação da pretensão. Essa, como posição jurídica subjetiva ativa elementar, integra o direito subjetivo desde o momento em que este é atribuído a alguém, como efeito de fato jurídico que existe, vale e é eficaz.

Pode ocorrer, entretanto, que o *exercício* da pretensão seja obstado. Assim, nas relações jurídicas obrigacionais, a pretensão só pode ser exercida a partir do momento em que a prestação se torna exigível. Sendo exigível a prestação, exercida a pretensão e verificado o inadimplemento, surge, para o sujeito ativo, a ação, visando à satisfação do direito de crédito.

Trata-se, portanto, da projeção do conceito anterior de garantia (enquanto elemento da relação jurídica) no âmbito específico das relações jurídicas obrigacionais. Garantia significa, também aqui, *ação, posição jurídica subjetiva ativa complexa*: o complexo de meios constritivos do patrimônio do devedor (arts. 391 do Código Civil e 591 do Código de Processo Civil), visando à satisfação do crédito através da conservação e da execução de seus bens.[11] Daí dizer-se, como o fazem Antunes Varela[12] e Almeida Costa,[13] que *o patrimônio do devedor constitui a garantia geral das obrigações* ou *garantia comum dos credores*, o que se admite apenas por elipse, visto que bens ou patrimônio não podem, tecnicamente, ser mais do que objeto da garantia.

8. Manuel Domingues de Andrade, *Teoria Geral da Relação Jurídica I. Sujeitos e Objecto*, pp. 19-28.

9. Por todos, Pontes de Miranda, *Comentários à Constituição de 1946 I – Arts. 1º-14*, 2ª ed., pp. 105-122; *Tratado das Ações I. Ação, Classificação e Eficácia*, 2ª ed., pp. 29-58.

10. Carlos Ferreira de Almeida, *Texto e Enunciado na Teoria do Negócio Jurídico I*, p. 549.

11. Idem, ibidem.

12. *Das Obrigações em Geral II*, 7ª ed., p. 419.

13. *Direito das Obrigações*, 9ª ed., p. 783.

6.2.3 De qualquer forma, o ordenamento jurídico admite que se *reforce* esse poder genérico, de que todos os credores estão investidos, para satisfazer seus créditos mediante a execução da pluralidade de bens que constitui o ativo do patrimônio do devedor.

Os portugueses chamam esse *reforço* de *garantia especial*, por rebuscar, "desde sua constituição, a consistência económico-jurídica do vínculo obrigacional".[14] O art. 300 do Código Civil também emprega essa terminologia.

De um lado, as garantias especiais têm "por objeto a responsabilização de outro ou outros patrimônios pelo cumprimento da obrigação",[15] mediante a adstrição de outra ou outras pessoas, além do devedor, à realização da prestação. Trata-se das *garantias pessoais*, mediante as quais se opera um *reforço quantitativo* da garantia do credor. Em outros termos, a garantia pessoal consiste em uma *pretensão*, que é conteúdo de uma relação jurídica acessória, *reforçando* a *efetividade* da pretensão conteúdo da relação jurídica principal.

Por outro lado, as garantias especiais podem ter por objeto a atribuição ao credor de "determinados direitos sobre certos bens do próprio devedor ou de terceiro",[16] o que implica uma afetação *preferencial* de certos bens ao pagamento de certas dívidas. Trata-se das *garantias reais*, mediante as quais se opera um *reforço qualitativo* e, ao mesmo tempo, quantitativo, desde que, nesta última hipótese, a garantia real seja constituída por terceiro.[17] Em outras palavras, a garantia caracteriza-se, aqui, por um *poder formativo*, de que está investido o beneficiário, de satisfazer, com *preferência*, seu crédito mediante a execução de um específico bem.

De um modo geral, é a função de *reforço* da garantia geral, desempenhada pelas garantias especiais, que mantém sua unidade de tratamento. Por isso, como sustenta Fragali,[18] essas últimas correspondem à noção técnica de garantia, pois, conforme explica o autor, esse termo deve ser reservado àqueles casos em que há um *reforço singular da probabilidade de satisfação do crédito*, em benefício de determinado credor, caracterizado, eventualmente, pelo rompimento da *par condicio creditorum*.

Além disso, conforme corrobora Ferreira de Almeida,[19] é esse o âmbito próprio dos *contratos de garantia*, na medida em que as garantias especiais constituem-se preferencialmente através de *negócios jurídicos bilaterais*, tais como o contrato de fiança (garantia pessoal), o contrato de penhor e o contrato de hipoteca (garantias reais), entre outros.

6.2.4 O Código Civil utiliza, em diversas oportunidades, o termo garantia em outros sentidos, diferentes dos até aqui expostos. Assim, quando menciona garantia por vícios ocultos (art. 445, § 2º) e garantia pela evicção (arts. 447 e 449). O Código de Defesa do Consumidor, no art. 4º, II, *d*, fala em "garantia dos produtos e serviços com padrões adequados de qualidade, segurança, durabilidade e desempenho".

Em todos os casos, os dispositivos legais não concernem ao poder de execução dos bens do devedor por parte do credor, nem de um reforço desse poder; o foco é a *garantia do objeto das prestações contratuais*, definindo deveres do alienante ou do fornecedor,[20] quanto a características das coisas ou produtos e serviços prestados.

Trata-se, na verdade, de um aspecto da *ação*, conferindo-lhe amplitude em determinadas relações jurídicas cuja *preten-*

14. João de Matos Antunes Varela, *Obrigações em Geral II*, 7ª ed., p. 420.

15. Mário Júlio de Almeida Costa, *Direito das Obrigações*, 9ª ed., p. 819.

16. Idem, p. 819.

17. Idem, p. 821.

18. "Garanzia (dir. priv.)", in *ED*, pp. 453-454.

19. *Texto e Enunciado na Teoria do Negócio Jurídico I*, p. 550.

20. Carlos Ferreira de Almeida, *Texto e Enunciado na Teoria do Negócio Jurídico I*, p. 551.

são volta-se não só às prestações, mas também às características de seu objeto.

6.2.5 Em todos os quatro sentidos do termo *garantia* já delineados, existe a ideia de promoção da pretensão, possibilitando-lhe efetividade frente ao inadimplemento do correspondente dever comportamental. Isso acontece, seja através de posições jurídicas subjetivas ativas que, ao lado da pretensão protegida ou promovida, são conteúdo de uma mesma relação jurídica, seja através de posições jurídicas subjetivas ativas que são conteúdo de uma relação jurídica acessória, promovendo a pretensão conteúdo da relação jurídica principal. Essa é a função da garantia, independentemente de se caracterizar, estruturalmente, como ação, pretensão ou poder formativo.

Assim, em todos os casos até agora analisados, apresenta-se:

a) ou uma relação jurídica na qual a qualidade de garante coincide com a de devedor e a qualidade de beneficiário coincide com a de credor, sendo que a garantia recai sobre a totalidade dos bens correspondentes ao ativo patrimonial do devedor, visando à satisfação da pretensão creditícia conteúdo dessa mesma relação (relação jurídica obrigacional sem garantia especial, apenas com garantia geral);

b) ou uma relação jurídica na qual a qualidade de garante coincide com a de devedor e a qualidade de beneficiário coincide com a de credor, sendo que a garantia recai sobre algum ou alguns bens que foram especificamente dados em garantia, por parte do próprio devedor, visando reforçar a probabilidade da satisfação da pretensão creditícia conteúdo dessa mesma relação (relação jurídica obrigacional com garantia real prestada pelo próprio devedor);

c) ou uma relação jurídica na qual a qualidade de garante é atribuída ao devedor de uma relação acessória a uma relação principal, sendo objeto da garantia seu patrimônio ou certos bens que deu em garantia, visando reforçar a probabilidade da satisfação da pretensão creditícia conteúdo da relação jurídica principal, cujo credor é beneficiário da garantia, sem prejuízo da garantia geral da relação principal (respectivamente, relação jurídica de garantia pessoal e relação jurídica de garantia real prestada por terceiro);

d) ou uma relação jurídica na qual a qualidade de garante coincide com a de devedor e a qualidade de beneficiário coincide com a de credor, sendo que a garantia corresponde à *conformidade* do bem prestado, visando à plena satisfação da pretensão conteúdo dessa mesma relação e afastando o adimplemento ruim (relação jurídica de alienação ou de consumo).

Não é exatamente isso, porém, o que se passa com um quinto e último sentido do termo garantia, quando empregado no contexto de *garantias autônomas*.

Essas últimas se configuram quando alguém – o garante – promete a outrem – o beneficiário – responsabilizar-se pela verificação ou não verificação de um determinado resultado.[21] Nesse caso, a pretensão do garantido é à prestação de indenização, em vista da ocorrência ou não de determinado evento, incluído na álea contratual, que se torna exigível quando ocorrido o infortúnio.

Ora, nesse caso, a própria pretensão consiste na garantia. Conforme se verá pormenorizadamente a seguir, o poder de exigir – pretensão – a indenização é mecanismo de *redução de riscos* e de *efetivação de uma expectativa*. Vale dizer, assim, que a garantia, como pretensão, é ela mesma garantida, pela ação, na hipótese de inadimplemento de dever comportamental. Nada de tão novo até aí, pois isso ocorre na fiança. O critério de diferenciação está, portanto, em que a garantia é juridicamente autônoma quanto a qualquer relação jurídica, anterior ou contemporânea, consistindo, ela mesma, em uma relação jurídica pró-

21. Idem, p. 554.

pria, ou melhor, a garantia, estruturalmente caracterizada como pretensão, é, ela mesma, conteúdo de uma *relação jurídica autônoma*.

6.2.6 Cinco sentidos diferentes do mesmo termo, garantia, foram expostos, os quais, conforme Ferreira de Almeida,[22] apresentam um ponto em comum: a função de redução dos riscos[23] advindos da *eventualidade* de violação de um direito ou de verificação de um resultado desfavorável. Tal redução se opera através de um mecanismo para a *satisfação alternativa* de interesses jurídicos ou econômicos, mecanismo este que se qualifica ou como ação, ou como pretensão, ou, ainda, como poder formativo, dependendo do caso.

Diante disso, pode-se definir garantia como um mecanismo, ou melhor, uma posição jurídica subjetiva ativa, elementar ou complexa, atribuída pelo ordenamento jurídico para a efetivação de pretensões ou expectativas,[24] reduzindo, assim, os riscos advindos da eventualidade do inadimplemento de um dever comportamental, ou da verificação de um resultado desfavorável ou, ainda, da não verificação de um resultado favorável. Ou, ainda, garantia é uma posição jurídica subjetiva ativa, elementar ou complexa, atribuída pelo ordenamento jurídico para suprir o inadimplemento de um dever comportamental – ou, o que dá no mesmo, a violação de uma pretensão – ou a frustração de uma expectativa.[25]

Para fins deste estudo, considerando o tema dos tipos contratuais gerais, tratar-se-á de tais posições jurídicas subjetivas ativas quando forem atribuídas pelo ordenamento jurídico em decorrência de ato negocial ou, melhor ainda, de contratos cujo objeto próprio sejam as garantias.

Assim, o estudo diz respeito, essencialmente, às garantias especiais e às garantias autônomas, âmbitos próprios dos contratos de garantia, isto é, contratos que constituem, modificam ou extinguem relações jurídicas caracterizadas, em seu conteúdo, por posição jurídica subjetiva ativa funcionalizada à efetivação de pretensões ou de expectativas, reduzindo, assim, os riscos advindos da eventualidade do inadimplemento de um dever comportamental, ou da verificação de um resultado desfavorável ou, ainda, da não verificação de um resultado favorável.

7. Delimitado o âmbito de investigação do presente estudo e feitas as observações introdutórias, caberá, doravante, o tratamento dos contratos de garantia em gênero, isto é, do tipo contratual geral de garantia, e das garantias autônomas constituídas por contrato.

II – Contrato de garantia em gênero, ou tipo contratual geral de garantia

8. Os contratos de garantia caracterizam-se pela sua *causa*, isto é, por sua típica e objetiva função econômico-social,[26] a qual pode ser definida como a finalidade prática de redução dos riscos advindos da eventualidade do inadimplemento de um dever comportamental, ou da verificação de um resultado desfavorável ou, ainda, da não verificação de um resultado favorável, mediante mecanismos que efetivem, substitutiva ou alternativamente, expectativas. Mais simplesmente, os contratos de garantia são aqueles que têm por finalidade suprir o inadimplemento de um dever comportamental – ou, o que dá no mesmo, a violação de uma pretensão – ou a frustração de uma expectativa.

22. Idem, p. 556.

23. Riscos de incumprimento de obrigações, riscos pela evicção, vícios ocultos ou, ainda, vícios de qualidade e segurança dos bens de consumo, riscos os mais variados que são inseridos na álea dos contratos autônomos de garantia.

24. Carlos Ferreira de Almeida, *Texto e Enunciado na Teoria do Negócio Jurídico I*, p. 556.

25. Idem, ibidem.

26. Cesare Massimo Bianca, *Diritto Civile III. Il Contratto*, 2ª ed., p. 450.

Por isso, como afirma Ferreira de Almeida,[27] os contratos de garantia "são negócios de risco, não um risco procurado, mas um risco previsto e acautelado, isto é, um risco prevenido que confira segurança ao seu beneficiário".

9. Na medida em que essa função econômico-social é desempenhada por todos os *subtipos* de contratos de garantia, não se tratando, portanto, da função, específica, que cada um deles está vocacionado a desempenhar, aquela função não corresponde, senão, à *causa abstrata* dos contratos de garantia.

Nesse sentido, verifica-se que, a partir da unidade de função econômico-social, todos os *subtipos* de contratos de garantia apresentam três elementos que lhes caracterizam e os diferenciam das outras figuras contratuais, elementos esses que, ademais, delineiam o setor do processo econômico no qual podem ser enquadrados todos aqueles subtipos, permitindo, assim, a construção de um modelo setorial ou de um tipo contratual geral.

Em primeiro lugar, os protagonistas dos contratos de garantia são pessoas, que neles figuram com duas qualidades: o garante (devedor da garantia) e o garantido ou beneficiário (credor da garantia).

Em segundo lugar, os contratos de garantia apresentam uma *previsão* de violação de pretensão ou de verificação de um evento desfavorável ou, ainda, a não verificação de um evento favorável. Trata-se, em suma, de uma previsão de frustração de uma expectativa, que Ferreira de Almeida denomina *circunstância de eventualidade*.[28]

A circunstância de eventualidade consiste em um evento futuro e incerto, desfavorável ou prejudicial ao beneficiário: inadimplemento, dano patrimonial, não advento de ganhos esperados, etc. Não se trata de uma condição, isto é, de uma cláusula acidental dos negócios jurídicos que subordina sua eficácia a um evento futuro e incerto:[29] primeiro, porque a incerteza da circunstância de eventualidade concerne ao conhecimento do evento pelas partes e não necessariamente ao momento de sua verificação; segundo, porque a circunstância de eventualidade não afeta a eficácia do contrato, apenas desencadeia a potencialização de uma eficácia preexistente.[30] De outro lado, é possível a existência de contratos de garantia condicionados: "serei seu fiador se os lucros de sua atividade superarem x".

Em terceiro lugar, o objeto dos contratos de garantia consiste na atribuição[31] de posição jurídica subjetiva ativa – a garantia propriamente dita – ao beneficiário. E, em atenção à bilateralidade do fenômeno jurídico, destina-se ao garante uma posição jurídica subjetiva passiva de garantia, isto é, aquela cujo conteúdo é a eliminação de um risco que, quando concretizado, desatando a circunstância de eventualidade, torna exigível sua prestação, dela não se eximindo, nem sequer, por caso fortuito ou força maior.[32]

Daí a definição de contratos de garantia como aqueles que *atribuem, ao benefi-*

27. *Texto e Enunciado na Teoria do Negócio Jurídico I*, p. 557.

28. Idem, p. 558.

29. Idem, ibidem.

30. Assim, Emilio Betti, *Teoria Generale delle Obbligazioni I. Prolegomeni: Funzione Economico-Sociale dei Rapporti d'Obbligazione*, p. 44.

31. Marcos Bernardes de Mello, *Teoria do Fato Jurídico – Plano da Existência*, 10ª ed., p. 127.

32. Fábio Konder Comparato, "Obrigações de meios, de resultado e de garantia", in *Ensaios e Pareceres de Direito Empresarial*, pp. 537 e 539. O autor é impreciso ao afirmar que a simples assunção do risco consiste no adimplemento da prestação do devedor garante. O adimplemento se refere a um dever comportamental que só se torna exigível quando se verifica a circunstância de eventualidade. Nos contratos de garantia bilaterais, a contraprestação é exigível porque o garante assumiu um dever, e o adimplemento ou inadimplemento só terá lugar posteriormente. A assunção do risco é um bem, uma utilidade proporcionada ao beneficiário, a qual não passa do plano dos motivos do contrato, que não são relevantes.

ciário, posição jurídica subjetiva ativa que, ao se verificar um evento futuro e incerto que possa prejudicá-lo, satisfaz, substitutiva ou alternativamente, pretensões ou expectativas. A simples atribuição implica, desde o nascimento do contrato, uma diminuição dos riscos que advêm da simples possibilidade de ocorrência do evento futuro e incerto.

10. Em patamar menos abstrato de raciocínio e categorização dos contratos, aparece o conceito de *causa concreta*, como a razão concreta, a finalidade prática que as partes efetivamente ligaram ao seu acordo, a função que, concretamente, o contrato desempenha.[33]

No campo dos contratos de garantia, quando se passa a analisar cada um dos *subtipos*, em atenção às finalidades práticas que, concretamente, cada um deles promove, verifica-se uma variação dos *elementos* que, abstratamente, emergem de sua função econômico-social, ao mesmo tempo em que surgem outros elementos necessários para efetuar a discriminação entre os subtipos.

Quanto a estes novos elementos, importa assinalar que, para a distinção dos *subtipos* torna-se necessário distinguir os contratos em consensuais e reais. Há, destarte, contratos de garantia que existem, na medida em que se verifique o simples consenso das partes contratantes; e há outros que existem na medida em que ocorra um fato jurídico de direito das coisas que institua a garantia, tais como a tradição ou o registro.

Além disso, quanto ao objeto dos contratos de garantia, importa distinguir entre unidade e duplicidade dos objetos. A regra é que o objeto seja uno, isto é, ocorra apenas uma atribuição, a atribuição da garantia, mas o ordenamento legal ou mesmo a declaração das partes podem estabelecer duplicidade de objeto. Segundo Ferreira de Almeida,[34] quando esta se verifica, isto é, quando ocorre outra atribuição – correspondente à contraprestação – p. ex., de prêmio, de comissão, etc., a função econômico-social é mista, ocorrendo garantia + troca.

Considerando as variações dos elementos que decorrem da função econômico-social dos contratos de garantia, somadas a essas observações complementares, ou seja, em atenção à sua causa concreta, é possível expor os subtipos dos contratos de garantia em um quadro, conforme a seguinte ilustração:

	Existência	Garante	Circunstância de eventualidade	Objeto mediato da atribuição ao beneficiário	Objeto mediato da atribuição ao garante	Tipo contratual
Garantias reais	Constituição	Devedor ou terceiro	Inadimplemento	Coisas móveis ou direitos	–	Penhor
	Constituição	Devedor ou terceiro	Inadimplemento	Coisa imóvel	–	Hipoteca
	Constituição	Devedor ou terceiro	Inadimplemento	Coisa imóvel e seus rendimentos	–	Anticrese

cont. ...

33. Cesare Massimo Bianca, *Diritto Civile III. Il contratto*, 2ª ed., p. 453.

34. Carlos Ferreira de Almeida, *Texto e Enunciado na Teoria do Negócio Jurídico I*, p. 559.

... cont.

	Existência	Garante	Circunstância de eventualidade	Objeto mediato da atribuição ao beneficiário	Objeto mediato da atribuição ao garante	Tipo contratual
Garantias obrigacionais (acessórias)	Promessa/ Consenso	Terceiro	Inadimplemento	Dinheiro	–	Fiança
	Promessa/ Consenso	Banco (terceiro)	Inadimplemento	Dinheiro	Comissão	Fiança Bancária
	Promessa/ Consenso	Sociedade Controladora do devedor/ Banco	Inadimplemento	Dinheiro	–	Garantia Aparente
Garantias obrigacionais (autônomas)	Promessa/ Consenso	Qualquer pessoa, menos o beneficiário	Sinistro ou insucesso	Dinheiro	–	Garantia autônoma simples
	Promessa/ Consenso	Banco	Sinistro ou insucesso	Dinheiro	Comissão	Garantia bancária autônoma
	Promessa/ Consenso	Companhia de Seguros	Sinistro	Dinheiro	Prêmio	Seguros com função de garantia autônoma

Diante disso, nota-se que é fundamental considerar a causa concreta dos subtipos de contratos de garantia para qualificá-los e interpretá-los, distinguindo-os entre si, como figuras afins por apresentarem a mesma causa abstrata.

11. Dentro do quadro exposto, é possível identificar que a figura típica dos contratos de garantia – isto é, o modelo legal característico quanto ao desempenho da função de garantia, e que também é o mais recorrente – é a fiança.[35]

São dois os dados fundamentais do contrato de fiança que por ora interessam: sua acessoriedade e sua subsidiariedade.

A primeira implica sua dependência funcional para com a pretensão garantida.[36] Na verdade, o contrato de fiança se subordina ao contrato principal e o acompanha em todas as suas vicissitudes.[37] Daí que não existe, juridicamente, fiança com valor superior ao da obrigação principal (art. 823 do Código Civil); é excluído o poder formativo de celebrar fiança se o contrato principal for nulo, salvos os casos de mútuo feito a menor ou de incapacidade pessoal do devedor (art. 824 do Código Civil); está investido o fiador do poder de opor exceções extintivas da obrigação que são atribuídas ao devedor, salvo o caso de mútuo a menos (art. 837 do Código Civil);

35. Pier Luigi Grana, "Obbligazione di garanzia e tipicità della disciplina", in *Contratto e Impresa* 2/587-588.

36. Idem, p. 572.

37. Pedro Romano Martinez e Pedro Fuzeta da Ponte, *Garantias de Cumprimento*, 4ª ed., p. 83.

o fiador, que é destinatário da obrigação – mas não da dívida principal – ao pagá-la, em vista do incumprimento do devedor, adimple, operando-se, então, a subrogação (legal), prevista no art. 831 do Código Civil (podem incidir, outrossim, regras estabelecidas no contrato entre fiador e afiançado, no que concerne ao exercício do direito de regresso que o fiador tem relativamente ao devedor); entre outros.

Já a segunda – subsidiariedade – consiste em uma modalidade de coordenação entre as relações principal e acessória, de forma a graduar, ocorrido o adimplemento por parte do fiador, a relação de fiança relativamente à relação garantida.[38] Esta característica do contrato de fiança é dispositiva (art. 828 do Código Civil), ao contrário da acessoriedade, que é cogente. Dessarte, verifica-se a subsidiariedade nos benefícios de ordem (arts. 827 do Código Civil e 595 do Código de Processo Civil) e de excussão (art. 839 do Código Civil).

Dito isso, em outras oportunidades desse estudo – até para que ele não fique repetitivo – especialmente quando se tratar dos outros subtipos dos contratos de garantia, serão feitas referências a outros aspectos dessa figura típica que, topicamente, forem relevantes para uma comparação entre eles.

III – Contrato de garantia em espécie: o contrato autônomo de garantia e as garantias autônomas

12. A garantia autônoma obteve consagração legal – conforme referência feita por Mônica Jardim na sua tese de mestrado sobre garantias autônomas[39] – apenas na antiga Tchecoslováquia (Código do Comércio Internacional tchecoslovaco, de 1963),[40] na antiga República Democrática Alemã (Lei sobre contratos econômicos internacionais, de 1976)[41] e na antiga República Socialista da Iugoslávia (Lei sobre obrigações e contratos, de 1978).[42]

Em alguns países Árabes (Bahrein, Kuwait, Iraque, República Democrática e Popular do Yêmen) a figura seria regulada através de legislação indireta,[43] e na Arábia Saudita através de "*tender regulations*", que seriam circulares governamentais.

Em países como o Egito, a Turquia, a Líbia, a Birmânia, o Irã e a Síria, que são importadores de tecnologia e normalmente beneficiários de garantias, têm sido elaboradas normas precisas acerca da garantia autônoma que deve ser emitida a favor de um ente público que opere com uma organização estrangeira.

Mas tais normas, se determinam o tipo de garantia a ser prestada, não dão a noção de garantia autônoma, nem fixam um regime, limitando-se a obrigar os sujeitos nacionais a exigir uma garantia "à primeira solicitação", sem limitação alguma, e exigível perante um banco local, contragarantido por um banco estrangeiro.

Nos países da Europa Ocidental a garantia autônoma apresenta-se como um tipo contratual de origem sócio-jurisprudencial.

38. Pier Luigi Grana, "Obbligazione di garanzia e tipicità della disciplina", in *Contratto e Impresa* 2/572.

39. Defendida em setembro de 1998 na Faculdade de Direito da Universidade de Coimbra, perante uma banca constituída pelos Professores Doutores Pinto Monteiro, Antonio Menezes Cordeiro e Calvão da Silva.

40. O art. 672º do Código do Comércio Internacional checoslovaco estabelece que na garantia à primeira solicitação o banco não podia opor ao beneficiário as exceções derivadas do contrato base; bem como que o art. 675º do mesmo Código estabelecia que nas relações comerciais internacionais como sendo próprio do crédito documentário, era também aplicável à garantia autônoma na medida em que a natureza desta o permitisse.

41. O art. 255º estendia à garantia autônoma a disposição sobre o crédito documentário e algumas normas reguladoras da fiança, nomeadamente as normas sobre pluralidade de devedores (art. 247º) e sobre direito de regresso (art. 250º).

42. Arts. 1.083 a 1.087.

43. No sentido de referência geral, com preocupação de outras ordens e não o estabelecimento de seu regramento estrutural.

Na Alemanha, depois de uma discussão sobre a reforma das garantias pessoais, a decisão final inclinou-se para a não regulação, temendo-se que a estruturação do *Garantievertrag* em um só país pudesse romper a uniformidade existente no mercado internacional.

Se a opção fosse por normas supletivas, elas seriam inúteis, uma vez que poderiam ser derrogadas pelas partes, e caso fossem elaboradas normas imperativas, elas poderiam impedir os agentes econômicos alemães de recorrer a esta vantajosa garantia, pela negativa de outros contraentes de se subordinarem a tais normas.[44]

12.1 O início da utilização da garantia autônoma, em Portugal, segundo Rebelo Martins e Oliveira Ferreira,[45] parece ter ocorrido em 1973, com a crise do petróleo e a subsequente procura, pelos países produtores de petróleo, de bens e serviços mediante a exigência da prestação de garantias autônomas.

Segundo estes autores, as taxas de juro se afastaram rapidamente das comissões cobradas por garantias, e houve ainda fixação aos bancos de limites[46] de concessão de crédito aos quais as garantias não estavam sujeitas.

Haveria, portanto, dois tipos de vantagens: uma primeira, relacionada com o baixo valor da comissão cobrada para estas operações (de apenas 2,5% ao ano), comparados com os de uma taxa de juro de imobilização financeira (naquela época, em função da inflação, na casa dos 25% ao ano); bem como o fato de esta operação não ser levada em conta para o preenchimento dos seus *plafonds* de crédito.

12.2 Tanto nos Estados Unidos quanto no Canadá, as instituições de crédito estariam impedidas de emitir garantias de cumprimento de uma obrigação de um terceiro – acessórias ou autônomas –, por força da chamada *no-guaranty rule*,[47] que foi afirmada pela primeira vez no caso *Talman vs. Rochester City Bank*[48] e confirmada, depois, por inúmeras decisões.

Mas a grande procura do mercado os impeliu a encontrar uma solução, tendo sido criada, em especial, para o domínio da construção civil no Oriente Médio, a *stand-by letter of credit*, nesses casos pagáveis "*upon simple demand*".

A *stand-by letter of credit* deriva da letra de crédito (entre nós letra de câmbio) tradicionalmente usada como meio de pagamento nas vendas internacionais de bens e, por isso, chamada *comercial letter of credit*.

Distinguir-se-ia desta, porque no caso de uma *stand-by letter of credit*, o banco é obrigado a pagar logo que o beneficiário lhe apresenta os documentos que comprovam que o seu cliente não executou as prestações devidas ou não pagou a dívida, enquanto que, no caso de uma *commercial letter of credit*, o banco só é obrigado a pagar quando o beneficiário lhe apresenta os documentos que comprovam que executou corretamente as suas obrigações contratuais.[49-50]

44. Verificar informação de Alfredo Calderale, "Garantie autonome in Italia, revisione delle norme uniforme per le garanzie contrattuali e riforma dell'art. 5º dell'UCC", in *Banca Borsa e Titoli di Credito*, p. 656, 1991.

45. José A. Rebelo Martins e Ernesto de Oliveira Ferreira, *Garantias Bancárias*, p. 21.

46. Na terminologia portuguesa "*plafonds* de concessão de crédito".

47. Visa, esta regra, evitar a exposição das instituições a operações de risco que possam comprometer a solidez financeira.

48. Neste feito, um credor-beneficiário propôs uma ação contra um banco, que havia assumido a posição de garante de seu devedor. O Tribunal, ao decidir sobre a responsabilidade do Banco, afirmou que a prestação de garantia de débitos de outrem não faz parte da atividade que os bancos são autorizados a desenvolver.

49. Sobre este assunto, verificar o comentário "Fraud in the transaction: enjoining letters of credit the Iranian revolution", in *Harvard Law Review* 93 (1979-1980), pp. 992-993.

50. A *stand-by letter of credit* envolveria assim mais riscos para o devedor do contrato-base do que a *commercial letter of credit*, uma vez que os

A *stand-by letter of credit* é um instrumento de suporte financeiro usado para uma gama de atividades financeiras e comerciais muito mais extensa do que aquela em que é utilizada a garantia autônoma. E poderia ser definida como "qualquer letra de crédito ou análogo instrumento por efeito do qual um sujeito se obriga face ao beneficiário a restituir o dinheiro emprestado ao devedor garantido, a pagar o débito assumido por este último, ou a ressarcir os danos derivados do descumprimento do contrato de base" [51]

Seria, portanto, a *stand-by letter of credit* ambivalente: pode corresponder a um instrumento de pagamento, tal como a *commercial letter of credit*, ou constituir o substituto da garantia autônoma europeia.

As seguradoras norte-americanas, por seu turno, subscrevem regularmente (embora não lhes seja da preferência) garantias destinadas a assegurar o cumprimento das obrigações de seus clientes.

Garantias estas que se denominam *surety bonds*, e se subdividem em *conditional* (as mais comuns) e *unconditional bonds*, conforme o garante assume uma obrigação acessória ou uma obrigação autônoma e à primeira solicitação.

13. Em virtude da crescente importância e difusão da garantia autônoma nas relações comerciais internacionais, houve, desde cedo, muito debate em torno da uniformização jurídica ao regime de contratos deste tipo.

A Comissão da Comunidade Europeia redigiu, na reunião de 1º e 2 de março de 1979, com base no relatório do Max-Planck-Institut de Hamburgo, um projeto, nunca aprovado, de Diretiva visando a harmonização do direito aplicável às principais garantias pessoais, em cujo art. 9º ns. "1" e "2" é definido o contrato de garantia autônoma como: "O contrato pelo qual o garante se responsabiliza perante o beneficiário, isto é, o credor dum terceiro, a responder total ou parcialmente pelas perdas financeiras sofridas pelo beneficiário em resultado do descumprimento, por esse terceiro, duma obrigação presente ou futura, sendo a obrigação do garante independente da extensão, da validade, ou do caráter exequível da obrigação do terceiro". [52]

Houve, ainda, trabalho realizado pela CCI (Câmara de Comércio Internacional) juntamente com a Comissão das Nações Unidas para o Direito Comercial Internacional com o fim de buscar Regras Uniformes sobre garantias contratuais, que culminou com um Grupo de Trabalho sobre Práticas Comerciais Internacionais, que, em onze sessões, de 1990 a 1995, elaborou um projeto de Convenção das Nações Unidas sobre as garantias independentes e as letras de crédito *stand-by*, tendo todos os Estados e organizações interessados sido convidados a participar na elaboração do projeto, quer na qualidade de membros, quer de observadores plenamente habilitados a usar da palavra e a apresentar propostas.

A Assembleia Geral de 11 de dezembro de 1995 adotou e abriu à assinatura ou adesão a Convenção das Nações Unidas sobre as garantias independentes e as letras *stand-by*, que entrou em vigor em 1º de janeiro de 2000.

A referida convenção compõe-se de vinte e nove artigos subdivididos por nove títulos que têm o seguinte objeto: âmbito de aplicação (arts. 1º a 4º), regras de interpretação (arts. 5º e 6º), forma e conteúdo do compromisso de garantia (arts. 7º a 12), os direitos, as obrigações e as exceções oponíveis (arts. 13 a 19), providências cautelares (art. 20), conflitos de lei (arts.

documentos apresentados pelo beneficiário ao garante já não comprovam o cumprimento do contrato-base por parte do beneficiário.

51. Cf. *Comptroller of the Currency* 12, CFR § 7, 1160 (1981).

52. Pretendia, o projeto encomendado pela Comissão ao Instituto Max-Planck, um estudo comparativo sobre a fiança no direito dos Estados-membros, e, na base dele, adotou-se o Projeto da Diretiva.

21 e 22), regras relativas à ratificação (arts. 23 a 29).

Segundo o art. 2º a Convenção aplica-se aos compromissos internacionais independentes ou *stand-by letters of credit*,[53] assumidos por um banco ou uma outra instituição ou pessoa (garante), de pagar ao beneficiário um certo montante ou montante determinável a pedido simples ou acompanhado de outros documentos, de acordo com os termos e as condições do compromisso, que indiquem, ou dos quais possa ser deduzido, que o pagamento é devido em virtude da não execução de uma obrigação ou de qualquer outra eventualidade, ou em virtude de um empréstimo, de um adiantamento de dinheiro, ou do vencimento de uma dívida do dador da ordem ou de outra pessoa.

14. De um modo geral, as garantias autônomas surgiram na prática das relações comerciais internacionais, porque a entidade garantida não queria ficar na dependência da aplicação de regras específicas sobre a fiança, vigentes em cada país, derivadas, em particular, do fato de se invocarem objeções baseadas nas relações do cliente do banco garante (devedor garantido) com o credor estrangeiro.

Acresce-se, a isto, o fato de os parceiros negociais, mormente no domínio internacional, poderem não conhecer a solvabilidade e credibilidade do devedor e garante (p.ex., fiador), exigindo uma garantia mais sólida.

Tradicionalmente, a garantia era entendida ligada a um crédito, sendo, por isso, acessória deste, com as respectivas consequências, mas, pelos motivos indicados, passou a admitir-se uma garantia desligada do crédito, que não tendo por referência um débito, subsistia independentemente das vicissitudes deste, conferindo maior solidez ao credor.

Daí que a garantia autônoma tenha se autonomizada da fiança, com regras próprias, mas mantendo os pressupostos básicos desta figura, em particular a natureza contratual.

15. Também denominada garantia bancária, na medida em que, frequentemente, o papel de garante tem sido assumido por entidades bancárias, a garantia autônoma é constituída por um negócio jurídico atípico, produto da liberdade contratual. Além disso, a garantia autônoma é também conhecida por garantia pura, incondicional, abstrata, independente, ou por garantia (bancária) automática,[54] à primeira solicitação, à primeira interpelação ou de pagamento imediato.

Trata-se de um tipo de garantia que, na fórmula mais comum, é prestada por uma entidade, normalmente um banco, que se obriga a entregar, a pedido de um terceiro, uma soma pecuniária previamente acordada, ao beneficiário da garantia, logo que este prove o descumprimento de determinado contrato por parte do terceiro (contrato autônomo de garantia simples), ou de imediato, quando este simplesmente o interpele a realizar essa prestação (contrato autônomo de garantia automática ou "à primeira solicitação"), mas abdicando desde logo, em ambos os casos, a opor ao beneficiário quaisquer exceções derivadas tanto da sua relação com o terceiro garantido, como da relação jurídica cujo cumprimento garante.[55]

53. A Convenção não é aplicável ao crédito documentário.

54. Como se verá, a "garantia automática" ou "à primeira solicitação" é apenas uma modalidade, apesar de claramente a mais importante. Na medida em que se distingue a figura dos institutos tradicionais, como a fiança, o que acaba por distingui-la não é a sua automaticidade, mas a sua autonomia.

55. Verificar Inocêncio Galvão Telles, "Garantia bancária autônoma", in *O Direito* 3-4/283, 1988, para quem "A garantia autônoma é a garantia pela qual o banco que a presta se obriga a pagar ao beneficiário certa quantia em dinheiro, no caso de alegada inexecução ou má execução de determinado contrato (o contrato-base), sem poder invocar em seu benefício qualquer meios de defesa relacionados com esse contrato".

Às vezes, a posição de garante é assumida por uma companhia de seguros (subtipo determinado pela natureza de sujeito que presta a garantia), funcionando o seguro como *garantia autônoma*.

A constituição de uma garantia autônoma implica a concessão eventual de um crédito equivalente ao do montante garantido, mediante uma contrapartida (denominada na doutrina portuguesa de comissão).

O garante recebe uma contraprestação para, na eventualidade de ocorrência de certos fatos (circunstância de eventualidade), pagar uma quantia a terceiro, constituindo-se credor do garantido por essa importância.

A garantia é representada, portanto, por uma pretensão ao recebimento de uma determinada soma em dinheiro, independentemente da natureza da obrigação assumida.

O garante, perante o credor, responsabiliza-se pelo pagamento de uma obrigação própria e não pelo cumprimento de uma dívida alheia (do garantido); não se trata de garantir o cumprimento da obrigação do devedor, mas, antes, de assegurar o interesse econômico do credor beneficiário da garantia.

Dito de outro modo, a garantia não pressupõe a existência de uma assunção de dívida, em que o banco (assuntor) assume a obrigação de pagar a dívida de outrem (antigo devedor), nos termos previstos nos artigos 595º e seguintes do Código Civil Português, ou dos arts. 299 e ss. do Código Civil, pois o garante constitui-se devedor de uma obrigação própria, ainda que relacionada com a dívida do garantido.

A garantia bancária, além da obrigação garantida, pode pressupor a existência de dois negócios jurídicos coligados: entre o banco e o devedor garantido e entre o banco e o credor beneficiário.

Em ambos os acordos, seriam necessárias duas declarações negociais, apesar de, as mais das vezes, uma delas se encontrar implícita no comportamento da parte, em particular no que respeita ao credor beneficiário e poder ser ajustado um contrato de garantia a favor de terceiro.

O contrato de garantia, celebrado entre o banco e o credor beneficiário tem natureza causal: a função de garantia. E, quanto à forma, este contrato segue o regime geral dos negócios jurídicos.

Com o pagamento que o garante faça ao credor beneficiário, extingue-se, nessa medida, a obrigação do devedor garantido para com o seu credor, ficando o garante subrogado nos direitos do credor beneficiário.[56]

Independentemente da subrogação, o autor da garantia, por via do contrato celebrado com o devedor garantido, quando paga ao beneficiário, fica, por este efeito, credor da importância despendida, acrescida de despesas e juros em relação àquele que o encarregou de tal incumbência, nos termos ajustados.

Através da garantia autônoma, evita-se o dispêndio da prestação de caução, ao mesmo tempo em que se vincula o garante ao cumprimento de uma obrigação alheia, levando a que ele pressione o obrigado a cumprir pontualmente, sem ter de se imiscuir na relação deste com o credor.

As outras vantagens e inconvenientes da garantia autônoma são os mesmos das garantias pessoais, como a fiança e o aval, com a particularidade da economia.

O credor fica melhor assegurado, primeiro porque o garante não lhe pode opor meios de defesa derivados da relação garantida e, segundo, o beneficiário não tem de fazer a prova dos pressupostos que legitimam a pretensão de pagamento.

56. Art. 346, inc. III do Código Civil brasileiro de 2002 ("Art. 346. A subrogação opera-se, de pleno direito, em favor: (...) III – do terceiro interessado, que paga a dívida pela qual era ou podia ser obrigado no todo ou em parte") e art. 592º do Código Civil português.

16. As garantias autônomas constituem-se pelos contratos autônomos de garantia, também denominados contratos de risco, que são, conforme Ferreira de Almeida,[57] aqueles pelos quais o garante promete ao beneficiário assumir o risco pela verificação de um resultado futuro ou pela manutenção de uma determinada situação, ficando obrigado ao pagamento de uma prestação equivalente ao prejuízo emergente ou à cobertura do lucro esperado. São contratos atípicos,[58] em sentido estrito, apesar de serem sócio-jurisprudencialmente típicos.

Sua primeira construção doutrinária data de 1886 e se refere à monografia de Stammler, denominada *Der Garantievertrag*.

Trata-se de um contrato não acessório, isto é, a prestação do garante *independe* do inadimplemento de um dever comportamental do devedor, decorrendo, na verdade, de outros infortúnios, de riscos atípicos, no dizer de Cicala.[59] Esse é, fundamentalmente, o critério de sua diferenciação para com todos os demais subtipos dos contratos de garantia, podendo ser recortado dessa ampla categoria por um traço negativo:[60] o evento que torna exigível a prestação do garante *não* é o inadimplemento de um dever comportamental (geralmente uma obrigação, em sentido estritíssimo).

16.1 Para extrair as consequências dessa afirmação com acerto, é necessário interpretar o fenômeno através da teoria da *causa da atribuição*.

Conforme esclarece Bianca,[61] predomina na Itália a noção unitária de causa, segundo a qual a causa do contrato compreende a causa da atribuição. Nesse sentido, se o contrato exerce uma função econômica que promove interesses merecedores de tutela, ele se justifica, seu amparo pelo ordenamento jurídico é relevante, o ato de autonomia privada pode, enfim, ser reconhecido. As atribuições patrimoniais, que implicam posições jurídicas subjetivas passivas do sujeito que as realiza, estão, assim, justificadas.[62]

Diferente é a posição de Pontes de Miranda,[63] que vê na causa da atribuição a causa do contrato. Essa noção de causa também é unitária, mas está no extremo oposto da doutrina italiana majoritária: enquanto esta determina a causa da atribuição através da causa do contrato, Pontes de Miranda[64] determina a causa do contrato através da causa da atribuição:

"A causa é a função, que o sistema jurídico reconhece a determinado tipo de ato jurídico, função que o situa no mundo jurídico, traçando-lhe e precisando-lhe a eficácia. A causa fixa, na vida jurídica, o ato. (...). De certo modo, sintetiza os efeitos essenciais do ato jurídico, porque os prefigura, os esquematiza, os debuxa em traços gerais, típicos.

"A causa refere-se à atribuição. Tantos tipos de atribuição, tantas as causas. (...). A causa só diz respeito à atribuição, e a atribuição é a mesma, na compra-e-venda, na troca, na locação e na transação. (...). Pense-se no que é atribuição, no que é comum à operação de transferir, pessoal ou realmente, de um patrimônio a outro."

É outra a noção de causa para Ascarelli,[65] quem rompe o conceito unitário de

57. *Texto e Enunciado na Teoria do Negócio Jurídico I*, p. 554.

58. Os Estados Unidos da América são um dos poucos países que tipificaram, legalmente (*statute law*), a figura.

59. "Sul contratto autonomo di garanzia", in *Rivista di Diritto Civile* 2/143.

60. Carlos Ferreira de Almeida, *Texto e Enunciado na Teoria do Negócio Jurídico I*, p. 562.

61. *Diritto Civile III. Il Contratto*, 2ª ed., p. 455.

62. Assim também Pier Luigi Grana, "Obbligazione di garanzia e tipicità della disciplina", in *Contratto e Impresa* 2/582.

63. *Tratado de Direito Privado III. Parte Geral – Negócios Jurídicos. Representação. Conteúdo. Forma. Prova*, 3ª ed., pp. 78-123.

64. Idem, pp. 78-79.

65. *Teoria Geral dos Títulos de Crédito*, 2ª ed., pp. 61-72. Na p. 67, o autor afirma: "O problema da causa do negócio deve, a meu ver, ser mantido dis-

causa. Para este autor, coexistem causa do contrato e causa da atribuição, as quais absolutamente não se confundem: a causa do contrato, ou do negócio, é sua função econômica, sua finalidade prática, que constitui a razão do reconhecimento e da tutela que o ordenamento jurídico dispensa ao ato; a causa da atribuição é uma razão objetiva lícita que justifica a assunção de um vínculo obrigacional ou a constituição ou transferência de um direito real. Em suma, a causa da atribuição serve à proteção daquele que é gravado por uma atribuição patrimonial, bem como à tutela dos interesses de seus credores.

Adotando, neste estudo, a opinião de Ascarelli, e admitindo a tripartição da causa da atribuição patrimonial em *credendi*, *solvendi* e *donandi*, tem-se que a novidade trazida pelas garantias autônomas, relativamente às chamadas garantias especiais das obrigações, está em que sua causa não é *solvendi*, como nestas, mas sim *credendi* ou *donandi*.

16.2 Nas chamadas garantias especiais das obrigações, estabelece-se uma situação de acessoriedade entre a obrigação (dever comportamental) que se garante, ou, o que dá no mesmo, a pretensão cuja violação se busca suprir, e o exercício da garantia, isto é, o desencadear de seu mecanismo.[66] Na fiança, por exemplo, o credor-garantido – ou credor-beneficiário – só pode exercer sua pretensão à prestação do garante – pretensão esta que é a garantia propriamente dita – quando verificado o inadimplemento do devedor na relação jurídica principal. Em outras palavras, a prestação da relação jurídica acessória, de fiança, só se torna exigível depois de violada a pretensão conteúdo da relação jurídica principal (art. 818 do Código Civil).

Vale dizer, assim, que a atribuição patrimonial ao credor garantido, por parte do fiador-garante, de uma pretensão à prestação, só se justifica *solvendi causae*, na medida em que supõe obrigação de um devedor principal a que o fiador também se obriga a adimplir. Assim, Pontes de Miranda:[67] "a *causa solvendi* supõe dever ou obrigação do próprio agente, ou de terceiro, que aquele adimpla".

A mesma situação ocorre nos contratos de penhor e de hipoteca. A atribuição patrimonial de um direito real ao credor pignoratício ou hipotecário (e aqui o poder formativo destaca-se como a garantia propriamente dita) por parte do devedor pignoratício ou hipotecário ou por parte de terceiro, só se justifica na medida em que se supõe um dever comportamental de adimplir, em relação jurídica dita principal (art. 1.419 do Código Civil).

Nas garantias especiais, enfim, "a prestação de garantia também supõe relação jurídica, logicamente *posterius*, entre o que presta e o que é credor, ou entre o credor e outrem a favor de quem se presta. Num e noutro caso, embora se trate de segurança (que não deixa de ser atribuição), a causa é *solvendi*".[68] E Pontes de Miranda[69] ainda arremata: "Não há por onde se negar que o dador de garantia pignoratícia, hipotecária, anticrética, ou de fiança, pratica ato com *causa solvendi*".

16.3 Já nas garantias autônomas, tal situação de acessoriedade absolutamente não existe[70] e é, inclusive, incogitável: simplesmente, o risco não se reporta a uma

tinto daquele da causa das atribuições patrimoniais, apesar da conexão".

66. Carlos Ferreira de Almeida, *Texto e Enunciado na Teoria do Negócio Jurídico I*, p. 562.

67. *Tratado de Direito Privado III. Parte Geral – Negócios Jurídicos. Representação. Conteúdo. Forma. Prova*, 3ª ed., p. 83.

68. Pontes de Miranda, *Tratado de Direito Privado III. Parte Geral – Negócios Jurídicos. Representação. Conteúdo. Forma. Prova*, 3ª ed., 84.

69. Idem, ibidem.

70. Pontes de Miranda, *Tratado de Direito Privado XLIV. Parte especial – Direito das Obrigações: Expedição. Contrato de Agência. Representação de Empresa. Fiança. Mandato de Crédito. Constituição de Renda. Promessa de Dívida. Reconhecimento de Dívida. Comunidade. Edição. Representação Teatral, Musical e de Cinema. Empreitada*, 2ª ed., p. 116.

situação jurídica, anterior, simultânea ou futura, uma vez que a garantia não se exercita em virtude de inadimplemento. Este, em outras palavras, não é elemento de suporte fático, mas pode ser incluído como um infortúnio qualquer, sem essa sua característica própria.

Assim, enquanto na fiança a circunstância de eventualidade que torna exigível a prestação do fiador-garante corresponde ao *inadimplemento*, na garantia autônoma a circunstância de eventualidade consiste na *não obtenção de uma vantagem patrimonial*: o inadimplemento é o descumprimento de um dever comportamental, que só se verifica, portanto, *quando* e *se* for exigível; a não obtenção de uma vantagem patrimonial é a omissão de um fato de enriquecimento, cuja existência e apreciação independem de um juízo valorativo.[71] Em suma, há uma *identidade qualitativa* entre a obrigação do devedor principal e a obrigação do fiador, que não se observa nos contratos autônomos de garantia.

Pontes de Miranda[72] esclarece essa situação: "Se o risco, pelo qual se responde, é por falta de adimplemento, a garantia parece-se com a da fiança; mas, em vez de se prometer o adimplemento pelo devedor, o que se promete é a indenização pela falta de adimplemento, podendo dar-se, o que frequentemente ocorre, que se indenize o risco, mesmo se inválido o negócio jurídico, ou se não se concluiu, juridicamente, o negócio jurídico. O art. 1.488 *[atual 824]* do Código Civil não é invocável".

Em outras palavras, conforme Garofalo,[73] o adimplemento, nesse caso, é considerado somente como fato, como simples evento na sua materialidade e objetividade, e o único juízo possível é formulado em termos de verificação ou não verificação do evento.

Nesse sentido, a atribuição de pretensão ao credor-garantido, por parte do devedor-garante – e aqui se percebe que nos contratos autônomos de garantia sempre há coincidência de garante e beneficiário com devedor e credor, tendo em vista que a situação econômica setorial esgota-se em uma só relação jurídica – se justifica *donandi causae* ou *credendi causae*.

16.4 Na primeira hipótese – *causa donandi* – o garante, por simples liberalidade – do ponto de vista jurídico – não contrai crédito a seu favor.[74] Em outras palavras, o garante alivia, desde logo, o risco que recai sobre o garantido, sem correspectivo jurídico, ainda que possa ter interesse moral ou econômico. O contrato é unilateral.

16.5 Na segunda hipótese – *causa credendi* – o garante, como equivalência da assunção do risco – que é um decréscimo patrimonial, na medida em que se contrai uma posição jurídica subjetiva passiva – recebe do garantido pretensão à comissão ou ao prêmio.[75] O contrato é bilateral.[76]

71. Carlos Ferreira de Almeida, *Texto e Enunciado na Teoria do Negócio Jurídico I*, pp. 562-563.

72. *Tratado de Direito Privado XLIV. Parte especial – Direito das Obrigações: Expedição. Contrato de Agência. Representação de Empresa. Fiança. Mandato de Crédito. Constituição de Renda. Promessa de Dívida. Reconhecimento de Dívida. Comunidade. Edição. Representação Teatral, Musical e de Cinema. Empreitada*, 2ª ed., p. 116.

73. "Per un'applicazione dell'*exceptio doli generalis* romana in tema di contratto autonomo di garanzia", in *Rivista di Diritto Civile* 5/632-633.

74. Pontes de Miranda, *Tratado de Direito Privado III. Parte Geral – Negócios Jurídicos. Representação. Conteúdo. Forma. Prova*, 3ª ed., 1970, p. 85: "a *causa donandi* supõe que nem se crie crédito a favor de alguém, nem se solva dívida. Só um dá, sem outra causa que a de inserir bem da vida no patrimônio de outrem. A unilateralidade do sacrifício, através do tempo, faz ressaltar que só se quis o enriquecimento de outrem, o que permite (...) que se defina de modo negativo a *causa donandi*".

75. Adotou-se, portanto, o conceito de Pontes de Miranda, *Tratado de Direito Privado III. Parte Geral – Negócios Jurídicos. Representação. Conteúdo. Forma. Prova*, 3ª ed., pp. 82-83: "se, como equivalência do que se decresce ao seu patrimônio, o outorgante há de obter do outorgado direito, pretensão, ação, ou exceção, ou outro bem da vida, a causa diz-se *causa credendi*".

76. Para Pontes de Miranda, o *Garantievertrag* é sempre unilateral, só vinculando o garante. "Se nele se pôs a cláusula de dever o outro contratante prestar mensalidade, ou levar a cabo o que em-

Ocorre, aqui, função mista de garantia + troca, e essa será sempre a causa concreta que caracteriza a maior parte dos subtipos do contrato autônomo de garantia, como o contrato de seguro,[77] bem como o contrato autônomo de garantia bancária, figura típica dos contratos autônomos de garantia.

17. A respeito destes últimos, parte da doutrina os denomina garantias bancárias à primeira solicitação (*on first demand* ou *a prima richiesta*),[78] visto que se identificam por uma cláusula que lhes impõe um regramento comum:[79] verificada a circunstância de eventualidade, o beneficiário, credor do banco-garante, interpela este último, seu devedor, alegando a ocorrência do fato e solicitando o pagamento de soma em dinheiro, a título de indenização, sem que o banco-garante possa opor-lhe exceções decorrentes da relação jurídica entre ele – beneficiário – e devedor "principal".[80]

Com efeito, a circunstância de eventualidade dos contratos autônomos de garantia pode consistir: (i) na verificação de um evento prejudicial ou na não verificação de um evento esperado (por exemplo, não aferição dos lucros esperados); (ii) no *fato* do inadimplemento ou adimplemento ruim de um dever comportamental, por parte de um terceiro, devedor do beneficiário em uma outra relação jurídica.

Apesar do regramento comum, em virtude da cláusula "a primeira solicitação", é no bojo do segundo subtipo de contrato autônomo de garantia bancária – qual seja, aquele cuja circunstância de eventualidade consiste no *fato* do inadimplemento ou adimplemento ruim – que se apresentam inúmeros *subtipos de tal subtipo*, em uma escala que tende ao infinito, quando se considera a variação de elementos, bem

preendeu, há contrato inominado, no qual se têm de observar as regras jurídicas peculiares à vinculação do outorgado e as regras jurídicas especiais sobre o contrato de garantia, regras jurídicas, essas, não escritas" (*Tratado de Direito Privado XLIV. Parte Especial – Direito das Obrigações: Expedição. Contrato de Agência. Representação de Empresa. Fiança. Mandato de Crédito. Constituição de Renda. Promessa de Dívida. Reconhecimento de Dívida. Comunidade. Edição. Representação Teatral, Musical e de Cinema. Empreitada*, 2ª ed., p. 115).

77. O contrato de seguro desempenha função mista de garantia + troca, em virtude da pretensão que tem o segurador ao recebimento do prêmio (art. 757 do Código Civil). Trata-se de um contrato de garantia, sempre que sua finalidade prática seja a de suprir a frustração de uma pretensão ou de uma expectativa. Nesse sentido, não será sempre que o contrato de seguro poderá ser qualificado como um subtipo dos contratos de garantia. Na verdade, o contrato de seguro não é um tipo simples, e é constituído por uma combinação constante de elementos que enseja a construção uma categoria mais geral, isto é, de um tipo contratual geral de contratos de seguro.

Com efeito, os contratos de seguro apresentam vários subtipos, tendo todos em comum a natureza de empresário segurador de uma das partes (art. 757, parágrafo único, do Código Civil) e o modo de cálculo da prestação da outra parte (o prêmio devido pelo segurado), o que confere peculiaridade à aleatoriedade do contrato de seguro.

Outra diferença do contrato de seguro relativamente aos outros subtipos de contrato de garantia é a não existência de direito de regresso, nem de sub-rogação. A indenização, quando paga porque se verificou o sinistro, é suportada exclusivamente pelo fundo comum.

78. No Brasil, o artigo pioneiro de Arnoldo Wald, "A garantia a primeira demanda no direito comparado", in *RDM* 66/5-12.

79. Este não deixa, contudo, de ser um outro critério de classificação do contrato autônomo de garantia, referente à *automaticidade*. Assim, existem garantias autônomas simples e garantias autônomas automáticas. Na primeira, o beneficiário, para exigir o cumprimento da obrigação do garante, tem que provar o incumprimento da obrigação do devedor ou qualquer outro evento que seja pressuposto da constituição do seu crédito face ao garante. Assim, o beneficiário terá de provar que o evento, cujo risco originou a promessa do garante, verificou-se realmente. Na segunda, em que normalmente é incluída a cláusula de pagamento à primeira solicitação ("on first demand", "upon first demand", "auf erstes anforden", "à première demande", "prima richiesta"), o beneficiário está isento de tal prova, devendo o garante entregar-lhe imediatamente a quantia pecuniária fixada ao seu primeiro pedido. A simples afirmação por este feita de que o fato se produziu (de que a outra parte não cumpriu o contrato) bastaria para colocar o banco na situação de ter de efetuar o pagamento pedido, sem mais indagações.

80. Luigi Garofalo, "Per un'applicazione dell'*exceptio doli generalis* romana in tema di contratto autonomo di garanzia", in *Rivista di Diritto Civile* 5/629.

como a inserção de novos elementos, trazidas pela análise da causa concreta.

Nesse sentido, o contrato autônomo de garantia pode servir como garantia do pagamento de uma dívida determinada que o devedor contraiu perante o credor (subtipo do *repayment bond*) ou para a falta de devolução de pagamento antecipado (subtipo do *advance payment bond, Anzahlungsgarantie* ou ainda *garantie de remboursement*).

Mas a garantia autônoma tem sido mais frequentemente usada como caução de uma eventual indenização derivada de um potencial descumprimento de obrigações, em especial para o caso de não cumprimento do dever de realizar a obra no contrato de empreitada.

Seria ainda possível subdistinguir, desta última situação, uma garantia autônoma prestada como caução: primeiro, de que sendo aceita a proposta, o proponente celebrará o contrato (por exemplo, garantia de que o concorrente num concurso para a adjudicação de uma empreitada de obras públicas, sendo-lhe esta adjudicada, celebrará o respectivo contrato) – trata-se da chamada garantia de subsistência de oferta, cuja função é desempenhada pelo *bid bond* (ou *promessa mediante anúncio público*, *garantia de honorabilidade da proposta*, ou *garantia de subsistência da oferta*, *tender guarantee*, *bietungsgrantie*, *garantie de soumission*, *garanzia di offerta*); segundo, de que o contraente realizará a prestação a que se vinculou (garantia de que o empreiteiro efetuará a obra no prazo acordado); terceiro, de que o contraente cumprirá a prestação de forma não defeituosa (por exemplo, garantia de boa execução do contrato, sem defeitos). Estas duas últimas correspondem à designada *performance bond* (garantia de boa execução, *performance guarantee*, *leistungs*, *lieferungs oder erfüllungsgarantie* ou *gewährleistung*, ou ainda *garantie de bonne exécution*, ou de *bonne fin, garanzie di buona esecuzione*).

A garantia autônoma ainda pode ser usada com função idêntica à do seguro: por exemplo, como garantia de que a mercadoria embarcada chegará ao destino em boas condições.

Tanto a garantia autônoma, em quase todas as suas modalidades, como determinado tipo de seguro, pretendem assegurar um risco: o risco de inadimplemento de um contrato.

Nestas hipóteses em que a garantia autônoma tem em vista a indenização por um eventual descumprimento do contrato, o seu objeto é qualitativamente diverso do da obrigação assumida pelo devedor garantido (talvez outro subtipo decorrente do critério pelo tipo de obrigação diversa assumida pelo garante).

18. A doutrina italiana identifica alguns problemas práticos nos contratos autônomos de garantia automática e cuja circunstância de eventualidade consiste no fato do inadimplemento ou adimplemento ruim. Tais problemas podem ser assim sistematizados:

a) Renúncia, por parte do garante, ao poder de opor exceções.

Em se tratando de uma relação jurídica independente, o garante renunciaria a exercer qualquer exceção referente à existência, validade e eficácia da relação jurídica entre o beneficiário e o devedor "principal".[81] Poderia, porém, repetir o que pagou indevidamente.[82] Há autores, porém, que sustentam que tal renúncia só ocorreria quando tal cláusula estiver expressa no instrumento contratual.[83]

81. Não haveria prejuízo, somente, como é óbvio, das exceções fundadas na própria relação derivada do contrato autônomo de garantia, entre o garante e o beneficiário.

82. Francesco Galgano, *Diritto Civile e Commerciale II. 2 – Le Obbligazioni e i Contratti. I Singoli Contratti. Gli Atti Unilaterali e i Titoli di Credito. I Fatti Illeciti*, 3ª ed., p. 444.

83. Luigi Garofalo, "Per un'applicazione dell'*exceptio doli generalis* romana in tema di contratto autonomo di garanzia", in *Rivista di Diritto Civile* 5/632.

De qualquer forma, essa renúncia seria o fundamento de que, mediante a interpelação do garante, por parte do beneficiário, solicitando o pagamento em vista da simples afirmação da ocorrência da circunstância de eventualidade, a prestação daquele já se tornaria exigível.

b) Direito de regresso do garante em face do devedor "principal".

A celebração de um contrato autônomo de garantia implicaria a conclusão de um mandato entre o garante e o devedor "principal". Este se caracterizaria na medida em que a comissão exigida pelo banco para a prestação da garantia seria suportada pelo devedor, uma vez que se inseriria no custo global da operação. Assim entende Tommaseo,[84] para quem, em virtude desse mandato, efetuado o pagamento por parte do garante, este se legitimaria para o exercício de uma *actio mandati contraria* contra o devedor "principal".

Galgano[85] e Cicala[86] acrescentam que a autonomia de tais contratos seria apenas relativa. Nesse sentido, se a acessoriedade é inoperante nas relações entre o garante e o beneficiário, é, ao contrário, operante nas relações entre o devedor "principal" e o credor garantido. Assim, o pagamento recebido pelo beneficiário, se não for justificado pela relação "principal", é sujeito à repetição. Mas quem tem legitimidade para exercer a repetição é o devedor "principal", uma vez que o garante renunciou a tal poder, sendo sujeito de uma relação, aí sim autônoma, com o beneficiário. Estaria, desse modo, formada uma corrente: o garante exerceria a *actio mandati contraria* contra o devedor "principal", quem, por sua vez, exerceria a repetição contra o credor-garantido, em face de um enriquecimento sem causa.

De outro lado, conforme Garofalo,[87] a existência de um mandato, entre devedor "principal" e garante, implicaria que o direito de regresso, por parte desse último, não se constituiria quando este houvesse violado o dever de pontual pagamento da indenização, demandada pelo beneficiário.

c) Ilicitude do contrato "principal".

Segundo Garofalo,[88] a ilicitude do contrato "principal" seria o único vício que se comunicaria ao contrato autônomo de garantia, tornando-o nulo por ilicitude da causa. Daí a necessidade de se descrever, no instrumento do contrato autônomo de garantia, a "relação-base", que fundamenta o primeiro.[89]

IV – Garantias autônomas na jurisprudência do STJ

19. O *leading case* é, sem dúvida, o Recurso Especial 3.673 de Minas Gerais, tendo sido Relator o Ministro Fontes de Alencar. O que mais interessa, nesse momento, são os votos dos Ministros Sálvio de Figueiredo Teixeira e Athos Gusmão Carneiro. O problema versa essencialmente sobre a natureza da aposição de assinatura por parte do garantidor em instrumento contratual, na posição de coobrigado.

Questiona o Ministro Sálvio de Figueiredo de Teixeira: "existiria uma nova modalidade de garante, ao lado do avalista e do fiador?". Termina por responder: "o pretenso 'garante solidário' não passa de um devedor (CPC, art. 568, I) e como tal obrigado, e de forma ainda mais ampla que o fiador, quer por dispensar a anuência do cônjuge (embora incidente a Lei 4.121/

84. "Autonomia negoziale e tutela giurisdizionale nei rapporti di garanzia a prima richiesta", in *Rivista di Diritto Civile* 2/7.

85. *Diritto Civile e Commerciale II. 2 – Le Obbligazioni e i Contratti. I Singoli Contratti. Gli Atti Unilaterali e i Titoli di Credito. I Fatti Illeciti*, 3ª ed., p. 444.

86. "Sul contratto autonomo di garanzia", in *Rivista di Diritto Civile* 2/144.

87. "Per un'applicazione dell'*exceptio doli generalis* romana in tema di contratto autonomo di garanzia", in *Rivista di Diritto Civile* 5/636.

88. Idem, p. 635.

89. No mesmo sentido, Raffaele Cicala, "Sul contratto autonomo di garanzia", in *Rivista di Diritto Civile* 2/151.

1962), quer por não dispor do benefício de ordem, com o qual é contemplado o fiador por força de lei (CPC, art. 595, CC, art. 1.491)".

Aparentemente, o Ministro Sálvio de Figueiredo Teixeira parece ter reconhecido um tipo de negócio jurídico diferente da fiança, pelo qual o garante está obrigado de forma mais ampla do que o fiador.

Pontes de Miranda,[90] ao tratar dos contratos de garantia – neste trabalho denominados contratos autônomos de garantia – afirma: "A assinatura aposta a contrato de locação, na qualidade de coobrigado, não é, em caso de dúvida, fiança, mas promessa de garantia independente da dívida que resulte do contrato de locação". E prossegue: "Também há promessa de garantia, e não fiança, se foi dito 'sob garantia pelo capital e juros', em negócio jurídico de cessão. Bem assim, a promessa de indenização pelo que, a propósito de alguma operação mercantil, ou outra razão, possa a outra pessoa sofrer". Depois, diz o autor, em uma frase que parece tomar como sinônimas a eficácia do contrato de garantia e a da promessa de garantia:[91] "Nos contratos de garantia ou promessas de garantia, o credor não é adstrito a acionar o devedor. Não há acessoriedade, nem subsidiariedade".

Portanto, o caso consubstanciaria uma hipótese de garantia autônoma, seja formada por contrato autônomo de garantia, seja formada por negócio jurídico unilateral (promessa de garantia)?

20. No voto do Ministro Athos Gusmão Carneiro, é lembrada a figura da solidariedade e, especialmente, o art. 915 do Código Civil de 1916, atual art. 285: "Se a dívida solidária interessar exclusivamente a um dos devedores, responderá este por toda ela para com aquele que pagar". O sistema contempla, pois, a possibilidade de haver devedor solidário a quem não interessa a dívida, ou, pode-se dizer, não seja beneficiado por ela.

Seria o caso, então, de solidariedade? E será que, no Brasil, a disciplina dos contratos autônomos de garantia não estaria concentrada no regime das dívidas solidárias?

Ao tratar da solidariedade, Pontes de Miranda[92] afirma: "É solidária a obrigação de quem assume, em reforço, a dívida (adesão à dívida, *Schuldbeitritt*, ou coassunção de dívida, *Schuldmitübernahme*, como preferiu Hans Reichel): quem adere à dívida assume-a independentemente, e não acessoriamente, nem como obrigado secundário (...)". Mas "a obrigação do assumente não se irradia se a obrigação do devedor não existia (*e.g.*, era nulo ou ineficaz o negócio jurídico), ou se o negócio jurídico foi desconstituído por ser anulável, ou rescindido. (...). Tal figura jurídica é inconfundível com a fiança".[93] Trata-se, em suma, do negócio de *assunção cumulativa da dívida*,[94] em adesão *solidarizante*.

No caso em análise, por conseguinte, tratar-se-ia de uma promessa de garantia – distinta do contrato autônomo de garantia pela sua unilateralidade – ou de uma assunção cumulativa da dívida?

Como se viu, a distinção é de todo relevante. Se se tratar de negócio constitutivo de garantia autônoma (contrato autôno-

90. *Tratado de Direito Privado XLIV. Parte Especial – Direito das Obrigações: Expedição. Contrato de Agência. Representação de Empresa. Fiança. Mandato de Crédito. Constituição de Renda. Promessa de Dívida. Reconhecimento de Dívida. Comunidade. Edição. Representação Teatral, Musical e de Cinema. Empreitada*, 2ª ed., p. 116.

91. Nesse sentido, a promessa de garantia seria um negócio jurídico unilateral, enquanto o contrato de garantia seria uma promessa de dívida que se bilateraliza.

92. *Tratado de Direito Privado XXII. Direito das Obrigações: Obrigações e suas Espécies. Fontes e Espécies de Obrigações*, 2ª ed., p. 336.

93. Pontes de Miranda, *Tratado de Direito Privado XXII. Direito das Obrigações: Obrigações e suas Espécies. Fontes e Espécies de Obrigações*, 2ª ed., pp. 337-338.

94. No mesmo sentido, Karl Larenz, *Derecho de Obligaciones I*, p. 513.

mo de garantia ou promessa de garantia), o garante é sujeito de uma relação jurídica com o beneficiário que absolutamente não se reporta à relação deste com o devedor principal. Nesse caso, o garante não adimple, mas indeniza.

Se se tratar, entretanto, de uma assunção cumulativa da dívida, em adesão solidarizante, com função de garantia, ocorre um negócio não acessório, porque, na solidariedade, há simultaneidade, não solidariedade das dívidas.[95] Mas o garante-assumente pode se opor ao pagamento através da alegação de inexistência da obrigação de seu codevedor (diretamente interessado), por nulidade, ineficácia, ou por ter sido o negócio rescindido (vício genético, que não se confunde com resolução) ou desconstituído por anulabilidade. De um modo geral, o garante está adstrito ao adimplemento, na qualidade de devedor solidário (e é por isso que não há que se falar em acessoriedade, visto que há uma só situação jurídica; não há simultaneidade). O garante-assumente não deve, enfim, uma indenização, como o deve o garante – autônomo.

A conclusão pela qualificação de um ou outro negócio surge somente no caso concreto. Solidariedade, assim como a fiança, não se presume; mas basta que esteja implícita através do emprego de expressões comuns no tráfico jurídico, como "solidariamente", "com solidariedade", "um por todos", "juntos e de per si", "cada um pelo todo", entre outras.[96] Em caso de dúvida, porém, é de se adotar a opinião de Pontes de Miranda: tratar-se-ia de contrato autônomo de garantia ou de promessa de garantia.

Parece, portanto, que ambos os Ministros chegaram muito próximo da qualificação do negócio jurídico celebrado. Não é uma simples fiança. Dependendo do contexto do caso, tratar-se-ia ou de uma assunção cumulativa de dívida, que engendra solidariedade, ou de um contrato autônomo de garantia ou promessa de garantia.

V – Conclusão

Estabelecendo uma relação entre tipo contratual geral e contrato autônomo de garantia, observou-se que este é um subtipo daquele. Mas se observou também que o contrato autônomo de garantia também tem vários subtipos, caracterizados ora pela natureza de uma das partes, ora pela sua unilateralidade ou bilateralidade, ora por ambos. Todos eles são contratos causais:[97] desempenham uma função socioeconômica que o ordenamento jurídico considera relevante para dispensar-lhe tutela, qual seja, a diminuição de um risco através da responsabilização do garante não pelo inadimplemento, mas por um resultado desfavorável qualquer. Não se trata

95. Pontes de Miranda, *Tratado de Direito Privado XLIV. Parte Especial – Direito das Obrigações: Expedição. Contrato de Agência. Representação de Empresa. Fiança. Mandato de Crédito. Constituição de Renda. Promessa de Dívida. Reconhecimento de Dívida. Comunidade. Edição. Representação Teatral, Musical e de Cinema. Empreitada*, 2ª ed., pp. 104-105.

96. Pontes de Miranda, *Tratado de Direito Privado XXII. Direito das Obrigações: Obrigações e suas Espécies. Fontes e Espécies de Obrigações*, 2ª ed., pp. 337-338. No mesmo sentido, Karl Larenz, *Derecho de Obligaciones I*, p. 335.

97. Fulvio Mastropaolo, *I Contratti Autonomi di Garanzia*, pp. 228-229. Cf. Vincenzo Roppo, *Il Contratto*, p. 397, para quem o contrato autônomo de garantia é abstrato, mas se trataria de uma "abstração causal": é abstrato, porque o garante deve pagar sem poder opor exceções baseadas na relação da qual nasce o crédito garantido; é causal, porque a abstração menciona a causa do contrato, sendo a própria causa, ou seja, a razão justificativa é dar ao credor uma garantia insensível às exceções que podem ser invocadas em uma garantia fidejussória tradicional. Em sentido semelhante, Francesco Galgano, *Diritto Civile e Commerciale II. 2 – Le Obbligazioni e i Contratti. I Singoli Contratti. Gli Atti Unilaterali e i Titoli di Credito. I Fatti Illeciti*, 3ª ed., p. 445, para quem a verdadeira razão pela qual o contrato autônomo de garantia é considerado válido na Itália consiste na grande difusão internacional do tipo contratual, tendo de ser adotado sob pena de um isolamento comercial.

de um negócio abstrato. A ideia de autonomia relaciona-se à independência que este contrato guarda para com outras relações jurídicas, realçando sua diferença relativamente às garantias especiais quanto à causa da atribuição.

Viu-se, outrossim, que os subtipos dos contratos autônomos de garantia têm, por sua vez, outros subtipos; caso dos contratos autônomos de garantia bancária, que, consoante sua circunstância de eventualidade, podem ser distinguidos em dois subtipos. Trata-se, assim, da variação, a partir da consideração da causa concreta, que o elemento circunstância de eventualidade experimenta. Dentro daquele quadro exposto acima, esta situação poderia ser assim completada:

	Existência	Garante	Circunstância de eventualidade	Objeto mediato da atribuição ao garante	Objeto mediato da atribuição ao beneficiário	Tipo contratual
Garantias obrigacionais (autônomas)	Promessa/ Consenso	Banco	**Sinistro ou insucesso**	Dinheiro	Comissão	Garantia bancária autônoma

Com base no que foi exposto, poderiam, na esteira deste, ser ilustrados muitos outros quadros, como por exemplo:

	Existência	Garante	Circunstância de eventualidade	Objeto mediato da atribuição ao garante	Objeto mediato da atribuição ao beneficiário	Tipo contratual
Garantias obrigacionais (autônomas)	Promessa/ Consenso	Banco	**Sinistro ou insucesso**	Dinheiro	Comissão	Garantia bancária autônoma

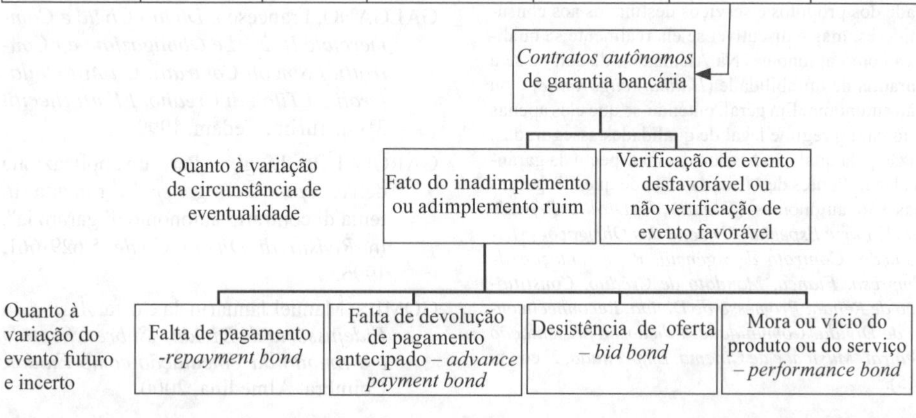

Concretamente, portanto, os elementos dos contratos autônomos de garantia podem variar, além de ser possível incluir outros elementos, como se observou.[98] Na prática, essa combinação fará resultar uma multiplicidade dos contratos autônomos de garantia, que se apresentam em uma infinidade de casos, podendo, todos, ser agrupados graças à noção de *causa*. E é exatamente esta noção, pois, que permite o delineamento de um setor do processo econômico e a consequente construção de um modelo setorial correspondente, que consiste no tipo contratual geral de garantia, ou contrato de garantia em gênero.

Bibliografia

ALMEIDA COSTA, Mário Júlio de. *Direito das Obrigações*. 9ª ed. Coimbra, Almedina, 2003.

ANTUNES VARELA, João de Matos. *Das Obrigações em Geral II*. 7ª ed. Coimbra, Almedina, 1997.

ASCARELLI, Tullio. *Teoria Geral dos Títulos de Crédito*. 2ª ed. São Paulo, Saraiva, 1969.

BERNARDES DE MELLO, Marcos. *Teoria do Fato Jurídico – Plano da Existência*. 10ª ed. São Paulo, Saraiva, 2000.

BETTI, Emilio. *Teoria Generale delle Obbligazioni I. Prolegomeni: Funzione Economico-Sociale dei Rapporti d'Obbligazione*. Milão, Giuffrè, 1953.

BIANCA, Cesare Massimo. *Diritto Civile III. Il Contratto*. 2ª ed. Milão, Giuffrè, 2000.

BOZZI, Giuseppe. *La Fideiussione*. Milão, Giuffrè, 1995.

CALVÃO DA SILVA, João. "Cartas de conforto", in *Estudos de Direito Comercial (Pareceres)*. Coimbra, Almedina, 1996.

CICALA, Raffaele. "Sul contratto autonomo di garanzia", in *Rivista di Diritto Civile* 2/43-151, 1991.

COMPARATO, Fábio Konder. *Ensaios e Pareceres de Direito Empresarial*. Rio de Janeiro, Forense, 1978.

DOMINGUES DE ANDRADE, Manuel. *Teoria Geral da Relação Jurídica I. Sujeitos e Objecto*. Coimbra, Almedina, 1992.

FERREIRA DE ALMEIDA, Carlos. *Texto e Enunciado na Teoria do Negócio Jurídico I*. Coimbra, Almedina, 1992.

GALGANO, Francesco. *Diritto Civile e Commerciale II. 2 – Le Obbligazioni e i Contratti. I Singoli Contratti. Gli Atti Unilaterali e i Titoli di Credito. I Fatti Illeciti*. 3ª ed. Turim, Cedam, 1999.

GAROFALO, Luigi. "Per un'applicazione dell'*exceptio doli generalis* romana in tema di contratto autonomo di garanzia", in *Rivista di Diritto Civile* 5/629-661, 1996.

GOMES, Manuel Januário da Costa. *Assunção Fidejussória de Dívida – Sobre o Sentido e o Âmbito da Vinculação como Fiador*. Coimbra, Almedina, 2000.

98. O aval, por não ser contrato, não foi mencionado, mas basta dizer que não caracteriza uma garantia autônoma, na medida em que o avalista adimple, ou seja, ele responde pelo inadimplemento do avalizado. A causa é *solvendi*, tanto que a obrigação do avalista é modelada pela do avalizado (art. 32 do Decreto 57.663/1966 e art. 27 do Decreto 57.595/1966).

Poderia ser citada, outrossim, a garantia que o fornecedor assume, convencionalmente, pela qualidade dos produtos e serviços destinados aos consumidores, mas é discutível se ela realmente se qualifica como autônoma. Na Alemanha, discuti-se se a garantia de durabilidade (*Haltbarkeitgarantie*) é ou não autônoma. Em geral, entende-se que elas apenas reforçam o regime legal de qualidades asseguradas, razão pela qual não passam de um aspecto da garantia legal. Pontes de Miranda entende que tais garantias são autônomas (*Tratado de Direito Privado XLIV. Parte Especial – Direito das Obrigações: Expedição. Contrato de Agência. Representação de Empresa. Fiança. Mandato de Crédito. Constituição de Renda. Promessa de Dívida. Reconhecimento de Dívida. Comunidade. Edição. Representação Teatral, Musical e de Cinema. Empreitada*, 2ª ed., p. 115).

GONÇALVES NETO, Alfredo de Assis. *Aval – Alcance da Responsabilidade do Avalista*. 2ª ed. São Paulo, Ed. RT, 1993.

GRANA, Pier Luigi. "Obbligazione di garanzia e tipicità della disciplina", in *Contratto e Impresa* 2/562-589, 1996.

JARDIM, Mónica. *A Garantia Autónoma*. Coimbra, Almedina, 2002.

LARENZ, Karl. *Derecho de Obligaciones I*. Madri, Revista de Derecho Privado, 1958.

MARTINEZ, Pedro Romano; e DA PONTE, Pedro Fuzeta. *Garantias de Cumprimento*. 4ª ed. Coimbra, Almedina, 2003.

MASTROPAOLO, Eugenio Maria. "Autonomia contrattuale e patto di non alienazione di specifici beni a fini di garanzia nel contratto di mutuo", in *Rassegna di Diritto Civile* 1/74-93, 1999.

MASTROPAOLO, Fulvio. *I Contratti Autonomi di Garanzia*. Turim, Giappichelli, 1989.

MENEZES CORDEIRO, Antonio. *Das Cartas de Conforto*. Lisboa, Lex, 1993.

MINNITI, Giuseppe. "Patto marciano e irragionevolezza del disporre in funzione di garanzia", in *Rivista del Diritto Commerciale* 1-2/29-66, 1997.

PONTES DE MIRANDA, Francisco Cavalcanti. *Tratado de Direito Privado III. Parte Geral – Negócios Jurídicos. Representação. Conteúdo. Forma. Prova*. 3ª ed. Rio de Janeiro, Borsói, 1970.

______. *Tratado de Direito Privado XXII. Direito das Obrigações: Obrigações e suas Espécies. Fontes e Espécies de Obrigações*. 2ª ed. Rio de Janeiro, Borsói, 1958.

______. *Tratado de Direito Privado XLIV. Parte Especial – Direito das Obrigações: Expedição. Contrato de Agência. Representação de Empresa. Fiança. Mandato de Crédito. Constituição de Renda. Promessa de Dívida. Reconhecimento de Dívida. Comunidade. Edição. Representação Teatral, Musical e de Cinema. Empreitada*. 2ª ed. Rio de Janeiro, Borsói, 1963.

______. *Comentários à Constituição de 1946 I – Arts. 1º-14*. 2ª ed. São Paulo, Max Limonad, 1953.

______. *Tratado das Ações I. Ação, Classificação e Eficácia*. 2ª ed. São Paulo, Ed. RT, 1972.

PORRETI, Antonella. *Lettere di Patronage*. Turim, Giappichelli, 1991.

REBELO MARTINS, José A.; e OLIVEIRA FERREIRA, Ernesto. *Garantias Bancárias*. Lisboa, Banco do Espírito Santo e Comercial de Lisboa, 1983.

ROPPO, Vincenzo. "Il contratto", in IUDICA, Giovanni; e ZATTI, Paolo. *Trattato di Diritto Privato*. Milão, Giuffrè, 2001.

SOARES DA VEIGA, Vasco. *Direito Bancário*. 2ª ed. Coimbra, Almedina, 1997.

TOMASETTI JÚNIOR, Alcides. *Âmbito e Justificação do Curso [de Tipos Contratuais Gerais]*. São Paulo, s.e., 2003.

WALD, Arnoldo. "A garantia a primeira demanda no direito comparado", in *RDM* 66/5-12, 1987.

DISCLOSURE AND COST OF EQUITY CAPITAL IN EMERGING MARKETS: THE BRAZILIAN CASE*

ALEXSANDRO BROEDEL LOPES**-1

ROBERTA CARVALHO DE ALENCAR

1. Introduction. 2. Motivation and hypothesis development. 3. Research design. 4. Data and results. 5. Additional analysis. 6. Conclusion. References.

1. Introduction

There is an important strand of the financial accounting literature that investigates the relation between disclosure and cost of equity capital (Botosan, 1997; Botosan & Plumlee, 2002; Hail, 2002; Francis, Khurana, & Pereira, 2005; Chen, Chen, & Wei, 2003). The basic idea is that higher levels of disclosure contribute to a reduction in information asymmetry between managers and investors and, consequently, cause a reduction in the idiosyncratic component of cost of equity capital (Verrechia, 2001; Diamond & Verrechia, 1991). However, results of these investigations have not been conclusive (Botosan, 1997). Some authors (e.g., Hail, 2002) argue that the absence of statistical and economically significant associations between disclosure and cost of capital can be the result of measurement problems because both variables are not directly observed and proxies need to be used. In this paper, we investigate another possibility. We conjecture that the weak relation between firm-level disclosure measures and cost of equity capital is not significant in the United States because the overall disclosure level is already high and firm-level actions do not have a significant marginal impact. Consequently, the weak association between disclosure and cost of capital observed in the United States may result from low variation in disclosure levels because the mandatory disclosure threshold is already high. We believe that firms' actual disclosure policies depend on their incentives. However, incentives only play an important role if the firm's chosen level of disclosure is superior to the minimum level required by the market regulator. If the firm's policy put its disclosure level below the minimum required level, then it has to be increased by force of regulation. Thus, if the minimum disclosure level is already high, many firms will not adopt their optimal policies and instead will adopt the minimum level. Consequently, the disclosure variation will be reduced in the whole sample of firms. Conversely, in environments where the re-

* Artigo publicado pelo *The International Journal of Accounting* 45 (2010) 443-464, com sua permissão, ora reproduzido.

** E-mail address: *Broedel@usp.br* (A. B. Lopes)

1. Disclaimer: this paper does not reflect any official position of the Securities and Exchange Commission of Brazil. 0020-7063/$ – see front matter doi:10.1016/j.intacc.2010.09.003.

quired minimum disclosure level is not so high, it is more likely that firms will present a higher cross-sectional variation in actual (adopted) disclosure policies. Based on prior research (Lopes & Walker, 2008), this high variation in disclosure levels is what we expect to see in Brazil.

One could argue about the relevance of a single-country analysis. Recent cross-sectional studies (Francis et al., 2005) investigated the relation between disclosure indexes and cost of equity capital for a sample of firms extracted from 34 countries. We believe that more detailed within-country studies can complement the results of cross-country investigations. We believe there is considerable sample selection bias in the databases used in recent work. In Francis et al. (2005), for example, only 10 Brazilian firms are covered and there is no discussion about sample selection procedures and representativeness. Other studies that investigate corporate governance arrangements across a large number of firms have the same problem. Doidge et al. (2007) consider only 28 Brazilian firms of which 14 are cross-listed. Lang, Raedy, & Wilson (2006) only consider 1 Brazilian firm. We believe these small and biased samples can compromise the results.

To investigate our hypothesis, we built a detailed disclosure index and applied it to a more representative sample of firms listed in Brazil. To proxy for disclosure, we built the Brazilian Disclosure Index (BCDI), which measures disclosure across 6 components and 47 specific attributes. The index is applied to the 50 most liquid shares traded on the São Paulo Stock Exchange (Bovespa) for the years 1998, 2000, 2002, 2004, and 2005. Our sample is very close to the Bovespa Index, which is composed of the most liquid shares. The index is based on a set of questions used in previous research (Botosan, 1997; Francis et al., 2005) and adaptations to reflect Brazilian regulations and accounting standards. Table 1 features the questionnaire and the percentage of positive answers. Our questionnaire was not sent to the firms or to analysts; rather, it is based on objective answers obtained from public sources of information — annual reports, websites, Bovespa filings, and the files obtained from the Brazilian Securities and Exchange Commission (CVM). Answers are binary, with 1 indicating a positive answer and 0 indicating a negative answer. We believe that the BCDI provides a comprehensive picture of corporate disclosure policies in Brazil. We are not aware of a detailed investigation of disclosure policies done outside the United States. To measure cost of equity capital, we used the model proposed by Ohlson & Juetnner-Nauroth (2005), which has been used in previous papers (e.g., Francis et al., 2005).

Table 1 – Composition of BCDI and percentage of positive answers over time

	1998 (%)	2000 (%)	2002 (%)	2004 (%)	2005 (%)
General information about the company — GI					
1. Does the annual report provide a general description of the firm's business?	93	100	96	100	94
2. Does the annual report provide a description of the major corporate goals for the future?	33	38	57	65	74
3. Are these corporate goals expressed quantitatively?	13	13	28	27	54
4. Does the report describe the major markets where the firm operates?	82	91	100	100	92
5. Are these markets described quantitatively?	36	55	66	71	88

	1998 (%)	2000 (%)	2002 (%)	2004 (%)	2005 (%)
6. Does the annual report describe the major products or services that the firm is involved with?	82	89	98	98	98
7. Does the report provide quantitative information about the firm's major products or services?	44	60	72	71	88
8. Does the annual report describe the general business and economic environment where the firm is immersed?	80	81	91	94	92
9. Are the main corporate events, like the building of a new plant, internal restructurings, and acquisition of new equipments, described in detail?	76	79	85	94	94
10. Are these main corporate events described quantitatively?	36	36	49	55	82
Relationship with employees and managers — REM					
11. Does the firm inform the number of employees?	56	74	85	96	90
12. Does the firm inform the mean compensation per employee?	24	34	47	55	64
13. Are the training and developing investments described quantitatively?	36	36	62	63	82
14. Does the firm provide quantitative information about employees like turnover, satisfaction, and value added per employee?	20	28	57	76	60
15. Does the firm provide information about management compensation?	33	55	70	82	62
Non-financial information about markets, sales and products — NFI					
16. Does the report inform the firm's market share?	27	51	51	63	86
17. Are the revenues detailed by product, business segment, currency, and quantity?	60	68	77	84	88
18. Are the revenues informed in quantity as well as currency terms?	64	68	83	82	82
19. Is there a time series of revenues that allows for the calculation of growth rates (3 or more years)?	31	30	36	49	66
20. Are the prices of each product sold informed?	7	11	9	12	30
21. Is there information provided about new products or services that will be launched?	7	13	21	18	64
Forecasting — F					
22. Did the firm inform sales forecasts for the next year?	0	2	2	6	16
23. Did the firm inform sales forecasts for more than one year ahead?	0	2	2	2	10
24. Did the firm inform earnings forecasts for next year?	0	0	0	2	12
25. Did the firm inform earnings forecasts for more than one year ahead?	0	0	0	0	4
26. Did the firm inform cash flow forecasts for the next year?	0	0	0	0	2

	1998 (%)	2000 (%)	2002 (%)	2004 (%)	2005 (%)
27. Did the firm inform cash flow forecasts for more than a year ahead?	0	0	0	0	2
28. Did the firm inform forecasted investments in research and development and other intangible assets?	0	2	9	8	26
29. Did the firm inform market share forecasts?	0	0	0	0	12
Discussion and analysis of financial data — DAF					
30. Did the firm present a time series of revenues (3 or more years)?	18	28	47	65	56
31. Did the firm comment about and explain changes in revenues over the last years?	20	34	43	41	82
32. Did the firm present time series information about cost of goods sold and services provided?	2	6	17	18	30
33. Did the firm comment and explain about cost of goods and services sold and provided over the last years?	4	15	23	22	56
34. Did the firm present time series information about earnings (3 or more years)?	20	36	62	67	62
35. Did the firm comment and explain about changes in earnings over the last year?	24	38	51	45	84
36. Did the firm present time series information about general and administrative expenses (3 or more years)?	0	6	13	22	24
37. Did the firm comment and explain about changes in general and administrative expenses over the last year?	2	13	17	20	50
38. Did the firm present time series information about financial expenses and revenues (3 or more years)?	0	4	15	27	28
39. Did the firm comment and explain about changes in financial expenses and revenues over the last year?	4	13	32	39	58
40. Did the firm inform the amount invested in research and development and other intangible assets?	4	17	23	20	36
41. Did the firm comment and explain about changes in other items like receivables and non-operational expenses?	4	19	30	31	36
Other Information — OI					
42. Did the firm present time series information about the Return on Assets (*ROA*) for 3 or more years?	0	2	11	12	8
43. Did the firm present time series information about the Return on Equity (ROE) for 3 or more years?	7	9	30	33	14
44. Did the firm present time series information about asset turnover for 3 or more years?	0	2	6	8	6
45. Did the firm explain how taxes are calculated?	36	66	81	78	66
46. Did the firm present the Social Balance or Statement of Value Added?	24	55	79	80	70
47. Did the firm present statement of cash flows?	13	32	60	65	66

The results confirm our hypothesis. Initially we observe a lower mean and greater variation in disclosure scores in Brazil than previously reported in the United States (Botosan, 1997), Swiss (Hail, 2002) and for a sample of developed countries (Francis et al., 2005) corroborating the idea that in low-level disclosure environments there will be more cross-sectional variations in disclosure policies. It is very hard to perform international comparisons between our index (BCDI) and the indexes used in previous studies because they use different methodologies and consequently arrive at different results. However, we believe our findings are robust because this phenomenon (huge variation in disclosure policies) has already been reported in the literature, which our evidence corroborates. Francis et al. (2005), see Table 2) reports the disclosure levels in 34 countries according to the Center for International Financial Analysis Research (CIFAR) index. Brazil presents the higher standard deviation of the 34 countries investigated. Standard deviation for the subsample of Brazilian firms is 17.11, while the mean deviation number for all countries is 7.09. For the United States, the standard deviation of the CIFAR metric is 4.42. Thus, we believe there is compelling evidence (based on our study as well as others) that the variation of disclosure levels in Brazil is far superior to the levels in other developed countries and especially to the levels in America.

Our main analysis reveals that disclosure levels measured by the BCDI are negatively associated with cost of equity capital for our sample of Brazilian firms using a panel data specification and several control variables as suggested by Larcker & Rusticus (2005) and Nikolaev & van Lent (2005). This result shows a more significant association between voluntary disclosure actions and cost of capital for firms immersed in the low-disclosure Brazilian regime than previously found in the United States. Additionally, we investigate the relation between the six BCDI components and cost of capital. Interestingly, results show that the relation between disclosures of non-financial information is positively correlated with cost of capital. One possible explanation for this result is that firms can reveal valuable proprietary information about their business activities through voluntary disclosure of non-financial information (Verrechia, 2001). One alternative explanation for this result is that non-financial information is disclosed more frequently and, consequently, is more used by speculators which induce volatility in stock returns thus increasing cost of capital. Unfortunately, we do not have evidence to prove which of the following explanations is better suited for our sample.

Table 2 – Descriptive statistics

Variables	Mean	Standard Deviation	Max	Min
ks	0.24	0.13	0.66	0.01
BCDI	0.43	0.22	0.78	0.15
SIZE	13.58	4.51	23.8	1.05
MB	1.47	2.34	4.67	0.2
BETA	0.61	0.32	1.32	0.24
DE	−0.26	0.37	−0.12	−0.67
ROA	0.17	0.45	0.67	−0.23
GROWTH	0.08	0.37	0.45	−0.017
EXTFINANCE	0.22	0.36	0.76	0.00

Number of observations 276 firm-year observations for 1998, 2000, 2002, 2004, and 2005

This table presents descriptive statistics for a sample selected of the 50most liquid shares (trading volume) traded on the São Paulo Stock Exchange (Bovespa: where *ks* refers to cost of equity capital calculated according to the Easton PEG ration (Easton, 2004; Hail & Leuz, 2005); *BCDI* refers to the score on the Brazilian Corporate Disclosure Index; *SIZE* is the natural logarithm of total assets; *MB* measures the market-to-book ratio; *BETA* is the stock market beta; *DE* is the natural logarithm of the debt-to-equity ratio. *ROA* is return over operational assets calculated as the ratio between annual operating profits and non-current assets; *GROWTH* is the change in revenues from year *t* to year *t* – 1; *EXTFINANCE* is the ratio of foreign debt outstanding divided by total long-term liabilities – this measure relates to amortized cost.

We also investigate whether the effect of disclosure on cost of equity is more pronounced for firms that receive less analyst coverage. We hypothesize that disclosure and analyst coverage act as substitutes, and the effect of disclosure on firms' cost of equity capital is less pronounced for firms that receive more attention from analysts. Our results confirm this hypothesis and show that the impact of disclosure on cost of equity is three times higher for firms with lower coverage. Our results are robust for controlling for cross-listing. An increase of 1 point in BCDI causes a decrease of 9 basis points in cost of equity for firms that receive more coverage from analysts and a decrease of 25 basis points for firms that receive less coverage. In addition, we examine the impact of ownership concentration on the relation between disclosure and cost of capital.

We also expect disclosure to be less important for firms with higher ownership concentration. Controlling shareholders have direct access to insider information and do not depend on public disclosures. The results confirm our expectations: an increase of 1 point in BCDI causes a decrease of 27 basis points in cost of capital for firms with low ownership concentration. For firms with high ownership concentration, the relation is not statistically significant. We also investigate the likely determinants of BCDI scores and find, as expected, that growth opportunities and board composition are positively related to the association between disclosure and cost of capital.

We perform several robustness checks and controls. Our results appear to be robust to changes analysis, Fama-Macbeth regressions, the use of instrumental and proxy variables, and other attempts to uncover endogeneity and other econometric problems. Our results continue to be statistically significant in these alternative specifications. Additionally, we also investigate the relation between BCDI and cost of debt capital and find a strong negative statistical association (as expected). Thus, we believe all results are robust and statistically reliable with important economic meanings.

We contribute directly to the literature on the relation between disclosure and cost of capital (Botosan, 1997; Botosan & Plumlee, 2002; Hail, 2002; Francis et al., 2005) by showing that high disclosure levels are strongly associated with lower cost of capital for firms immersed in countries with huge variation in disclosure policies. Previous research on this topic has been based on samples of firms from developed countries with low dispersion in disclosure levels. Our research also contributes to recent studies that investigate the determinants of the actual properties of accounting reports (Ball, Kothari, & Robin, 2000; Ball, Robin, & Wu, 2003; Ball & Shivakumar, 2005), which suggest that financial reporting practices depend on managers' incentives to provide informative numbers and not on standards and regulations. This literature, however, is silent about the effect of firm-level actions designed to improve the quality of financial reports. We show that financial reporting practices of firms with incentives to produce high-quality reports reduce significantly their cost of equity capital even under inimical circumstances.

Our research does not directly address the policy implications related to disclosure levels. However, our results coupled with other previous works (Lopes & Walker; Ball et al., 2000, 2003) seem to suggest that optimum disclosure levels (and the quality of accounting reports associated) are a function of firms' incentives and that an increase in these levels are related to a decrease in cost of equity capital for firms immersed in low-disclosure-level countries. Consequently, these results seem to suggest that rules intended to increase the disclosure threshold in countries with low institutional disclosure levels seem reasonable and could provide important reductions in cost of capital for firms. However, additional research must be conducted on this topic before any reliable conclusion is established.

The rest of the paper is organized as follows. Section 2 explains the motivation behind the work and develops the hypothesis. Section 3 details the research design employed. Section 4 documents the data selection process, the construction of the BCDI, and the results of our econometric specifications. Section 5 offers additional analysis. Section 6 presents a conclusion.

2. Motivation and hypothesis development

Financial statements play an important role in reducing information asymmetry among firms and investors. Disclosure practices complement the role performed by accounting numbers in producing more accurate pictures of firms' economic positions. We can classify disclosure practices in two levels: (1) institutional and (2) voluntary or firm-specific. Institutional disclosure practices are required by laws, regulations, and widely used business practices. In this category, we can classify all practices that are common to all firms immersed in the same environment. Voluntary (or firm-specific) disclosure practices complement institutional disclosure and depend on firms' incentives to better inform external users. Institutional and voluntary disclosure practices can be complements or substitutes. Some firms may complement general regulations by providing information about idiosyncratic aspects of their business that are not required by the rules and norms. Alternatively, a general increase in the regulated disclosure level may substitute for disclosure practices that were previously voluntarily reported by some firms. Therefore, we expect voluntary disclosure practices to be marginally more important in countries where the general disclosure environment is weak. We also expect to find higher cross-sectional variation among firms in that environment. Some firms may have incentives to provide disclosure levels superior to the average, while others do not thus causing a larger variation in disclosure levels than those observed in countries where the general disclosure environment is superior.

When a firm's environment (e.g., regulation) demands superior disclosure levels, there will be a lower variation in disclosure policies adopted by firms. As the variation in cost of capital is influenced by other factors, a lower variance in disclosure policies adopted by firms is likely to result in a weak relation between disclosure and cost of capital. We expect to see a stronger relation between disclosure and cost of capital when the cross-sectional variation in disclosure is higher (*ceteris paribus*).

Another argument that could be used to motivate this study relates to the incentives of firms immersed in environments with weak governance and disclosure levels. Some firms may have the appropriate incentives to differentiate themselves from their country's norm and to present superior disclosure and governance levels (Lopes & Walker, 2008; Houthaulsen, 2003) in order to attract external sources of funds and finance growth options. We do not take this direction, however; instead we focus solely on the variation of disclosure levels within Brazil without exploring the reasons behind these variations. We believe this is a topic for future research.

Thus we raise the hypothesis that disclosure and cost of equity capital are negatively associated for our sample of Brazilian firms. We also expect to see a stronger negative relation for firms that receive less attention from analysts and possess a more dispersed ownership structure.

3. Research design

Research that relates disclosure and cost of capital has inherent methodological problems because neither disclosure nor cost of capital (*ks*, hereafter) can be directly observed. Our major econometric specification follows the functional model proposed by Botosan (1997) and also used by Hail (2002) and Francis et al. (2005):

$$ks = f\,(\text{disclosure metric; control variables})$$

Which is implemented using the following panel data model:

$$ks = \alpha + \beta_1 DISCL + \beta_2 ADR + \beta_3 DE + \beta_4 SIZE + \beta_5 BETA + \beta_6 MB + \beta_7 ROA + \beta_8 GROWTH + \beta_9 EXTFINANC + \beta_{10} DYEAR + \beta_{11} DINSTRUSTY + \varepsilon \quad (1)$$

where *ks* is the cost of equity capital calculated according to the Ohlson & Juettner-Nauroth (2005) model for firm *i* in year *t*; *DISCL* is the score on the Brazilian Corporate Disclosure Index for firm *i* in year *t*; *ADR* is a dummy variable that assumes the value of 1 if the firm *i* is cross-listed in year *t*, and 0 otherwise; *DE* is the debt-to-equity ratio for firm *i* in year *t*; *SIZE* is the natural logarithm of total assets for firm *i* in year *t*; *BETA* is the market beta for firm *i* in year *t*; *MB* is the market-to-book ratio for firm *i* in year *t*; *ROA* is return over operational assets calculated as the ratio between annual operating profits and non-current assets; *GROWTH* is the change in revenues from year *t* to year *t* – 1; *EXTFINANCE* is the ratio of foreign debt outstanding divided by total long-term liabilities – this measure relates to amortized cost; *DINSTRUSTY* is a dummy variable relating to industry classification; and *DYEAR* is a year-specific dummy variable included in all specifications.

The reasoning for this set of controls is the following. Initially, *ADR* controls for cross listing because firms that cross-list have to comply with more strict disclosure rules required by the U.S. Securities and Exchange Commission. In this work, we are investigating the marginal impact of voluntary disclosure actions taken by managers on cost of capital, we are not dealing with mandatory disclosures required by the Brazilian or foreign authorities; therefore, we use the following variables. *DE* measures the level of indebtedness of each firm because it's likely to be related to cost of equity – that is, more leveraged firms are likely to exhibit higher cost of capital; *SIZE* controls for firms' size because we expect larger firms to be less risky than small ones; *BETA* controls for the market component of firms' cost of capital. In this paper, we are also investigating the impact of disclosure on the idiosyncratic component of cost of equity capital, which explains the following variables. *MB* is a proxy for firms' specific risk and is also likely to be related to cost of equity capital; *ROA* relates to overall profitability because most profitable firms are more likely to disclose this information to external users; *GROWTH* controls for growth opportunities because firms with superior growth options are more likely to provide information in order to access external sources of funds to finance investments; *EXTFINANCE* is intended to control for the access firms have to external sources of funds; *DINSTRUSTY* is used because industry classification may impact disclosure policies; *DYEAR* controls for year-specific events. We believe that with this set of controls we address the concerns expressed by Ruland, Shohn, & Zhou (2007) for same-country studies.

The main methodological problem in our work is measuring cost of equity capital (*ks*) and disclosure (*DISC*). To measure *ks* we adopt the same methodology proposed by Hail & Leuz (2005) based on Ohlson & Juetnner-Nauroth (2005) and used by Easton (2004) and Francis et al. (2005) which define *ks* as:

$$ks = \frac{eps_{t+1} \cdot growth_{t+2}}{P_1} \qquad (2)$$

where *ks* is cost of equity capital; eps_{t+1} is earnings per share forecasted for the year $t + 1$; P_t is stock price at t; and $growth_{t+2}$ is the growth rate for earnings per share between periods $t + 1$ and $t + 2$ and is calculated as:

$$growth_{t+2} = \frac{eps_{t+2} - eps_{t+1}}{eps_{t+1}} \qquad (3)$$

This model is derived from the price-earnings growth ratio (PEG) and express cost of capital as a function of a firm's earnings and growth in earnings. We use this model because of its practicability and adherence to other proxies of cost of capital (Hail & Leuz, 2005). Data for forecasted earnings per share were obtained from the Data stream database and stock prices were obtained from the Economatica database. When choosing the appropriate proxy for calculation of cost of equity capital, the OJ (Ohlson & Juetnner-Nauroth, 2005) model was used because it is mainly based on accounting variables, and, consequently, it significantly increased our sample. Other models, such as the Capital Asset Pricing Model (CAPM), depend strongly on a long series of market data that was not available for all firms in our sample, as some were not liquid for the whole period of our sample.

Our choice of using implied cost of capital from accounting data instead of a more direct measure like the CAPM is inspired by the previous research of Lee, Walker, and Christensen (2008). Despite being commonly used by practitioners, the CAPM does not explain returns well. The search for alternative factor-based models to replace CAPM has not been very successful. There seem to be unsolvable problems in estimating cost of equity capital from historical realized returns using factor models, including model specification, error in factor loading estimation, and imprecise estimates of factor risk premiums (Fama & French, 1997). The need for a long series of historical information to increase statistical power also reduces the ability of the estimates to reflect recent changes in a firm's risk profile, which is especially concerning in a study for a country like Brazil because it has a shorter series of historical information and a high volatility in returns and market activity.

We believe the problems related to a historical CAPM estimation during the important market and economy-wide changes in Brazil are serious and can lead to significant inference problems. The estimation through accounting-based valuation models using sell side consensus earnings analysts' forecasts and equity prices essentially extracts the expected returns the market implicitly applies to discount the future cash flows of the firm, which is forward-looking and directly reflects the market perception of a company's risk. This advantage is especially important in our research design, which is intended to capture the impact of firm-level governance on valuation. Our work is essentially concerned with firm level behavior that can be easily underestimated using traditional CAPM-type estimations. It makes more sense for our research design to use a more direct and forward-looking metric that reflects current market conditions.

CAPM (and all factor models) relies on the assumption that a given (or a set of) parameter is enough to capture the systematic risk component of every security (all idiosyncratic risk has been diversified). In this sense, all tests of the CAPM are a joint hypothesis test because the validity of the model is tested together with the efficient market hypothesis (EMH). We believe the problems that can reduce the efficiency of the market, at least in the short run, are more pronounced in a country like Brazil. Developing markets are more likely to have a poor information infrastructure that does not provide adequate flow of information through prices. The level of market efficiency in emerging markets is still a case for debate, but this factor can clearly influence the results. One could argue that accounting-based estimators suffer from the same problem, but we believe they provide more direct measures and rely on a shorter time series of returns. As they are forward-looking, we believe analysts' forecasts convey more precise information than historical realized returns. However, this point will certainly be addressed in future research. Botosan & Plumlee (2002) also show that implied cost of capital estimates from accounting data provide more reliable and stable measures of the cost of equity capital than traditional factor-based models.

Estimating the relation between cost of capital and disclosure is problematic from a methodological perspective. Initially, there is no accepted model relating analytical firm-level disclosure and cost of capital (equity or debt). Because of this, specifications like the one presented above can suffer from an omitted variables problem. Other factors not used in the control vector can also impact cost of capital and still be missing in the specification used. In our research, we use all control variables, which makes sense in the Brazilian environment and which have been used previously in the literature to mitigate this problem. However, a specification like this will benefit from advances in the theoretical literature on cost of capital. Measurement errors could also arise and have cross-section and time series implications for the explanatory variables. To address this problem, we use cluster-robust estimators in all specifications. Furthermore, additional analysis is presented in Section 5 to address these concerns in more detail.

There are several disclosure indices used on current accounting research, such as the *CIFAR-Center for International Financial Analysis and Research*, the *AIMR-Association for Investment and Management Report, and the Standard & Poor's* transparency index. We built the BCDI because the current indices provide very poor coverage of Brazil and because different regulations also change the required disclosures that firms must provide. We are interested in voluntary disclosures, and, consequently, we customized the questions applied to Brazilian firms (e.g., Question 47 of BCDI asks if statements of cash flows are provided because in Brazil this statement is not mandatory). To proxy for firm-level voluntary disclosure, we built the BCDI, which measures disclosure across six dimensions: (1) general information about the firm, its market, and major events over the last year; (2) relations to employees and managers regarding compensation and policies; (3) non-financial information about markets, sales, and products; (4) information about forecasts of sales, cash flows, and earnings; (5) discussion and analysis of financial data, including time series information about performance and explanations of past behavior; and (6) other information. The score is measured over 47 questions, with 1 indicating an answer considered to be good disclosure, and 0 otherwise. The BCDI was developed based on the indexes used by Botosan (1997); Hail (2002), and Francis et al. (2005), along with some adaptation to the Brazilian environment. The index computation did not depend on interviews or questionnaires and is based on public sources of information, including firm's websites, Bovespa files, and annual reports. Table 1 presents the questions and percentage of good (1) answers. Each firm's score is based on a simple mean of the answers obtained on the 47 questions. We found no theoretical support to adopt different weights.

4. Data and results

The BCDI was applied to the 50 shares with higher liquidity (trading volume) on Bovespa in December 2005. Our sample excludes financial institutions and preset a wide coverage of sectors listed in Bovespa: telecommunications, oil and gas, mining, paper, retail, services, electronics, food and beverage, construction, chemicals, steel and transportation. We work only with the most liquid shares because our cost of capital metric depends on stock prices and, consequently, can be biased by illiquid shares. The 50 shares selected are basically the same ones that compose the São Paulo Stock Exchange Index (Ibovespa) and represent the most relevant shares traded in Brazil. Data for forecasted eps were obtained from the Datastream database, and stock prices were obtained from the Economatica database. We computed BCDI for the same set of shares for the years of 1998, 2000, 2002, 2004, and 2005, resulting in a panel data with 276 firm-year observations. The questions and percentage of good answers are presented in Table 1. The dates reflect data availability for the BCDI metric. We believe, however, that the two-year interval between measures is not a cause of concern because changes in disclosure policies are not likely to be reversed in short-term periods.

Low liquidity is a major problem in specifications that depend on market values. Market values in such illiquid markets can cause errors in variables. Where market values are used as a dependent variable, this is less likely to cause bias but it will reduce the R^2. In two subsamples where there are greater liquidity problems in one subsample than the other, it is necessary to note that R^2 for the low liquidity group may be lower for this reason. Liquidity problems could cause a measurement error in the dependent variable that is statistically independent of each explanatory variable. If this is true, the estimators are consistent and unbiased as well. In this sense, the measurement error in the dependent variable results in a larger variance than when the dependent variable is not measured with error (Wooldridge, 2002). A more serious problem a rises when the measurement error in the dependent variable is systematically related to one or more of the independent variables. We believe this is not a problem on the specifications used so far in this thesis. However, we address this question in more detail in the Section 5.

Another problem with studies using this specification is the cross-sectional and time series dependence of the variables used (Gow, Ormazabal, & Taylor, 2009). This problem can also cause misspecified test statistics with significant consequences for reported inferences. To address this problem, when appropriate, all the results are cluster-robust standard errors. Liquidity problems are likely to be both cross sectionally and time series correlated. Firms with low liquidity today are likely to have low liquidity in the future and are also likely to be clustered in given sectors or at least be related to some firm characteristics. These effects are not easy to account for and present a significant challenge for future research in both accounting and econometrics. We tried to minimize this problem by excluding firms without price quotes in any given day and by examining abnormal patterns of data with low or no variability. Given the nature of this problem and the current state of the literature, we believe our results are robust to liquidity problems. However, this is a significant point of concern and is likely to benefit from future developments in the literature.

Table 2 provides the descriptive statistics for the variables. As expected, BCDI presented a significantly lower mean and higher variation than comparable disclosure measures applied to the United States (Botosan, 1997; Francis et al., 2005). This result corroborates our hypothesis that lower levels of required disclosure will result in higher variance in the disclosure levels adopted by firms. Interestingly, the statistics for the cost of capital estimated for our Brazilian sample are similar to the results of Botosan (1997) for the United States. For the regression analysis that is performed on sequence, these results are important. They show that the most significant difference between our sample and the U.S. sample used by Botosan (1997) is not on the dependent variable (cost of equity capital) but rather on the major independent variable (disclosure score), as we expected. These results eliminate the possibility that a higher association between disclosure and cost of capital in Brazil as compared to the United States is caused by a more disperse cost of capital estimates.

We control on a firm-by-firm basis for situations in which a given question may not be applicable. For example, question 28 may not be applicable if a firm has no actual plans to invest in research and development. However, this was not the case for any firm in our sample (we checked whether the firm has frequently reported investments in research and development).

Correlations presented in Table 3 confirm our expectations, except for the beta that we expected to have a positive and significant relation to *ks*. This result is not a surprise and confirms our expectations that betas are not good proxies for risk (Lee et al., 2008), especially in emerging markets, and corroborates our use of the implied cost of capital metric. Several reasons may explain why betas are not well behaved in our sample (e.g., poor model specification). However, this particular question is outside of the scope of our research.

Table 3 – Correlation among the variables

Variables	*Ks*	*BCDI*	*SIZE*	*MB*	*BETA*	*DE*	*ROA*	*GROWTH*	*EXTFINANCE*
ks	1								
BCDI	−0.29*	1							
SIZE	−0.16*	0.12**	1						
MB	−0.28*	0.23*	−0.03	1					
BETA	0.05	−0.09***	0.11*	−0.01	1				
DE	0.13**	0.03	0.16*	0.20*	0.02	1			
ROA	0.03*	0.01*	0.09	0.90	0.02	0.07	1		
GROWTH	0.15*	0.08*	0.10	0.87	0.98	0.01**	0.01*	1	
EXTFINANCE	0.05**	0.01*	0.08*	0.45	0.17	0.09*	0.19*	0.8**	1
Number of observations 276 firm-year observations for 1998, 2000, 2002, 2004, and 2005									

This table presents Pearson correlations among the variables used in this study.
*, **, *** mean that the correlations are statistically significant at the 1%, 5%, and 10% levels, respectively.

Table 4 – Time series evolution of *BCDI* and *ks*

Variables	1998	2000	2002	2004	2005
BCDI	0.24	0.32	0.42	0.46	0.54
GI	0.58	0.64	0.74	0.78	0.86
REM	0.34	0.46	0.64	0.74	0.72
NFI	0.33	0.40	0.46	0.51	0.69
F	0.00	0.01	0.02	0.02	0.10
DAF	0.09	0.19	0.31	0.35	0.50
OI	0.13	0.28	0.44	0.46	0.54
ks	0.31	0.22	0.34	0.21	0.18
Number of observations 276 firm-year observations for 1998, 2000, 2002, 2004, and 2005					

This table presents the sample mean for the Brazilian Corporate Disclosure Index (*BCDI*) and cost of equity capital (*ks*) over the years 1998, 2000, 2002, 2004, and 2005. *BCDI* stands for the score on the Brazilian Corporate Disclosure Index; *GI* stands for the score on the General Information component of *BCDI*; *REM* stands for the Relationship with Employees and Managers component of *BCDI*; *NFI* stands for the Non-Financial Information component of *BCDI*; *F* stands for the Forecasting component of *BCDI*; *DAF* stands for the Discussion and Analysis of Financial Data component of the *BCDI*; *OI* stands for the Other Information component of *BCDI*. *ks* refers to cost of equity capital calculated according to the Easton PEG ratio (Easton, 2004; Hail & Leuz, 2005).

Table 4 shows the evolution of BCDI and indicates that disclosure levels in Brazil are improving over time. It's interesting to note the time series evolution of BCDI scores. These results are consistent with Chong & Lopez-de-Silanes (2007) and Lopes & Walker (2008), which discuss the evolution of corporate governance in Latin America over the past decade. According to these authors, firms in Latin America are immersed in a poor institutional environment and yet face important growth opportunities produced by the recent period of macroeconomic and political stabilization. Some firms in the region decide to voluntarily adopt better corporate governance practices in order to differentiate themselves and access foreign sources of capital. This movement causes governance and disclosure practices to improve on average in the region but with significant dispersion. We do not have a plausible explanation for the abnormally low scores received in the forecasting component of the BCDI. This evolution of the BCDI is not due to new regulations. All initiatives to improve corporate governance in Brazil attempted in the last few years are voluntary in nature (e.g., the Bovespa New Market is intended to have only the best corporate governance firms listed; the listing choice, however, is voluntary). At the end of 2007, the Company Law was amended to oblige convergence to International Financial Reporting Standards (IFRS), which will potentially increase disclosure levels. This period, however, is not covered in our sample.

The low scores on the forecasting component of BCGI is an intriguing point. One possible explanation for this result may be related to the research on cultural dimensions presented by Hofstede (1980), Hofstede & Bond (1998), and Ding & Jean-Jean (2005). This line of research argues that cultural dimensions may explain the international variability in the features of accounting systems. Brazil is ranked very low in two of the cultural dimensions investigated in this research: (1) uncertainty avoidance and (2) long term orientation.

The low scores in these two dimensions may explain why companies are not interested in providing forecasting information – a feature clearly related to long-term orientation. This is not a surprise given the Brazilian history of macroeconomic instability, high inflation levels, and weak enforcement of the rule of law (Durnev & Kim, 2005). It will be very interesting to see if this behavior changes as a result of greater market stability and the development of capital markets.

We investigate the relation between *ks* and the BCDI, and the results are presented in Table 5, which shows robust coefficients estimated using a panel data method for our sample. Following recent research concerned with the effect of omitted variables and endogeneity on studies like ours (Larcker & Rusticus, 2005; Nikolaev & van Lent, 2005), we performed a panel data fixed-effects regression and included a set of control variables. Non-reported results show no significant difference between panel data and pooled, cross-section robust ordinary least squares estimators. We also include year dummy variables in all specifications investigated. Results confirm our main hypothesis and show that an increase of 1 point in BCDI results in a decrease of 14 basis points in *ks*. Additionally, we investigate the relation between the six components of BCDI and the cost of equity capital. Results in Table 6 show that of the six dimensions of BCDI there are three (General Information, Relationship with Managers and Employees, and other Information) that are negatively related to cost of equity capital as expected; two dimensions are not statistically related (Forecasting and Discussion and Analysis of Financial Data); and, interestingly, the Non-Financial Information about Market Sales and Products dimension is positively related to cost of equity capital. One possible interpretation of this

Table 5 – Panel data regression of *ks* on *BCDI* and controls

Dependent variable: *ks*			
Estimation method: panel data regression			
Independent variables	Expectation	Coefficient	p-value
BCDI	–	–0.12	0.00
ADR	–	–0.01	0.17
SIZE	–	–0.00	0.00
MB	–	–0.02	0.00
BETA	+	0.04	0.02
DE	+	0.03	0.00
ROA	–	0.01	0.12
GROWTH	–	–0.12	0.00
EXTFINANCE	–	–0.09	0.02
R^2	0.47		
Number of observations 276 firm-year observations for 1998, 2000, 2002, 2004, and 2005			

This table presents the results of a panel data model relating *ks* (dependent) on *BCDI* (independent variable) and a set of controls, where: here *ks* refers to cost of equity capital calculated according to the Easton PEG ratio (Easton, 2004; Hail & Leuz, 2005); *BCDI* refers to the score on the Brazilian Corporate Disclosure Index; *ADR* is a dummy variable that equals 1 if the firm is cross-listed in the United States, and 0 otherwise; *SIZE* is the natural logarithm of total assets; *MB* measures the market-to-book ratio; *BETA* is the stock market beta; *DE* is the debt-to-equity ratio; *ROA* is return over operational assets calculated as the ratio between annual operating profits and non-current assets; *GROWTH* is the change in revenues from year t to year $t-1$; *EXTFINANCE* is the ratio of foreign debt outstanding divided by total long-term liabilities – this measure relates to amortized cost. We also include but did not report the results of year and industry dummy variables.

result is that this dimension measures sensitive proprietary information, which can have adverse effects on firm value. Verrechia (2001) and Healy & Palepu (2001) discuss this aspect in detail.

Other explanations are also plausible to clarify this behavior. Non-financial information is more frequently disclosed than financial information. This may induce more actions from speculators who are more interested in short-term price movements. The actions of speculators trading on non-financial information can increase stock price volatility and, consequently, increase risk as measured in our study. This effect may result in a positive relation between non-financial information and cost of capital without a proper economic meaning. We, however, do not have reliable data to uncover this possibility in more detail.

To investigate the role played by analyst coverage in the relation between disclosure and cost of capital, we split our sample between firms with high (above-average) analyst coverage and low (below-average) coverage and show that these results are mainly driven by firms with low coverage. Results presented in Table 7 show that for firms with low analyst coverage an increase of 1 point in the BCDI results in a decrease of 26 basis points in cost of capital. For firms with high analyst coverage, this impact is much lower (9 basis points) and is of weak statistical significance. This result partially differs from Botosan (1997) because she found no association between disclosure and cost of equity capital for firms with large coverage. This result may be related to the main point of this research that disclosure practices among Brazilian firms are more disperse than the practices adopted by American firms. This result seems to hold also for highly covered firms. We tried alternative partitions of the sample (alternative definitions of high and low coverage), but our results are not sensitive to these partitions, which exclude the possible interpretation that differences between our results in the findings of Botosan (1997) are due to the method employed. Although it can be argued that this result may be caused by construct validity problems, which can be potentially higher when firms are more closely followed by analysts, we do not believe this to be the case because the BCDI results are not dependent on analysts' behavior. Unreported results show no connection between the BCDI and analysts' coverage. This is, however, a point for future research.

Table 6 – Panel Data Regression of *ks* on *BCDI* Components and controls

Dependent variable: *ks*			
Estimation method: panel data regression			
Independent variables	Expectation	Coefficient	p-value
GI	–	−0.12	0.00
REM	–	−0.07	0.03
NFI	–	0.10	0.02
F	–	0.26	0.12

Dependent variable: *ks*			
Estimation method: panel data regression			
Independent variables	Expectation	Coefficient	p-value
DAF	–	0.00	0.99
OI	–	−0.06	0.09
ADR	–	−0.01	0.23
SIZE	–	−0.03	0.09
MB	–	−0.01	0.00
BETA	+	0.08	0.00
DE	+	0.03	0.01
ROA	–	0.02	0.17
GROWTH	–	−0.13	0.00
EXTFINANCE	–	−0.07	0.01
R^2	0.47		
Number of observations 276 firm-year observations for 1998, 2000, 2002, 2004, and 2005			

This table presents the results of a panel data model relating *ks* (dependent) on *BCDI* (independent variable) and a set of controls, where: here *ks* refers to cost of equity capital calculated according to the Easton PEG ratio (Easton, 2004; Hail & Leuz, 2005); *GI* stands for the score on the General Information component of *BCDI*; *REM* stands for the Relationship with Employees and Managers component of *BCDI*; *NFI* stands for the Non-Financial Information component of *BCDI*; *F* stands for the Forecasting component of *BCDI*; *DAF* stands for the Discussion and Analysis of Financial Data component of the *BCDI*; *OI* stands for the Other Information component of *BCDI*; *ADR* is a dummy variable that equals 1 if the firm is cross-listed in the United States, and 0 otherwise; *SIZE* is the natural logarithm of total assets; *MB* measures the market-to-book ratio; *BETA* is the stock market beta; *DE* is the debt-to-equity ratio; *ROA* is return over operational assets calculated as the ratio between annual operating profits and non-current assets; *GROWTH* is the change in revenues from year *t* to year *t* − 1; *EXTFINANCE* is the ratio of foreign debt outstanding divided by total long-term liabilities – this measure relates to amortized cost. We also include but did not report the results of year and industry dummy variables.

Additionally, we investigate the impact of ownership concentration on the relation between disclosure and cost of equity capital. Brazil is a code law country with weak investor protection and law enforcement (Durnev & Kim, 2005; Chong & Lopez-de-Silanes, 2007; Lopes & Walker, 2008) and with high ownership concentration, as expected. Previous research has shown that ownership concentration is a natural response to poor protection environments (La Porta, Lopes-de-Silanez, & Shleifer, 2000; La Porta, Lopez-de-Silanes, Shleifer & Vishny, 2002). Thus, we believe that ownership concentration is one of the most distinguishing aspects of the Brazilian environment when compared to the United States and has an important effect on the relation between disclosure and cost of capital. High ownership concentration reduces the demand for public reports because the controlling shareholders have insider access to information about the firm. It also means that firms will rely on insider deals to obtain financing, usually with banks, reducing the importance of financial statements in general and particularly disclosure. Thus, we expect the relation between disclosure and cost of capital to be less pronounced for firms with high ownership concentrations.

Table 7 – Panel data regression of *ks* on *BCDI* and controls split by analyst coverage

Dependent variable: *ks*				
Estimation method: panel data regression				
	High coverage		Low coverage	
Independent variables	Coefficient	p-value	Coefficient	p-value
BCDI	−0.09	0.04	−0.26	0.00
ADR	−0.03	0.00	−0.05	0.03
SIZE	−0.03	0.00	−0.02	0.40
MB	−0.02	0.00	−0.02	0.00
BETA	0.05	0.01	0.12	0.00
DE	0.02	0.00	0.05	0.00
ROA	0.00	0.30	0.01	0.17
GROWTH	0.12	0.00	−0.17	0.00
EXTFINANCE	−0.08	0.00	−0.12	0.00
R^2	0.37		0.59	
Number of observations	138 firm-years		138 firm-years	

This table presents the results of a panel data model relating *ks* (dependent) on *BCDI* (independent variable) and a set of controls for firms with high and low analyst coverage. High Coverage means that firms are on the top 50% of analyst coverage according to Datastream, and Low Coverage means that firms are on the bottom 50% of analyst coverage according to Datastream. *ks* refers to cost of equity capital calculated according to the Easton PEG ratio (Easton, 2004; Hail & Leuz, 2005); *BCDI* refers to the score on the Brazilian Corporate Disclosure Index; *SIZE* is the natural logarithm of total assets; *MB* measures the market-to-book ratio; *BETA* is the stock market beta; *DE* is the debt-to-equity ratio; *ADR* is a dummy variable which equals 1 if the firm is cross-listed, and 0 otherwise; *ROA* is return over operational assets calculated as the ratio between annual operating profits and non-current assets; *GROWTH* is the change in revenues from year t to year $t-1$; *EXTFINANCE* is the ratio of foreign debt outstanding divided by total long-term liabilities – this measure relates to amortized cost. We also include but did not report the results of year and industry dummy variables.

To investigate this aspect in detail, we split our sample between firms where the controlling shareholder has more than 50% of the voting shares and firms where they do not. This cut-off value may seem too high but is reflective of the high ownership concentration level in Brazil. Our main hypothesis is that disclosure will have a superior impact for firms with more dispersed ownership structures. Firms with highly concentrated structures will probably base their financing on insider deals and private relationships. In this situation, creditors will not value superior disclosure levels because they can assure access to private sources of information. We expect more dispersed firms to rely more on public credit and equity markets to fund their activities, which will increase the usefulness of disclosure to reduce information asymmetry. Results presented in Table 8 confirm our hypothesis and show that the relation between disclosure and cost of capital is more pronounced for firms with more dispersed ownership structures. For these firms, an increase of 1 point in the BCDI results in a decrease of 27 basis points in cost of capital. For firms with more ownership concentration, this relation is not statistically significant.

Table 8 – Panel data regression of *ks* on *BCDI* and controls split by ownership concentration

Dependent variable: *ks*				
Estimation method: panel data regression				
	Low concentration		High concentration	
Independent variables	Coefficient	p-value	Coefficient	p-value
BCDI	−0.27	0.01	−0.05	0.18
ADR	−0.18	0.20	−0.05	0.01
SIZE	−0.03	0.01	−0.03	0.03
MB	−0.02	0.00	−0.02	0.00
BETA	0.07	0.03	0.06	0.02
DE	0.04	0.01	0.02	0.03
ROA	−0.01	0.00	−0.02	000.0
GROWTH	−0.11	0.00	-.005	0.03
*EXTFINANC*E	−0.03	0.00	−0.05	0.00
R^2	0.44		0.37	
Number of observations	138 firm-years		138 firm-years	

This table presents the results of a panel data model relating *ks* (dependent) on *BCDI* (independent variable) and a set of controls for firms with high and low ownership concentration. High Concentration means that the biggest shareholder has more than 50% of the voting shares; Low Concentration means that the biggest shareholder has less than 50% of the voting shares. *ks* refers to cost of equity capital calculated according to the Easton PEG ratio (Easton, 2004; Hail & Leuz, 2005); *BCDI* refers to the score on the Brazilian Corporate Disclosure Index; *SIZE* is the natural logarithm of total assets; *MB* measures the market-to-book ratio; *BETA* is the stock market beta; *DE* is the debt-to-equity ratio; *ROA* is return over operational assets calculated as the ratio between annual operating profits and non-current assets; *GROWTH* is the change in revenues from year *t* to year *t* − 1; *EXTFINANCE* is the ratio of foreign debt outstanding divided by total long-term liabilities – this measure relates to amortized cost. We also include but did not report the results of year and industry dummy variables.

One possible alternative explanation for this result is that for firms with high ownership concentration the disclosures are not as relevant (few owners) as for firms with lower concentration. Consequently, the disclosure level is homogeneously low. This is not the case because the dispersion of the BCDI is similar for firms with high and low ownership concentration. This result is not a product of low variability in disclosure levels for firms with more concentration.

Additionally, we also investigate the likely determinants of BCDI scores. In Table 9, we present the results of a multivariate specification designed to investigate the impact of the usual variables used to proxy for high disclosure quality and two additional variables. We include the score on the Board Composition and Functioning component of the Brazilian Corporate Governance Index (BCGI) used by Lopes & Walker (2008). This score measures board independence; it is likely to be correlated to superior disclosure levels. More independent boards are more likely to demand more informative financial reports and to constrain actions taken by managers to hide relevant information from minority shareholders.

We also investigate the role played by growth opportunities. We expect firms with superior growth opportunities to disclose more information in order to facilitate monitoring by external investors. Results in Table 9 confirm our expectations and show that firms with stronger growth opportunities and more rigorous boards are more likely to adopt more transparent disclosure policies.

Table 9 – Panel data regression of *BCDI* on its determinants

Dependent variable: *BCDI*			
Estimation method: panel data regression			
Independent variables	Expectation	Coefficient	p-value
ADR	+	0.06	0.00
SIZE	+	−0.00	0.43
MB	+	0.01	0.40
BETA	+	−0.05	0.03
DE	+	0.01	0.17
GROWTH	+	0.01	0.06
BOARD	+	0.10	0.00
ROA	+	0.03	0.32
GROWTH	+	0.07	0.00
EXTFINANCE	+	0.02	0.00
R^2	0.17		
Number of observations	259		

This table presents the results of a panel data model relating *BCDI* (dependent) on its determinants. *BCDI* refers to the score on the Brazilian Corporate Disclosure Index; *SIZE* is the natural logarithm of total assets; *MB* measures the market-to-book ratio; *BETA* is the stock market beta; *DE* is the debt-to-equity ratio; *ADR* is a dummy variable which equals 1 if the firm is cross-listed, and 0 otherwise; *GROWTH* is a proxy for growth opportunities and it's measured as defined in Equation 4; BOARD is the score on Board Composition and Functioning component of the Brazilian Corporate Governance Index (BCGI); *ROA* is return over operational assets calculated as the ratio between annual operating profits and non-current assets; *GROWTH* is the change in revenues from year *t* to year *t* – 1; *EXTFINANCE* is the ratio of foreign debt outstanding divided by total long-term liabilities – this measure relates to amortized cost. We also include but did not report the results of year and industry dummy variables.

5. Additional analysis

A major cause of concern in a study like ours is endogeneity, which refers to any situation where an explanatory variable is correlated to the disturbance (error) term. Endogeneity can cause misspecification and may arise in three major forms: (i) omitted variables problem, (2) measurement error, and (3) simultaneity. Omitted variables arise when we do not include all relevant explanatory variables because of data unavailability, and this omitted variable is correlated with the explanatory variables. Measurement error is a different problem and occurs when we do not measure the construct we originally wanted to measure but rather a proxy that does not represent the underlying variable well. Simultaneity occurs when both the dependent and the independent variable are determined together by another variable. In practice, it is not always easy to identify and separate these three problems. We are concerned with the three manifestations of endogeneity and took steps to mitigate this problem.

As a first step to solve this problem, we include a set of control variables that can potentially solve, at least partially, the possible endogeneity of the specifications. The *ROA* variable is likely to be an omitted variable because it can influence the relation between disclosure and cost of capital. More profitable firms are more likely to disclose information and are also more likely to have a lower cost of capital. The same happens for the *GROWTH* variable and for the *EXTFINANCE* variable. These variables are all likely to be associated with more disclosure and lower cost of equity capitals. We improve on these controls and present the following alternative specifications designed to improve the robustness of our analysis.

Next, we address the problem of measurement error and try an alternative specification designed to investigate the relation between disclosure and cost of debt capital. Despite being a different specification, the relation between disclosure and cost of equity capital is supposed to hold also for the cost of debt. In order to investigate this relation, we employ the following model:

$$kd_{it} = \alpha + \beta_1 BCDI_{it} + \beta_2 GIP_t + \beta_3 PTAX_t + \beta_4 SELIC_t + \beta_5 W_{it} + \varepsilon_{it} \quad (4)$$

where kd_{it} is the cost of debt for firm *i* in period *t* obtained from the Economatica database; $BCDI_{it}$ is the score on the Brazilian Corporate Disclosure Index for firm *i* in period *t*; GIP_t is the gross domestic product in period *t*; $PTAX_t$ is the average currency rate of the Brazilian currency (Real) against the U.S. dollar in year *t*; $SELIC_t$ is the average Brazilian nominal interest rate in year *t*; log (assets) it is the logarithm of total assets for firm *i* in period *t*. In addition, W_{it} is a set of control variables that includes: ADR_{it}, which is a dummy variable that equals 1 if the firm *i* has level *i* and IIADRs listed on the NYSE in period *t*, and zero otherwise; log (assets) it, which is the logarithm of total assets for firm *i* in period *t*; AGE, which is the log of firm age; Ibovespa which is a dummy variable that equals 1 if the firm *i* is included in the São Paulo Stock Exchange Index (Ibovespa); *ROA*, which is return over operational assets calculated as the ratio between annual operating profits and non-current assets; *GROWTH*, which is the change in revenues from year *t* to year *t* − 1; *EXTFINANCE*, which is the ratio of foreign debt outstanding divided by total long-term liabilities (this measure relates to amortized cost); *DINSTRUSTY*, which is dummy variable relating to industry classification; and *DYEAR*, which is a year dummy variables included in all specifications.

The results for this specification show that BCDI is negatively related to cost of debt with a coefficient of 0.37 (0.00, p-value). This result demonstrates, as expected, a strong negative association between cost of debt and disclosure. This association is even greater than the one found for cost of equity. Despite not being the focus of our research, the relation between disclosure and cost of debt adds robustness to our investigation and corroborates the BCD metric that performs as expected in this relation.

One of the possible alternatives to solve the endogeneity problem is to find a proxy variable that could represent the omitted variable and also be associated both with the dependent (cost of equity capital) and the independent variable (BCDI). The search for a proxy variable is complicated and depends heavily on the research design employed. We propose to use the BCGI used by Lopes & Walker (2008) as a proxy variable in our study. BCGI is an index that measures firm-level corporate governance arrangements across four components: (1) disclosure, (2) ownership concentration, (3) board composition and functioning, and (4) shareholders' rights. The BCGI is likely to be related to both cost of equity capital as Lopes (2009) showed and also to the BCDI once one of the components of BCGI is disclosure. We collect the BCGI data for our sample of firms and run the model 1, adding BCGI as an explanatory variable. The BCDI coefficient is reduced from (the original model) −0.12 (0.00 p-value) to −0.10 (0.00 p-value) but remains both statistically and economically significant. This result confirms the proper use of BCGI as a proxy variable but does not change significantly the importance of our results.

Another possible and more robust estimation technique to address the relation between disclosure and cost of equity capital is change analysis, which investigates the association between changes in the explanatory and the dependent variables. It is presumably more robust than level analysis as the one used in this study. We did not use change analysis on the main specification in order to maintain a certain degree of consistency with prior studies and also because our research question was related to the association between levels and not changes. However, to increase the robustness of our study we performed a modification of the model 1 and used changes in the BCDI and *ks* as opposed to the levels of these variables. The coefficient on the BCDI variable decreases significantly (0.45) but still remains significant (0.00 p-value), which confirms the robustness of our specification. In the same fashion, Fama-Macbeth cross-sectional specifications also present similar results and do not change the major interpretations of our study.

6. Conclusion

We investigate the relation between disclosure and cost of capital for Brazilian listed firms. We select the most liquid shares on the São Paulo Stock Exchange (Bovespa) in 1998, 2000, 2002, 2004, and 2005. To proxy for disclosure level, we built the BCDI, which measures disclosure over six dimensions. To proxy for cost of capital, we use the model proposed by Hail & Leuz (2005) based on Ohlson & Juetnner-Nauroth (2005) and Easton (2004). Using a panel data approach, we show that there is a significant negative association between disclosure and cost of equity capital for the firms in our sample. Additionally, we show that this relation is more pronounced for firms that receive less attention from analysts and have dispersed ownership structures. For these firms, an increase of 1 point in the BCDI results in a decrease of 26 (for firms with less coverage) and 27 (for firms with dispersed ownership) basis points in cost of capital. We also investigate the impact of BCDI scores on the relation between disclosure and cost of capital.

While the results are different from those obtained elsewhere, this work has implication for a number of groups. To financial executives, it shows that increased levels of disclosure result in inferior cost of capital, especially for firms that receive less attention from analysts. For regulators, our results demonstrate that firms with superior growth opportunities will adopt better disclosure practices voluntarily even if they are immersed in weak governance and accounting regimes. We also contribute to a recent strand of the international accounting literature that investigates the determinants of the properties of actual reports. This literature (Ball et al., 2000, 2003; Ball & Shivakumar, 2005) has shown that the properties of published accounting numbers depend more on the incentives managers face to provide informative numbers than on standards and regulations. Our results confirm the hypothesis that firm-level incentives also play a significant role on firms' financial reporting practices.

References

BALL, R., ROBIN, A., & WU, J. (2003). "Incentives versus standards: Properties of accounting income in four East Asian countries". *Journal of Accounting and Economics*, 32, 1-37.

BALL, R., KOTHARI, S. P., & ROBIN, A. (2000). "The effect of institutional factors on the properties of accounting earnings". *Journal of Accounting and Economics*, 29, 1-51.

BALL, R., & SHIVAKUMAR, L. (2005). "Earnings quality in UK private firms". *Journal of Accounting and Economics*, 33, 66-98.

BOTOSAN, C. A. (1997). "Disclosure level and the cost of equity capital". *The Accounting Review*, 72(3), 323-349.

BOTOSAN, C. A., & PLUMLEE, M. A. (2002). "A re-examination of disclosure level and the cost of equity capital". *Journal of Accounting Research*, 40, 21-40.

CHEN, Kevin C. W., CHEN, Shilong, & WEI, K. C. John. (2003). *Disclosure, corporate governance, and the cost of equity capital: Evidence from Asia's emerging markets*. Working paper, Singapore University.

CHONG, A., & LOPEZ-DE-SILANES, F. (2007). "Investor protection and corporate governance – Firm evidence across Latin America". Stanford University Press and International Development Bank.

DIAMOND, D. W., & VERRECHIA, R. E. (1991). "Disclosure, liquidity and the cost of capital". *Journal of Finance*, 56(4), 1.325-1.360.

DING, Y., & JEANJEAN, T. (2005). "Why do national GAAP differ from IAS? The role of culture". *The International Journal of Accounting*, 40(4), 325-350.

DOIDGE, C., KAROLYI, G., & STULZ, R. (2007). "Why do countries matter so much for corporate governance?". *Journal of Financial Economics*, 86, 1–39.

DURNEV, A., & KIM, E. H. (2005). "To steal or not to steal: Firm attributes, legal environment, and valuation". *Journal of Finance*, 60, 1.461-1.493.

EASTON, P. (2004). "PE ratios, PEG ratios, and estimating the implied expected rate of return on equity capital". *The Accounting Review*, 79(1), 73–95.

FAMA, E., & FRENCH, K. (1997). "Industry costs of equity". *Journal of Financial Economics*, 43, 153-194.

FRANCIS, J. R., KHURANA, I. K., & PEREIRA, R. (2005). "Disclosure incentives and effects on cost of capital around the world". *The Accounting Review*, 80(4), 1.125-1.162.

GOW, I., ORMAZABAL, G., & TAYLOR, D. (2009). "Correcting for cross-sectional and time-series dependence in accounting research". Working paper, Stanford University.

HAIL, L. (2002). "The impact of voluntary corporate disclosures on the ex ante cost of capital for Swiss firms". *The European Accounting Review*, 11(04), 741–773.

HAIL, L., & LEUZ, C. (2005). *Cost of capital and cash flow effects of U.S. cross-listings*. Working paper, University of Pennsylvania.

HEALY, P. M., & PALEPU, K. G. (2001). "Information assymetry, corporate disclosure, and the capital markets: a review of the empirical disclosure literature". *Journal of Accounting and Economics*, 31, 405-420.

HOFSTEDE, G. (1980). *Culture consequences*. Thousand Oaks, CA, Sage Publications.

HOFSTEDE, G., & BOND, M. H. (1998). "The Confucius connection: from cultural roots to economic growth". *Organizational Dynamics*, 16(1), 5-21.

HOUTHAULSEN, R. W. (2003). "Testing the relative power of accounting standards versus incentives and other institutional features to influence the outcome of financial reporting in an international setting". *Journal of Accounting and Economics*, 36, 271-283.

LA PORTA, R., LOPES-DE-SILANEZ, F., & SHLEIFER, A. (2000). "Agency problems around the world". *Journal of Finance*, 55, 221-258.

LA PORTA, R., LOPES-DE-SILANEZ, F., & SHLEIFER, A., & VISHNY, R. (2002). "Investor protection and corporate valuation". *Journal of Finance*, 57(3), 1.147-1.170.

LANG, M., RAEDY, J. S., & WILSON, W. M. (2006). "Earnings management and cross listing: Are reconciled earnings comparable to US earnings?". *Journal of Accounting and Economics*, 42, 263-284.

LARCKER, D. F., & RUSTICUS, T. (2005). *On the use of instrumental variables in accounting research*. Working paper, University of Pennsylvania.

LEE, E., WALKER, M., & CHRISTENSEN, H. B. (2008). "Mandating IFRS: its impact on the cost of equity capital in Europe". *ACCA Research Report* 105.

LOPES, A. B., & WALKER, M. (2008). *The relation between firm-level corporate governance arrangements, crosslisting and the informativeness of accounting reports: the Brazilian case*. Working paper, University of Manchester.

LOPES, A. B. (2009). *The relation between firm-specific corporate governance, cross-listing and the informativeness of accounting numbers in Brazil*. Doctoral dissertation, University of Manchester.

NIKOLAEV, V., & VAN LENT, V. (2005). *The endogeneity bias in the relation between cost-of-capital and corporate disclosure policy*. Working paper, Tilburg University.

OHLSON, J. A., & JUETNNER-NAUROTH, B. E. (2005). "Expected EPS and EPS growth as determinants of value". *Review of Accounting Studies*, 10, 349-365.

RULAND, W., SHOHN, J., & ZHOU, P. (2007). "Effective controls for research in international accounting". *Journal of Accounting and Public Policy*, 26, 96-116.

VERRECHIA, R. (2001). "Essays on disclosure". *Journal of Accounting and Economics*, 32, 97-180.

WOOLDRIDGE, J. M. (2002). *Econometric analysis of cross section and panel data*. Cambridge, Mass., The MIT Press.

Atualidades

AS SOCIEDADES DE PESSOAS NA ATUALIDADE. UMA VISÃO COMPARATIVA CRÍTICA

VERA HELENA DE MELLO FRANCO

1. Linhas introdutórias – A permanência das sociedades de pessoas perante o direito comparado. 2. As sociedades de pessoas. Definição genérica. 3. Características. 4. Antecedentes: a) A "societas" romana; b) A "societas publicanorum" (a "societas vectigalium"); c) As sociedades medievais. 5. As sociedades de pessoas em espécie: a) A sociedade em nome coletivo: a.1) Origem – Antonio Brunetti (a "gesammte Hand" medieval); a.2) Evolução; a.3) A sociedade em nome coletivo perante o direito comparado atual; b) A sociedade em comandita simples; c) As sociedades simples: c.1) No direito italiano; c.2) No direito Suíço; d) A sociedade em conta de participação. 6. As sociedades de pessoas perante o direito brasileiro: a) O tratamento perante o direito anterior ao Código Civil de 2002: a.1) Orientação do Código Comercial de 1850; a.2) Advento do Código Civil de 1916; b) As sociedades de pessoas no atual Código Civil.

1. Linhas introdutórias – A permanência das sociedades de pessoas perante o direito comparado

Em que pese o modelo das sociedades em nome coletivo e da comandita simples estarem em desuso no Brasil isto não é verdadeiro perante o direito comparado, valendo a afirmação tanto para os países da família romano-germânica, como para aqueles da *common law*, no qual a figura da *partnership* permanece atual. Basta dizer que esta é a visão das *joint ventures*, a qual se apresenta no fundo como uma *partnership*, sem limitação da responsabilidade das sociedades agrupadas.

Qual a razão da manutenção em vida destas sociedades? Por um lado, o fato de que na maioria dos países europeus (bem como naqueles da *common law*), ressalva feita expressamente à França, Portugal e Espanha, estas sociedades não são dotadas de personalidade jurídica. Em decorrência, para efeito de tributação, os impostos somente incidem quando da percepção dos lucros pelos sócios e não quando produzidos pela sociedade. Por outro lado, na maior parte dos países europeus exige-se um *capital mínimo* para as sociedades, assim ditas "de capitais" (sociedades anônimas e limitadas).[1] Note-se que a lei não

1. Assim, *v.g.*, cf. CCI Art. 2.327: "*Ammontare minimo del capitale*. La societa per azioni deve costituirsi con *un capitale non inferiore a centoventimila euro*; Capo VII – Della società a responsabilità limitata – Sezione I – Disposizioni generali – Art. 2.463. *Costituzione*. La società può essere costituita con contratto o con atto unilaterale. L'atto costitutivo deve essere redatto per atto pubblico e deve indicare: (...) 4) *l'ammontare del capitale, non inferiore a diecimila euro, sottoscritto e di quello versato*; (...)".

"*§ 5 GmbHG Stammkapital; Geschäftsanteil* (1) *Das Stammkapital der Gesellschaft muß mindestens fünfundzwanzigtausend Euro betragen*; § 7 *AktG* Mindestnennbetrag des Grundkapitals – (...): 1. März 2011 – *Der Mindestnennbetrag des Grundkapitals ist fünfzigtausend Euro*" (*§ 5 Capital de fundação da sociedade por quotas de responsabilidade limitada* (1) *O capital de fundação da sociedade deve ser de no mínimo vinte e cinco mil euros*; §

distingue, para tal efeito, quando estas sociedades são unipessoais.

Pode-se indagar, ainda, qual a importância deste modo de ver nos países alienígenas para a realidade brasileira.

Neste ponto, não bastasse o fato das relações empresariais (melhor dizendo comerciais) ocorrerem dentre países, vale lembrar a tendência para a criação de um direito uniforme para os Países-membros da União Europeia, como denuncia a obra do Prof. Ole Lando nos seus *Princípios Contratuais do Direito Europeu*. E isto está na ordem do dia atualmente no continente europeu. Como não somos uma ilha e vivemos num mundo globalizado, sem deixar de lado a possibilidade de integração com os países vizinhos, justifica-se voltar à boa prática do direito comparado.

Aplica-se aqui a lição recente de um estudioso na nova introdução à 11ª ed. da obra de Renè David em castelhano:[2] "El derecho comparado no puede reducirse al ámbito reservado de algunos juristas. Todos los juristas están convocados a interesarse en el derecho comparado, ya sea para comprender mejor su propio sistema de derecho, ya sea para intentar mejorarlo, o bien para convenir, de común acuerdo con los juristas de países extranjeros, reglas de conflicto o reglas de fondo uniformes que propicien una harmonización de los diversos derechos".

Por final, e não por menos, é interessante ver como, a par da visão comparatista, uma simples digressão histórica permite visualizar a postura singularmente caolha do nosso Código Civil (deste e do anterior) no tratar das sociedades.

2. As sociedades de pessoas – Definição genérica

Na lição de Herbert Wiedemann,[3] que reflete sua origem, sociedades de pessoas são comunhão de objetivos contratuais na forma da sociedade e nome coletivo (*Offenen Handelsgesellschaft* – OHG) e da sociedade em comandita simples (*Kommanditengesellschaft* – KG); sociedade em conta de participação (*Stillen Gesellschaft*); companhia de navegação coletiva (*Partenreederei*); associação comercial em participação – *partnership* (*Partnerschaftgesellschaft*) e da União de Interesse Econômico Europeia (*Wirstschaftlichen Interessenvereinigung*).

Este conceito, como esclarece, não corresponde a um critério jurídico objeti-

7º da *Lei das Sociedades por Ações – A quantia mínima do capital inicial é de cincoenta mil euros*) (trad. livre nossa).

Suíça, Art. 621: "Das Aktienkapital muss mindestens 100.000 Franken betragen; – Die Gesellschaft mit beschränkter Haftung – Erster Abschnitt: Allgemeine Bestimmungen (...) Art. 773 – *Das Stammkapital muss mindestens 20.000 Franken betragen* (Art. 621: O capital acionário deve corresponder a no mínimo 100.000 Francos suíços; Sociedade por quotas de responsabilidade limitada. Art. 773 – *O capital de fundação necessita perfazer 20.000 Francos suíços no mínimo*) (trad. livre nossa).

Espanha, Lei 2/1995, de 23 de março: "Artículo 4. Capital social. El capital no podrá ser inferior a quinientas mil pesetas *[atualmente 3.005,56 Euros]*, se expresará precisamente en esta moneda y desde su origen habrá de estar totalmente desembolsado"; o que vale inclusive para a nova Sociedade Limitada "Nueva Empresa", conforme alterações introduzidas pela Lei 7/3003, de 1 de abril: "Artículo 135. Capital social. 1. El capital social de la sociedad Nueva Empresa no podrá ser inferior a tres mil doce euros ni superior a ciento veinte mil doscientos dos euros. 2. En todo caso, la cifra de capital mínimo indicada sólo podrá ser desembolsada mediante aportaciones dinerarias".

"Real Decreto Legislativo 1.564/1989, de 22 de diciembre, por el que se aprueba el texto refundido de la Ley de Sociedades Anónimas (vigente hasta el 1 de septiembre de 2010) – Artículo 4. *Capital mínimo*. El capital social no podrá ser inferior a 10.000.000 de pesetas *[atualmente 60.101,21 Euros]* y se expresará precisamente en esta moneda."

2. *Los Grandes Sistemas Jurídicos Contemporáneos*, edição, tradução e notas de Jorge Sánchez Cordero, Universidad Nacional Autónoma de México, Centro Mexicano de Derecho Uniforme e Faculdad Libre de Derecho de Monterrey, México, 2010, p. 8, in *www.bibliojuridica.org/libros/libro.htm?l=2792*.

3. *Gesellschaftsrecht*, Band II, *Recht der Personengesellschaften*, Verlag C. H. Beck, München, 2004, pp. 4-10.

vo, já que por sociedades de pessoas entende-se, tão somente, uma ligação pessoal entre os membros de semelhante associação, diferenciadas da pessoa jurídica[4] pela existência da propriedade em mão comum (*gesammte Hand*).

Esta particularidade da propriedade em comum (*gesammte Hand*), na lição de Wiedemann, permaneceria até hoje como sinal central das sociedades de pessoas, em que pese a possibilidade de combinações como a GmbH & Co. KG[5] ou a existência das "*Publikum Personengesellschaften*".

3. Características

Seriam suas características mais marcantes:

• *Organização personalista* – traduzida no *intuitu personae* (relevo à pessoa do sócio e consequente estabilidade do quadro societário) e na *affectio societatis*, entendida como o dever de colaboração entre os sócios de atuarem de boa-fé, uns perante os outros, para atingirem o fim comum.

• *Relação patrimonial solidaristica* – expressa pela responsabilidade solidária e ilimitada (no direito brasileiro, subsidiária) pelas perdas sociais;

• *Natureza jurídica* – ligado ao desenvolvimento da sua independência conforme se lhe atribua personalidade jurídica ou não;

• *União patrimonial comunheira* (*Gesamthänderische Vermögensbindung*) – para justificar a solidariedade em direitos e obrigações, visto que em sua base, conforme a postura germânica, ter-se-ia um regime de copropriedade em virtude da ausência de atribuição de personalidade jurídica (assim também no direito italiano, suíço e canadense).

Para estas formas de propriedade em comum, ao invés de personalizar, o BGB criou atualmente a figura do *Sondervermogen* (§§ 717-720, 738 BGB), o qual como patrimônio afetado a um determinado fim, passou a responder pelos débitos sociais, eliminando a responsabilidade dos coproprietários.

Mas em que pese a tendência alemã atual no sentido da independência jurídica, a sociedade de pessoas permanece como uma figura intermediária entre a pessoa jurídica e a pessoa natural. De um ponto de vista geral, no direito alemão, a sociedade de pessoas é apenas um *Träger* (portador) de direitos e obrigações, correspondendo ao que o saudoso Walter Moraes[6] definia como personalidade jurídica em sentido impróprio. Confira-se a lição: "Pela lei, toda sociedade autorizada é uma pessoa jurídica. Mas só corporações dão pessoas jurídicas *em sentido próprio*. A sociedade simples[7] (*societas*), não constituindo corporação, não é portanto pessoa jurídica em sentido próprio. Esta, em síntese, a lição de Unger (...)".

4. Antecedentes

Nesta linha de rebuscar o passado a fim de aferir as incongruências do presente, impõem-se linearmente o recurso ao direito romano, o qual, principalmente tendo em vista os projetos de uniformização do direito europeu, tem sido revalorizado como possível fonte comum desta tarefa.[8]

4. No direito alemão estas sociedades não têm personalidade jurídica.

5. Sociedade mista na forma da sociedade de responsabilidade limitada em comandita simples, a qual é desconhecida no direito brasileiro. Nesta a posição de sócio comanditado é ocupada por uma sociedade limitada, enquanto que aquela de sócio comanditário pode ser preenchida tanto por uma pessoa natural como por uma pessoa jurídica.

6. *Sociedade Civil Estrita*, Ed. RT, 1987, p. 6.

7. *In casu* referindo-se à sociedade civil e não a atual sociedade simples, desconhecida na época perante o direito brasileiro.

8. Vislumbra-se, entre outros, trabalhos recentes revitalizando esta origem como demonstram artigos esparsos tais como os estudos de Berckley de 2009, *The Genius of Roman Law from a Law and Economics Perspectives*; de Juan Javier del Granado, in *http://ssrn.com/abstract=1293939* ou o *Dere-*

A assim ser, coerentemente, a visão deve voltar-se para esta fonte.

a) A "societas" romana

O direito romano não reconheceu quer personalidade jurídica quer autonomia patrimonial para as sociedades privadas. Tampouco se podia falar de representação para estas sociedades. Com este modo de ver o vínculo societário, nas palavras de Margherita Pena,[9] "não tinha qualquer relevância perante terceiros" (trad. nossa).

A doutrina[10] situa sua origem no *consortium ercto non cito* (forma de copropriedade comum indivisa) e em experiências associativas ligadas à práxis das relações internacionais da *iurisdictio peregrina* (século II a.C.) mediante recurso à *iudicia bona fidei*. Elemento essencial era a *fraternitas* resultante do vínculo familiar. Conforme a lição[11] este era: "O consórcio que se instalava entre os herdeiros quando o pai falecia *intestato* e se apresentava como uma legítima e natural sociedade (Gaio). A comunhão não se estabelecia voluntariamente, mas no decorrer do tempo admitiu-se a possibilidade da divisão (com a *actio familiae erscicundae*) pela vontade de um dos *fratres* e ainda em decorrência da sua morte ou incapacidade" (trad. livre nossa).

A justificativa da unidade do grupo, prossegue esta pesquisadora, repousava na *Fraternitas* (ideia de colaboração para a obtenção de um fim comum, inexistindo qualquer hierarquia ente os participantes ou atribuição de quotas). Mas ao contrário do condomínio tradicional em que cada coproprietário detinha uma quota parte, cuidava-se de comunidade do tipo dinâmico, na qual qualquer dos consortes poderia alienar qualquer bem pertencente ao patrimônio com *efeitos reais para todos*. Por outro lado qualquer um deles poderia adquirir qualquer dos bens mantidos em copropriedade.

Com o tempo o instituto perdeu autonomia sendo absorvido no regime da copropriedade por quotas ideais e em virtude da evolução socioeconômica surge a base de nova forma organizativa para unir as forças econômicas, a saber, o contrato de sociedade fundado então no consentimento de todos os partícipes.[12]

Passa-se assim da "*fraternidade*" (relevo à qualidade como membro do grupo familiar), e de um regime de copropriedade obrigatório e indiviso decorrente de um vínculo natural para uma relação consentida. A finalidade deixa de ser aquela de gerir bens em um regime de copropriedade e é substituída por aquela de atingir um objetivo ou uma finalidade em comum. O vínculo natural familiar "fraterno" dá lugar à *affectio societatis* resultante da vontade de colaboração na realização do objetivo comum.

São exemplos conhecidos de contratos associativos as *sociedades universais*, assim a *societas omnium bonorum* (de todos os bens) e a *omnium quaestum* (de todos os ganhos, obtidos pelo trabalho dos sócios). Ao lado destas existiam as *sociedades particulares*, assim a *societas alicuius negotiationis* (destinada na maior parte a transações internacionais e envolvendo uma série de operações de um negócio específico); a *societas unius rei* (constituída mediante aporte de bens singulares para a obtenção de um benefício comum) ou ainda a sociedade de *argentarii* (dos banqueiros).

cho Romano y Cultura Europea, de Reinhard Zimmermann, igualmente de 2009, in *http://ssrn.com/abstract=1623282*, dentre outros.

9. "Il diritto societario nel diritto romano e nel diritto intermédio", *Rivista della Scuola Superiore dell'Economie e delle Finanze*, in *http://rivista.ssef.it/site.php?page=20040929105341531*, n. 1.

10. Assim Margherita Penta, ob. e loc. cits.

11. Idem. Aut., ob. e loc. cits.

12. Ibidem, aut. e ob. cits., n. 2.

Menciona-se ainda no século II a *commendas*, formada pela associação entre um sócio capitalista (oculto), com atribuição de participações sociais negociáveis para este. A morte de um dos sócios acarretaria a dissolução da sociedade. Pode-se vislumbrar na modalidade semelhanças com a *nautikon dancion* grega, em que um capitalista financiava a expedição submetida a risco. Perante o sucesso o titular da empreitada devolveria o capital acrescido de interesses. Se bem que, com mais propriedade, poder-se-ia aqui situar a origem do nosso contrato de seguro.

Mas estas sociedades, a par de não terem existência perante terceiros, não eram dotadas de um patrimônio separado, próprio, apto a responder perante os credores sociais.

Os associados permaneciam num estado de copropriedade em virtude do contrato, vedada a partilha dos bens antes do decurso do tempo ali fixado. Nas palavras de Joseph Riscol[13] seria uma comunhão mitigada por um *pacto de non dividendo* e com este perfil teria originalmente ingressado no direito francês.

b) A "societas publicanorum" (a "societas vectigalium")

Aqui a melhor compreensão exige se distinga dentre as *sociedades* (*Gesellschaften*) e as *associações* (*Verein*).

Enquanto a *Societas* (*Gesellschaft*) nada mais seria do que um contrato, uma relação puramente obrigacional dando lugar a uma comunhão de bens; a *societas publicanorum*, restrita a certas funções públicas ou sociais era uma entidade em si mesma, embora não se pudesse falar em pessoa jurídica no sentido que esta porta atualmente. De qualquer forma, tinham existência legal ao contrário das sociedades privadas.[14]

Esta modalidade societária, surgida no terceiro século a.C., era formada por um conjunto de investidores (os *publicani*), os quais atuavam em projetos públicos e na recepção de tributos. Nestas sociedades, a par da transmissibilidade das participações societárias, os sócios não respondiam pelos débitos sociais.[15] Estas sociedades, todavia, apenas prestavam serviços para o Estado, não atuando no setor privado. Os romanos não viam nas associações entre os particulares qualquer autonomia. Estas nada mais eram do que uma relação obrigacional dentre sócios.

Uma razão para não se visualizar nas sociedades entre os privados um centro autônomo de interesses parece estar em institutos paralelos que de certa forma limitavam o acesso indiscriminado dos credores além das massas patrimoniais que os constituíam. Assim a *família* romana[16] e o *peculium*.

Assinala a doutrina[17] constituir a família romana uma "entidade completa".

13. *La Copropriétè en Main Commune (Gesammte Hand) et son Application Possible au Droit Français*, Toulose, Imprimerie Cooperative Toulousaine, 1907, pp. 215-216, in *http://www.archive.org/details/lacopropriteOOrico.*

14. Cf. Margherita Pena, ob. cit. n. 9: "In relazione alla presunta personalità giuridica della societas i dati più concreti emergono nel Principato in cui si riscontrano affermazioni come quella di Gaio in D. 3.4.1.pr. (3 aded. prov.) nella quale si afferma che un esempio autonomo di centri di interesse è proprio la societas publicanorum ricordando peraltro l'esistenza dei collegia, di naviculari,dipistorum e quorundarum. Correttamente nota il Talamanca che non si sa se le strutture dell'autonomia fossero uguali per le società e i collegia professionali. Ma certo non è verosimile che una forma giuridica così complessa non avesse dato luogo ad un inizio di entificazione al quale processo ha contributo la lex Iulia de collegis".

15. Hansmann, Kraakman & Squire, *Law and the Rise of the Firm* I, p. 24, in *papers.ssrn.com/sol3/papers.cfm?abstract_id=87350.*

16. A acatar a lição de Otto von Gierke (*Natural Law and the Theory of Society 1500 to 1800*, New Jersey, The Lawbook Exchange Ltd. Union, 2001, p. 65, trad. de Ernest Barker), a *família* como uma associação natural existia como uma entidade em si mesma ao lado dos *collegium*, *corpus*, *universitas*, *civitas* e *imperium*, embora fosse desprovida de personalidade jurídica.

17. Idem, p. 20.

Desta forma "os credores que não transacionassem com pessoas atuando no interesse da família não tinham acesso a seus bens" (trad. livre nossa).

No mesmo compasso tem-se o *peculium*, decorrente da prática de se delegar aos escravos atividades comerciais. Para tanto era comum que o amo atribuísse a estes ou a seus herdeiros um montante determinado, denominado *peculium*. "O *peculium* e quaisquer interesses gerados permaneciam, formalmente, na propriedade do amo" (trad. livre nossa). Este se beneficiava ainda mediante "(...) o recebimento regular de pagamentos, ou permitindo que o escravo comprasse sua liberdade em troca da devolução do total ou de uma parte do pecúlio e seus acréscimos(trad. livre nossa).

Ainda que os credores pudessem executar o amo pelos débitos, sua responsabilidade (desde que ele não tivesse participado da gestão dos negócios) ficaria limitada ao montante do *peculium*.[18]

c) As sociedades medievais

É na idade média que se situa a origem das sociedades comerciais, período em que se assinala a existência das *compagnias* (sociedades gerais ou coletivas). Estas tinham origem familiar e nela todos tinham a representação e respondiam pessoal e solidariamente pelos atos praticados em nome da sociedade, compartindo os riscos da atividade.

Menciona-se ainda a *societas terrae*, sociedade temporária com *estrutura similar* a da *commenda*, cuja vigência estava ligada à realização de um determinado negócio ou de uma viagem.

Data deste período, igualmente, a *Magna Societas Alemanorum* dedicada ao comércio por atacado, atuando inclusive internacionalmente. Esta, inicialmente restrita ao capital dos sócios passa, com o correr dos tempos, a receber capital de terceiros (capital de risco) mediante a retribuição de uma taxa fixa de interesses.[19]

Por final não se pode deixar de mencionar a sociedade em comandita simples, cuja origem estaria no contrato de *commenda*. Sob o ponto, assinala Rubens Requião na sua Tese de Concurso à Cátedra de Direito Comercial da Faculdade de Direito da Universidade do Paraná,[20] situar-se na proibição canônica contra a usura a razão para o desenvolvimento desta modalidade societária. *In casu*, os juros surgiam como pagamentos de dividendos, o que os tornavam legítimos.

Existia mais de uma forma de *commenda*, na lição de Requião, encontradas, inclusive "em primitivos agrupamentos sociais no interior da África, na Ásia e Oceania. Os estudos históricos, que os autores realizam, esclarecem as várias modalidades de *commenda*: ora a natureza do empreendimento impunha a conjugação do trabalho e somente o *commendator* oferecia capitais que o *tractator* aplicava, ora ambos ofereciam capitais e despendiam serviços. A primeira era a '*commenda*' propriamente dita ou '*accommendatio*', a segunda era a '*societas*' ou '*collegantia*'. O professor Postan, a quem nos referimos acima, apresenta esclarecedora classificação, tendo em vista o medievo inglês: primeiro – sociedade em que o capital engajava os serviços de um comerciante ('*service partnerships*'); segundo – o comerciante engajava o capital ('*finance partnerships*'); terceiro – ambas as partes se conferiam os capitais e seus serviços ('*real partnerships*') (...)" (destaques nossos). Mas somente a primeira forma consistiria

18. Ibidem, p. 21.

19. Cf. Milkos Lazaro Gual Diaz, *De la Societas Omnium Bonorum a la S.R.L Nueva Empresa*, p. 2, in *http://www.monografias.com/trabajos59/societas-srl/societas-srl2.shtml*.

20. *A Preservação da Sociedade Comercial pela Exclusão do Sócio*, Curitiba, Papelaria Requião Ltda., 1959, p. 34.

a "*commenda* em sentido próprio",[21] embora todas fossem formas associativas.

5. As sociedades de pessoas em espécie

a) A sociedade em nome coletivo

a.1) Origem – Antonio Brunetti[22] (a *gesammte Hand* medieval)

Situa a origem *mediata* da sociedade em nome coletivo na comunidade tácita medieval, a *gesammente Hand* germânica, decorrente da visão coletivista germânica (coletivismo agrário), no qual a propriedade era comum para todo o povo e sua exploração livre para todos. Mais imediatamente, a sua gênese está na *compagnia* medieval.

a.1.1) A *gesammte Hand* – Na lição de Joseph Ricol,[23] originalmente, o senhor feudal concedia a diversos vassalos um mesmo direito para explorar a terra. Estes deveriam formar uma comunidade, vivendo na mesma habitação, sob uma mesma direção. A regra valia para si e para seus descendentes. Destarte, se um viesse a falecer a propriedade dos bens comuns passaria para seus descendentes sem ter que voltar, como era regra no direito comum, para o senhor feudal. Eliminada a hierarquia paterna com a morte do progenitor, os sucessores passavam a exercer a comunhão por associação e em grau de igualdade. Esta a propriedade em mão comum (*gesammte Hand*) germânica.

Mas esta forma de copropriedade não se confundia com o condomínio do direito romano. *In casu* a propriedade *como um todo* era coletiva, inexistindo a ideia de "quota parte" entre os coproprietários. Em seu núcleo tinha-se a ideia da indivisibilidade e a de solidariedade de cada um pelo todo. O direito de cada comunheiro sobre o conjunto era um *direito real sobre o todo* e não um direito pessoal (crédito) sobre determinada quota parte. A alienação de qualquer bem comum ou a constituição de direito real sobre eles exigia o consentimento de todos os comunheiros ou pelo menos de um representante da coletividade.

Paralelamente, o patrimônio comum era visto como um *patrimônio de afetação* (afetado a um determinado fim), somente ele respondendo pelos débitos relativos àquela copropriedade e isto sem qualquer conotação com os débitos particulares de cada comunheiro.

No direito francês posterior, como assinala Ricol[24] a recepção do instituto da *gesammte Hand* situou-se na "*communautés taisibles*". Espécie de copropriedade formadas por famílias, sobretudo agrícolas que se reuniam para a exploração da terra e que equivaliam às chamadas *Ganerbschaften* alemãs. E é nesta *communautés taisibles* que se vai encontrar a origem da *sociétès taisibles* do direito francês (gênese da sociedade em nome coletivo).

Com o tempo esta comunidade, originariamente familiar e decorrente da sucessão, resultado do vínculo entre a terra, a casa e os cultivadores transmuda-se em regime de *copropriedade legal*, perdendo o seu caráter de coletividade familiar. A ascendência do individualismo afastou a obrigação da vida em comum, dando lugar à propriedade individual e à possibilidade da criação de um regime entre estranhos fora do núcleo familiar.

Instala-se, destarte, um regime de comunhão não mais dentre aqueles da mesma família, mas dentre aqueles que trabalhavam em conjunto, para uma finalidade comum.

a.1.2) A *compagnia* – Com esta visão Brunetti assinala que, por influência do desenvolvimento do comércio nas cidades

21. Idem, aut. e ob. cits., pp. 34, 35.
22. *Tratado del Derecho de las Sociedades* I, trad. de Felipe Solá Cañizares, Buenos Aires/Argentina, UTEHA, 1960, pp. 524, 525, n. 243.
23. Aut. e ob. cits., p. 236.
24. Idem, aut. e ob. cits., p. 237.

italianas medievais, mais *imediatamente*, a origem pode ser situada na *Compagnia* (*Cum Panis et Vinus*), distinta da *societas fraterna* romana, por suas próprias características.[25]

Em linha semelhante, Joseph Ricol[26] situa esta forma dentre os séculos XIII e XVI, descrevendo decorrer da coabitação "*à pain et à pot*", durante um certo período de tempo (um ano e um dia) e da colocação em comum de bens para um determinado fim, a par da comunhão nos benefícios e nas despesas. Nela, todavia, diferentemente da *gesammte Hand* de sua gênese, há hierarquia como na antiga comunidade familiar. Só que agora representada por um "Chefe" em regra o mais velho que administrava esta propriedade comum, representando os demais. A par disto, somente podia alienar bens móveis, necessitando do consentimento especial dos demais no que se referisse aos imóveis. Quanto ao uso ou gozo destes bens, o critério era a medida das necessidades de cada um. Mas permanecia, como pano de fundo, a influência da estrutura da *gesammte Hand* germânica e igualmente, da mesma forma, como nesta, inexistia qualquer direito à partilha destes bens pelos herdeiros.

A partir do século XVI, na França, tem início a decadência da *sociétè taisible*, com admissão da dissolução do regime de copropriedade em virtude da vontade de um dos coparticipantes que decida se retirar do conjunto e inclusive por sua retirada tácita.

Este processo culmina no século XVIII, após ataques ardentes dos economistas, com a sua proscrição pela Revolução.

a.1.3) Confronto com a *societas* romana – Na Itália, como mencionado, ela persiste na nova roupagem da *compagnia* medieval, a qual, mais uma vez na lição de Brunetti,[27] vai se distinguir da *societas* romana, por três características essenciais:

"1º) a finalidade de lucro, que é sua força propulsora; 2º) pelo regime de responsabilidade solidária de seus membros; 3º) pelo exercício da empresa sob um nome próprio (...)" (trad., livre nossa).

Já perante a comunidade familiar da sua origem, o traço distintivo é a presença da *affectio societatis* que substitui o vínculo *fraternitatis*.

a.2) Evolução

A sociedade em nome coletivo era, inicialmente, uma estrutura atípica não regulada pelo direito positivo. Em 1673, na França, foi acolhida nas Ordenanças de Colbert, Título IV, art. 7, sob o nome de "sociedade geral" ou livre, ressurgindo no *Code de Commerce* de 1807, Título II, Seção I, arts. 19 e 20,[28] como pessoa moral,

25. Aut. e ob. cits., pp. 528, 529: "(...) Cessio quita importancia a la diferencia admitida por la gran mayoría de juristas entre *societas* y *compañía*, pero si, en definitiva, reconoce que la sociedad familiar toscana es una degeneración de la sociedad ordinaria en relación con el desarrollo y las necesidades del tiempo, no pude, después de todo, negar que sea una cosa distinta. Cuando se dice que la 'sociedad familiar es solo una manifestación particular de la sociedad ordinaria, de la que se diferencia, no por la estructura divergente, sino porque en ella, junto con el vinculo normal de la sociedad, encuentran su sitio relaciones particulares de familia que, de cierto modo, la modifican, y que del 'tronco único nacen dos ramas distintas, la sociedad en que no se usa el nombre de los compañeros y socios que la doctrina regula técnicamente a base de la legislación *in societas per viam accomandae* y la sociedad en que se utiliza el nombre de los compañeros, la sociedad de nombre colectivo de hoy', se observa una diferencia orgánica y funcional. Orgánica, porque con el uso del nombre se crea una relación entre la sociedad y los terceros; funcional, porque la sociedad, de esta manera, pasa a obligar su propio patrimonio. Ambas situaciones no tienen su exacta equivalencia en la *societas* (...)".

26. Aut. e ob. cits., pp. 238, 239.

27. Aut. e ob. cits., p. 529.

28. Cf. art. 19: "La loi reconnait trois espèces de sociétès commerciales: la sociétè en nom collectif; la sociétè en commandite; la sociétè anonyme;

exercendo o comércio sob uma *firma* comum apta a designar a união dos sócios.[29]

No direito alemão, a modalidade foi igualmente acolhida, no *Allgemeines Deutschen Handelsgeseztbuch* de 1850 e pelo *Handelsgesetzbuch* de 1900, de onde emigrou para o atual Código Comercial nos §§ 105-160. Na Itália, uma vez recepcionada no *Codice di Commercio* de 1865 (na realidade o *Codice del Commercio del Regno di Sardegna*), encontrou guarida no *Codice di Commercio del 1882*, dentre as sociedades mencionadas no seu Livro I, Título IX, Capítulo I, Seção I, art. 76 (*Società in nomme colletivo, in accomandita e per azioni*), sendo disciplinada particularmente nas suas normas dos arts. 105-113. No direito brasileiro foi regulada originalmente nos arts. 315 e 316 do Código Comercial de 1850 e, aqui, desprovida de personalidade jurídica.

a.3) A sociedade em nome coletivo perante o direito comparado atual

O tratamento outorgado à sociedade em nome coletivo, nos diversos diplomas legislativos, não é uniforme. Assim, no direito alemão, a par de restrita à atividade comercial[30] não tem personalidade jurídica (é vista como uma comunidade de coproprietários – *Gesamthandsgemeischaft*) e, *particularmente, não exige que todos os sócios sejam pessoas naturais*.

Em virtude desta ausência de personalização, do fato de admitir-se a possibilidade da participação de sociedades de capitais nestas sociedades e pelos benefícios fiscais carreados, surgiram formas atípicas de sociedades, compostas pela conjugação de dois tipos societários diferentes, numa nova forma original. Em regra, resulta da participação de uma sociedade limitada numa sociedade em nome coletivo, ou mais usualmente da sua assunção da posição de sócia comanditada, dando lugar a uma forma atípica a GmbH & Co. KG (sociedade por quotas de responsabilidade limitada em comandita simples).

O importante, nesta modalidade, é que o sócio administrador (ou gerente) seja uma sociedade de capitais. O conjunto, como sociedade de pessoas, não é uma pessoa jurídica e como tal o imposto sobre os lucros produzidos somente incidem quando da sua distribuição.

Tem-se, *in casu*, uma sociedade única, resultante da combinação de tipos societários distintos para o exercício de uma empresa única.

Embora a forma de concentração de empresas, não se confunde quer com os grupos quer com a fusão, incorporação ou cisão.

Distingue-se dos grupos à medida que as sociedades interligadas *não subsistem independentemente*, em que pese a autonomia jurídica, pois estão ligadas de tal forma que a empresa exercida é única.

Tampouco se identifica com a fusão ou com a incorporação, posto permanecer a autonomia jurídica das participantes (uma pessoa jurídica e um centro de interesses autônomo de imputação de direitos e obrigações), em que pese a unidade da

Art. 20. La sociétè en nom collectif est celle que contractent deux personnes ou un plus grad nombre, et qui a pour objet de faire le commerce sous une raison sociale".

29. No direito francês todas as sociedades, com exceção da sociedade em participação (em conta de participação no direito brasileiro) têm personalidade moral. E assim já era no Código de 1807. Com este teor confira-se Georges Ripert, *Derecho Commercial* II, *Sociedades*, trad. de Felipe de Solá Cañizares, Buenos Aires, TEA, 1954, pp. 21 e ss.

30. § 105. "1): Eine Gesellschaft, deren Zweck auf den Betrieb eines Handelsgewerbes unter gemeinschaftlicher Firma gerichtet ist, ist eine offene Handelsgesellschaft, wenn bei keinem der Gesellschafter die Haftung gegenüber den Gesellschaftsgläubigern beschränkt ist" (Uma sociedade, cujo fim é o empreendimento de um negócio comercial, conduzido sob uma firma comum, é uma sociedade em nome coletivo quando nenhum dos sócios tem a sua responsabilidade limitada perante os credores da sociedade) (trad. livre nossa).

atividade (a empresa comum). Menos ainda assemelhar-se-ia à cisão, posto deste processo resultar uma *sociedade única*. Seguindo a regra das sociedades de pessoas, utiliza firma e não denominação.

A modalidade comporta diferentes subtipos e dentre elas a mais interessante é a *Publikum KG*, na qual a posição de sócio comanditado é ocupada por uma sociedade limitada, admitindo, na qualidade de sócios comanditários algumas centenas de investidores e, com isto, o acesso das limitadas ao mercado. A oferta à estes prestadores de capital é feita mediante prospectos e as condições do contrato social, advém prefixadas. O direito dos comanditários é expressivamente limitado, e no mais das vezes exercido mediante um órgão de representação. Desta forma, a participação destes sócios é exercida indiretamente, por meio de um agente fiduciário (*treuhänder*). Na prática, denuncia a doutrina, a modalidade reduz-se a um meio de dispor do direito alheio.[31]

A construção, todavia, jamais teria lugar no direito nacional, tendo em vista cuidar-se de intermediação financeira, a qual, *ex-vi*, o disposto na norma do art. 17 da Lei 4.595/1964 é privativa das instituições financeiras.

Vale mencionar que a possibilidade da participação de uma sociedade de capitais numa sociedade de pessoas não é desconhecida no direito italiano, valendo mencionar recente comentário,[32] superando a visão que anteriormente se tinha destas sociedades como uma sociedade de fato, como resultado da participação de uma sociedade de capital numa sociedade de pessoas.

A situação que dava recurso à desconsideração da pessoa jurídica para o fim de atingir os sócios da sócia de responsabilidade limitada, todavia, foi afastada em virtude do disposto na norma do art. 147, primeira alínea da lei de falências italiana, cujo teor é o quanto segue: "La sentenza che dichiara il fallimento di una società appartenente ad uno dei tipi regolati nei capi III, IV e VI del titolo V del libro quinto del codice civile, produce anche il fallimento dei soci, pur se non persone fisiche, illimitatamente responsabili".

Vale dizer que as consequências da falência não atingem o sócio ou sócios limitadamente responsáveis, como são as hipóteses das sociedades limitadas e anônimas.

Igualmente restrita à atividade comercial[33] e sem personalidade jurídica advém no *Codice Civile* italiano (arts. 2.291-2.312), no qual de idêntica forma, como assinalado, não se veda a participação de sociedades de capitais em sociedades de pessoas,[34] e no *Código Federal Suíço das Obrigações* (*arts. 552-559 CO*), embora

31. Cf. Brönner, Rux e Wagner, *Die GmbH & Co. KG*, Freiburg im Breisgau, Rudolf Haufe Verlag, 1989, p. 39. "Ihr Charakteristikum ist eine Vielzahl von Kommanditisten, deren Engagement and der Gesellschaft sich auf eine rein kapitalistische Beteiligung beschränkt (Anlagegegeselschafter). Sie werden öffentlich durch Prospekte geworben und underwerfen sich durch iheren Beitritt einen vorformulierten Gesellschaftsvertrag, auf dessen Gestaltung sie keinen Einfluss haben. Die Rechte der Kommanditisten sind sehr beschränkt und warden häufig nür über ein Vertretungsorgan (Bereit, Kommanditistenausschuss) wahr genommen. Teilweise sind die Anlagegesellschafter auch nur mittelbar über einen Treuhander an der Publikums-KG beteiligt. In der Praxis war den Publikumsgesellschaften von ihren Kommanditisten erhebliche Geldmengen zur Verfügung gestellt".

32. Francesco Fimmanò, *Super-Società di Fatto ed Abuso della Personalità Giuridica*, in *http://www.csdri.org/italiano/class_detail.asp?infoid=335*.

33. "Art. 2.249. *Tipi di società*. Le società che hanno per oggetto l'esercizio di una attività commerciale devono costituirsi secondo uno dei tipi regolati nei capi III e seguenti di questo titolo."

34. Art. 2.361, CCI, 2ª alínea: "Art. 2.361. *Partecipazioni*. (...) L'assunzione di partecipazioni in altre imprese *comportante una responsabilità illimitata per le obbligazioni delle medesime* deve essere deliberata dall'assemblea; di tali partecipazioni gli amministratori danno specifica informazione nella nota integrativa del bilancio".

neste último dela somente possam participar pessoas naturais.[35]

Com orientação semelhante foi acolhida no *Código de Sociedades Comerciais da Polônia* (*spółka jawna* – arts. 22-85) aonde, igualmente, não têm personalidade jurídica e todos os sócios devem ser pessoas naturais.[36]

No direito canadense, o novo Código Civil da Província de Quebec, que entrou em vigor em janeiro de 1994, também não atribuiu personalidade jurídica à sociedade em nome coletivo (ou *general partnership*), regulada nos seus arts. 2.198 e ss.[37]

Em consequência, do mesmo modo como ocorre nos demais sistemas que não personalizaram esta sociedade, no plano fiscal inexiste um imposto sobre as sociedades.

Este, o imposto, recai sobre os sócios, proporcionalmente aos proveitos percebidos por meio da sociedade.

A *partnership* (*general partnership*) da *common law*, correspondente à nossa sociedade em nome coletivo, não têm personalidade jurídica, não constituindo uma pessoa distinta da de seus membros. Não constitui o que, no sistema da *common law*, se considera um *corporate body*. Assim sendo, os direitos e obrigações da sociedade nada mais são do que direitos e obrigações dos associados. Por tal razão, qualquer mudança dentre os associados destrói-lhe a existência, tendo em vista que não é considerada uma *legal entity*.

Já no direito francês, português e espanhol, igual ao que ocorre no direito brasileiro, a sociedade em nome coletivo (bem como a sociedade em comandita simples) têm personalidade jurídica.[38] Mas, em qual-

35. No direito suíço, em orientação semelhante àquela do direito alemão somente as sociedades dotadas de perfil corporativo podem ser personalizadas. Cf. *Code Civil*, art. 52 1: "Les sociétés *organisées corporativement*, de même que les établissements ayant un but spécial et une existence propre, acquièrent la personnalité en se faisant inscrire au registre du commerce. (...). Art. 60 1: Les associations politiques, religieuses, scientifiques, artistiques, de bienfaisance, de récréation ou autres qui n'ont pas un but économique acquièrent la personnalité dès qu'elles expriment dans leurs statuts la volonté *d'être organisées corporativement*".

36. In *http://www.copernic-avocats.com/droit-societes-pologne/Droit-des-societes-en-Pologne.html*.

37. Cf. Charlaine Bouchard, *Rapport sur la Nature Juridique des Sociétés de Personnes:*

Étude de Droit Comparé Préparé pour Ministère de la Justice Programme d'Harmonisation de la Législation Fédérale avec le Droit Civil Provincial, nos termos seguintes: "La question de la personnalité juridique des sociétés a aussi été complètement rebalisée: *la société n'est pas une personne morale*, mais ses attributs juridiques sont plus importants qu'en vertu de l'ancien Code" (p. 1); e nas conclusões (p. 59): "Malgré le fait que la doctrine et la jurisprudence ont souvent reconnu à la société du droit actuel une certaine personnalité morale, *il ne conviendrait pas d'affirmer cette personnalité au Code Civil.* D'une part, la personnalité ainsi reconnue ne correspond pas entièrement à celle d'une 'corporation' puisque les associés demeurent responsables personnellement des dettes sociales; d'autre part, cette affirmation pourrait susciter des difficultés aux sociétés québécoises par rapport à celles constituées dans d'autres provinces, notamment sur le plan fiscal. *En effet, en droit canadien, la non-responsabilité aux dettes fait partie intégrante de la notion de personne morale ou de"corporation"*. "*Je proposerais donc de ne pas attribuer la personnalité juridique aux sociétés en nom collectif ou en commandite. À l'exemple des droits germanique et anglo-saxon, les sociétés en nom collectif et en commandite du Code civil bénéficient désormais d'un patrimoine autonome et d'une individualité juridique, sans constituer pour autant des personnes morales*. Si une telle assertion se révèle difficilement concevable dans la tradition civiliste, elle n'en constitue pas moins une réalité qu'il est nécessaire d'expliquer. La conception du patrimoine d'affectation concilie, en matière de société de personnes, les conséquences généralement attribuées à la personnalité morale avec certaines situations qui représentaient des atteintes à celle-ci. Cette construction permet ainsi de débarrasser la société de tout artifice et de lui substituer un mécanisme qui rend mieux compte de la coexistence des deux réalités suivantes: l'activité collective et les intérêts individuels" (in *http://www.bijurilex.org/site/att/BOUCHARD-Societe_2001-07-05_F.htM*).

38. Code de Commerce, Article L210-6: "Les sociétés commerciales jouissent de la personnalité morale à dater de leur immatriculation au registre du commerce et des sociétés. La transformation régulière d'une société n'entraîne pas la création d'une personne morale nouvelle. Il en est de même de la

quer deles, de acordo com a orientação genérica dos demais países alienígenas, devem ter por finalidade atividade comercial,[39] com a particularidade, já assinalada, de que *a sociedade em nome coletivo francesa é comercial pela forma,*[40] *orientação que se repete com relação às "compañias colectivas" espanhola que serão sempre mercantil "cualquiera que fuese su clase".*

Uma menção neste ponto deve ser feita *às sociedades de pessoas luxemburguesas*, as quais, em que pese a proximidade com o direito francês da personalização destas sociedades, *admitem a participação de pessoas jurídicas em sociedades de pessoas.*

b) A sociedade em comandita simples

A generalidade do que foi dito sobre as sociedades em nome coletivo, considerando que a mesma regulação aplica-se às sociedades em comanditas simples e que estas receberam idêntico tratamento: personalizadas ou não; destinadas exclusivamente a atividades comerciais; admitindo ou não a participação de sócios pessoas jurídicas; comerciais pela forma (como no direito francês) ou não (como nos demais ordenamentos) e etc.

Para o que interessa, basta dizer que de forma uniforme porta como características essenciais o diferente tratamento da responsabilidade entre os sócios; a regra da imutabilidade da gerência, pois se o sócio comanditário pratica atos de administração passa a ser responsabilizado como se comanditado fosse; a exigência de que na firma social somente conste o nome do comanditado seguido da expressão "e companhia" e que, por final, se lhe aplicam, subsidiariamente, todas as normas estabelecidas para as sociedades em nome coletivo.[41]

c) As sociedades simples

Outra é a situação com relação às sociedades simples, tendo em vista que estas são exclusivas do direito italiano e suíço, destinadas ao exercício de atividades não comerciais, principalmente de natureza agrícola ou profissional.

c.1) No *direito italiano* esta sociedade vem regulada nas normas dos arts. 2.251-2.290 do Código Civil italiano e tem relevo particular, considerando que a sua disciplina fixa, por assim dizer, um quadro geral de normas societárias para todas as sociedades de pessoas. Não se presta a atividades comerciais e seu âmbito circuns-

prorogation (...)". Código das Sociedades Comerciais de Portugal, Decreto-lei n. 262/1986, de 2 de setembro, art. 5º (Personalidade): "As sociedades gozam de personalidade jurídica e existem como tais a partir da data do registro definitivo do contrato pelo qual se constituem, sem prejuízo do disposto quanto à constituição de sociedades por fusão, cisão ou transformação de outras". Código de Comércio da Espanha, Artículo 116: "El contrato de compañías, por el cual dos o más personas se obligan a poner en fondo común bienes, industria o alguna de estas cosas, para obtener lucro, será mercantil, cualquiera que fuese su clase, siempre que se haya constituido con arreglo a las disposiciones de este Código. Una vez constituida la compañía mercantil, tendrá personalidad jurídica en todos sus actos y contratos".

39. Código das Sociedades Comerciais de Portugal, art. 1º (Âmbito geral de aplicação): "(...) 2. São sociedades comerciais aquelas que tenham por objecto a prática de actos de comércio e adoptem o tipo de sociedade em nome colectivo, de sociedade por quotas, de sociedade anónima, de sociedade em comandita simples ou de sociedade em comandita por acções. 3. As sociedades que tenham por objecto a prática de actos de comércio devem adoptar um dos tipos referidos no número anterior".

40. Code de Commerce, Article L210-1 : "Le caractère commercial d'une société est déterminé par sa forme ou par son objet. *Sont commerciales à raison de leur forme et quel que soit leur objet, les sociétés en nom collectif, les sociétés en commandite simple*, les sociétés à responsabilité limitée et les sociétés par actions".

41. Com este teor, cf. os arts.: 161-229, HGB; 2.313-2.324, CCI; *Code de Commerce*, L222-1 a L222-12; arts. 76, 2 e 114-120, *Codice di Commercio* de 1882 e do atual CCI arts. 2.313-2.324; Código Federal Suíço das Obrigações, arts. 594-618; arts. 102-124 (*spółka komandytowa*) do Código de Sociedades Comerciais da Polônia.

creve-se a atividades econômicas lucrativas não comerciais.

Todavia, nada impede que se valha de uma das formas societárias reservadas para as sociedades comerciais para o exercício das atividades que lhe são próprias, como expressamente autorizado pela norma do art. 2.249, última parte da segunda alínea.[42]

Com isto afastou-se a correlação entre objeto social e forma societária.

Pode ser utilizada no exercício de atividade agrícola, desde que não se limite ao uso e gozo da propriedade, pois o exercício em comum de uma atividade econômica é de rigor. Tampouco se confunda com o cultivo da terra levado a feito por grupo familiar (comunhão tácita familiar), a qual se regula pelos usos e costumes e não pelo contrato de sociedade.[43]

Esta sociedade, como as demais sociedades de pessoas, não tem personalidade jurídica, portando apenas, o que os comentários definem como "autonomia patrimonial imperfeita".[44] Tão pouco seu contrato está submetido a qualquer forma especial, dispensada a sua inscrição no registro de empresa, admitindo-se, inclusive, possa ser verbal.[45]

A responsabilidade de todos os sócios é solidária e os credores sociais podem exercer sua pretensão tanto sobre o patrimônio social, quanto sobre o patrimônio particular do sócio que atuou em nome da sociedade, salvo demonstrada a sua inocência.[46]

Inclusive, inexistindo convenção expressa em sentido contrário e cujo teor teve a devida publicidade para conhecimento de terceiro, pode ser exercida igualmente sobre o patrimônio particular de qualquer sócio. O sócio pode, todavia, se valer, da mesma forma como corre na sociedade em nome coletivo, do benefício de excussão[47] e também aqui os credores particulares do sócio podem, a qualquer tempo, alcançar o patrimônio social, mediante a liquidação das quotas do sócio devedor. Isto, porém, só quando os bens particulares deste sejam insuficientes. No mais, as regras são semelhantes àquelas acatadas no direito brasileiro.

c.2) No *direito suíço*, igualmente não têm personalidade jurídica e, tampouco, denominação social. É considerada uma comunhão de interesses, resultante da conjugação de esforços ou meios[48] e advém como forma mais simples de sociedades de pessoas acolhida, atualmente, nos arts. 530-551 do Código Federal Suíço das Obrigações. Particularmente, admite a prestação

42. "Le società che hanno per oggetto l'esercizio di una attività commerciale devono costituirsi secondo uno dei tipi regolati nei capi III e seguenti di questo titolo. Le società che hanno per oggetto l'esercizio di una attività diversa sono regolate dalle disposizioni sulla società semplice *a meno che i soci abbiano voluto costituire la società secondo uno degli altri tipi regolati nei capi III* e seguenti di questo titolo."

43. Cf. *Società Semplici (Notaio, Aziende Imprese e Società)*, in *http://www.notaio-busani.it/it-it/societa_semplice.aspx*.

44. *http://www.societaeimpresa.com/societa_semplice.php*.

45. "Art. 2.251. *Contratto sociale*. Nella società semplice il contratto non è soggetto a forme speciali, salve quelle richieste dalla natura dei beni conferiti."

46. "Art. 2.260. *Diritti e obblighi degli amministratori*. I diritti e gli obblighi degli amministratori sono regolati dalle norme sul mandato. *Gli amministratori sono solidalmente responsabili verso la società per l'adempimento degli obblighi ad essi imposti dalla legge e dal contratto sociale*. Tuttavia la responsabilità non si estende a quelli che dimostrino di essere esenti da colpa."

47. "Art. 2.268. *Escussione preventiva del patrimonio sociale*. Il socio richiesto del pagamento di debiti sociali può domandare, anche se la società è in liquidazione, la preventiva escussione del patrimonio sociale, indicando i beni sui quali il creditore possa agevolmente soddisfarsi."

48. Art. 530 1: "Gesellschaft ist die vertragsmässige Verbindung von zwei oder mehreren Personen zur Erreichung eines gemeinsamen Zweckes mit gemeinsamen Kräften oder Mitteln" (Sociedade é a união em um contrato de duas ou mais pessoas para a obtenção de fins comuns mediante a conjugação de esforços ou bens) (trad. livre nossa).

em serviços e[49] pode ser criada para o exercício de uma determinada finalidade, extinguindo-se com a sua consecução. Vale dizer pode ser uma sociedade ocasional.

Ademais disto o sócio está obrigado a repartir com os demais sócios quaisquer lucros obtidos com a atividade própria da sociedade.[50] Os prejuízos sofridos igualmente são repartidos, salvo quando se tenha estabelecido o contrário.[51] A participação dos sócios, por conta própria, em negócios concorrentes com os da sociedade está vedada.

Da mesma forma que a sociedade simples do modelo italiano, esta sociedade não está submetida a qualquer forma especial, admitindo inclusive seja ajustada verbalmente. A forma escrita, todavia, pode ser aconselhada como meio para regular a repartição de lucros e as obrigações entre os sócios. A sua inscrição no registro de empresas está vedada.[52]

49. Art. 531 1: "Jeder Gesellschafter hat einen Beitrag zu leisten, sei es in Geld, Sachen, Forderungen oder *Arbeit*" (Cada sócio tem uma contribuição a prestar, seja em dinheiro, bens, créditos ou trabalho) (trad. livre nossa).

50. Art. 532: "Jeder Gesellschafter ist verpflichtet, einen Gewinn, der seiner Natur nach der Gesellschaft zukommt, mit den andern Gesellschaftern zu teilen" (Cada sócio está obrigado a partilhar com os outros sócios os lucros que, conforme sua natureza, iriam para a sociedade) (trad. livre nossa).

51. Art. 533 1: "Wird es nicht anders vereinbart, so hat jeder Gesellschafter, ohne Rücksicht auf die Art und Grösse seines Beitrages, gleichen Anteil an Gewinn und Verlust. 2. Ist nur der Anteil am Gewinne oder nur der Anteil am Verluste vereinbart, so gilt diese Vereinbarung für beides. 3. Die Verabredung, dass ein Gesellschafter, der zu dem gemeinsamen Zwecke Arbeit beizutragen hat, Anteil am Gewinne, nicht aber am Verluste haben soll, ist zulässig" (1. Não se dispondo em contrário, do sócio independentemente do modo ou montante da sua contribuição, tem igual participação nos lucros e nas perdas. 2. Tendo-se acordado apenas uma parte nos lucros ou nos prejuízos, vale este ajuste para ambos. 3. O ajuste para que o sócio, que tenha contribuído para o fim comum, partilhe somente dos lucros e não dos prejuízos, é lícito) (trad. livre nossa).

52. In *http://www.kmu.admin.ch/themen/00614/00656/00662/index.html?lang=it*.

d) A sociedade em conta de participação

Weidemann[53] situa a origem destas sociedades conjuntamente com aquela da sociedade em comandita simples, assinalando que em ambas tem-se a participação de um sócio capitalista (*Kapitalgebers*) em uma empresa de terceiro e que em virtude de razões pessoais, não quer dar conhecimento desta participação a terceiros. Desta forma permanecia oculto perante aqueles que negociavam com a sociedade.

Vê-se aqui, pensamos nós, uma situação semelhante ao que ocorria com a instituição do *peculium* no antigo direito romano.

Esta sociedade, prossegue Wiedemann,[54] foi acatada no *Code du Commerce* de 1807, sob a denominação de *associations commerciales en participation*, dentre as demais "três formas clássicas de sociedades comerciais", então reguladas nos arts. 47 e ss. (trad. livre nossa).[55] Daí, conforme a narrativa, passou para os arts. 419 e ss. da lei de sociedades comerciais (Lei 537, de 24 de julho de 1966)[56] e, por final, com a nova redação dada ao Código Civil francês em 1978 foi englobada nos arts. 1.871, 1.872-2 dentre as sociedades civis, como sociedade

53. Aut. e ob. cits., pp. 878, 879.

54. Aut., ob. e loc. cits.

55. Cf. o original: "47. Indépendamment des trois espèces de sociétés ci-dessus, la loi reconnait les associations commerciales en participation – Co.19.48. 48. Ces associations sont reetives à une ou plusieurs opérations de commerce; elles ont lieu pour les objets, dans les formes avec les proportions d'intéret et aux conditions convenue entre les partitipans. 49. Les associations en participation peuvent être consintées par la représentation des livres, de la correspondance, ou par la preuve testimoniale si le tribunal juge qu'elle peut être admise – Co.27.109. 50. Les associations commerciales en participation ne sont pas sujettes aux formalités pour les auters sociétés (...)".

56. "Art. 419. La société en participation n'existe que dans les rapports entre associés et ne se révèle pas aux tiers. Elle n'a pas la personnalité morale, n'est pas soumise à publicité, et peut être prouvée par tous moyens. Les dispositions du chapitre préliminaire et du titre II, chapitre IV, de la présente loi ne lui sont pas applicables."

de fato[57] e igualmente despojada de personalidade jurídica.[58]

No direito italiano, ainda conforme Wiedemann, esta sociedade encontra-se atualmente nas normas dos arts. 2.549-2.554, num capitulo à parte daquele dedicado aos diversos tipos de sociedades.[59] Já no direito suíço esta sociedade não encontrou abrigo no Código Federal das Obrigações sendo relegada para o Código Civil, como forma de sociedade atípica, um contrato que pode abranger toda organização portadora de uma finalidade comum, quer ideal quer econômica. No direito alemão permanece em sua inteireza e em relevo

57. Idem, aut., ob. e loc. cits. V. tb. a atual regulação dada pelo *Code Civil*, *Chapitre III*: "*De la société en participation.* Article 1.871. Les associés peuvent convenir que la société ne sera point immatriculée. La société est dite alors"société en participation. Elle n'est pas une personne morale et n'est pas soumise à publicité. Elle peut être prouvée par tous moyens. Les associés conviennent librement de l'objet, du fonctionnement et des conditions de la société en participation, sous réserve de ne pas déroger aux dispositions impératives des articles 1.832, 1.832-1, 1.833, 1.836 (2ème alinéa), 1.841, 1.844 (1er alinéa) et 1.844-1 (2ème alinéa). Article 1.871-1. A moins qu'une organisation différente n'ait été prévue, les rapports entre associés sont régis, en tant que de raison, soit par les dispositions applicables aux sociétés civiles, si la société a un caractère civil, soit, si elle a un caractère commercial, par celles applicables aux sociétés en nom collectif. Article 1.872. A l'égard des tiers, chaque associé reste propriétaire des biens qu'il met à la disposition de la société. Sont réputés indivis entre les associés les biens acquis par emploi ou remploi de deniers indivis pendant la durée de la société et ceux qui se trouvaient indivis avant d'être mis à la disposition de la société. Il en est de même de ceux que les associés auraient convenu de mettre en indivision. Il peut en outre être convenu que l'un des associés est, à l'égard des tiers, propriétaire de tout ou partie des biens qu'il acquiert en vue de la réalisation de l'objet social. Article 1.872-1. Chaque associé contracte en son nom personnel et est seul engagé à l'égard des tiers. Toutefois, si les participants agissent en qualité d'associés au vu et au su des tiers, chacun d'eux est tenu à l'égard de ceux-ci des obligations nées des actes accomplis en cette qualité par l'un des autres, avec solidarité, si la société est commerciale, sans solidarité dans les autres cas. Il en est de même de l'associé qui, par son immixtion, a laissé croire au cocontractant qu'il entendait s'engager à son égard, ou dont il est prouvé que l'engagement a tourné à son profit. Dans tous les cas, en ce qui concerne les biens réputés indivis en application de l'article 1.872 (alinéas 2 et 3), sont applicables dans les rapports avec les tiers, soit les dispositions du chapitre VI du titre Ier du livre III du présent code, soit, si les formalités prévues à l'article 1.873-2 ont été accomplies, celles du Titre IX-*bis* du présent livre, tous les associés étant alors, sauf convention contraire, réputés gérants de l'indivision. Article 1.872-2. Lorsque la société en participation est à durée indéterminée, sa dissolution peut résulter à tout moment d'une notification adressée par l'un d'eux à tous les associés, pourvu que cette notification soit de bonne foi, et non faite à contretemps. A moins qu'il n'en soit autrement convenu, aucun associé ne peut demander le partage des biens indivis en application de l'article 1.872 tant que la société n'est pas dissoute. Article 1.873. *Les dispositions du présent chapitre sont applicables aux sociétés créées de fait*".

58. "Article 1.842. Les sociétés *autres que les sociétés en participation* visées au Chapitre III jouissent de la personnalité morale à compter de leur immatriculation."

59. "Titolo VII – Dell'Associazione in Partecipazione. Art. 2.549. *Nozione.* Con il contratto di associazione in partecipazione l'associante attribuisce all'associato una partecipazione agli utili della sua impresa o di uno o più affari verso il corrispettivo di un determinato apporto. Art. 2.550. *Pluralità di associazioni.* Salvo patto contrario, l'associante non può attribuire partecipazioni per la stessa impresa o per lo stesso affare ad altre persone senza il consenso dei precedenti associati. Art. 2.551. *Diritti ed obbligazioni dei terzi.* I terzi acquistano diritti e assumono obbligazioni soltanto verso l'associante. Art. 2.552. *Diritti dell'associante e dell'associato.* La gestione dell'impresa o dell'affare spetta all'associante.Il contratto può determinare quale controllo possa esercitare l'associato sull'impresa o sullo svolgimento dell'affare per cui l'associazione è stata contratta.In ogni caso l'associato ha diritto al rendiconto dell'affare compiuto o a quello annuale della gestione se questa si protrae per più di un anno. Art. 2.553. *Divisione degli utili e delle perdite.* Salvo patto contrario, l'associato partecipa alle perdite nella stessa misura in cui partecipa agli utili, ma le perdite che colpiscono l'associato non possono superare il valore del suo apporto. Art. 2.554. *Partecipazione agli utili e alle perdite.* Le disposizioni degli articoli 2.551 e 2.552 si applicano anche al contratto di cointeressenza agli utili di una impresa senza partecipazione alle perdite, e al contratto con il quale un contraente attribuisce la partecipazione agli utili e alle perdite della sua impresa, senza il corrispettivo di un determinato apporto. Per le partecipazioni agli utili attribuite ai prestatori di lavoro resta salva la disposizione dell'articolo 2.102."

nas normas dos §§ 230-237 HGB. Já no direito anglo-americano ela não merece nenhuma referência a parte.

Na lição de Mauro Brandão Lopes,[60] reportando-se a Carvalho de Mendonça esta sociedade teria adentrado no nosso Código Comercial, encontrando abrigo nas normas dos seus arts. 325-328, graças aos Códigos Comercial espanhol de 1829 e aquele português de 1933, este último inspirado na prática comercial francesa. O Código de Comércio espanhol atual, todavia, não contempla a modalidade dentre as sociedades que elenca no seu art. 122.[61] Mas tendo em vista o teor do art. 1.669 do Código Civil espanhol, quando trata das sociedades civis, o entendimento é o de que foi situado dentre estas sociedades, sendo expressamente despojada de personalidade jurídica.[62]

Idêntico comportamento tem o Código das Sociedades Comerciais português que não as enumera dentre as sociedades comerciais arroladas no seu art. 1º, 2.[63] Esta modalidade passou para o Código Comercial português de 1888, arts. 224-229, atualmente revogados para ser tratada a parte como um contrato de colaboração, assimilado ao consórcio (quiçá por influência do direito anglo-americano que vê na *joint venture* uma *partnership*), na norma do art. 21 do Decreto-lei 231/1981.[64]

6. As sociedades de pessoas perante o direito brasileiro

a) O tratamento perante o direito anterior ao Código Civil de 2002

a.1) Orientação do Código Comercial de 1850

No direito brasileiro anterior o Código Comercial não lhes reconhecia personalidade jurídica. A par disto, vigorava a exigência da correlação entre objeto social e forma societária. Assim, seguidamente, o CCo, salientava o fim comercial[65] ou o exercício de atividade comercial.[66] O que valia dizer, não se podia escolher uma das formas destas sociedades, para o exercício de atividades não comerciais.

Por tal razão, igualmente, a exigência, na sociedade em comandita e na em conta de participação de que pelo menos um dos sócios fosse comerciante (arts. 311 e 325 CCo.).

60. *A Sociedade em Conta de Participação*, São Paulo, Saraiva, 1990, pp. 2-3.

61. Cf. Artículo 122: "Por regla general las sociedades mercantiles se constituirán adoptando alguna de las formas siguientes: 1. La regular colectiva. 2. La comanditaria, simple o por acciones. 3. La anónima. 4. La de responsabilidad limitada."

62. "Artículo 1.669. No tendrán personalidad jurídica las sociedades cuyos pactos se mantengan secretos entre los socios, y en que cada uno de éstos contrate en su propio nombre con los terceros. Esta clase de sociedades se regirá por las disposiciones relativas a la comunidad de bienes."

63. Cf. "2. São sociedades comerciais aquelas que tenham por objecto a prática de actos de comércio e adoptem o tipo de sociedade em nome colectivo, de sociedade por quotas, de sociedade anónima, de sociedade em comandita simples ou de sociedade em comandita por acções."

64. "Capítulo II – Do contrato de associação em participação. Art. 21º (Noção e regulamentação). 1 – A associação de uma pessoa a uma actividade económica exercida por outra, ficando a primeira a participar nos lucros ou nos lucros e perdas que desse exercício resultarem para a segunda, regular-se-á pelo disposto nos artigos seguintes. 2 – É elemento essencial do contrato a participação nos lucros; a participação nas perdas pode ser dispensada. 3 – As matérias não reguladas nos artigos seguintes serão disciplinadas pelas convenções das partes e pelas disposições reguladoras de outros contratos, conforme a analogia das situações."

65. "Art. 311. Quando duas ou mais pessoas, *sendo ao menos uma comerciante, se associam para fim comercial*, obrigando-se uns como sócios solidariamente responsáveis, e sendo outros simples prestadores de capitais, com a condição de não serem obrigados além dos fundos que forem declarados no contrato, esta associação tem a natureza de sociedade em comandita."

66. "Art. 315. Existe sociedade em nome coletivo ou com firma, quando duas ou mais pessoas, ainda que algumas não sejam comerciantes, *se unem para comerciar em comum*, debaixo de uma firma social. Não podem fazer parte da firma social nomes de pessoas que não sejam sócios comerciantes."

Com o mesmo fundamento, nas sociedades em nome coletivo, advinha a proibição de que fizesse parte da firma o nome de sócios não comerciantes (art. 315, segunda alínea, CCo.) ou, alternativamente, uma ou outra. Valia a mesma regra da comercialidade do objeto, como regra, ainda para a sociedade de capital e indústria.[67] Esta mesma exigência se aplicava às sociedades ocasionais. Sendo o sócio ostensivo comerciante, exigia-se ainda que o lucro comum fosse obtido "*em uma ou mais operações de comercio determinadas*".[68]

a.2) Advento do Código Civil de 1916

Com o advento do Código Civil de 1916 que reconheceu personalidade jurídica para todas as sociedades (e aqui inclusive as sociedades em conta de participação),[69] também as sociedades de pessoas passaram a serem consideradas pessoas jurídicas, orientação que perdura no atual Código, ressalva feita à sociedade em conta de participação (agora) e em comum.

Na raiz desta opção estaria a tese da realidade da pessoa jurídica (teoria orgânica), como parece decorrer das palavras de Clóvis Beviláqua[70] segundo a qual "A pessoa jurídica, como sujeito de direito, do mesmo modo que do ponto de vista sociológico, é uma realidade, é uma realidade social, uma formação orgânica investida de direitos pela ordem jurídica, afim de realizar certos fins humanos (...)".

Neste ponto vale a pena ponderar ser difícil visualizar uma estrutura orgânica nas sociedades de pessoas, conforme o modelo de Gierke. Se esta é adequada perante as sociedades anônimas, tendo em vista a sua estrutura corporativa, o mesmo não se coloca perante estas sociedades meramente contratuais. Melhor seria aqui conformá-las com a teoria da ficção, tal como proposto por Savigny, aceitando sejam pessoas jurídicas por que a lei assim o determinou. Mas não por sua estrutura.

Vale aqui, mais uma vez, a lição de Walter Moraes, citado acima, quando faz a distinção entre personalidade jurídica em sentido próprio e impróprio.[71]

Paralelamente jogou por terra a correlação entre objeto social e forma societária ao estabelecer: "Art. 1.364. Quando as sociedades civis revestirem as formas estabelecidas nas leis comerciais, entre as quais se incluí a das sociedades anônimas, obedecerão aos respectivos preceitos, no em que não contrariem os deste Código; mas serão inscritas no registro civil, e será civil o seu foro (...)".

Com isto as sociedades comerciais medievais foram sumariamente "civilizadas", dando-se ênfase ao Código Civil em detrimento do vestuto Código Comercial.

b) As sociedades de pessoas no atual Código Civil

O novo Código Civil não corrigiu estas mazelas, mantendo estas sociedades

67. "Art. 317. Diz-se sociedade de capital e indústria aquela que se contrai entre pessoas, que entram por uma parte com os fundos necessários *para uma negociação comercial em geral*, ou *para alguma operação mercantil em particular*, e por outra parte com a sua indústria somente."

68. "Art. 325. Quando duas ou mais pessoas, sendo ao menos uma comerciante, se reúnem, sem firma social, para lucro comum, *em uma ou mais operações de comércio determinadas*, trabalhando um, alguns ou todos, em seu nome individual para o fim social, a associação toma o nome de sociedade em conta de participação, acidental, momentânea ou anônima; esta sociedade não está sujeita às formalidades prescritas para a formação das outras sociedades, e pode provar-se por todo o gênero de provas admitidas nos contratos comerciais (art. 122)."

69. "Art. 16. São pessoas jurídicas de direito privado: I – As sociedades civis, religiosas, pias, morais, científicas ou literárias, as associações de utilidade pública e as fundações. II – *As sociedades mercantis*."

70. *Código Civil dos Estados Unidos do Brasil*, vol. I, Rio de Janeiro, Livraria Francisco Alves, 1921, p. 201, em comentários ao art. 13.

71. V. retro nota 6.

personalizadas (ressalva feita à sociedade em conta de participação e à comum), em que pese constituírem mera relação obrigacional para realização de uma finalidade comum.

Vale a afirmação maximizada para a sociedade simples, posto que esta em nenhum dos dois modelos legais em que tem origem é dotada de personalidade jurídica.

Com isto, as sociedades de pessoas são condenadas ao esquecimento no direito brasileiro, visto que somam desvantagens fiscais à responsabilidade solidária. Como não se exige capital mínimo para as limitadas e anônimas, a par de possibilidade da criação da ME na forma de limitadas, a utilidade da sociedade em nome coletivo e da comandita simples no direito nacional é nenhuma.

E nem se coloca em questão a possibilidade da criação das chamadas sociedades mistas ou "duplas" (*Doppeltgesellschaften*), acima mencionadas, pois a parte de nenhuma vantagem fiscal o atual Código Civil proibiu expressamente a participação das sociedades de capitais em sociedades de pessoas, tanto na qualidade de associado na sociedade em nome coletivo; como na posição de comanditado na sociedade em comandita simples (arts. 1.039 e 1.045, CC/2002).

Tampouco se pode imaginar a possibilidade de "grupos de sociedades de pessoas" o que, diga-se, é uma realidade no direito alemão e objeto de pesquisas recentes.[72]

Quando muito estas poderiam ocupar o papel de sociedade controladora ou de comando num grupo de sociedades qualquer, o que, tendo em vista a solidariedade própria destas sociedades seria de nenhum sentido.

Em paralelo não reservou estas sociedades para a prática da empresa (comércio), posto sancione a possibilidade de existirem na forma da sociedade simples, quando limita a submissão da sociedade em nome coletivo ao regime falimentar "... se empresárias..." (art. 1.044, CC). Como as normas das sociedades em nome coletivo aplicam-se às em comandita simples, também estas ficam despidas da sua "empresarialidade". Confirma-se, destarte, o desrespeito à origem mercantil destas sociedades, tarefa, aliás, já iniciado pelo CCB de 1916 na malfadada norma do art. 1.364 já referida. Melhor seria se acatasse a orientação do Código Comercial dos franceses ou o dos espanhóis, considerando estas sociedades de origem medieval "*comerciais pela forma*". Mal não faz lembrar que, embora submetidas, subsidiariamente, às regras estabelecidas para as sociedades civis no Código de Napoleão, já na origem se assinalava a diferença entre as sociedades civis e comerciais.

Assim, enquanto nas últimas a solidariedade pelos débitos sociais era de rigor, nas primeiras esta solidariedade era afastada.[73]

Outra é a situação da sociedade em conta de participação. Esta permanece atual e atraente, inclusive no nosso direito, quando se vislumbram as inúmeras possibilidades da sua aplicação. Mal, todavia, andou o novo Código quando lhe regulou a falência.

E mal andou, pois se antes da reforma ainda se poderia sonhar, perante a falência do sócio ostensivo, com o recurso ao pedido de restituição, então previsto no art. 76 do Decreto-lei 7.661/1945, então em vigor e agora acolhido na norma do art. 85 da atual Lei 11.101/2005, com a solução do atual CC, tal possibilidade deixa de existir. Ao dispor da norma do art. 994, 2º, CC,

72. Cf. Brigitte Haar, *Die Personengesellschaft im Konzern*, Mohr Siebeck, Tübingen, 2006.

73. Cf. "Art. 1.873. Les dispositions du présent titre ne s'appliquent aux sociétès de commerce que dans les points qui n'ont rien de contraire aux lois et usages du commerce". "Art. 1.862. Dans les sociétés autres que celles de commerce, les associés ne sont pas tenus solidairement des dettes sociales, et l'un des associés ne peut obliger les autres si ceux-ci ne lui en ont conféré le pouvoir".

para o sócio participante nada mais restará do que se habilitar como credor quirografário.

A par disto, aparentemente, teria eliminado a nossa herança portuguesa da sociedade de capital e indústria,[74] o que é negado pelo disposto nas normas dos seus arts. 997, V, 1.006 e 1.007 que sancionam a possibilidade da prestação em serviços. Deixa em aberto, todavia, qual a forma societária para uma sociedade composta desta forma. Tem-se em vista que se esta modalidade de cooperação for a utilizada para o exercício de empresa, a necessidade da escolha da forma societária empresarial será de rigor. A sociedade limitada, expressamente está fora de questão tendo em vista a vedação expressa da norma do art. 1.055, § 2º, do CC/2002.

Quanto à comandita simples, estaria impedido ao sócio de indústria a participação como comanditário, visto que para este a contribuição em bens ou em dinheiro como "*Kapitalanleger*" (prestador de capital), seria de rigor. A afirmação esteia-se não só nas origens históricas desta sociedade, como no atual art. 1.045, CC/2002, quando menciona sua obrigação limitada ao *valor* da sua quota.

Resta-lhe a forma de sociedade em nome coletivo, como, aliás, expressamente permitido nos CCI (arts. 2.295, 2.263 e 2.286) e no Código das Sociedades Comerciais Portuguesas (art. 176(1), (a), (b) e 178(1), (2) e (3)).

Vale, por final, a crítica à redação imperfeita da norma do art. 990, CC, quando após afirmar a responsabilidade *solidária e ilimitada* de *todos* os sócios, estabelece uma graduação nesta solidariedade de molde a afastar a *subsidiariedade*, que não declarou inicialmente, perante aquele que contrata pela sociedade. Mais claro seria afirmar, pela ordem, a responsabilidade *subsidiária, solidária de todos os sócios*, para ao depois excepcionar desta "*subsidiariedade*" aquele que contrata pela sociedade.

74. A sociedade de capital e indústria herança do Código de Comércio português de 1833, embora banida quando da promulgação do Código de Comércio de 1888, ingressou no nosso direito (Código Comercial de 1850) nas normas dos arts. 317-324. Note-se que o Código de Comércio de 1807 dos franceses, a ela não fez menção.

Atualidades

NOTAS SOBRE A SOCIEDADE PERPÉTUA

Erasmo Valladão A. e N. França

Marcelo Vieira von Adamek

1. A polêmica é conhecida:[1] aplica-se ou não o art. 1.029 do Código Civil às sociedades limitadas?

O dispositivo tem o seguinte teor: "Art. 1.029. Além dos casos previstos na lei e no contrato, qualquer sócio pode retirar-se da sociedade, se de prazo indeterminado, mediante notificação aos demais sócios, com antecedência mínima de sessenta dias; se de prazo determinado, provando judicialmente justa causa".

A primeira parte do artigo consagra, portanto, o direito potestativo de o sócio se retirar da sociedade de prazo indeterminado.

Acontece que o art. 1.077, relativo às sociedades limitadas, regula também o direito de retirada,[2] dispondo o seguinte: "Art. 1.077. Quando houver modificação do contrato, fusão da sociedade, incorporação de outra, ou dela por outra, terá o sócio que dissentiu o direito de retirar-se da sociedade, nos trinta dias subsequentes à reunião, aplicando-se, no silêncio do contrato social antes vigente, o disposto no art. 1.031".

Por essa razão, parte da doutrina entende inaplicável o art. 1.029 às sociedades limitadas. O Código Civil não teria sido omisso e, portanto, não teria cabida o que determina o art. 1.053: "Art. 1.053. A sociedade limitada rege-se, *nas omissões* deste Capítulo, pelas normas da sociedade simples".

Figure-se, entretanto, o seguinte exemplo: uma sociedade limitada com dois sócios, cada um detendo 50% do capital social. Nenhum dos dois pode modificar o contrato e um deles deseja se retirar. Qual a solução?

Dissolução? Com fundamento em quê?

Veja-se o que dispõe o art. 1.033 do Código Civil: "Art. 1.033. Dissolve-se a sociedade quando ocorrer: I – o vencimento do prazo de duração, salvo se, vencido este e sem oposição de sócio, não entrar a sociedade em liquidação, caso em que se prorrogará por tempo indeterminado; II – o consenso unânime dos sócios; III – a deliberação dos sócios, por maioria absoluta, na sociedade de prazo indeterminado; IV – a falta de pluralidade de sócios, não reconstituída no prazo de cento e oitenta dias; V – a extinção, na forma da lei, de autorização para funcionar".

E o 1.034: "Art. 1.034. A sociedade pode ser dissolvida judicialmente, a requerimento de qualquer dos sócios, quando: I – anulada a sua constituição; II – exaurido

1. O presente artigo, desejam ressaltar desde logo os seus autores, é escrito em tom algo jocoso apenas como uma alegre provocação, sem qualquer intuito de desrespeito aos ilustres – e alguns muito amigos e queridos – mestres que defendem posição contrária.

2. *Rectius*, para nós recesso, que distinguimos do direito de retirada simples.

o fim social, ou verificada a sua inexequibilidade".

Não cabe a dissolução pela mera vontade de um sócio. Ou há consenso entre eles, ou deliberação pela maioria. Ou então, as hipóteses de dissolução judicial.

Caberia exclusão? Não. É necessária justa causa: "Art. 1.030. Ressalvado o disposto no art. 1.004 e seu parágrafo único, pode o sócio ser excluído judicialmente, mediante iniciativa da maioria dos demais sócios, por falta grave no cumprimento de suas obrigações, ou, ainda, por incapacidade superveniente".

Está instaurada, no direito brasileiro, a sociedade perpétua[3]... Só com a morte (ou o homicídio...) do outro sócio, ela se dissolve... Ou com o *suicídio* de um deles: a renúncia, pura e simples, às suas quotas, sem receber nada em troca.[4]

2. Dirão alguns, porém: caberia a dissolução judicial com fundamento no art. 1.034, II, do Código Civil, pois, nessa hipótese, com a instauração de grave desavença entre os sócios, tornar-se-ia inexequível o fim social (outros diriam: cessaria a *affectio societatis*...).

Bom, antes de mais nada pode não haver desavença nenhuma, mas simples desejo do sócio de encerrar a relação societária, sem qualquer desafeição pelo outro.

De qualquer forma, parte da doutrina, bem como da jurisprudência, valeu-se de dispositivo semelhante ao art. 1.034, II, do Código Civil, para sustentar que, nas sociedades anônimas fechadas, em caso de desarmonia grave entre os sócios, haveria possibilidade de dissolução judicial da sociedade anônima. Trata-se do art. 206, II, da Lei 6.404/1976 (LSA), que assim reza: "Art. 206. Dissolve-se a companhia: (...); II – por decisão judicial: (...); b) quando provado que não pode preencher o seu fim, em ação proposta por acionistas que representem 5% (cinco por cento) ou mais do capital social".

Por que razão houve necessidade de dar esse elastério na interpretação desse dispositivo legal, quando se sabe que o fim de qualquer sociedade é a distribuição de lucros (art. 981 c/c art. 1.008 do Código Civil)?

Porque nas sociedades anônimas fechadas, como é cediço, o princípio da livre circulação das ações, previsto no art. 36 da LSA, não encontra aplicação prática. Tratando-se de uma sociedade fechada, sobretudo de caráter familiar, não se pode imaginar que alguém compre as ações do acionista minoritário que, assim, não tem como se retirar, na medida em que as hipóteses de recesso na sociedade anônima são muito restritas (art. 137 da LSA).

Dessa forma, a jurisprudência – bem ou mal, não se discute aqui – passou a estender a disposição legal para hipótese que a ela não se enquadra adequadamente.[5]

3. Coisa completamente diversa ocorre com a sociedade limitada.

Isto porque, ao contrário do princípio da livre circulação das participações sociais, vigora o princípio da restrita (restritíssima) circulação das quotas: na omissão do contrato, o art. 1.057 do Código Civil exige aprovação de 75% do capital social para a cessão de quotas a estranho.[6]

E, dessa forma, nem que o sócio encontre um interessado na aquisição de suas quotas, muito dificilmente conseguirá cedê-las, acrescendo, ainda, que a grande maioria das sociedades limitadas é formada *intuitu personae*, por um pequeno número de sócios, o que torna muito improvável a hipótese de um terceiro se interessar por tal aquisição.

3. Ou, talvez, para os mais "institucionalistas", a "empresa perpétua"...

4. Art. 1.275, II, do Código Civil.

5. Salvo quando a desavença levar à inexequibilidade do fim social – a distribuição de lucros.

6. Na sociedade anônima fechada, ao menos em tese o acionista pode ceder sua participação societária. Na sociedade limitada, nem isso!

A manter-se, entretanto, o entendimento de que o art. 1.029 não se aplicaria às sociedades limitadas, enjaulando o sócio, a jurisprudência provavelmente seguirá o mesmo caminho tomado em relação às sociedades anônimas fechadas, apelando para uma duvidosa exegese do art. 1.034, II, do Código Civil, para permitir que o sócio possa se desvencilhar das amarras que o prendem.

4. Mas, como já se pode inferir, o mais grave está nas consequências de tal interpretação.

Ao invés de tudo se resolver extrajudicialmente, mediante uma simples notificação prévia com o prazo de sessenta dias, os sócios de sociedade limitada por prazo indeterminado estarão forçados a ingressar em juízo para sair do cárcere – já que não é de supor que venha a se tornar frequente a hipótese de *suicídio*...

Pode-se dizer tudo desse entendimento, menos que ele seja amigável... É, ao contrário, *compulsoriamente* litigioso![7]

Parece muito mais sensato por isso – com o máximo respeito pelos que pensam diversamente –, a exegese de que o art. 1.077 do Código Civil aplica-se principalmente às sociedades limitadas de prazo determinado, autorizando o recesso pela simples e boa razão de que, com a alteração do contrato social, mudam-se as bases da sociedade originalmente avençada (e o art. 1.077, significativamente, é muito mais amplo do que o art. 137 da LSA: autoriza o recesso desde que haja qualquer modificação do contrato social).

E que o art. 1.029 aplica-se a qualquer sociedade limitada de prazo indeterminado – mesmo àquelas em cujo contrato se optou pela regência supletiva da sociedade anônima (art. 1.053, parágrafo único) – também pela simples e boa razão de que não se pode restringir a retirada nesse tipo social, já que inexiste o princípio da livre circulação das participações sociais.

É por isso que fazemos aos doutos e aos tribunais uma conclamação: *Desatemos os grilhões da sociedade perpétua!*

7. Com a agravante de que o sócio continuará na sociedade até o trânsito em julgado da sentença, que é de carga predominantemente constitutiva. Trata-se, assim, de um litígio com características de... *perpetuidade.*

Atualidades

POISON PILLS: PANORAMA ATUAL

MARCELLA BLOK

1. Introdução. 2. "Poison pills": panorama geral: 2.1 Conceito; 2.2 Aspectos positivos das "poison pills"; 2.3 Aspectos negativos das "poison pills"; 2.4 "Poison pills": tipo A e B. 3. As "poison pills" no Brasil, nos Estados Unidos e na Europa. 4. Parecer de Orientação CVM n. 36, de 26.6.2009. 5. Diretivas da Comunidade Europeia. 6. Mecanismos de defesa concernentes às "poison pills". 7. Novas modalidades de "poison pills". 8. "Leading cases" envolvendo "poison pills": 8.1 Aquisição do controle da Mannesman pela Vodafone; 8.2 Aquisição da Perdigão pela Sadia; 8.3 Aquisição do controle da Medial pela Amil; 8.4 Oferta da indiana Mittal Steel pela Arcelor. 9. Conclusão. 10. Bibliografia.

1. Introdução

Lexicamente, o termo *poison pill* tem sua origem nas cápsulas de veneno compostas por cianeto que os espiões eram instruídos a ingerir para evitar que fossem capturados durante uma missão, daí a conotação de "fatal" quando o assunto é a manutenção do poder de controle e da dispersão acionária diante de aquisição hostil. O instrumento, como mecanismo de defesa, foi juridicamente arquitetado pelo advogado Martin Lipton em 1983, um dos sócios fundadores do escritório de advocacia norte-americano Watchell, Lipton, Rosen & Katz e renomado especialista em fusões e aquisições.

As *poison pills* tiveram sua origem e seu auge na década de 80 do século passado nos Estados Unidos.

Surgiram estas como uma forma de reação à onda de *takeovers* que varreu a bolsa. As ofertas de compras de ações por preços atrativos, chamadas de *tender offers*, sempre existiram, mas eram voltadas para pequenas companhias. Ganharam força e passaram a atingir as grandes corporações quando começou a ser adotada uma postura de liberalismo com relação aos cartéis, permitindo operações que antigamente não seriam aprovadas. Essa época foi também o auge das operações chamadas de *leveraged buyout* (LBO).

Estas *poison pills* surgidas no ano de 1982, constituem-se em uma família de direitos contratuais de acionistas, ativados quando da ocorrência de um evento específico, como, por exemplo, uma oferta pública de ações (OPA) de controle ou a acumulação de um percentual específico de ações da firma-alvo. As *poison pills*, em regra, conferem ao acionista o direito de adquirir ações adicionais da firma-alvo ou vendê-las para a firma-alvo por preços extremamente atrativos.

Nos EUA, podem-se citar três gerações distintas pelas quais evoluíram as *poison pills*: (i) aquela feita mediante a distribuição de ações preferenciais a acionistas, a título de dividendos; (ii) *a poison pill* feita como emissão de ações preferenciais, as quais impactavam o balanço das empresas, passando a ser concebidas como *stock purchase right* (direito de compra de ação); e (iii) as *poison pills* como *flip-in* e *flip-over*.

No que toca a esta última "fase", no caso de uma aquisição, as características *flip-in* darão direito aos acionistas (sempre se excetuando, obviamente, o adquirente) de comprarem ações da empresa remanescente com desconto; dando as *flip-over*, por sua vez, o direito de comprarem ações ordinárias do adquirente a um preço inferior ao do mercado no caso de uma incorporação.

Com um maior ativismo dos acionistas nos EUA, contudo, a adoção das *poison pills* sofreu uma flexibilização, sendo que muitas companhias passaram a condicionar a implementação desses mecanismos à votação dos investidores. Dessa forma, houve uma redução no número de empresas que utilizaram esta cláusula estatutária. As pesquisas da Shearman & Sterling mostram que, entre 2004 e 2008, o número de companhias norte-americanas na lista da *Fortune* 100 que adotavam a *poison pill* caiu de 33 para 12. No mesmo sentido, de 2002 a 2006, o número de empresas dos EUA no índice S&P 500 que utilizavam tal cláusula caiu de 300 para 185.

A partir de 2005/2006, no entanto, tais "pílulas de veneno" ressurgiram.

Hodiernamente, no Brasil e no mundo, em ambientes de mercado de capitais bem desenvolvidos, em que algumas companhias abertas são eminentemente públicas, com ações com poder de voto distribuídas de modo pulverizado, sem um controlador identificado, não é raro testemunhar, por vezes, contendas privadas derivadas de operações de oferta pública voltadas à aquisição de controle acionário: as denominadas aquisições hostis. Observam-se, em alguns casos, verdadeiras batalhas pela conquista do controle acionário de uma dada companhia (*take over*). A possibilidade de aquisição do poder de controle de companhias aumenta na medida em que o capital for pulverizado, característica que marca a estrutura de várias das empresas brasileiras que foram a mercado recentemente.

No Brasil, a adoção do modelo norte-americano de negociação de ações no mercado mobiliário, originou, ainda que timidamente, as companhias abertas com capital pulverizado, resultando também na importação do referido sistema de cláusulas *poison pills*.

E é justamente nesse panorama que surge a necessidade de buscar alternativas de defesa que sirvam ao propósito de manter o poder na mão dos controladores, de forma a impedir, limitar ou dificultar o aumento da participação de eventuais acionistas.

Importante denotar que, no Brasil, prevalece, ainda, o conceito de companhia sob o modelo em que esta tem um "dono", ou seja, a sociedade pertence a um acionista controlador ou a um grupo de controle (normalmente constituído por pessoas relacionadas ou da mesma família). Ressalte-se, que no nosso Novo Mercado da Bovespa, a média de dispersão acionária das empresas (40,68%) é significativamente superior à do mercado (22,28%, excluídas as companhias listadas no Novo Mercado).

Mesmo assim, as *poison pills* passaram a integrar os estatutos sociais de diversas companhias nos últimos anos, em especial naquelas sem acionista controlador, obrigando os investidores a realizar ofertas públicas com determinadas condições (muitas vezes onerosas) com o intuito de preservar a dispersão acionária.

Em junho de 2008, das 99 empresas brasileiras listadas no Novo Mercado da Bovespa,[1] apenas 16 possuem capital disperso no mercado e 56 delas possuíam *poison pills* em seus estatutos sociais, todas elas com o dispositivo do tipo que obriga a realização de uma Oferta Pública de Aquisição de ações – OPA – aos demais acionistas, caso um acionista adquirente atinja um

1. Segundo estudo de Erica Gorga, dessas 99 companhias listadas, 84 não tem acionista controlador/majoritário.

determinado percentual de ações (o tão conhecido "gatilho").[2]

A aquisição hostil do poder de controle (expressão traduzida do equivalente inglês *hostile takeover*; ou também *takeover-bid*) revela-se como um fenômeno jurídico relativamente embrionário no Brasil. A denominação que foi atribuída ao instituto, no Brasil enseja uma certa confusão, pois o termo "hostil" conduz à ideia de agressividade e desrespeito aos padrões mínimos de conduta, sendo que, na realidade, significa tão somente a "apresentação de uma proposta sem que tenha ocorrido prévia negociação ou elemento volitivo na alienação da participação do acionista controlador".[3] Ou nas palavras de Comparato e Salomão Filho:

"A operação consiste na Oferta Pública de Aquisição, durante certo período, de todas ou parte das ações de determinada classe, ou de determinadas classes, de uma companhia, mediante pagamento de certo preço ou troca por ações ou debêntures de outra companhia. A oferta pública pode, teoricamente, objetivar ou não a tomada de controle da companhia visada, mas na quase totalidade dos casos este tem sido o objetivo efetivamente colimado pelo ofertante, e estimulado pela regulamentação normativa."[4]

O professor Fran Martins, ao comentar a Lei das Sociedades Anônimas, apresenta o objetivo da aquisição hostil do controle, que em nosso direito assume a feição de oferta pública para aquisição do controle acionário:

"A oferta pública para aquisição do controle acionário de sociedades anônimas é, assim, um procedimento que visa, sobretudo, fazer com que a operação se realize com uma participação direta dos proprietários das ações votantes de referidas sociedades. Procura-se evitar uma disputa com os administradores das sociedades, que muitas vezes detêm o controle social sem possuir a maioria das ações. Em última análise, a oferta pública para a aquisição do controle tende a beneficiar os acionistas minoritários que, desse modo, poderão participar da operação em igualdade de condições com os acionistas majoritários, no que diz respeito ao preço dado às ações dos primeiros."[5]

No Brasil, a aquisição hostil – que independe do consentimento dos controladores da companhia – está prevista na Lei de Sociedades Anônimas e na Instrução Normativa da CVM (Comissão de Valores Mobiliários), que condiciona a aquisição do controle de uma companhia aberta à realização de uma OPA (Oferta Pública para Aquisição de Ações) e vem regulada pelos arts. 257 a 263 da LSA e pela Instrução n. 361, de março de 2002 da CVM, (ICVM 361/2002).

Nos termos do imortal Carvalhosa, trata-se a Oferta Pública de Ações – OPA:

"De uma declaração pública pela qual uma pessoa física ou jurídica propõe aos acionistas de uma companhia a celebração de contrato de compra ou permuta de ações. Dirige-se a oferta a pessoas indeterminadas quanto à identidade, porém determináveis pela categoria patrimonial que ostentam como acionistas de uma companhia. E nestes termos, a oferta constitui elemento necessário à formação do contrato. É assim uma declaração que invariavel-

2. Marco Antonio Papera Monteiro, *Um Estudo sobre a Utilização de "Poison Pills" no Brasil*, Dissertação (Mestrado em Economia Empresarial), Rio de Janeiro, Universidade Cândido Mendes, junho 2008. Disponível em *http://www.cvm.gov.br/port/infos/Dissertação%20Poison%20Pills.pdf*, acesso 6.8.2008.

3. Daniel Correa D'Agostini, *A Oferta Pública de Ações como Mecanismo de Proteção à Dispersão Acionária: a Realidade Brasileira da "Poison Pill"*, Monografia, PUC-SP, 2007, p. 27.

4. Fábio Konder Comparato e Calixto Salomão Filho, *O Poder de Controle na Sociedade Anônima*, 4ª ed., Rio de Janeiro, Forense, 2005, p. 28.

5. Fran Martins, *Comentários à Lei das Sociedades Anônimas: Lei n.6.404, de 15 de dezembro de 1976*, vol. 3, Rio de Janeiro, Forense, 1978, p. 377.

mente precede outra declaração a qual, por sua vez, propicia a formação do negócio: a aceitação."[6]

Dessa forma, um dos mecanismos mais utilizados atualmente no Brasil é de que o investidor que adquirir mais do que um percentual preestabelecido do total de ações ordinárias é obrigado a realizar uma OPA para a aquisição de todas as ações da companhia, mediante um preço mínimo acrescido de um prêmio sobre o valor da ação ("papel").[7]

Conditio sine qua non salientar que realizar uma OPA não cumpre a apenas uma função. Diversos podem ser os seus objetivos, conforme se pode observar na ICVM n. 361/2002, expedida pelo poder público no exercício de sua competência regulamentar.

2. "*Poison pills*": *panorama geral*

2.1 Conceito

"*Poison pill* é um termo que se refere a qualquer estratégia, geralmente negocial ou política, para aumentar a probabilidade de que resultados positivos advenham de um resultado negativo no que toca a terceiras pessoas que intentem qualquer tipo de *takeover* (mudança no controle acionário de uma companhia). O termo deriva do significado literal de uma 'pílula de veneno' jorrada/carregada por algumas espécies ao longo da história, quando descobriram que poderiam eliminar a possibilidade de serem interrogados a respeito dos ganhos de seus adversários."[8]

"*Poison pill* is a financial tactic or provision used by a company to make an unwanted takeover prohibitively expensive or less desirable."[9]

Poison pill ou *pílula de veneno* "é um mecanismo que objetiva evitar uma aquisição hostil de controle ou evitar a redução da dispersão acionária".[10]

Nas palavras de André Bela Janszky,[11] a *poison pill* é um "bônus de subscrição que acompanha as ações ordinárias e garante a todos os acionistas (com exceção do Adquirente) o direito de comprar ações a um preço muito inferior ao seu valor de mercado".

O mecanismo do *poison pill* é baseado em dois princípios básicos: (i) atua como um veículo que torna mais devagar o "ataque", permitindo que os acionistas e administradores tenham mais tempo para analisar a aquisição ou para criarem algu-

6. Modesto Carvalhosa, *Oferta Pública de Aquisição de Ações*, São Paulo, Gráfica Cairu, 1978, p. 18.

7. Exemplos de cláusula de *poison pill*, constante no estatuto social de algumas companhias pulverizadas:

"Qualquer acionista que adquira ações de emissão da companhia em quantidade igual ou superior a *20%* (vinte por cento) do capital total *deverá*, no *prazo máximo de 60 (sessenta) dias* a contar da data de aquisição, realizar uma *OPA* da totalidade das ações de emissão da companhia" (grifos nossos).

"Na hipótese do acionista adquirente *descumprir* as obrigações impostas por esta cláusula, inclusive no que concerne ao atendimento dos prazos, o conselho de administração da companhia convocará assembleia geral extraordinária, *na qual o acionista adquirente não poderá votar*, para deliberar sobre a *suspensão do exercício dos seus direitos*, conforme disposto no art. 120 da Lei de S/A, sem prejuízo da sua responsabilidade pelas *perdas e danos* causados aos demais acionistas e à companhia."

8. "Poison pill is a term referring to any strategy, generally in business or politics, to increase the likelihood of negative results over positive ones for a party that attempts any kind of takeover. It derives from its original meaning of a literal poison pill carried by various spies throughout history, taken when discovered to eliminate the possibility of being interrogated for the enemy's gain".

9. Merriam, *Webster's Dictionary of Law*, United States, 1996, pp. 367-368. Tradução: "*Poison pill* é uma tática financeira ou uma provisão usada pela companhia para realizar uma mudança no controle acionário da sociedade não desejada e proibidamente cara ou menos desejável".

10. *http://www.cvm.gov.br/port/infos/Dissertação%20Poison%20Pills.pdf* – consulta realizada em 5.8.2010.

11. Em palestra realizada pelo IBGC, em 2008, intitulada de *A Poison Pill Norte-Americana e sua Adoção em outros Países*, patrocinado pelo Sherman and Stearling.

ma alternativa; e (ii) atua como instrumento capaz de bloquear as aquisições.

A *poison pill* serve para proteger as companhias abertas de uma tomada hostil de controle, ou seja, uma troca de comando via compra direta de ações em bolsa, sem nenhuma negociação prévia. Acredita-se que tal proteção confira maior estabilidade à administração e também assegure que mudanças no modelo de gestão não ocorram de forma irrazoável. Ela se caracteriza por impor aos compradores potenciais a obrigatoriedade de vultosos desembolsos, principalmente por meio de cláusulas que prevejam o pagamento de prêmios sobre o preço de mercado das ações e o resgate de títulos a valores que cresçam em progressão geométrica e não aritmética.

As versões brasileiras das *poison pills* são bastante variadas. Podem ser brandas – adotadas por companhias com acionista controlador definido (e, nestes casos, voltadas, basicamente, a evitar a concentração de liquidez por um único acionista) –, ou mais fortes, criadas para prevenir uma aquisição hostil propriamente dita – estas, sim, utilizadas por companhias que recentemente anunciaram a intenção de pulverizar o controle.

Se "disparada", a *poison pill* tem por objetivo fazer que o *hostile takeover* fique extremamente caro e desinteressante. Dessa maneira, o acionista ou terceiro adquirente que detiver sob seu domínio uma quantidade "x" de ações (via de regra, de 15% a 30%) deverá, no prazo determinado pelo estatuto social da companhia, realizar ou solicitar registro de oferta pública de ações para aquisição das demais ações de emissão da companhia pelo preço determinado por uma fórmula/cláusula estatutária,[12] sob pena da suspensão dos seus direitos de acionista, nos termos do art. 120 da LSA.

Curioso notar que acionistas que adquiram a porcentagem de 15% das ações através de aquisição de direitos tais como o usufruto e o fideicomisso também deverão realizar a oferta.[13] Porém, aqueles que passarem a deter a quantidade mínima para disparar a *poison pill* no caso da incorporação de ações de outra sociedade pela companhia ou da subscrição de ações da companhia, realizada em uma única emissão primária, não estarão obrigados a realizar a oferta.[14]

A *poison pill* é, assim, uma cláusula estatutária, podendo ser alterada mediante deliberação em assembleia, estabelecendo que a aquisição de determinado percentual de ações de emissão da companhia no mercado gera, para o comprador, o dever de realizar Oferta Pública de Aquisição de ações (OPA) a todos os demais acionistas.

É, ainda, um instituto típico das companhias pulverizadas (ou no jargão americano: *free float*).[15] No Brasil, as companhias mais pulverizadas e que têm *poison pills* em seus estatutos são as das Lojas Renner (maior companhia de capital aber-

12. Como exemplo, de acordo com o art. 41 do estatuto social das Lojas Renner S/A disponível no sítio da CVM, a fórmula adotada consiste no seguinte: maior valor entre (i) o valor econômico; (ii) 120% do preço de emissão das ações em qualquer distribuição pública dos 24 meses anteriores atualizado pelo IPCA; e (iii) 120% da cotação média das ações nos 90 dias anteriores.

13. Daniel Correa D'Agostini, *A Oferta Pública de Ações como Mecanismo de Proteção à Dispersão Acionária*, cit., p. 37.

14. Assim como o estatuto da Cosméticos Natura S/A, outros como Perdigão S/A, Totvs S/A, Datasul S/A, Klabin Segall S/A, Profarma Distribuidora de Produtos Farmacêuticos S/A, Brasil Ecodiesel Indústria e Comércio de Biocombustíveis e Óleos Vegetais S/A, Odontoprev S/A, Positivo Informática S/A, São Martinho S/A, Tecnisa S/A, LPS Brasil Consultoria de Imóveis S/A, São Carlos Empreendimentos e Participações S/A, M. Dias Branco S/A, Medial Saúde S/A, Embraer – Empresa Brasileira de Aeronáutica S/A, Lupatech S/A, Obrascon Huarte Lain S/A e Santos Brasil Tecon S/A possuem cláusulas de *poison pill* semelhantes.

15. V. também o art. 4º-A, § 2º, da Lei 6.404/1976, com alteração promovida pela Lei 10.303/2001: "Consideram-se ações em circulação no mercado todas as ações do capital da companhia aberta menos as de propriedade do acionista controlador, de diretores, de conselheiros de administração e as em tesouraria".

to com 100% de seu capital pulverizado), Submarino,[16] Embraer, Natura, Perdigão, DASA, e Ideiasnet. Saliente-se, contudo, que mesmo estas companhias ou outras pulverizadas não estão livres de um acionista controlador, o que por si só já confere o caráter peculiar da *poison pill* no ambiente brasileiro.

Têm estas *pílulas de veneno*, ainda, como principal particularidade o fato do preço de aquisição das ações na OPA, geralmente, ser bastante elevado, às vezes inviabilizando a concretização da operação. Seu objetivo é desestimular a compra em bolsa de percentual de participação significativo por não controladores, assegurando, com esse desestímulo, um número ideal de ações em circulação no mercado e sua liquidez; e preservar a estabilidade do controle pelos acionistas minoritários.

A título de ilustração, conforme o art. 33 do estatuto social da Natura Cosméticos S/A, qualquer acionista – ou pessoa que venha a se tornar acionista – que adquira a quantidade de, no mínimo 15% de ações de emissão da companhia, dispara-se a *poison pill*. Sendo assim, no prazo de 60 dias a contar da data de aquisição, o acionista adquirente deverá realizar ou solicitar pedido de registro de oferta pública, indistintamente, por todas as ações da companhia.

Nesta trilha, a *poison pill* torna desinteressante a aquisição da participação acionária relevante, pois impõe um preço substancialmente alto para a oferta pública. A empresa supracitada – Natura Cosméticos S/A – optou pelo seguinte: "Preço da OPA = Valor da Ação + Prêmio".[17]

Além da *poison pill* da Natura Cosméticos S/A, a adotada pelas Lojas Renner S/A tem algumas peculiaridades que merecem ser destacadas. O § 11 do art. 44 do estatuto social dessa companhia exige que a alteração do estatuto que limite o direito dos acionistas à realização da OPA ou a exclusão da cláusula que prevê a *poison pill* obrigará o acionista (ou futuro acionista) que tiver votado a favor de tal alteração ou exclusão em assembleia geral, a realizar a Oferta Pública de Aquisição de ações.

Imprescindível, nesse contexto, apresentarmos a seguinte questão: por quais motivos uma companhia instala mecanismos defensivos de controle?

Algumas hipóteses podem ser levantadas para tentar responder a essa questão, dentre elas: (i) a administração da companhia pode estar agindo em interesse próprio, com receio de perder seus cargos, mesmo que a oferta pelas ações seja vantajosa para os demais acionistas; (ii) a administração, como agente de barganha dos acionistas, busca negociar o melhor preço de oferta; ou (iii) adiar o momento de aquisição do controle da companhia por julgar não ser melhor cenário para tanto. Com a adoção de uma previsão defensiva no estatuto de uma companhia que atue em um ambiente de controle com menos de 50% (cinquenta por cento) das ações votantes,

16. O estatuto social do Submarino prevê que *qualquer acionista que adquira ou se torne titular de 20% ou mais das ações da empresa deve fazer uma oferta pública para adquirir as demais ações em mercado. O preço ofertado deverá ser pelo menos igual ao valor de avaliação da companhia, apurado com base em critérios como o patrimônio líquido contábil, patrimônio liquido avaliado a preço de mercado, fluxo de caixa descontado, comparação por múltiplos ou cotações das ações. A revisão do valor ofertado é assegurada aos investidores que ficarem insatisfeitos com a avaliação.*

17. Segundo o § 2º do art. 33 do estatuto desta companhia, corresponde "ao maior valor entre: (i) quotação unitária mais alta atingida pelas ações de emissão da companhia durante o período de 12 (doze) meses anterior à realização da OPA em qualquer bolsa de valores na qual as ações da companhia forem transacionadas; (ii) o preço unitário mais alto pago pelo acionista adquirente, a qualquer tempo, para uma ação ou lote de ações de emissão da companhia; e (iii) o valor equivalente a 12 (doze) vezes o EBITDA Consolidado Médio da Companhia, deduzido do endividamento consolidado líquido da companhia, dividido pelo número total de ações de emissão da companhia".

objetiva-se preservar a independência societária da companhia sob a ótica de quem detém o poder de controle. O escopo de defesa amplia-se na medida em que o acionista controlador tem o interesse em permanecer na direção do interesse social e no controle dos órgãos societários, tornando a companhia menos atrativa financeiramente perante os olhos de um potencial adquirente não desejado. Além disso, nota-se que a possibilidade de ofertas em melhores condições a serem apresentadas cresce, aumentando a disputa pela companhia-alvo e tornando sedutora a possível "ingestão" da *poison pill* ou até mesmo a utilização de algum mecanismo que a torne inócua.[18]

Faz-se necessário destacar, entretanto, que a *poison pill* brasileira não consiste na obrigação de se realizar oferta pública de ações por força do art. 254-A da LSA, como em princípio se poderia imaginar. Esse instituto jurídico é um mecanismo de proteção aos interesses dos demais acionistas proprietários de ações com direito a voto da companhia. Por sua vez, traz a previsão do direito de *tag along* – ou saída conjunta – da companhia dos acionistas minoritários, caso as seguintes características se revelem (Carvalhosa, 2003): (i) que da operação, em seu conjunto, e de uma só vez ou por etapas, resulte na presença de um novo acionista controlador ou de um grupo de controle (v. art. 118, LSA[19]), e (ii) que em algum momento, o antigo controlador ou participante do bloco de controle receba alguma forma de remuneração, inclusive por permuta, pela transferência de suas ações ou valores mobiliários conversíveis em ações.[20]

A *poison pill*, entretanto, tem a sua eficácia e faz-se cumprir por derivar diretamente de disposição constante do estatuto da companhia, sendo de observância obrigatória, sob pena da suspensão dos direitos de acionista, nos termos do art. 120 da LSA.[21]

É importante lembrar que no caso da obrigatoriedade de realização de oferta pública de ações em razão da *poison pill*, não se exclui a obrigação legal de conceder o direito de retirada aos acionistas proprietários de ações com direito a voto se houver alienação de controle na companhia, devidamente preenchidos os requisitos aqui apresentados.

2.2 Aspectos positivos das "poison pills"

Incontestável e indubitável que as *poison pills* possuem alguns benefícios, principalmente o da proteção contra a natureza aleatória de ofertas públicas de aquisição de controle, aumentando, assim, o poder de negociação dos acionistas – tudo a diminuir os custos da operação. Assegura-se também um tratamento mais igualitário entre os acionistas da companhia, uma vez que a oferta pública é única nestes casos, evitando, com isso, aquisições isoladas por preços diversos e a perda da mais-valia que a negociação em bloco enseja.

Três são basicamente os benefícios das "*poison pills*": (i) promover o tratamento equitativo (igualitário) entre os acionistas; (ii) proteger os acionistas con-

18. Como exemplo, de acordo com o art. 41 do estatuto social das Lojas Renner S/A disponível no sítio da CVM, a fórmula adotada consiste no seguinte: maior valor entre (i) o valor econômico; (ii) atualizado pelo IPCA; e (iii) 120% da cotação média das ações nos 90 dias.

19. Lei 6.404/1976: "Art. 118. Os acordos de acionistas, sobre a compra e venda de suas ações, preferência para adquiri-las, exercício do direito a voto, ou do poder de controle deverão ser observados pela companhia quando arquivados na sua sede" *(redação dada pela Lei n. 10.303, de 2001)*.

20. Modesto Carvalhosa, *Comentários à Lei de Sociedades Anônimas*, 2ª ed., 2003, p. 166.

21. Lei 6.404/1976: "Art. 120. A assembleia geral poderá suspender o exercício dos direitos do acionista que deixar de cumprir obrigação imposta pela lei ou pelo estatuto, cessando a suspensão logo que cumprida a obrigação".

tra ofertas coercitivas; e (iii) aumentar o poder de barganha dos acionistas.[22-23]

Outro benefício de uma *poison pill* bem desenhada é o de conferir estabilidade à administração, o que é especialmente importante se a companhia tiver o controle disperso.

Ressalte-se que, por enquanto, não há dispositivo legal específico que preveja particularidades para companhias com controle disperso (ou mesmo com controle definido e mais elevado: *free float*) e não diz nada a respeito dos *poison pills*.

A Instrução n. 361/2002 da Comissão de Valores Mobiliários (CVM) prevê uma oferta pública para o aumento da participação do controlador, mas não faz a mesma exigência para as ofertas voluntárias de aquisição do controle via Bovespa.

A oferta hostil de aquisição de controle é um dos principais mecanismos para evitar essas perdas. Nas companhias sem controlador, a dispersão acionária reduz os incentivos de cada acionista para monitorar a administração da companhia. Companhias geridas de maneira ineficiente (negligente) ou oportunista (desleal) perdem valor de mercado, tornando-se menos atraentes para um potencial comprador. A oferta hostil elimina as perdas *ex post*, através da substituição dos administradores, bem como reduz as perdas *ex ante*, considerando que a simples ameaça de mudança de controle cria um incentivo para que os administradores sejam mais eficientes (diligentes) e leais para com os acionistas (v. arts. 153 e 155 da LSA).

O potencial interessado em adquirir o controle de determinada companhia poderá, nesta trilha, apelar diretamente aos acionistas, para que estes revoguem a *poison pill*. Isso poderá ser feito mediante anúncio nesse sentido, acompanhado de um pedido público de procuração, ou através de uma oferta condicionada à supressão da *poison pill*.

Nesse sentido, Jánszky lista estudo estatístico que demonstra que a adoção da cláusula de *poison pill* não afeta o preço das ações (Kidder Peabody, 1997) e outros três que mostram um aumento no prêmio mediante o uso do dispositivo, todos realizados pelo JPMorgan. O primeiro mostra uma elevação de 15,9% (1995), o segundo um aumento de 9,6% (1997) e o terceiro um aumento de 4% em transações acima de US$ 1 bilhão (2001).

O pesquisador e professor da Harvard Law School, Guhan Subramanian, um dos autores que mais escreveu sobre o assunto nos Estados Unidos, no preâmbulo de apresentação de excelente trabalho por ele desenvolvido, afirma que a adoção de mecanismos de defesa do controle e de manutenção da dispersão acionária são benéficos, visto trazerem um retorno positivo para os acionistas que pertencem à companhia-alvo. Isso se justifica em face do poder de barganha que o acionista passa a deter perante o ofertante sem espaço para negociação. Observe, *in verbis*:

"Among the arguments that have been put forward to support the view that takeover defenses increase shareholder returns when a company becomes a takeover target, the 'bargaining power hypothesis' is the most commonly cited argument today. Under this theory, takeover defenses allow the target to extract more in a negotiated acquisition because the bidder's no-deal

22. Teoricamente, as disposições acessórias seriam importantes para impedir que tais benefícios fossem eliminados mediante reforma estatutária.

23. Na prática, todavia, essa proteção revela-se dispensável em relação aos dois primeiros benefícios e contraproducente no caso do terceiro benefício. Nas companhias sem controlador (com capital disperso), nenhum dos acionistas tem especial interesse em suprimir a *poison pill*, pois eles serão os principais prejudicados pelo tratamento desigual ou por uma oferta coercitiva. Supondo-se que o potencial adquirente faça uma oferta de aquisição de controle da companhia condicionada à revogação da *poison pill*, os acionistas somente deliberarão nesse sentido se a maioria estiver convencida de que o preço ofertado é justo. O acionista que achar o preço baixo, por uma questão de precaução, poderá aceitar a oferta e votar contra a revogação da *poison pill*. Logo, as chances de coerção são praticamente nulas.

alternative, to make a hostile bid, is worsened."[24]

Em suma, o mercado tem aceitado as *poison pills*, como mecanismo que confere estabilidade à administração e ao controle de companhias com ações dispersas na bolsa ou com controle minoritário e que garanta a liquidez das ações.

2.3 Aspectos negativos das "poison pills"

Os argumentos desfavoráveis à adoção das *poison pills* são tão convincentes quanto os favoráveis.

Consoante Jánszky, a doutrina contrária à adoção das *poison pills* afirma que esta pressupõe que os acionistas não são capazes de tomar decisões adequadas, retirando seu direito de aceitar ou recusar uma oferta. Poderia, ainda, tal cláusula, favorecer a continuidade de uma administração ruim.

Nas companhias com controlador, o tratamento igualitário já é parcialmente assegurado pela lei, nos moldes do art. 254-A,[25] da Lei das Sociedades Anônimas, e pelo regulamento do Novo Mercado da BMF&Bovespa, sendo a proteção contra ofertas coercitivas praticamente desnecessária, em decorrência das regras aplicáveis às ofertas públicas para fins de fechamento de capital e aumento de participação societária.

Relevante salientar que das 63 companhias abertas que possuem *poison pills* em seus estatutos, 60 estão listadas no Novo Mercado da BM&FBovespa, cujo regulamento prevê *tag along* de 100% para todos os acionistas em caso de alienação de controle. Portanto, ainda que a *poison pill* seja suprimida, o tratamento igualitário será assegurado por regulamento na maioria dos casos.[26]

No tocante ao poder de barganha dos acionistas, o dispositivo legal, em verdade, restringe a possibilidade de negociação às exceções expressamente previstas no estatuto social. Na ausência de cláusula pétrea, a administração pode negociar livremente o preço e as demais condições do negócio com o possível interessado em adquirir o controle da companhia e, em seguida, convocar a assembleia geral de acionistas para revogar a *poison pill*.

A questão do alto custo da adoção dessas "pílulas de veneno" constitui uma questão relevante. Os custos mais notáveis das cláusulas pétreas atreladas às *poison pills* são: (i) o aumento dos "custos de agência", representados pelas perdas sofridas em razão da ineficiência ou oportunismo da administração, e (ii) o fato de que estas "pílulas venenosas" impedem ou podem vir a impedir a realização de negócios eficientes do ponto de vista econômico.[27]

Ademais, as barreiras impostas pela *poison pill* também podem colocar em dúvida as vantagens oferecidas pelo Novo Mercado. Afinal, nas empresas em que essas "pílulas" forem muito severas, o *tag along* pode estar fadado a nunca passar de um direito pró-forma, uma vez que as chances de aquisição do "poder de controle" estariam sempre reduzidas. Na prática, a coexistência de *poison pills* e *tag along*

24. Guhan Subramanian, *Bargaining in the Shadow of Takeover Defenses*, Cambridge, Harvard Law School, 2003, p. 4.

25. Lei 6.404, de 15.12.1976: "Art. 254-A. A alienação, direta ou indireta, do controle de companhia aberta somente poderá ser contratada sob a condição, suspensiva ou resolutiva, de que o adquirente se obrigue a fazer oferta pública de aquisição das ações com direito a voto de propriedade dos demais acionistas da companhia, de modo a lhes assegurar o preço no mínimo igual a 80% (oitenta por cento) do valor pago por ação com direito a voto, integrante do bloco de controle" *(acrescentado pela Lei 10.303/2001)*.

26. Além disso, das três outras companhias não listadas no Novo Mercado, apenas uma possui disposição acessória (cláusula pétrea).

27. P. ex., se a aquisição for estruturada como incorporação, terá características bastante diversas de uma aquisição de ações, em especial a forma de pagamento. Essas diferenças, evidentemente, podem tornar a incorporação menos atraente para os acionistas.

pode, inclusive, deixar uma dúvida no ar. Se a companhia for do Novo Mercado e alguém quiser comprar os 30% dos "quase controladores", o que acontece? Deve ser obrigatória a OPA prevista na *poison pill*, que pode ser muito mais cara e, até mesmo, inviável, ou a OPA do *tag along*, que tem chances de ser mais factível?

Ressalte-se que, ciente da possibilidade de esta dúvida surgir, a Bovespa se antecipou e tratou de solucionar isto. Desde setembro de 2006, vem sido incluída nos contratos assinados entre as companhias e os segmentos especiais de governança uma cláusula, segundo a qual, em caso de conflito entre as regras do estatuto social e as do Novo Mercado ou do Nível 2, prevalecem as destes últimos. Na situação descrita supra, a OPA do *tag along* sobrepor-se-ia, pois à da *poison pill*, se configurado o prejuízo aos acionistas.

Outros pontos igualmente relevantes, porque negativos, são a redução da eficiência econômica e o fato da cláusula desestimular boas ofertas pelo adquirente, afastando a possibilidade de uma operação potencialmente favorável aos acionistas. Nesse caso, Jánszky cita três estudos de Ryngaert (1986), Malatesta & Walking (1988) e Comment & Schwert (1993 e 2000) que mostram ligação entre a redução do preço das ações mediante a adoção da *poison pill*. Mais específico, o estudo de Ryngaert mostra uma queda de 2,21% nos preços no caso do anúncio ser feito durante uma oferta e 0,61% nos demais casos.

Saliente-se que o maior ponto de controvérsia no que toca a essa matéria é o art. 36 da Lei das S/A, o qual dispõe sobre a imposição de limites à circulação das ações.[28] A livre transferência de ações é característica essencial de uma companhia de capital aberto e uma das principais formas de distingui-la das sociedades limitadas, sendo, sob esse ponto de vista, perfeitamente possível fazer tal alegação. A dúvida maior é quando determinado investidor tem, por exemplo, 19,9% do capital, e a *poison pill* obriga a OPA com preços preestabelecidos para aquisições superiores a 20%. Pergunta-se: e o investidor que poderia lhe vender ações – não estaria limitado a comprar novos papéis? Não ficaria assim limitada a circulação das ações? Pode-se argumentar, no entanto, que esse impedimento ocorre apenas em uma situação específica (quando a participação a ser adquirida ultrapassa a barreira do *poison pill*) e que, em qualquer outra hipótese, o investidor estaria livre para comprar ou vender papéis na bolsa a preço de mercado.

2.4 "Poison pills": tipo A e B

Conforme estudo de Érica Gorga, há 84 companhias listadas na Bovespa sem acionista controlador majoritário, sendo que 36 destas possuem *poison pills* do tipo A, 4 do tipo B e algumas outras conjugando os tipos A e B.

A *poison pill* do tipo A tem a seguinte estrutura: o acionista que adquira quantidade equivalente ou superior a X% do capital votante deve, no prazo de Y dias contados da data de aquisição dos *papéis*, realizar OPA para a totalidade das ações. O gatilho mais usual aqui é de 20%. Já aquela do tipo B prevê que após a aquisição de X%, qualquer nova aquisição deve ser notificada à companhia e à Bovespa para que outras companhias possam oferecer um valor superior e comprar aquele novo bloco de ações (leilão). O gatilho aqui varia de 5% a 30%, sendo mais comum o gatilho de 10%.

Tanto a *poison pill* do tipo A quanto a do tipo B pode ser conjugada com as já mencionadas cláusulas pétreas, devendo ser realizada OPA pelo acionista que votou pela aprovação da retirada ou limitação da *poison pill* dirigida à totalidade das ações da companhia.

28. Lei 6.404, de 15.12.1976: "Art. 36. O estatuto da companhia fechada pode impor limitações à circulação das ações nominativas, contanto que regule minuciosamente tais limitações e não impeça a negociação, nem sujeite o acionista ao arbítrio dos órgãos de administração da companhia ou da maioria dos acionistas".

No que toca às sanções concernentes às *poison pills* do tipo A e B: tem-se que a sanção imposta pelo art. 120, LSA, de que o Conselho de Administração convocará AGE, na qual o acionista adquirente não poderá votar, para tratar da suspensão dos seus direitos, deve estar em consonância com o interesse social, sob pena de contestação judicial. Por sua vez, no que toca à sanção relacionada à cláusula pétrea, no caso de ter-se deliberado a flexibilização ou exclusão da *poison pill*, de dever realizar uma OPA, seja pelo adquirente, seja pelos outros acionistas que votaram acerca de tal matéria; esta sanção não seria válida, visto estar-se aumentando a possibilidade de criação de um feudo dos minoritários e dos administradores.

É necessária a flexibilização, pois, das *poison pills* A e B e da sanção imposta pelo art. 120, LSA. A rigidez prejudica a própria companhia, onde deve prevalecer a soberania da assembleia geral.

3. *As "poison pills" no Brasil, nos Estados Unidos e na Europa*

As nossas *poison pills* não correspondem às *poison pills* norte-americanas, tampouco às *takeover bids* de Londres e as *poison pills* tratadas pela Diretiva Europeia.

Nos EUA, as *poison pills* são em sua maioria configuradas como *shareholder rights plans*, cujo objetivo é diluir a participação do acionista adquirente. Lá, a decisão sobre a aplicabilidade ou não das pílulas cabe ao *Board of Directors*,[29] observadas as limitações impostas pela Corte de Delaware.

No Brasil, o que ocorre é o estabelecimento de um "gatilho" para que haja oferta pública de compra da totalidade das ações ou para que se inicie um procedimento de leilão daquele bloco de ações.

A similaridade entre a estrutura brasileira e norte-americana é o fato do efeito venenoso ser justamente o "gatilho". A *poison pill*, no Brasil, tem por objeto o "disparo" de uma oferta pública de ações obrigatória e indistintamente, pela aquisição de todas as ações da companhia, por quem – acionista ou não – adquirir certo número de ações, mediante condições definidas no estatuto social de determinada companhia.

A nossa dose de *poison pill* é "letal" no sentido de tornar desinteressante a aquisição de ações que ameaçam a posição de controle do acionista controlador e manter as ações dispersas em bolsa de valores.[30]

Nos EUA, a Corte de Delaware exige que se avalie a conformidade com o interesse social. O *Board of Directors* não pode aplicar automaticamente o *shareholder rights plan*, tendo inclusive que levar a aplicação das *poison pills* à assembleia geral, em certos casos. Na experiência brasileira, diferentemente, a aplicação é automática.

Interessante notar o entendimento oriundo da decisão da Corte Suprema de Delaware em tema referente à conduta da administração de uma companhia-alvo de aquisição hostil ao se utilizar de mecanismos defensivos, visando obstar a transferência compulsória do controle societário:

"If a defensive measure is to come within the ambit of the business judgment rule, it must be reasonable to the threat posed. This entails an analysis by the directors of the nature of the takeover bid and its effect on the corporate enterprise. Examples of such concerns may include:

29. O *board* norte-americano é um órgão societário dotado de amplos poderes de deliberação e condução das atividades da companhia, podendo até mesmo promover alterações no seu estatuto e adotar *poison pills* e outros mecanismos defensivos da noite para o dia (ao contrário do Brasil, onde à assembleia geral compete essa função).

30. Daniel Correa D'Agostini, *A Oferta Pública de Ações como Mecanismo de Proteção à Dispersão Acionária*, cit., p. 7.

inadequacy of the price offered, nature and timing of the offer, questions of illegality, the impact on 'constituencies' other than the shareholders (i.e., creditors, employees, and perhaps even the community generally), the risk of nonconsumption, and the quality of securities being offered in the Exchange."[31]

Apesar de o Conselho de Administração nos Estados Unidos – o já mencionado *Board of Directors* – ter características diferentes em relação ao direito societário brasileiro, é possível extrair conclusões convenientes da decisão citada. *A prima vista*, observa-se que a reação do Poder Judiciário diante do fenômeno afirma a regra do *Business Judgment Rule*, e o seu descumprimento superaria a esfera de poderes concedidos pela companhia, caracterizando concreto descumprimento de dever de atuação em nome da sociedade, previsto no art. 154, *caput*, da Lei n. 6.404/1976, e consequentemente induziria a responsabilidade nos termos do art. 158, II da mesma lei (Comparato e Salomão Filho, 2005, p. 251).

Segundo a Diretiva n. 25 da União Europeia, não é o Conselho de Administração que decide. Esta competência é privativa da assembleia geral, órgão que deverá ser informado pelo Conselho de Administração, tendo-se em vista o interesse da sociedade *as a whole* (como um todo) e não o(s) interesse(s) particular(es) dos administradores.

Importante contribuição a de Daniel Correa D'Agostini, quem por meio de sua brilhante monografia, expressa:

"Nos Estados Unidos, como foi visto, a *poison pill* pode ser adotada em questão de horas, sem necessidade de sua aprovação pelos acionistas. Mesmo que esse cenário não seja possível no Brasil – tendo em vista que é de competência da assembleia geral alterar ou modificar o estatuto social com maioria absoluta dos votos –, a experiência norte-americana com a *poison pill* oferece algumas linhas mestras para a empreitada que significa a sua colocação no mercado. Até hoje no Brasil nenhum potencial adquirente 'engoliu' uma *poison pill* na tentativa de consumar a oferta não solicitada da compra do bloco de controle e teve de lidar com os seus efeitos. Tudo ainda é muito elementar, sendo necessário quantificar através de uma análise numérica o impacto da adoção estatutária dos mecanismos de *poison pill* com relação à avaliação da companhia, dos padrões de governança corporativa, preço das ações e outros elementos essencialmente relevantes de análise macro e microeconômica."[32]

Pelo acima exposto, faz-se necessário que haja, no Brasil, um equilíbrio entre os princípios da jurisprudência norte-americana, da Diretiva Europeia e os princípios do *takeover panel* britânico.

4. Parecer de Orientação CVM n. 36, de 26.6.2009

Em recente Parecer, a CVM formalizou, por meio de ato administrativo consubstanciado pelo Parecer de Orientação n. 36/2009, publicado em 26 de junho de 2009, seu entendimento sobre as disposições estatutárias que impõem ônus aos acionistas que votarem favoravelmente à supressão de cláusula de proteção à dispersão acionária (as *poison pills*), facilitando sua retirada dos estatutos sociais das empresas que tenham como objetivo limitar o direito de voto e a manifesta intenção de proteger a dispersão acionária, isentando referidos acionistas de penalidades em processos administrativos sancionadores promovidos sob a tutela da CVM.

Em síntese, a autarquia não aplicará penalidade aos acionistas que votarem

31. Texto extraído da decisão da Corte Suprema de Delaware "Unocal Corp. *vs.* Mesa Petroleum Co.", 493 A.2d 946 (Del. 1985).

32. Daniel Correa D'Agostini, *A Oferta Pública de Ações como Mecanismo de Proteção à Dispersão Acionária*, cit., p. 44.

pela modificação ou supressão de cláusulas de dispersão acionária e que não realizem a consequente Oferta Pública de Aquisição de ações, na condição de obrigação acessória.

Em linhas gerais, as *poison pills* – no modelo que foram instituídas no Brasil – consistem em cláusulas estatutárias que obrigam os acionistas (ou terceiros) que adquirirem determinada quantidade de ações em circulação a realizar uma oferta pública visando à aquisição das ações de titularidade dos demais acionistas por um determinado preço, acrescido de elevado prêmio. Ocorre que, em certos estatutos, há disposições acessórias a essas cláusulas, as quais impõem um ônus aos acionistas que votarem pela supressão ou alteração de tais cláusulas, obrigando-os, para tanto, a realizar uma Oferta Pública de Aquisição das demais ações da companhia.

A CVM entende que a existência de cláusulas no estatuto que não podem ser suprimidas ou modificadas é incompatível com o previsto na legislação. De acordo com a lei societária, deve-se preservar o princípio da soberania da assembleia geral, que tem poderes para decidir sobre todos os negócios da companhia e, inclusive, para dispor de certos direitos dos acionistas, desde que observados os comandos legais.

A CVM identificou, ainda, os custos e benefícios que as *poison pills* oferecem ao mercado. Sob esse aspecto, chegou à conclusão que as *poison pills*, em sua modalidade "pétrea", são desnecessárias para o alcance dos benefícios genericamente esperados das *poison pills* convencionais, tais como a proteção contra ofertas "hostis" pela aquisição do controle e o aumento do poder de barganha dos acionistas na negociação do controle acionário. Tais cláusulas "pétreas" podem, por outro lado, aumentar significativamente os custos relativos às *poison pills*, dentre os quais a CVM destacou o impedimento de realização de negociações eficientes. Segundo o memorando subscrito pelos Diretores da CVM, o parecer reforça o direito de propriedade sobre as ações, uma vez que permite aos acionistas dispor livremente dos referidos valores com maior facilidade. As cláusulas pétreas, nesse sentido, impediriam a livre disposição dos valores mobiliários, bem como o exercício de outros direitos previstos em lei.

Ao analisar a matéria, a CVM, a meu ver, acertadamente, concluiu que a aplicação concreta dessas disposições acessórias é incompatível com diversos princípios e normas da Lei das Sociedades por Ações. O embasamento jurídico adotado pela CVM está contido no direito essencial de voto dos acionistas, conforme se infere da análise dos arts. 115,[33] 121,[34] 122, inciso I,[35] e 129, *caput* e § 1º[36] da Lei n. 6.404/1976, em que são exaradas as seguintes considerações:

(i) o *caput* do art. 115 determina que o acionista deva exercer seu direito de voto no interesse da companhia, o que seria violado pela disposição acessória, quando impõe ônus econômico ao acionista, impedindo-o de exercer seu direito ao voto nas deliberações em que se decidem a alteração ou supressão das cláusulas de disper-

33. Lei 6.404/1976: "Art. 115. O acionista deve exercer o direito a voto no interesse da companhia; considerar-se-á abusivo o voto exercido com o fim de causar dano à companhia ou a outros acionistas, ou de obter, para si ou para outrem, vantagem a que não faz jus e de que resulte, ou possa resultar, prejuízo para a companhia ou para outros acionistas" *(redação dada pela Lei n. 10.303, de 2001).*

34. "Art. 121. A assembleia geral, convocada e instalada de acordo com a lei e o estatuto, tem poderes para decidir todos os negócios relativos ao objeto da companhia e tomar as resoluções que julgar convenientes à sua defesa e desenvolvimento."

35. "Art. 122. Compete privativamente à assembleia geral: I – reformar o estatuto social" *(redação dada pela Lei n. 10.303, de 2001).*

36. "Art. 129. As deliberações da assembleia geral, ressalvadas as exceções previstas em lei, serão tomadas por maioria absoluta de votos, não se computando os votos em branco. § 1º. O estatuto da companhia fechada pode aumentar o quórum exigido para certas deliberações, desde que especifique as matérias."

são acionária no interesse da própria companhia;

(ii) o art. 121 determina que a assembleia geral de acionistas é soberana para deliberar sobre todos os negócios relativos ao objeto social da companhia, soberania essa que estaria sendo limitada pela disposição acessória que impõe um ônus significativo aos acionistas que votarem aprovando a supressão ou alteração das *poison pills*;

(iii) o art. 122, inciso I, outorga poderes à assembleia geral de acionistas para alterar o estatuto social, sempre que o interesse social assim o exigir, conflitando com as referidas disposições acessórias, que tem por objetivo tornar praticamente imutável as *poison pills*;

(iii) o art. 129, § 1º, veda à companhia aberta aumentar o quórum previsto em lei para deliberações da assembleia geral de acionistas (o que somente é permitido para as companhias fechadas), contrariando a disposição acessória, que indiretamente eleva esse *quórum*, ao exigir unanimidade, ou quase unanimidade, para que a "*poison pill*" possa ser suprimida.

Tendo em vista que a disposição acessória classificada como "cláusula pétrea" não se harmoniza com a legislação societária em vigor, pelos motivos acima expostos, o Parecer de Orientação esclareceu que a CVM não aplicaria penalidades, em processos administrativos sancionadores, aos acionistas que votarem pela supressão ou alteração da *poison pill* contida no estatuto social, ainda que não realizem a oferta pública prevista na referida disposição acessória.

5. *Diretivas da Comunidade Europeia*

A "Diretiva" é um instrumento jurídico presente no direito comunitário europeu que propõe um objetivo comum a ser alcançado por todos os Estados-membros, deixando, no entanto, a estes a decisão sobre o modo e a forma de atingi-lo através de sua legislação nacional. Assim, pode-se pôr em prática um dos princípios básicos da União Europeia: o da aplicação subsidiária do direito comunitário. A União Europeia só deve legislar quando os objetivos definidos não podem ser realizados de maneira suficiente pelos Estados-membros isoladamente e, desta forma, seriam mais facilmente alcançados no nível comunitário. A ideia original da Comissão Europeia era obter a aplicação de regras homogêneas no bloco europeu em matéria de defesa face a uma Oferta Pública de Aquisição de ações buscando o pleno desenvolvimento do mercado. No entanto, no meio de questões políticas, o consenso só foi obtido através das opções previstas nas Cláusulas 9, 11 e 13 da Diretiva, que deixam à discricionariedade dos Estados-membros a regulamentação sobre o uso desses mecanismos de defesa.

O art. 9º da Diretiva determina o princípio de que toda medida de defesa utilizada durante um período de oferta – que vai desde quando a sociedade recebe as informações sobre a proposta até o momento em que esta se torna pública ou caduca – deverá ser antes aprovada por uma assembleia extraordinária de acionistas, especialmente convocada nesse período. Da mesma forma, todas as decisões dos órgãos sociais tomadas antes do período da oferta, ainda não totalmente executadas e com potencial para ocasionar o fracasso da aquisição, ficam suspensas e devem ser objeto de uma aprovação ou confirmação pela assembleia de acionistas.

O art. 11º, por sua vez, prevê a neutralização das restrições. Com isso, toda e qualquer restrição à transferência de ações não possui eficácia durante o período de aceitação da oferta, até que a assembleia extraordinária de acionistas decida sobre sua aplicabilidade ou não.

No que toca à Diretiva da Comissão Europeia (CE) n. 13, pode-se afirmar que representou esta o capítulo final de um processo iniciado em 2001 e que buscava eliminar a maior parte dos dispositivos de defesa existentes. Como a maioria dos países apresentou forte rejeição a essa proposta, a Comissão Europeia permitiu que a proibição de tais mecanismos deixasse de ser obrigatória e fosse passada à condição facultativa. Dentre as regras que a diretiva oferecia para tornar os mercados menos protecionistas, a que ficou conhecida como *break-through rule*, foi a mais rejeitada: previa esta que, se um ofertante chegasse a reunir 90% das ações da companhia-alvo, os minoritários não poderiam vetar tal operação.

Através da Diretiva 2004/25/CE sobre Aquisições Hostis, que em 21.4.2004 foi promulgada, em conjunto, pelo Parlamento Europeu e pelo Conselho Europeu, foi regulamentada a Oferta Pública de Aquisição de ações (OPA). A finalidade dessa Diretriz foi, essencialmente, a facilitação de operações de reestruturação e consolidação dentro da União Europeia, como forma de aumentar a competitividade das companhias europeias. Tudo visando à proposta de eliminação dos mecanismos de proteção contra aquisições hostis, rejeitando o protecionismo por parte de Estados-membros, impedindo o consenso e tornando algumas regras opcionais.

As principais regras propostas por essa Diretiva foram:

1. *Cláusula de neutralidade*: ratifica a necessidade de aprovação dos acionistas para o Conselho de Administração adotar qualquer medida com o objetivo de frustrar uma oferta;

2. *Cláusula de "breakthrough"*: configura a invalidação de acordos entre os acionistas e a companhia-alvo, e cláusulas do estatuto social da companhia-alvo que tenham a finalidade de frustrar aquisições hostis; e

3. *Exceção de reciprocidade*: as cláusulas de neutralidade e de *breakthrough* teriam efeito somente se o adquirente também estivesse sujeito a estas regras.

Importante ressaltar a Diretiva n. 25 da CE a qual dispõe que não é o Conselho de Administração que decide: somente tem essa competência a assembleia geral, que será informada pelo Conselho de Administração tendo em vista o interesse social, e não o(s) interesse(s) particular(es) dos administradores.

6. Mecanismos de defesa concernentes às "poison pills"

Consolidou-se, com mais vigor nas décadas de 70 e 80 do século passado, no modelo norte-americano, uma série de estratégias e medidas de defesa sempre com nomes exóticos e até mesmo lúdicos a fim de, sobretudo, obrigar uma melhor negociação do preço de venda das ações para os acionistas.

Elucidar-se-á, aqui, mais pormenorizadamente tais mecanismos que visam impedir as aquisições hostis de controle:

1. *White knights (Cavaleiro do bem/ cavaleiro branco)*: trata-se de uma medida adotada pela administração da companhia-alvo que consiste em procurar um investidor amigável que esteja interessado em defendê-la de uma aquisição hostil, e propenso a formular uma OPA de controle concorrente. O investidor formula outra OPA com a qual a administração da companhia-alvo trabalhará no convencimento dos seus acionistas. Em geral, é considerada uma das táticas de defesa mais usada para combater ofertas públicas de ações. Por meio desse mecanismo, estabelece-se um bloco de defesa com a venda de ações.

2. *Share Purchase Right Plans (Plano de Direito de Aquisição de Ações)*: mecanismo por meio do qual, no caso de uma aquisição hostil, a companhia emite bônus de subscrição aos seus acionistas (exceto ao adquirente) que os possibilitam adquirir ações da firma a um baixo custo, com o objetivo de diluir a participação acionária do pretenso novo controlador. Tais bônus de subscrição podem ser resgatados pela

companhia, no caso de deliberação favorável do Conselho de Administração.[37]

3. *Pac Man (Come-come – característico do vídeo game)*: trata-se de uma operação defensiva segundo a qual a companhia-alvo começa a adquirir ações de companhia que seja sua potencial compradora, visando a inverter a situação, intentando a aquisição hostil da potencial compradora. No Brasil, esse tipo de operação teria como reforço disposições da lei voltadas às participações recíprocas, que as vedam acima de determinados limites (v. art. 244 da Lei n. 6.404/1976[38]). A companhia-alvo, assim, "vira o jogo" e tentar adquirir a empresa que havia lhe feito a oferta de aquisição hostil, constituindo, pois, uma contraoferta de uma tomada de controle.

4. *Shark-repellent (Repelente de tubarão)*: medidas tomadas pela administração da companhia-alvo ou cláusulas contratuais que na mesma linha das *poison pills* inviabilizam as aquisições hostis. Um exemplo é a inserção de dispositivos nos contratos de trabalho celebrados com os administradores da companhia (membros do Conselho de Administração e da Diretoria), que garantam a esses pesadas indenizações, no caso de rescisões de seus contratos após uma aquisição hostil (*golden parachute* – listado abaixo), o que torna precário o poder de controle de um proponente comprador da companhia-alvo, uma vez consumada a transação. Exemplos de *shark repellents* mais comuns são as disposições estatutárias que conferem mandatos alternados aos membros de conselho de administração – *staggered board* (restringindo, pois, o poder de atuação do adquirente hostil, via nomeações de novos membros) ou requerem um *quórum* qualificado (2/3 ou 3/4 de votos, por exemplo), para deliberação em assembleia geral de acionistas, quando a matéria for concernente a uma Oferta Pública de Ações de controle, o que requer uma adesão substancial de acionistas à oferta.

Deve-se ter em mente, ainda, que a estrutura prática dos mecanismos de defesa, chamados de *shark repellents*, na qual a *poison pill* consiste em apenas uma das espécies, são diferentes nos sistemas jurídicos internacionais. No Brasil o que as companhias elegeram como a atitude mais adequada ao objetivo de manutenção do poder de controle e da dispersão acionária foi disparar a obrigação de realizar oferta pública de ações, muito diferente do que ocorreu nos Estados Unidos, país pioneiro no assunto.

5. *Golden Parachute (Paraquedas dourado)*: contratos firmados entre a companhia e seus administradores as quais estabelecem multas elevadas no caso de mudança do controle acionário. Segundo Jensen, esse dispositivo serve como salvaguarda para que gestores atuem no melhor interesse dos acionistas em um processo de aquisição de controle, uma vez que podem endurecer a negociação e aumentar os prêmios.[39]

6. *Obrigatoriedade de realização de oferta pública*: cláusula estatutária que obriga o acionista que atingir determinada participação no capital social da empresa a realizar uma Oferta Pública de Aquisição de ações – OPA – à totalidade dos demais acionistas.

7. *Scorched-earth policy (Política da terra arrasada)*: medida adotada pela ad-

37. Segundo Spercel (2006), 260 das 500 empresas que integram o índice Standard & Poor's adotam a *poison pill* do tipo *Share Purchase Right Plans*, sendo esse o tipo de dispositivo mais popular entre os adotados por companhias americanas. Desse modo, atribui-se ao Conselho de Administração a prerrogativa de aceitar ou não os termos da eventual aquisição.

38. Lei 6.404, de 15.12.1976: "Art. 244. É vedada a participação recíproca entre a companhia e suas coligadas ou controladas".

39. Em que pese a opinião do autor, segundo Spercel (2006), esse mecanismo pode não ser benéfico à companhia, pois pode incentivar os administradores a seguirem adiante com a alteração do controle, notadamente se estiverem em fase final de carreira.

ministração da companhia-alvo que compreende a venda da principal linha de negócios da companhia-alvo ou a venda dos seus principais ativos (*crown jewels*) ou o planejamento do vencimento antecipado de todas as suas dívidas. Esse tipo de estratégia, no Brasil, esbarraria em disposições de lei, voltadas ao controle dos atos praticados pelos administradores (deveres e responsabilidades, disciplinados pelos arts. 153 a 160 da Lei n. 6.404/1976).

8. *Limitação ao direito de voto*: cláusula que limita o direito de voto dos acionistas a um determinado percentual estabelecido no estatuto social da companhia, ainda que tais acionistas possuam participação acionária superior a esse limite.

9. *Mão morta*: cláusula que impede a remoção de uma determinada *poison pill*, mesmo quando os acionistas da companhia-alvo aprovam a aquisição. O mecanismo prevê que apenas os conselheiros que originalmente instituíram o dispositivo de defesa, possam retirá-la, impedindo que novos conselheiros possam interferir.

10. *Anti-freezeout provision*: mecanismo para impedir que em uma incorporação, posterior a uma aquisição de controle, os acionistas minoritários recebam ações da incorporadora com uma relação de troca desfavorável ou o reembolso do valor de suas ações por um preço inferior ao pago na aquisição do controle. Os estatutos sociais preveem que operações de incorporação sejam aprovadas em assembleia geral de acionistas com quórum qualificado (segundo Spercel, entre 2/3 e 95% dos acionistas). No caso brasileiro, a legislação já exige a realização de OPA aos demais acionistas, quando da alienação do controle, no valor de, no mínimo, 80% do preço pago na aquisição (*tag along*). Para as companhias listadas no Novo Mercado esse percentual é de 100%.

11. *Vencimento antecipado de dívidas e contratos relevantes*: prática que consiste na antecipação de dívidas e assinatura de contratos com altas multas rescisórias, no caso de haver alteração do controle acionário.

12. *Classified board*: dispositivos estatutários que criam classes distintas no Conselho de Administração, de modo que cada classe tem vencimento de mandato em Assembleias Gerais Ordinárias diferentes. Desse modo, caso algum acionista atinja participação que lhe possibilite eleger a maioria dos conselheiros, será obrigado a esperar, no mínimo, duas Assembleias Gerais Ordinárias para controlar a gestão da firma, no caso do Conselho de Administração ser dividido em três classes. Tais dispositivos possuem mecanismos que impossibilitam o novo controlador alterar o estatuto social, de sorte a extinguir tais classes ou aumentar o número de conselheiros.

13. *Greenmail*: prática em que a própria companhia recompra ações dos seus acionistas, com prêmio, de modo a impossibilitar a alteração do controle acionário. Conforme Spercel, essa medida é proibida por lei em alguns estados norte-americanos, por caracterizar o uso indevido de recursos da companhia.

14. *Pílula de Jonestown*: a companhia-alvo envereda por atividades que podem destruí-la ao invés de tentar impedir a aquisição, chegando a vender seus ativos mais atraentes e contrair grande volume de dívidas. É uma versão extrema da *poison pill* e seu nome remete ao famoso suicídio em massa cometido na Guiana, pelos seguidores do fanático religioso Jim Jones.

15. *Lobster trap (Armadilha de lagostas)*: previsão que impede qualquer investidor com mais de 10% em títulos conversíveis (*v.g.*, debêntures e ações preferenciais) de transformá-los em ações com direito a voto.

16. *Macaroni defense (Defesa macarrão)*: a companhia emite um grande número de bônus com uma cláusula que obriga o seu resgate a um preço altíssimo em caso de aquisição. Tem essa denominação pelo fato de que, em caso de perigo, o preço de

resgate dos títulos expandir-se feito massa (macarrão) instantânea em água fervendo!

17. *Chastity Bond (Bônus de castidade)*: semelhante à defesa macarrão, acima explicitada: a manobra prevê que a "maturidade" de um título seja ativada antecipadamente em casos de tomada de controle.

18. *Aquisições defensivas*: aquisição de ativos pela companhia ou ingresso em determinados ramos de atividade, em que o eventual adquirente é impedido de atuar pela legislação vigente.

Ressalte-se que uma vez colocados em prática, tais dispositivos tornam mais caras as operações de tomada hostil, isto é, não necessariamente impedem as operações, mas forçam os compradores a oferecer mais dinheiro aos acionistas, ou a negociar a compra. De toda a sorte, depois de efetuada a operação, os acionistas costumam contabilizar um bom ganho (leia-se: lucro).

Da mesma forma que os tribunais americanos – notadamente a *Court of Chancery* – definiram o que seria legal ou ilegal como instrumento de defesa em uma tomada hostil, delineou-se muito do que é aplicado corriqueiramente pelos especialistas em finanças empresariais. Em um caso clássico e muito estudado nas faculdades de Direito nos Estados Unidos, a referida Corte decidiu que, se há mais de um possível adquirente para a compra das ações de uma empresa, as negociações não podem ser terminadas até que se chegue à maior oferta. Caso contrário, os administradores podem estar descumprindo seus deveres fiduciários em relação aos acionistas da empresa. Foi este o caso da disputa pelo controle da Revlon, em que os acionistas aceitaram uma oferta que não era a maior, trancando a operação.

7. Novas modalidades de "poison pills"

Oferece-se um panorama bem geral e conciso das mesmas:

Chewable pill: é uma modalidade de *poison pill* não aplicável caso a oferta seja em dinheiro, envolva todas as ações em circulação e inclua um prêmio de X%. Seu maior empecilho é o fato de retirar a decisão do Conselho de Administração e correr-se o risco do prêmio preestabelecido mostrar-se ser inadequado.

Chewable pill genérica: é bastante similar à *Chewable pill*, porém contêm condições menos específicas, sendo de pouca utilidade prática.

Shareholder referendum pill: o resgate da *poison pill* é submetido à votação dos acionistas, caso a oferta atenda a certas condições (compra de todas as ações em circulação, por exemplo), mas o procedimento cria muitos impedimentos ao adquirente.

8. "Leading cases" envolvendo "poison pills"

8.1 Aquisição do controle da Mannesman pela Vodafone

Este é um dos casos mais emblemáticos da história.

Em 13 de novembro de 1999, a então maior operadora de telefonia celular do mundo, a britânica Vodafone, apresentou uma oferta pela aquisição do controle da alemã Mannesmann, que, além de atuar em telecomunicações, contava com uma divisão de engenharia e mecânica pesada (cujos ativos já faziam parte de uma política de desmobilização que viria a culminar na concentração dos negócios da companhia no setor de telefonia). A oferta propunha uma troca de ações, na proporção de 43,7 papéis da Vodafone para cada ação da Mannesmann. A proposta foi rejeitada de imediato pelos principais executivos da Mannesmann, que a classificaram como "extremamente desinteressante para os acionistas", já que as condições de preço oferecidas eram inferiores ao valor de mercado atribuído aos papéis. Além disso, eles declararam que a operação não era sólida estrategicamente devido às diferenças de estrutura e perspectivas de crescimento econômico muito distintas entre as duas companhias. Seis dias depois, o Conselho de Administração referendou os argumentos apresentados e confirmou oficialmente a rejeição à oferta. Na sequência, a Vodafone melhorou as condições de preço, alterando a relação de troca para 53,7 ações da Vodafone para cada ação da Mannesmann. A alemã respondeu partindo para o ataque. No intuito de ganhar participação no mercado britânico, do qual a Vodafone detinha 35%, colocou uma oferta pela Orange, cuja participação naquele mesmo mercado era de 17%. Para arrematar a concorrente de sua potencial compradora, a Mannesmann aceitou pagar um prêmio de 17%. A medida levou a uma queda de 8% em suas ações e não afetou a determinação da Vodafone em prosseguir com sua oferta. Dias depois, uma manifestação foi realizada no sindicato dos metalúrgicos para angariar aliados. Os empregados da companhia alemã saíram de lá com uma campanha baseada no slogan "*Abaixo a oferta hostil: Mannesmann não está à venda*". O principal instrumento encontrado pelos trabalhadores para provar sua determinação foi a adoção de mini-greves de dez minutos que corriam alternadamente em diferentes unidades produtivas da empresa. Enquanto os trabalhadores ganhavam a mídia, os executivos da Mannesmann movimentavam suas estruturas de relações públicas para conquistar aliados e outros formadores de opinião. Comunicados foram dirigidos aos acionistas e à comunidade de investidores salientando os riscos que a oferta trazia para a estratégia de longo prazo da companhia e, consequentemente, para a valorização de seus papéis. Campanhas de defesa da soberania alemã circularam na tentativa de recolher assinaturas de oposição à oferta e ganharam a pauta política. Grandes debates públicos envolvendo figuras políticas culminaram na declaração do chanceler Gerhard Schröder de que "*as ofertas hostis prejudicavam a cultura corporativa e subestimavam as virtudes da gestão da companhia-alvo*". A mídia britânica respondeu de imediato, classificando a postura alemã de nacionalista e protecionista, lembrando ao mercado que a própria Mannesmann havia recentemente adquirido o controle da britânica Orange. A Vodafone optou por uma linha mais sutil e colocou a propaganda a serviço de sua imagem de bom empregador e de empresa socialmente responsável. Para complementá-la, seu presidente fez publicar em todos os jornais diários de grande circulação na Alemanha uma carta aberta aos funcionários da Mannesmann assumindo o compromisso de que a fusão entre as duas companhias não representaria cortes nos postos de trabalho, que os funcionários alemães continuariam a ter representação no conselho de administração e que a concentração nas atividades de telecomunicações aconteceria de qualquer maneira, visto que a Mannesmann já tinha uma política de desmobilização dos outros ativos em curso.

Pressentindo que seria derrotada na batalha travada na mídia, a Mannesmann apelou como podia, recorrendo a manobras jurídicas. Primeiramente, entrou com uma ação para impedir que o banco Goldman Sachs atuasse como assessor da Vodafone na oferta, alegando conflito de interesses, visto que o banco já havia prestado serviços para a alemã anteriormente. O resultado só piorou a situação da empresa alemã, quando o juiz do caso indeferiu o pedido e classificou a iniciativa como "inaceitável e totalmente descabida". O processo de desmobilização de ativos da divisão de mecânica pesada foi acelerado, apostando que o impacto dessa medida sobre o preço das ações da companhia afetaria a oferta a ponto de inviabilizá-la. Mais uma medida sem efeito, pois a Vodafone não apenas não desistiu da oferta como também apresentou uma nova e irrevogável proposta de preço: 58,96 ações. Diante do quadro, o presidente do conselho da Mannesmann optou por mudar de lado e recomendou a operação aos acionistas. O negócio foi selado em fevereiro de 2000, após negociações finais realizadas numa reunião de conselho que durou 11 horas. A Vodafone desembolsou 112 bilhões de libras em ações para adquirir a concorrente. Para atender às leis de defesa da concorrência britânicas, a nova gigante teve de se desfazer da Orange, adquirida pela Mannesmann menos de 12 meses antes. O CEO da Vodafone assumiu o comando da nova empresa, a Vodafone AirTouch, e o presidente do conselho da Mannesmann, Klaus Esser, atuou como diretor executivo para facilitar o processo de transição.

8.2 Aquisição da Perdigão pela Sadia

Como é publicamente sabido, essa operação não foi efetivada.

O Presidente Executivo da Perdigão declarou tratar-se a aproximação da Sadia à Perdigão uma aproximação hostil. Os Conselheiros e Executivos da Perdigão, visando desqualificar a proposta apresentada, afirmaram que o art. 37 do estatuto social da companhia (utilizado pela Sadia como parâmetro para a definição do preço oferecido) não era aplicável ao caso, visto que a concorrente ainda não era acionista. Esse dispositivo – criado para evitar reconcentração de controle – a *poison pill* – determinava que fosse feita uma Oferta Pública de Aquisição de ações (OPA) para até 100% dos papéis por aquele que alcançar 20% ou mais do total de ações e estabelecia um prêmio para essa oferta baseado na maior entre três hipóteses de preço.

No entender da Perdigão, o parâmetro utilizado pela Sadia só seria válido para uma segunda OPA, pois a titularidade de 20% das ações seria uma precondição para que o art. 37 se aplicasse. O conflito todo girou acerca da seguinte questão: foi a *pílula de veneno* assim tão forte a ponto de condicionar a aquisição de controle à realização de duas ofertas públicas de ações (uma por haver-se tornado acionista e outra por haver extrapolado o percentual previsto na pílula)?

Segundo os especialistas que participaram ativamente desse caso concreto, a resposta mais provável era "não". E por três motivos. Em primeiro lugar, porque não está descrita em lugar algum a premissa de que a referência de preço definida no art. 37 valeria somente quando o comprador interessado já fosse acionista ou tivesse realizado uma primeira OPA. O mesmo se dá em relação ao estatuto social da Perdigão, nem na Lei das S/A e tampouco na Instrução 361 da CVM, que regula as ofertas públicas voluntárias. Em segundo, porque o art. 44 do estatuto social da Perdigão faculta a formulação de uma única OPA para aquisição de ações da companhia, desde que os procedimentos sejam compatíveis. E nesse caso eram, pois dispensavam registro na CVM e, a princípio, não continham elementos que pudessem prejudicar o interesse dos acionistas. E, por último, porque o art. 257 da Lei das S/A autoriza a aquisição de 100% do capital de uma companhia por meio de uma oferta pública sem fazer qualquer referência à obrigatoriedade de que o comprador em questão já detenha ações da companhia.

As *poison pills* foram, assim, a grande arma da administração para se defender de tomadas hostis de controle. O assunto foi amplamente discutido mundo afora e, por ser considerado tão sério, foi tratado com rigor pela Comunidade Europeia em uma de suas mais recentes diretivas. A discussão abordou o fato de que se a *poison pill* fosse venenosa demais, ela poderia deixar os administradores confortáveis em sua posição, mas, por outro lado, minimizaria as chances de que os acionistas recebessem boas ofertas para vender suas respectivas participações societárias (ações). Ao fazer a sua interpretação sobre o art. 37 do estatuto sem nenhum subsídio da lei ou da regulamentação, a Perdigão poderia ter tentado turbinar de última hora uma *poison pill* que, em sua redação original, parecia muito menos poderosa.

Toda a discussão sobre o art. 37 do estatuto, contudo, não teve influência prática sobre o resultado final. A operação já estava predestinada a não se concretizar porque a Sadia só tinha interesse na oferta se fosse para comprar mais de 50% do capital – e, para um grupo de acionistas que compunham 55,38% do capital, o preço oferecido destoava muito do que seria o justo. Nesse grupo estavam os sete fundos de pensão que formavam o bloco de controle da Perdigão antes da pulverização do capital e da entrada no Novo Mercado em março – e que detinham 48,3% do seu capital social. O fato relevante divulgado para informar ao mercado a recusa da oferta (determinada em reunião prévia do conselho de administração pelos fundos que são signatários de um acordo de voto) afirmava que "o preço de R$ 27,88 por ação não atendia às expectativas dos acionistas".[40] O desconforto dos acionistas da Perdigão ficou ainda maior quando a Sadia, diante da primeira recusa, apresentou uma contraproposta que elevava o valor inicial em apenas 4%. Mas, vista de outra perspectiva, a oferta implicaria o desembolso do equivalente ao valor de mercado total da própria Sadia (R$ 3,9 bilhões) – que tem mais fábricas,[41] maior receita bruta[42] e maior lucro líquido[43] que a Perdigão. Segundo o advogado da Sadia, "sua cliente tinha o seu número: a precificação não superaria seu próprio valor de mercado".[44]

40. No dia anterior ao anúncio da oferta, 16.7.2006, a cotação das ações havia fechado em R$ 23,00. A avaliação feita pelos acionistas encontrava respaldo no mercado. Mas o mercado (corretoras e *asset managements*) fixava o preço justo entre R$ 33,00 e R$ 37,00, levando em conta o fato de a empresa haver crescido a um ritmo médio de 14% ao ano e a estratégia de expansão ter sido calcada em aquisições e na abertura de novas plantas industriais.

41. Sadia: 16 fábricas e Perdigão: 13.

42. Sadia: US$ 3,39 bilhões e Perdigão: US$ 2,32 bilhões (em 2005).

43. Sadia: US$ 205 milhões e Perdigão: US$ 118,3 milhões (também em 2005).

44. Camila Guimarães Hessel, "Adversários de primeira viagem", Revista *Capital Aberto*, agosto/2006.

Cumpre salientar que o modo como os gestores da Perdigão conduziram a oferta colocada pela Sadia alertou o mercado do real estágio de evolução das *corporations* brasileiras e trouxe à baila um conceito que não estava exatamente claro, o do controle difuso – ou seja, quando o controle existe, mesmo na ausência de um acionista ou bloco que detenha a maioria absoluta do capital social. Na hipótese de "controle difuso", portanto, a existência de um acordo de votos (como o firmado pelos fundos que eram os antigos controladores da Perdição) coloca a companhia na mesma condição das tantas outras que têm controle definido.

No caso da Perdigão, onde o presidente do conselho era o principal executivo da WEG Participações, que detinha 5,4% das ações do frigorífico –, as discussões sobre os conflitos entre administradores e acionistas poderiam parecer pouco importantes.

Contudo, a oferta hostil pelo controle da Perdigão não deixou de ser uma primeira referência de como tende a ser o comportamento de nossos conselheiros e diretores em situações semelhantes. E se tornou um exemplo que pode servir de precedente para casos em que o controle esteja efetivamente pulverizado.

8.3 Aquisição do controle da Medial pela Amil

A Amil adquiriu de forma direta e indireta ações representativas de cerca de 52% (cinquenta e dois por cento) do capital social da Medial detidas pelos seus então controladores e realizou OPA. O objetivo foi cumprir o art. 254-A da Lei n. 6.404/1976 (*tag along*), a Instrução n. 361/2002 da CVM, o regulamento do Novo Mercado e o estatuto da Medial, garantindo aos acionistas minoritários da empresa o mesmo preço por ação pago aos controladores. Contudo, o estatuto da Medial possui cláusula de proteção da dispersão acionária. Se aplicado nessa operação, o dispositivo obrigaria a Amil, adquirente de mais de 20% do capital, a realizar outra OPA para comprar as ações de emissão da companhia detidas pelos minoritários por um preço completamente diferente e, eventualmente, maior do que aquele pago aos controladores.

Este caso abriu um importante precedente, principalmente após a divulgação do Parecer de Orientação n. 36/2009 da CVM: a necessidade de revisão dos estatutos das companhias que abriram seu capital recentemente, os quais dispõem de cláusulas de *poison pill* incompatíveis com operações normais/padrões de mercado.

8.4 Oferta da indiana Mittal Steel pela Arcelor

Tal negociação reacendeu temores e levou o ministro das finanças francês a submeter ao Parlamento francês uma proposta de emenda à lei de fusões e aquisições que permita às companhias do país a adoção de instrumentos de defesa conhecidos justamente como *poison pills*. Em linha com a diretiva da Comissão Europeia (EC), a medida determina que, diante de uma oferta hostil ou na iminência dela, a companhia-alvo possa emitir títulos conversíveis em ações a um preço com desconto para os atuais acionistas, de modo a ampliar o seu capital. No entendimento dos reguladores, a manobra tornaria a compra mais cara e encorajaria negociações amigáveis.

9. Conclusão

O mercado (e assim também o faço) tem aceitado as *poison pills* como mecanismo que confere estabilidade à administração e ao controle de companhias com ações dispersas na bolsa ou com controle minoritário e que garanta a liquidez das ações.

Não acredito que as *poison pills* sejam, por definição, nocivas ao mercado. Entendo, porém, que a mediação regulatória é mais do que bem-vinda nesse novo contexto. Nesse sentido, penso que as *poison pills* poderiam ensejar um modelo mais eficiente de evolução na economia.

Nesse contexto de capital pulverizado e disperso em alto grau no mercado, realmente acredita-se que a *poison pill* está sendo adotada como forma de garantir a sobrevivência desse ambiente de dispersão, jogando a favor dos demais acionistas. Vale dizer: constando no estatuto social, essa cláusula permite que qualquer oferta de aquisição de controle da companhia seja feita em pé de igualdade com todos os acionistas, sem prejuízo do eventual direito de *tag along* a que farão jus.

No que toca às cláusulas "pétreas", manifesto expressamente minha oposição, tendo em vista que estas aumentam significativamente os custos relativos às *poison pills*, dentre os quais a CVM destacou o impedimento de realização de negociações eficientes e da livre disposição dos valores mobiliários, bem como o exercício de outros direitos previstos em lei.

Economicamente, contudo, e vendo-a num panorama geral, simpatizo com a ousadia da *poison pill*, a qual se apresenta como uma construção jurídica eficiente que incide diretamente sobre a avaliação da companhia, no preço de suas ações, na sua capacidade de movimentar recursos financeiros e moldar a ordem econômico-social aumentando o lucro ou proferindo golpes que gerem imediatos prejuízos aos acionistas e à coletividade social.

No plano político, busca-se esperar respostas do Congresso Nacional e dos órgãos competentes da administração direta e indireta do Poder Executivo com respeito às inovações na ordem jurídica, através de leis ordinárias, complementares, medidas provisórias ou regulamentos administrativos. Não se pode olvidar a magnitude e a envergadura que o poder de controle e a propagação de seus efeitos produzem sobre a realidade jurídica, econômica e política, de tal sorte, como nos aponta Lamy Filho, que o "poder empresarial, sob pena de ameaçar a sociedade dentro da qual vive e para a qual vive, deva ser disciplinado e balizado pelo interesse público de que participa".

Como a *poison pill* mantém estreita relação com o poder de controle, limitando-o ou propagando-o, entendo não ser diferente o seu tratamento perante o Direito.

10. Bibliografia

BAINBRIDGE, Stephen M. (2009). *Mergers and Acquisitions*. 2ª ed. Foundation Press.

CARVALHOSA, Modesto (1978). *Oferta Pública de Aquisição de Ações*. São Paulo, Gráfica Cairu.

______ (2003). *Comentários à Lei de Sociedades Anônimas*. 2ª ed. São Paulo, Saraiva.

CASTRO, Rodrigo R. Monteiro de, e ARAGÃO, Leandro Santos de (coords.) (2009). *Direito Societário: Desafios Atuais*. São Paulo, Quartier Latin.

D'AGOSTINI, Daniel Correa (2007). *A Oferta Pública de Ações como Mecanismo de Proteção à Dispersão Acionária: a Realidade Brasileira da "Poison Pill"*. Monografia, São Paulo, PUC/SP.

GILSON, Ronald (2004). *The Poison Pill in Japan: the Missing Infrastructure*. New York, Columbia University Law School.

HESSEL, Camila Guimarães (maio/2006). "Nas entrelinhas". Revista *Capital Aberto*. São Paulo, pp. 20-22.

______ (agosto/2006). "Adversários de primeira viagem". Revista *Capital Aberto*. São Paulo, pp. 8-12.

______ (setembro/2006). "A arte da guerra". Revista *Capital Aberto*. São Paulo, pp. 16-20.

______ (dezembro/2006). "Pílulas do mal?". Revista *Capital Aberto*. São Paulo, pp. 26-29.

INSTITUTO BRASILEIRO DE GOVERNANÇA CORPORATIVA – IBGC (2009). *Mecanismos de Defesa à Tomada de Controle*. Série Carta Diretriz n. 2. São Paulo, IBGC.

LACHINI, Luciano Del Caro (maio/2005). "Veneno para comprador". Revista *Capital Aberto*, pp. 14-18.

LAMY FILHO, Alfredo (2007). "O acionista controlador na nova Lei de S/A". In *Temas de S/A*. Rio de Janeiro, Renovar.

MARTINS, Fran (1978). *Comentários à Lei das Sociedades Anônimas: Lei n. 6.404, de 15 de dezembro de 1976*. vol. 3. Rio de Janeiro, Forense.

MERRIAM (1996). *Webster's Dictionary of Law*. EUA.

MONTEIRO, Marco Antonio Papera (junho/2008). *Um Estudo sobre a Utilização de "Poison Pills" no Brasil*. Dissertação de Mestrado em Economia Empresarial. Rio de Janeiro, Universidade Cândido Mendes, 80 f. Disponível em *http://www.cvm.gov.br/port/infos/Dissertação%20Poison%20Pills.pdf*. Acesso 6.8.2008.

SALOMÃO FILHO, Calixto (2002). *O Novo Direito Societário*. 2ª ed. São Paulo, Malheiros Editores.

______, e COMPARATO, Fábio Konder (2005). *O Poder de Controle na Sociedade Anônima*. 4ª ed. Rio de Janeiro, Forense.

SCHAYER, Fernando (outubro/2006). "Controle minoritário e *poison pills*". Revista *Capital Aberto*, pp. 56-57.

SILVEIRA, Alexandre Di Miceli da (abril/2006). "Governança corporativa". Revista *Capital Aberto*, pp. 62-63.

SIQUEIRA, Carlos Augusto Junqueira (12.5.2008). *Pílulas Venenosas*. Disponível em *http://www.acionista.com.br/mercado/artigos_mercado/120508_carlos_junqueira.htm*. Acesso 4.8.2010.

VEIGA, Marcelo Godke (fevereiro/2006). "Segundo passo". Revista *Capital Aberto*.

VIEIRA, Jorge, MARTINS, Eliseu, e FÁVERO, Luis Paulo Lopes (maio-agosto/2009). "*Poison Pills* no Brasil: um estudo exploratório". *Revista Contabilidade & Finanças*, vol. 20, n. 50, São Paulo, USP, pp. 6-24.

DECLARAÇÕES CAMBIAIS EM TÍTULOS DE CRÉDITO ELETRÔNICO

ALEXANDRE CATEB*

1. Introdução. 2. Razão de existência dos títulos de crédito. 3. Características dos títulos de crédito. 4. Saque ou emissão, aceite, aval e endosso no título de crédito. 5. Impossibilidade técnica de inclusão de novas declarações cambiais em documentos eletrônicos assinados digitalmente. 6. Conclusão. 7. Bibliografia.

1. Introdução

Assunto corrente nos últimos anos, em decorrência do avanço da internet nos meios profissionais e pessoais, além das inovações trazidas pelo Código Civil de 2002, os títulos de crédito eletrônico incitaram a curiosidade e criatividade dos estudiosos do Direito Comercial. Lamentavelmente, porém, complica-se um tema simples devido à ignorância de muitos quanto aos aspectos tecnológicos que envolvem as nuances dos documentos eletrônicos, especialmente no que diz respeito à transposição para o meio digital da manifestação da vontade, outrora simplesmente consignada mediante assinatura de próprio punho da parte envolvida na relação jurídica.

Urge revigorar os títulos de crédito, emprestando-lhes a importância que outrora tiveram no mercado. Hodiernamente, tem-se notado que falta aos títulos de crédito mais utilizados, cada vez mais, a credibilidade que se lhes deve emprestar para que possam ser usados como mecanismo de circulação e transferência de riquezas e, o mais importante, segurança jurídica para as partes envolvidas nessa relação jurídica.

Fato é que, a despeito da vontade que se tem em emprestar para tão importante mecanismo de circulação de crédito o simplíssimo ferramental que lhe permita a circulação por meio digital, até o momento os títulos de crédito eletrônicos não atendem às necessidades propostas pela doutrina, em razão de limitação técnica de informática, e não por dificuldade quanto à aplicação ou adaptação dos institutos jurídicos relacionados aos títulos de crédito.

Necessário, por isso, perceber-se as limitações tecnológicas para permitir o desenvolvimento e utilização de títulos de crédito eletrônicos, razão pela qual apresentamos algumas considerações e contribuições que, esperamos, possam elucidar e esclarecer a essência desses instrumentos de circulação de riquezas.

2. Razão de existência dos títulos de crédito

Como sói acontecer, ao se estudar um determinado instituto jurídico, é imprescindível que se busque sua utilidade prática. Não fosse assim, seria verdadeira perda de tempo debruçar-se sobre um determinado instituto sem que ele tenha utilidade para a sociedade. Deve-se lembrar sempre

* *Email*: *alexandre@cateb.com.br*.

que o Direito, e seus institutos jurídicos, prestam-se a ofertar às pessoas mecanismos úteis para a vida de cada um. O estudo de meios e mecanismos jurídicos que não aproveitam à sociedade configura desperdício intelectual, senão uma simples aventura de ficção.

Assim, não se pode descurar da função principal e básica dos títulos de crédito. Nasceram como meio de instrumentalizar riqueza e permitir sua circulação segura. Noticiam os doutrinadores que a origem dos títulos remonta à necessidade de se encontrar um mecanismo para substituição dos hábitos de troca e escambo. Surgiram os primeiros padrões monetários, criaram-se as primeiras moedas. Como explica Amador Paes de Almeida: "O dinheiro é o instrumento de troca por excelência. Na expressão de Carvalho de Mendonça, é a mercadoria por todos voluntariamente aceita para desempenhar as funções intermediárias nas aquisições de outras mercadorias e na obtenção de serviços indispensáveis, satisfazendo as necessidades humanas no convívio social; é, ainda, o meio normal de pagamento".[1]

Contudo, a utilização de dinheiro para efetuar pagamentos se mostrou, com o tempo, pouco prática e insegura. Ladrões e pessoas desonestas poderiam se valer da possível insegurança que portadores teriam em carregar consigo grandes fortunas. Assim, a tecnologia comercial desenvolveu um mecanismo que foi posteriormente regulado por leis ao redor do mundo. Surgiram os títulos de crédito, instrumentos hábeis a instrumentalizar recursos e permitir sua circulação sem o risco que o dinheiro, título ao portador por excelência, oferecia para os detentores do capital.

Tullio Ascarelli ensina que os títulos de crédito tiveram fundamental importância para a formação de diversos conceitos da economia moderna: "A vida econômica moderna seria incompreensível sem a densa rede de títulos de crédito; às invenções técnicas teriam faltado meios jurídicos para a sua adequada realização social; as relações comerciais tomariam necessàriamente outro aspecto. Graças aos títulos de crédito pôde o mundo moderno mobilizar as próprias riquezas; graças a eles o direito consegue vencer tempo e espaço, transportando, com a maior facilidade, representados nestes títulos, bem distantes e materializando, no presente, as possíveis riquezas futuras".[2]

Na célebre definição de Cesare Vivante, quase adotada de forma literal pelo Código Civil de 2002,[3] o título de crédito "é o documento necessário ao exercício do direito, literal e autônomo, nele mencionado". Criava-se assim, e posteriormente foi regulamentado ao redor do mundo, um mecanismo que tem as virtudes de abstrair-se do negócio jurídico que lhe deu origem, bastando por si próprio na eventualidade de ser cobrado judicial ou extrajudicialmente, confere segurança ao seu portador, ao obrigado ao pagamento e a terceiros que por acaso venham a ter contato com aquele instrumento de crédito.

Contudo, crédito é uma característica fundamental para a existência, validade e utilização dos títulos de crédito. *Credere* é a palavra latina que deu origem à expressão *crédito*. Significa confiar, acreditar que o devedor irá cumprir, perante o credor, a obrigação constante do título, no local, tempo e forma aprazados.

Se para a empresa a busca pelo lucro é uma das principais razões de sua existência, também para o investidor o retorno do investimento justifica e incentiva a criação e aplicação da lei de forma mais eficiente, economicamente considerada. Trata-se da utilização da chamada teoria dos custos de

1. Amador Paes de Almeida, *Teoria e Prática dos Títulos de Crédito*, 26ª ed., p. 2.

2. Tullio Ascarelli, *Teoria Geral dos Títulos de Crédito*, 2ª ed., p. 3.

3. "Art. 887. O título de crédito, documento necessário ao exercício do direito literal e autônomo nele contido, somente produz efeito quando preencha os requisitos da lei."

transação, conceito fundamental da chamada Teoria Neo-Institucionalista, na idealização e aplicação da lei. Custos de transação são os custos de realização e cumprimento de transações ou trocas de titularidade.[4] Ou seja, na realização de qualquer negócio jurídico, os agentes considerarão os custos embutidos naquele negócio para parametrizar suas ações em busca de um melhor e mais eficiente resultado econômico. Essa é, basicamente, a aplicação do chamado Teorema de Coase, expressão cunhada por George J. Stigler em sua obra *The Theory of Price*, a partir da análise do célebre *paper* de Ronald Coase,[5] "The problem of social cost", inicialmente publicado em *The Journal of Law and Economics*,[6] em 1960.

Permitindo que credores vinculem a um único instrumento razoáveis quantias de dinheiro, facilmente deslocadas de um canto a outro, os títulos de crédito dinamizaram a relações comerciais e de mercado de forma absolutamente eficiente. Tragicamente, contudo, as diversas instituições oficiais impuseram restrições ao uso dos títulos de crédito, trazendo para os usuários a desconfiança de sua real utilidade para o dia-a-dia dos negócios.

Voltando aos estudos de Ronald Coase,[7] encontramos suas pertinentes observações sobre o papel dos custos de transação nas ações dentro das empresas e em relação ao mercado. Três aspectos compõem os chamados custos de transação: a informação, a negociação e a execução contratual.

A obtenção de informações relevantes para minimizar a assimetria entre as partes constitui custo diretamente proporcional à posição e informação de cada parte na relação.

Também constitui custo para as partes a negociação travada a fim de obter os melhores resultados para cada um, ou pelo menos a situação mais equilibrada entre os agentes.

Por fim, influem nos custos as tarefas necessárias à execução dos negócios jurídicos, a fim de obter maior equilíbrio ou melhores resultados para as partes envolvidas na transação.

Para Oliver Williamson,[8] as instituições econômicas do capitalismo têm como principal objetivo e efeito de minimizar os custos de transação. Mas adverte o autor que "principal efeito" não se confunde com "único efeito", pois instituições complexas servem a vários propósitos.[9]

No caso brasileiro, o descrédito em relação aos títulos de crédito decorreu primeiramente de decisões judiciais absurdas, que negaram aos títulos de crédito autônomos (p. ex., notas promissórias, letras de câmbio, etc.) sua real validade. Passou-se em muitos casos a aceitar o argumento fácil e vazio da inexistência de negócio jurídico que desse origem aos títulos, exonerando-se desta forma os obrigados ao pagamento sem qualquer justificativa legal que não o apelo indevido e incorreto a princípios como a função social da propriedade, a dignidade humana, o devido processo legal... Descuraram-se assim de características básicas e elementares dos títulos de crédito: documento necessário para o exercício do direito literal e autônomo nele contido. Na prática, transformaram a execução em processo de conhecimento...

Sabe-se que a ineficiência na prestação jurisdicional faz com que o sistema

4. "Transaction costs are the costs of making and enforcing the transaction or exchange of entitlements" (Donald Wittman, *Economic Foundations of Law and Organization*, p. 34).

5. Prêmio Nobel de Economia em 1991 (*http://nobelprize.org/nobel_prizes/economics/laureates/1991/*, acesso 16.11.2009).

6. "The problem of social cost", in Ronald H. Coase, *The Firm, the Market and the Law*, pp. 95-156.

7. Idem, pp. 33-55.

8. Prêmio Nobel de Economia em 2009 (*http://nobelprize.org/nobel_prizes/economics/laureates/2009/ index.html*).

9. Oliver E. Williamson, *The Economic Institutions of Capitalism*, p. 17.

judicial brasileiro seja considerado um dos piores do mundo. Estudo do Banco Mundial indica que o país, considerando as dificuldades para se iniciar um negócio, contratar e dispensar empregados, garantir o direito de propriedade, proteger investidores e tomar empréstimos, manter a regularidade dos tributos e obrigações fiscais, negociar através das fronteiras, exigir o cumprimento judicial de contratos e encerrar as atividades empresariais, se situa em alarmante 121º lugar, em *ranking* de 175 países.[10]

O problema é reconhecido e admitido pelo governo brasileiro. Trabalho intitulado *Judiciário e Economia*, produzido pela Secretaria de Reforma do Judiciário do Ministério da Justiça menciona que "se o cidadão lesado desejar recorrer à Justiça brasileira para ver garantido seus direitos, perderia no processo entre 43,2% e 17% do valor da causa".[11] Ainda preocupa a constatação do estudo de que, admitindo-se um rito processual complexo, que compreenda as fases de conhecimento, de liquidação para determinação do valor devido e execução da sentença, o feito poderá durar oito anos para a satisfação do direito previamente garantido por um contrato.[12]

Demandas judiciais implicam em custos de transação para as partes. A possibilidade de prazos longos para a solução dos litígios certamente configurará um entrave a mais para a celebração de contratos, a viabilização de novos investimentos, o incremento da produção, a melhor prestação de serviços, etc. Por qualquer aspecto analisado, a sociedade espera uma rápida e eficiente prestação jurisdicional. Quanto mais demorados os processos, menor a credibilidade em relação à eficiência estatal, maior a descrença em relação à segurança jurídica. Além disso, aumenta o incentivo ao descumprimento de contratos, pois a parte prejudicada pode optar por não demandar pelo reconhecimento de seu direito. Se demandar, a demora na solução do litígio pode significar a vantagem entre cumprir ou descumprir uma obrigação.

Por outro lado, compete ao Estado, da maneira mais eficiente possível, prestar adequada tutela jurisdicional à sociedade. Essa obrigação decorre do princípio da eficiência, consagrado no art. 37 da Constituição da República de 1988, que se aplica inteiramente ao Poder Judiciário, na medida em o que se espera deste poder da República é tão somente o desempenho adequado de sua atividade.

Mas não é o papel que o próprio governo desempenha. Em vez de valorizar seus mecanismos de pagamento devidamente regulamentados, privilegiando o respeito à lei, o Estado brasileiro passou a emprestar ao título de crédito a desconfiança em sua própria efetividade. Tributos não mais podem ser pagos com cheques, devido ao risco da devolução dos títulos por falta de fundos, desacordo comercial ou qualquer outro argumento usado pelo devedor.

Fato é que o número de cheques em circulação no Brasil sofreu vertiginosa queda nos últimos anos. De abril de 2002 a abril de 2010, segundo estatísticas do Banco Central do Brasil, o SPB (Sistema de Pagamentos Brasileiro) registra uma queda na média diária de operações com cheques, de cerca de 12 milhões de operações para menos de 5 milhões de operações.[13]

10. *Doing Business 2007: How to Reform*, disponível em *http://www.doingbusiness.org/documents/DoingBusiness2007_FullReport.pdf*, p. 6.

11. *Judiciário e Economia*, disponível em *http://www.mj.gov.br/reforma/pdf/publicacoes/judiciario_economia.pdf*, p. 8. O trabalho é apresentado como uma "Análise elaborada pela Secretaria de Reforma do Judiciário do Ministério da Justiça, com base em estudos feitos pelo Banco Mundial, Banco Central e pelo Supremo Tribunal Federal. Os dados demonstram os reflexos para a economia da morosidade e da falta de efetividade das decisões judiciais, bem como apresenta propostas de racionalização dos processos para garantir maior celeridade e eficiência à Justiça".

12. *Judiciário e Economia*, cit., p. 8.

13. *http://www.bcb.gov.br/pom/spb/Estatistica/Port/Compe.ASP?id=spbest*, acesso 26.6.2010.

Ao lado disso, cresceu quase de forma exponencial o uso de outros meios de pagamento, como cartões de crédito e débito, TEDs – transferência eletrônica de disponíveis e outros pagamentos eletrônicos e até mesmo débitos em celulares. Essa mudança de comportamento do consumidor, do governo e dos empresários em geral conduz alguns à ideia equivocada de que os títulos de crédito estão com seus dias contados, podendo desaparecer a qualquer momento em decorrência dos avanços da vida moderna. O principal deles é a informática e a internet, com seus vários mecanismos de conexão *on line* entre as pessoas, fornecedores e consumidores.

No Brasil, realizada a compra e venda mercantil, o vendedor entregava a mercadoria, ficando a contraprestação do comprador – o pagamento – designado para uma época posterior. Ficava, no entanto, o vendedor-credor impossibilitado de ver satisfeito seu crédito, por motivos os mais diversos. Surgiu então, na normativa do Código Comercial, a exigência legal de se entregar ao comprador, na data da entrega das mercadorias, *por* duplicado, a *fatura ou conta dos gêneros vendidos*. Estes documentos, não sendo reclamados nos dez dias subsequentes à entrega e recebimento, presumem-se contas líquidas.

Como tal título ficava adstrito aos poucos recursos que lhe oferecia o Código Comercial, demonstraram os comerciantes no governo disposição em se afixar, nos documentos relativos às vendas mercantis, um selo concernente ao imposto a ser pago ao Fisco.

Surgiu por isso a *duplicata*, motivada por interesses fiscais governamentais, e apoiada pelo setor comercial nacional, interessado na existência de um título de crédito que documentasse as compras e vendas mercantis, porém seguro e facilmente circulável por endosso, e ao mesmo tempo dotado de caráter executivo.

Modificada a *duplicata*, sem porém sofrer mudanças em sua essência, afastada apenas sua natureza fiscal, vigora hoje no Brasil, regulamentada pela Lei n. 5.474/1968, modificada pelo Decreto-lei n. 436/1969.

"Pela nova lei já não é mais a duplicata um documento de emissão obrigatória por parte dos comerciantes, nas vendas a prazo, mas um título de que esses comerciantes se podem utilizar, em tais situações, para circular como título de crédito."[14]

No mesmo sentido preleciona Waldirio Bulgarelli: "Antes de emissão obrigatória pelos comerciantes, é agora facultativa (obrigatória sendo só a emissão da fatura), não podendo, entretanto, ser utilizados outros títulos para documentarem o saque pela entrega de mercadorias ou prestação de serviços".[15]

Vislumbra-se, pois, clara a intenção do legislador pátrio, quando instituiu a *duplicata*, em inaugurar um título de crédito com características fiscalistas acentuadas. A experiência prática, contudo, demonstrou que as excessivas formalidades de que se revestia o título lhe inviabilizariam o uso, provocando sua simplificação e trazendo enormes benefícios para os empresários que se utilizam da *duplicata*. A necessidade do mercado, contudo, motiva a ideia de novas modalidades de títulos de crédito, fazendo com que alguns doutrinadores passassem a defender e admitir a existência de outro título de crédito, ou até mesmo de duplicatas virtuais ou eletrônicas, para facilitar os negócios.

Entretanto, a lei brasileira precisa ser modificada para se admitir a substituição de diversos títulos de crédito usados diariamente. A Lei Federal n. 5.474, de 1968, concebe como único título de crédito passível de emissão em compra e venda a prazo a duplicata,[16] com a regulação prevista

14. Fran Martins, *Títulos de Crédito*, vol. II, 5ª ed., p. 174.

15. Waldirio Bulgarelli, *Títulos de Crédito*, 9ª ed., pp. 360-361.

16. "Art. 2º. No ato da emissão da fatura, dela poderá ser extraída uma duplicata para circulação como efeito comercial, não sendo admitida qualquer

naquele diploma legislativo. Como veremos adiante (e já foi extensamente discutido na doutrina), não é possível a emissão de duplicatas "virtuais".

3. *Características dos títulos de crédito*

Analisando o conceito de títulos de crédito de Cesare Vivante, podemos deduzir os princípios dos títulos de crédito. Alguns autores[17] diferenciam princípios e atributos, outros[18] trabalham como expressões sinônimas, enquanto outros ainda tratam-nos como características.[19] Princípios então seriam os preceitos abstratos que integram o direito positivo em face da omissão da lei. Já atributos são os caracteres que determina a existência do documento como título de crédito. Faltando um dos atributos, o documento não é um título de crédito, como defende Wille Duarte Costa.

Pois bem. Lembrando que "título de crédito é o documento necessário para o exercício do direito literal e autônomo nele contido", podemos deduzir os seguintes elementos caracterizadores dos títulos de crédito: autonomia, literalidade, incorporação e carturalidade. Falta apenas a tipicidade, teoricamente preenchida pelo art. 887 do Código Civil que, de maneira genérica, cria uma norma abrangente e geral para regular todos os títulos de crédito não típicos, vale dizer, que não tenham norma específica sobre eles, e a abstração, que se contrapõe à causalidade, que significa relacionar determinado título ao negócio jurídico que lhe deu origem.

A autonomia pode ser deduzida sob três aspectos: autonomia do direito, autonomia das obrigações e autonomia do título.[20] Quando se fala da autonomia do direito mencionado no título de crédito, o que se pretende é afirmar que o direito do portador ou possuidor do título é *autônomo* ou independente em relação aos possíveis direitos (ou alegações de direito) dos portadores anteriores do título de crédito. Sendo *autônomas* as obrigações, podemos entender que as diversas obrigações constantes no título não se vinculam umas às outras. Assim, uma obrigação nula não vitima de nulidade outra obrigação constante do título, permanecendo esta última íntegra e perfeita por seus únicos aspectos. Finalmente, o título é *autônomo* porque ele circula mediante endosso, independente (em regra) de qualquer outro documento que a ele se possa remeter.

Diz-se *literal* um título de crédito porque o direito nele mencionado deve ser visto e analisado tal como está nele expresso. Se um título menciona que seu portador será credor de R$ 5 mil, não havendo qualquer outra cláusula no título, deve-se concluir peremptoriamente que o direito do portador é de receber R$ 5 mil. Nada mais, nada menos.

Incorporação significa materializar no próprio título o direito de crédito. Tendo se materializado no título, o direito de crédito só poderá ser exercido mediante a apresentação ou exibição do documento que o representa.

Abstrato é o título de crédito que representa uma relação não vinculada ao negócio jurídico subjacente, ou seja, ao negócio jurídico que deu origem ao título de crédito. Se notas promissórias e letras de câmbio são essencialmente abstratas, duplicatas são tipicamente um título causal, devendo-se fazer remissão ao negócio jurídico que o cria.

outra espécie de título de crédito para documentar o saque do vendedor pela importância faturada ao comprador."

17. Wille Duarte Costa, "Atributos, princípios gerais e teorias dos títulos de crédito: o direito que precisa ser repensado", *Revista da Faculdade de Direito Milton Campos*, vol. 4.

18. P. ex., Theofilo de Azeredo Santos, *Manual dos Títulos de Crédito*, p. 3; e Luiz Emygdio F. da Rosa Jr., *Títulos de Crédito*, p. 56.

19. Rubens Requião, *Curso de Direito Comercial*, vol. 2, p. 291.

20. Wille Duarte Costa, *Títulos de Crédito*, p. 71.

Típico é o título de crédito que tem norma específica para regulá-lo. Faltando ao título alguma regulação específica, com o advento do Código Civil de 2002, é admissível sua existência mediante suprimento, pelo art. 887 e ss., de qualquer omissão legislativa para sua criação. Verdadeira regra geral, o Código Civil não apresenta no momento, nenhuma utilidade prática, eis que toda a legislação cambial há muito se regulou por normas específicas, exaustivamente estudadas e analisadas pela doutrina.

De propósito, ao tratar da incorporação, deixamos de nos referir à característica da *cartularidade*, que significa que o título de crédito é representado por um documento, uma cártula. Faltando esse, poder-se-ia concluir que o documento não é título de crédito e, portanto, não é regulado por esse complexo normativo tão simplificado e, ao mesmo tempo, completo e seguro que é a teoria dos títulos de crédito.

Porém, aqui surgem alguns elementos que, diante deles, nos permitem compreender a ideia dos títulos de crédito eletrônicos. Imagine-se, por exemplo, uma duplicata remetida para aceite e não devolvida. Criou-se a figura do protesto por falta de devolução, situação em que o titular legitimado poderá, mediante simples indicação, exercer o direito ao protesto da duplicata.[21]

Ainda, podemos questionar a necessidade de se entender a cartularidade como a exigência física de uma cártula ou documento. Isto porque os títulos de crédito eletrônicos, para que possam existir e circular em redes de informática ou internet, precisam necessariamente ser elementos ou documentos eletrônicos.

"Seja dito aqui que na definição de Vivante, mesmo com a expressão 'mencionado' do original substituída pela expressão 'contido', aquele grande comercialista italiano tratou e agora o Código Civil também trata o título de crédito como 'documento necessário'. Ora, se o título de crédito é documento necessário, por força daquela definição e também da lei civil, é certo que neste caso nunca poderá ser virtual ou eletrônico o título de crédito, diante daquela qualidade imposta pela própria lei civil – documento necessário."[22]

No mesmo sentido, Fran Martins também insistia na necessidade de um documento físico para materializar um título de crédito: "Para ser título de crédito é necessário que a declaração conste de um documento escrito: poderá esse documento ser um papel, um pergaminho, um tecido, mas de qualquer modo deve ser uma coisa corpórea, material, em que se possa ver (e não apenas ouvir, como no caso do disco), inscrita a manifestação da vontade do declarante. Não é preciso, sequer, que todas as declarações constantes sejam grafadas de próprio punho do declarante. Mas, em qualquer circunstância, deve ser um escrito, lançado em documento corpóreo, em regra uma coisa móvel, para facilitar a circulação dos direitos, já que esses,

21. "Art. 13. A duplicata é protestável por falta de aceite de devolução ou pagamento. § 1º. Por falta de aceite, de devolução ou de pagamento, o protesto será tirado, conforme o caso, mediante apresentação da duplicata, da triplicata, ou, ainda, por simples indicações do portador, na falta de devolução do título. § 2º. O fato de não ter sido exercida a faculdade de protestar o título, por falta de aceite ou de devolução, não elide a possibilidade de protesto por falta de pagamento. § 3º. O protesto será tirado na praça de pagamento constante do título. § 4º. O portador que não tirar o protesto da duplicata, em forma regular e dentro do prazo da 30 (trinta) dias, contado da data de seu vencimento, perderá o direito de regresso contra os endossantes e respectivos avalistas."

"Art. 14. Nos casos de protesto, por falta de aceite, de devolução ou de pagamento, ou feitos por indicações do portador do instrumento de protesto deverá conter os requisitos enumerados no art. 29 do Decreto n. 2.044, de 31 de dezembro de 1908, exceto a transcrição mencionada no inciso II, que será substituída pela reprodução das indicações feitas pelo portador do título."

22. Wille Duarte Costa, *Títulos de Crédito Eletrônicos*, disponível em *http://www.revistadir.mcampos.br/PRODUCAOCIENTIFICA/artigos/willeduartecosta01.pdf*, acesso 29.6.2010.

incorporados no título, circulam com o mesmo".[23]

A concepção existente outrora sobre a necessidade de se ter documentos representados por papéis, cártulas, não se sustenta mais com a instituição da Infraestrutura de Chaves Públicas Brasileira – ICP-Brasil,[24] criada "para garantir a autenticidade, a integridade e a validade jurídica de documentos em forma eletrônica, das aplicações de suporte e das aplicações habilitadas que utilizem certificados digitais, bem como a realização de transações eletrônicas seguras".

A Infraestrutura de Chaves Públicas Brasileira – ICP-Brasil é uma cadeia hierárquica e de confiança, mantida pelo Instituto Nacional de Tecnologia da Informação – ITI, uma autarquia federal vinculada à Casa Civil da Presidência da República e que é a primeira autoridade da cadeia de certificação – AC Raiz. Tem por objetivo viabilizar a emissão de certificados digitais para identificação de pessoas, quando negociam no meio virtual, como a Internet.

Como o modelo adotado pelo Brasil foi o de certificação com raiz única, e como o ITI, além de desempenhar o papel de Autoridade Certificadora Raiz – AC Raiz, também, tem o papel de credenciar e descredenciar os demais participantes da cadeia, supervisionar e fazer auditoria dos processos, institucionalizaram-se os documentos eletrônicos, revestindo-os de legalidade e juridicidade.

Assim, por meio de um certificado digital, qualquer pessoa pode assinar um documento eletrônico, conferindo a ele a qualidade de um documento legítimo. O certificado digital da ICP-Brasil, garante, por força da legislação atual, validade jurídica aos atos praticados com seu uso e personifica a figura do autor do documento. A certificação digital é a ferramenta tecnológica que permite que qualquer pessoa possa atuar e contratar em *sites* de comércio eletrônico, celebrar contratos, realizar operações bancárias e comunicar-se autenticamente com órgãos públicos, como a Receita Federal, Poder Judiciário, entre outros. Essas transações, feitas de forma virtual, ou seja, sem a presença física do interessado, tem no certificado digital a identificação inequívoca da pessoa que a está realizando pela Internet.

Tecnicamente, "o certificado é um documento eletrônico que por meio de procedimentos lógicos e matemáticos asseguraram a integridade das informações e a autoria das transações. Esse documento eletrônico é gerado e assinado por uma terceira parte confiável, ou seja, uma Autoridade Certificadora que, seguindo regras emitidas pelo Comitê Gestor da ICP-Brasil e auditada pelo ITI, associa uma entidade (pessoa, processo, servidor) a um par de chaves criptográficas".[25]

Os certificados digitais contêm os dados de seu titular (nome, número do registro civil, assinatura da Autoridade Certificadora que o emitiu, entre outros, conforme detalhado na Política de Segurança de cada Autoridade Certificadora) e, por isso, conferem autenticidade autoral ao documento eletrônico assinado mediante uso de um certificado digital.

Uma vez assinado digitalmente um documento eletrônico, seu portador poderá imprimi-lo. Na impressão do documento, a assinatura digital gera um texto que autentica em papel a titularidade da assinatura digital válida. Assim, o documento eletrônico é transferido autenticamente para o papel, podendo ser usado para instrução de um processo judicial físico.

Se alternativamente, a parte preferir instruir o processo judicial eletrônico para cobrança do crédito, bastará anexar à petição inicial, dentre os documentos que instruem a demanda, o arquivo eletrônico devidamente assinado digitalmente.

23. Fran Martins, *Títulos de Crédito*, vol. I, 7ª ed., p. 6.

24. Art. 1º da MP 2.200-2, de 24.8.2001.

25. Disponível em *http://www.iti.gov.br*, acesso 24.6.2010.

Portanto, é de se concluir que um documento eletrônico, devidamente assinado com certificado digital válido, criado na forma prevista na legislação vigente, equivale a um documento físico em todos os seus termos, materializando o título de crédito em sua versão eletrônica. Mas isso, entretanto, não basta para atender às exigências legais e circunstanciais que justificam a criação de títulos de crédito.

4. Saque ou emissão, aceite, aval e endosso no título de crédito

As declarações cambiais são fundamentais para garantir a circulação dos títulos de crédito. Resumidamente, apenas para relembrar as características de cada uma, vamos enumerá-las. São elas: o *saque* ou *emissão*, consistente na assinatura que dá origem e cria os títulos de crédito; o *aceite*, não previsto em todos os títulos de crédito e passível de suprimento se observadas as exigências legais; o *aval*, forma de garantia do título de crédito, fundamental para sua credibilidade; e o *endosso*, meio de transmissão da titularidade do título de crédito de maneira rápida, ágil e prática.

Saque é declaração cambial originária, de regresso e essencial. Emissão é obrigação cambial originária, principal e essencial. Ambas dão origem aos títulos de crédito e, portanto, constituem-se em declarações originárias. São essenciais porque o título deve ostentá-las, sob pena de lhe faltar um dos requisitos essenciais e não supríveis pela letra da lei cambial ou civil. Finalmente, um saque constitui uma obrigação de regresso enquanto a emissão é obrigação cambiária principal. O primeiro representa a declaração cambial dada pelo emitente do título, através do qual é dada a um terceiro a ordem para efetuar o pagamento da letra ao legítimo possuidor. Já a emissão significa uma promessa do próprio devedor para efetuar o pagamento do título. Constitui uma declaração unilateral de pagamento da dívida.

Surgido o título pelo saque, a relação cambiária deve se formar de maneira completa e conclusiva pelo aceite. Este constitui declaração cambial derivada, principal e não essencial. Explicando melhor, o aceite é uma forma de declaração cambiária típica. É derivada porque não faz surgir o título. Ao contrário, pressupõe a prévia emissão do título, através do saque. Tem caráter essencial porque seu emitente terá, obrigatoriamente, que honrar o pagamento da letra, não podendo exercer contra ninguém o direito de regresso. O aceitante é o obrigado principal do título de crédito.

Ele é não essencial porque sua ausência não impede a circulação do título, nem tampouco a cobrança do devedor principal. Isto porque, não havendo aceite na duplicata, em decorrência da causalidade, nem por isso o título deixa de representar um direito de crédito líquido, certo e exigível. Basta que o seu portador apresente, juntamente com o título de crédito, o comprovante de entrega da mercadoria a que se refere a duplicata e o protesto, fazendo com isso o que se convencionou chamar de "aceite presumido".

Aval é a declaração cambial derivada, acessória e não essencial, representativa de um compromisso de regresso. Pelo aval, aquele que assina o título de crédito se compromete a pagar a letra em caso de não pagamento pela pessoa que ele garante. É derivada porque não dá origem a títulos de crédito, mas apenas significa uma garantia de pagamento ao credor da letra. Acessória e não essencial, porque o aval não precisa existir para que certo documento circule como título de crédito. Finalmente, significa para seu emissor um compromisso regressivo, segundo o qual ele poderá cobrar daquele a quem garante, caso pague em nome dele o título, se eventualmente cobrado. O aval pode ser em preto, quando especifique a quem é dado, ou em branco, quando não o especifica.

Finalmente, o endosso é uma declaração cambial derivada, também acessória e não essencial, que também garante ao seu emissor um direito regressivo em caso de pagamento da letra. Tal como no aval, o endosso surge apenas se o título houver sido criado validamente. Por isso, é declaração derivada. O título de crédito não precisa de um endosso para gerar os efeitos de mobilização do crédito que lhe são próprios. Por isso, diz-se que o endosso é não essencial e acessório. Finalmente, em caso de pagamento da letra pelo endossante, resguarda-se a ele o direito de se voltar, em exercício regressivo, contra aquele que lhe transmitiu o título de crédito, e assim sucessivamente, até chegar ao obrigado principal ou, não havendo, ao sacador, emitente do título não aceito. Tal como no aval, endossa-se um título em preto quando o endossante especifica o nome do novo beneficiário do título. Já o endosso em branco se dá quando não há menção ao nome do novo portador da letra, transformando-a em documento ao portador.

Para que qualquer dessas declarações cambiais possa ser inserida em um título de crédito, necessário é que a pessoa que emite a declaração assine o título, seja no verso, seja no anverso, conforme o caso. Querendo, também poderá haver a inclusão de cláusulas cambiárias especiais, como aval ou endosso em preto, proibição de novo endosso, aceite ou aval parcial, etc. Devido a essas características é que a declaração cambial não pode ser inserida em um título de crédito eletrônico, como se verá adiante.

5. Impossibilidade técnica de inclusão de novas declarações cambiais em documentos eletrônicos assinados digitalmente

Para que se justifique a discussão acerca da possibilidade ou pertinência para criação de um título de crédito eletrônico, a singela discussão acerca da possibilidade de criação no meio virtual já é superada. Como vimos acima, a Medida Provisória n. 2.200-2, de 2001, criou mecanismo que permite a criação de um documento eletrônico e, mais ainda, aparelhou o ITI, autarquia federal, de mecanismos hábeis para certificar a autenticidade de uma determinada assinatura eletrônica e, consequentemente, a autoria da mensagem. Porém isso não basta para permitir que se criem títulos de crédito eletrônicos.

Não basta porque um documento eletrônico será autêntico, ou seja, terá reconhecida a autoria da assinatura, desde que seu emitente o grave com uma assinatura digital. A assinatura digital é um código anexado ou associado através de recursos computacionais a uma mensagem eletrônica. Ela permite, de forma única e exclusiva, a comprovação da autoria de um determinado conjunto de dados constantes de um documento eletrônico, tal como um arquivo, um *e-mail* ou título de crédito eletrônico. Pela verificação da autenticidade da assinatura digital, comprova-se que a pessoa criou ou concorda com um documento assinado digitalmente, como se fosse sua assinatura de próprio punho a comprovar a autoria de um documento escrito. A verificação dessa autenticidade de assinatura é obtida através da chave pública do emissor da assinatura digital.

Para que a assinatura digital seja válida, mister se faz criar, tecnologicamente, um algoritmo de criptografia que usa duas chaves: uma chave pública e uma chave privada.

A chave pública é uma das chaves de um par de chaves criptográficas em um sistema de criptografia assimétrica.[26] É divulgada pelo seu dono e usada para verificar a assinatura digital criada com a chave privada correspondente. A chave pública pode ser distribuída juntamente com o documento eletrônico, enquanto a chave privada é mantida secreta.

26. Disponível em *http://www.iti.gov.br/twiki/pub/Certificacao/Legislacao/Glossario_ICP-Brasil_–_Versao_1.2.pdf*, acesso 27.6.2010.

Atuando em conjunto com a chave pública, a chave privada[27] – a outra das chaves de um par de chaves criptográficas em um sistema de criptografia assimétrica – é mantida secreta pelo seu dono (detentor de um certificado digital) e usada para criar assinaturas digitais e para decifrar mensagens ou arquivos cifrados com a chave pública correspondente.

Entretanto, para resguardar e garantir a autenticidade das mensagens eletrônicas, esse mesmo sistema de criptografia assimétrica acusa qualquer modificação do conteúdo de um documento eletrônico previamente assinado digitalmente. A chave pública, que acompanha o documento, não é hábil para destravar o documento e permitir qualquer modificação de seu conteúdo. Para que se garanta a autenticidade de um documento assinado digitalmente, mister se faz que o sistema eletrônico de autenticação digital impeça a modificação não autorizada (vale dizer, por quem não seja o autor do documento eletrônico). Na eventualidade de se tentar alterar o documento eletrônico assinado digitalmente, a chave pública se inutilizará, acusando a fraude tentada.

Porém, quando se trata de títulos de crédito, várias assinaturas estarão inseridas num mesmo documento. Sacada no momento da criação (1ª assinatura), a letra poderá depois receber o aceite (2ª assinatura) do sacado. Também podem ser inseridas assinaturas correspondentes ao aval (3ª assinatura) ou ao endosso (4ª assinatura), a fim de permitir a circulação rápida e segura do título. Tanto o aceite quanto o aval poderão ser parciais, ou seja, pode-se declarar qual o valor se pretende aceitar/garantir através daquela assinatura. O aval e o endosso ainda podem ser em preto, declarando a favor de quem é prestada a garantia ou em benefício de quem se transfere o título de crédito.

27. Disponível em *http://www.iti.gov.br/twiki/pub/Certificacao/Legislacao/Glossario_ICP-Brasil_–_Versao_1.2.pdf*, acesso 27.6.2010.

Como, então, fazer-se qualquer dessas declarações cambiais sem que se inutilize o título de crédito anteriormente criado com uma assinatura digital? Impossível, pois isso implicaria em alterar o conteúdo do documento. Ao fazer essa alteração, o interessado inutiliza a assinatura digital aposta por quem o antecedeu na relação cambial.

Também não se pode imaginar que tais declarações seriam dadas em documento separado, a fim de preservar a integridade do documento eletrônico assinado digitalmente. Pelo atributo da literalidade, nenhuma declaração valeria se expressa em documento apartado do próprio título.

Para piorar, quando tais limitações tecnológicas puderem ser superadas, deve-se ter sempre em mente que os documentos eletrônicos são passíveis de cópia e replicação instantânea, através de *softwares* simples, criados com o objetivo de resguardar *backups* aos titulares da informação digital. Então, como garantir que alguém, de posse de um título de crédito eletrônico, não o replique diversas vezes para destinatários diferentes, gerando múltiplas versões de um mesmo crédito?

6. Conclusão

Não se duvide da importância e facilidade que os títulos de crédito têm no mercado. Necessário para a circulação do crédito, é imprescindível que sejam pensadas alternativas que permitam a rápida, ágil e segura transferência de recursos e créditos futuros. A possibilidade de transacionar com recebíveis de curto, médio e longo prazo de forma segura e rápida, em vez de negociar apenas com quantias à vista, constitui o principal e maior motivador dos títulos de crédito.

Da mesma maneira, é inegável a contribuição que a informática confere para disseminação do saber e da informação. A mensagem eletrônica se replica e se transfere a custo baixíssimo (quase somente o custo da conexão de internet), de maneira ilimitada, rápida e instantânea.

Querer utilizar os benefícios da informática para permitir acelerar as transações e transferências privadas de recursos, representadas pelos títulos de crédito, esbarra em limitações técnicas que não foram pensadas pelos idealizadores dos mecanismos de autenticação de arquivos eletrônicos. O bom jurista deve ter o cuidado de importar tecnologias para o Direito, sem conhecer efetivamente as características técnicas que envolvem determinada ferramenta tecnológica.

Alternativamente, e o Código Civil de 2002 não dá sustentação para isso, podem ser pensadas novas modalidades de títulos de crédito eletrônicos, criando-se leis específicas para regular esses novos modelos. Não se pode simplesmente misturar as técnicas do Direito com os mecanismos da informática sem harmonizá-los com atenção e critério, como tem sido feito e proposto inadvertidamente para se justificar a existência de títulos de crédito eletrônicos.

7. Bibliografia

ALMEIDA, Amador Paes de. *Teoria e Prática dos Títulos de Crédito*. 26ª ed. São Paulo, Saraiva, 2007.

ASCARELLI, Tullio. *Teoria Geral dos Títulos de Crédito*. 2ª ed. São Paulo, Saraiva, 1969.

BULGARELLI, Waldirio. *Títulos de Crédito*. 9ª ed. São Paulo, Atlas, 1992.

COASE, Ronald H. *The Firm, the Market and the Law*. Chicago, The University of Chicago Press, 1988.

COSTA, Wille Duarte. "Atributos, princípios gerais e teorias dos títulos de crédito: o direito que precisa ser repensado". *Revista da Faculdade de Direito Milton Campos*. vol. 4. Belo Horizonte, Inédita, 1997.

______. *Títulos de Crédito Eletrônicos*. Disponível em *http://www.revistadir.mcampos.br/PRODUCAOCIENTIFICA/artigos/willeduartecosta01.pdf*, acesso 29.6.2010.

______. *Títulos de Crédito*. Belo Horizonte, Del Rey, 2003.

MARTINS, Fran. *Títulos de Crédito*. vol. I, 7ª ed. Rio de Janeiro, Forense, 1992; vol. II, 5ª ed. Rio de Janeiro, Forense, 1993.

REQUIÃO, Rubens. *Curso de Direito Comercial*. vol. 2, 23ª ed. São Paulo, Saraiva, 2003.

ROSA JR., Luiz Emygdio F. da. *Títulos de Crédito*. Rio de Janeiro, Renovar, 2000.

SANTOS, Theofilo de Azeredo. *Manual dos Títulos de Crédito*. Rio de Janeiro, Cia. Ed. Americana, 1971.

WILLIAMSON, Oliver E. *The Economic Institutions of Capitalism*. Nova York, The Free Press, 1985.

WITTMAN, Donald. *Economic Foundations of Law and Organization*. Cambridge, Cambridge University Press, 2006.

Sites na internet:

http://www.bcb.gov.br/pom/spb/Estatistica/Port/Compe.ASP?id=spbest. Acesso 26.6.2010.

http://www.iti.gov.br. Acesso 24.6.2010.

http://www.iti.gov.br/twiki/pub/Certificacao/Legislacao/Glossario_ICP-Brasil_-_Versao_1.2.pdf. Acesso 27.6.2010.

Doing Business 2007: how to Reform. Disponível em *http://www.doingbusiness.org/documents/DoingBusiness2007_FullReport.pdf*. Acesso 7.6.2010.

Judiciário e Economia. Disponível em *http://www.mj.gov.br/reforma/pdf/publicacoes/judiciario_economia.pdf*.Acesso30.6.2010 e 31.6.2010.

Atualidades

CONSTITUIÇÃO E INTERPRETAÇÃO: UMA ANÁLISE DA DECISÃO DO STF SOBRE A NOVA LEI DE FALÊNCIAS E RECUPERAÇÃO DE EMPRESAS (ADI 3.934-DF)

LÍVIO GOELLNER GORON

1. Introdução. 2. Sistema jurídico, Constituição e interpretação. 3. Questões em foco: a Lei n. 11.101/2005, a responsabilidade do adquirente de ativos e o privilégio do crédito trabalhista. 4. A decisão do Supremo Tribunal Federal na ADI n. 3.934-DF. 5. Análise crítica: à demanda de uma interpretação sistemática. 6. Conclusão. 7. Referências bibliográficas.

1. Introdução

Toda legislação emanada do Parlamento é um convite a criar e recriar o direito. A lei, como legítima interpretação constitucional do legislador democrático, aspira à sua completa integração no sistema jurídico, encimado e estruturado pelos princípios constitucionais. O intérprete, ciente dessa responsabilidade, é seu *positivador final*. Renova-se, assim, a importância dos temas interpretativos para o avançar da discussão jurídica.

A nova Lei de Falências – Lei n. 11.101, de 2005 – oferece fecundas possibilidades nessa seara, tendo o Supremo Tribunal Federal abordado aspectos importantes da referida legislação no julgamento na Ação Direta de Inconstitucionalidade n. 3.934-DF. É objetivo do presente texto dar conta de alguns temas que ali foram tratados pelo STF, integrando-os numa visão da interpretação como *processo tópico-sistemático*, cuja riqueza vem sendo crescentemente reconhecida pela doutrina brasileira.

No primeiro tópico será abordada a compreensão do direito como sendo um *sistema axiológico* e *teleológico*, analisando-se o modelo interpretativo que tal concepção acarreta e as suas exigências hermenêuticas fundamentais. A seguir, cuidar-se-á de realizar uma abordagem dogmática de dois pontos da Lei n. 11.101: a responsabilidade, no processo de falência ou recuperação, do adquirente de unidades produtivas pelas dívidas da empresa devedora, e limitação dos privilégios do crédito decorrente da legislação do trabalho. No terceiro tópico tais pontos reaparecerão sob a perspectiva da decisão tomada pelo STF na ADI, no exame de sua compatibilidade material com a Constituição. Finalmente, no último tópico, os argumentos decisórios adotados pelo STF – e outros que não foram considerados pela Suprema Corte – serão revisitados em face da concepção sistemática do processo interpretativo. O norte adotado nesse exercício de interpretação consiste, portanto, no exame dos preceitos legais sob uma luz que destine a maior efetividade possível ao concerto de princípios fundamentais.

Advirta-se, por fim, que embora a presente análise tome como ponto de partida um fato estabelecido – uma decisão judicial – o processo hermenêutico, aqui também, pouco tem de *retrospectivo*. O diálogo sobre interpretação é atividade essencialmente voltada ao futuro. Interpreta-se para o porvir, para os fatos que ainda haverão de acontecer, e para as gerações vindouras. É uma tarefa que não finda.

2. Sistema jurídico, Constituição e interpretação

Na atualidade a compreensão do direito como um *sistema* não é colocada seriamente em discussão. Esse decisivo patamar do conhecimento científico foi alcançado por meio da evolução do pensamento jurídico, que permitiu à consciência penetrar na estrutura do direito e visualizar com precisão os seus elementos constitutivos.

Daí proveio o vislumbre de que o direito está irreversivelmente atraído pela ideia de generalização. Por generalização entende-se a noção de que as unidades componentes de um conjunto podem ser reconduzidas a alguns poucos elementos superiores. Tais elementos conferem aos elementos que lhe estão subordinados as características fundamentais de unidade e de adequação. Ora, esses caracteres, por si sós, permitiram aos juristas surpreender no direito a sua inegável natureza sistemática.

A consciência jurídica apropriou-se de outra notável conquista ao solidificar a percepção de que o direito está cimentado por *princípios* e por *valores*, elementos que lhe servem, simultaneamente, de vértice e base, perpassando a estrutura jurídica como um todo. O sistema jurídico, portanto, com base nessa visão contemporânea, é descrito como tendo natureza axiológica-teleológica (ficando superada, em larga medida, a visão do direito como sistema axiomático-dedutivo, constituído tão somente de regras, suscetíveis de dedução *more geometrico*, umas das outras).

Essa concepção atualizada tem no seu eixo central, como foi enfatizado, os *princípios*, verdadeiras bases do sistema que estruturam a aplicação de todas as suas normas.[1]

Do reconhecimento de que o direito está estruturado em torno de normas fundamentais – que projetam efeitos em todos os seus âmbitos – decorrem consequências significativas quanto à definição da própria natureza do sistema jurídico. Consoante faz notar Robert Alexy, o sistema jurídico, nessa visão, passa a ser admitido como um sistema de caráter *aberto* (independentemente da dimensão dessa abertura), e fundamentalmente, como um sistema que está aberto *frente à moral*.[2]

No quadro de um sistema integrado por princípios e valores, como hoje se reconhece, a interpretação do direito sofre uma renovação em seu significado e na sua finalidade, conduzindo a um novo paradigma hermenêutico.

1. Convém aqui reproduzir a já clássica definição proporcionada por Juarez Freitas: "Entende-se (...) o sistema jurídico como uma rede axiológica e hierarquizada topicamente de princípios fundamentais, de normas estritas (ou regras) e de valores jurídicos, cuja função é a de, evitando ou superando antinomias em sentido lato, dar cumprimento aos objetivos justificadores do Estado democrático, assim como se encontram consubstanciados, expressa ou implicitamente, na Constituição" (*A Interpretação Sistemática do Direito*, p. 54).

2. *Teoría de los Derechos Fundamentales*, pp. 524-525. Também Juarez Freitas observa a abertura do sistema jurídico ao ingresso de elementos metajurídicos, reconhecendo-lhe, assim, sua condição de sistema aberto, a qual é especialmente perceptível no momento de interpretação ou *positivação derradeira*: "São vastas e não raro contraditórias as possibilidades hermenêuticas conferidas ao intérprete/aplicador, já que a *hierarquização axiológica nunca será somente jurídica*, nem poderia sê-lo, por mais que se force a distinção entre exegese como ciência e ato de criação do direito como arte" (*A Interpretação Sistemática do Direito*, p. 82 – grifou-se).

Toda interpretação da ordem jurídica, para ser qualificada como tal, deve operar tópica e sistematicamente.

Classifica-se de *tópica* a interpretação jurídica assim concebida, porque hierarquiza os valores e princípios em face dos casos concretos,[3] e de *sistemática*, porque ocorre no âmbito do sistema axiológico--teleológico, devendo sempre considerar a totalidade do sistema e resultar numa positivação que seja coerente com ele. Tal interpretação abrange os variados métodos hermenêuticos tradicionais,[4] integrando-se numa visão de sistema. Não representa uma simples alternativa colocada à disposição do hermeneuta. Ao contrário: trata-se já da interpretação jurídica *por excelência*, ou seja, de uma interpretação total e totalizante.

É fácil perceber que a interpretação sistemática pressupõe, em todos os processos hermenêuticos, a intervenção ativa e primordial do texto constitucional.

Com efeito, e segundo dá conta a observação de Juarez Freitas, "sendo sistemática, toda exegese há de ser, também, interpretação constitucional, uma vez que a carta não integra apenas o sistema, mas serve de estatuto integrativo da ordem jurídica".[5]

Na hermenêutica constitucional – assim mostra a experiência – o intérprete depara-se com uma pluralidade de contraditórios valores positivados no texto fundamental, cuja harmonização se oferece como um permanente desafio exegético.

Isso se deve ao fato de que as Constituições democráticas são entidades essencialmente plurais,[6] abrigando no seu interior uma "congênita tensão interna". Esse tensionamento, porém, ao contrário do que por vezes se afirma, não é um defeito: trata-se de notável sintoma da vitalidade do texto constitucional. A Constituição que não experimente essa tensão dialética carece de substância e de legitimidade, pois seguramente se mostra incapaz de encarnar os variados anseios da sociedade.[7]

Todo interpretação da Constituição, ou interpretação realizada em face da Constituição – na realidade, trata-se do mesmo fenômeno – envolve colocá-la "plasticamente em conexão com a totalidade axiológica do sistema, renunciando ao que não for uma prudente hierarquização, de sorte a obter a máxima justiça possível".[8]

A interpretação da Constituição importa, pois, segundo a concepção de Juarez Freitas, em hierarquizar princípios, regras e valores constitucionais, sem permitir, contudo, no curso desse processo, *a quebra de qualquer princípio constitucional*.[9] Interpretar a Constituição implica, sinteticamente, em exercer um controle de aderência e de compatibilidade do objeto da interpretação com o sistema constitucional.

3. Questões em foco: a Lei n. 11.101/2005, a responsabilidade do adquirente de ativos e o privilégio do crédito trabalhista

A Lei n. 11.101/2005 propôs-se a dar inteira nova regulação ao instituto da falência, substituindo, de outra parte, a antiga concordata pela figura da *recuperação judicial*. Convém, por ora, traçar um breve

3. Sendo impossível, portanto, estabelecer uma relação apriorística de precedência de uns sobre outros.

4. Juarez Freitas, "A melhor interpretação constitucional *versus* a única resposta", p. 351.

5. "A melhor interpretação constitucional *versus* a única resposta", p. 351. Cabe observar que a interpretação tópico-sistemática articula-se com o texto constitucional, não somente porque toda atividade interpretativa é constitucional, mas também porque a própria interpretação da Constituição submete-se ao cânone tópico-sistemático, reclamando a ponderação de princípios constitucionais.

6. Juarez Freitas, "A melhor interpretação constitucional *versus* a única resposta", p. 322.

7. Idem, p. 330.

8. Idem, p. 329.

9. Idem, p. 320.

panorama das inovações da Lei que foram submetidas a exame pelo STF, sob o ângulo constitucional, no julgamento da Ação Direta de Inconstitucionalidade n. 3.934-DF – decisão que será oportunamente explicitada.

A novel legislação das falências e recuperações teve por declarado propósito dar conta da crescente complexidade do fenômeno da empresa, "cadinho onde efervescem múltiplos interesses: o pagamento de salários para a classe obreira, dos tributos para a manutenção do Estado, e dos lucros para os investidores".[10]

Fala a doutrina numa *ética da solidariedade* em alusão à proposta de repartição dos ônus da crise da empresa entre a devedora e seus credores – programa este que se constitui, verdadeiramente, no *leitmotiv* da Lei n. 11.101.[11]

A Lei de Falências demarca caminhos específicos às sociedades em dificuldades econômicas. Relativamente às empresas que apresentam condições de soerguer-se, prevê o instituto da recuperação (judicial ou extrajudicial). Para as empresas cuja continuidade é economicamente inviável, ou não recomendável, a Lei, como assinala José da Silva Pacheco, aponta a falência e projeta a rápida alienação dos ativos, buscando assim evitar a destruição improdutiva da unidade econômica.[12]

Nesse contexto, a Lei estipula, no seu art. 60, que a recuperação judicial poderá envolver, como parte do plano de reerguimento da empresa, a "alienação judicial de filiais ou unidades produtivas isoladas",[13] acrescentando, no parágrafo único, que a transferência de tais unidades se dará com a liberação de todo e qualquer ônus, não importando em sucessão do arrematante nas obrigações do devedor.[14]

No art. 141, de forma similar, só que em relação ao instituto da falência, a Lei prevê que a alienação dos ativos da falida, promovida de forma conjunta ao separada, far-se-á com exclusão de qualquer ônus, isentando o arrematante das obrigações do devedor. O § 1º do artigo – igualmente aplicável, por disposição expressa, à hipótese de venda de unidade econômica na recuperação judicial (art. 60) – ressalva daquela estipulação isentiva os casos em que a aquisição dos ativos tenha se verificado por sócio ou sociedade controlada pelo falido, por parente deste ou de sócio da sociedade falida, ou, genericamente, por pessoa que venha a ser identificada como agente do falido, atuante com o propósito de fraudar o favor legal.[15] Por fim, o § 2º

10. José da Silva Pacheco, *Processo de Recuperação Judicial, Extrajudicial e Falência: em Conformidade com a Lei n. 11.101/2005 e a Alteração da Lei n. 11.127/2005*, p. 110.

11. Afirma Jorge Lobo que "a LRE, ao fundar-se na ética da solidariedade, engajou-se no movimento universal, segundo o qual, nos nossos dias, no País e no resto do mundo, os conflitos privados, de cunho exclusivamente patrimonial, entre devedores e credores, no âmbito do Direito Concursal, se estendem e abarcam interesses gerais e coletivos, interesses públicos e sociais, que devem ser considerados, pelo devedor, quando ajuíza a ação de recuperação judicial, e elabora o plano de reerguimento, e pelos credores, quando votam na assembleia geral" (*Comentários à Lei de Recuperação de Empresas e Falência*, p. 109).

12. *Processo de Recuperação Judicial, Extrajudicial e Falência: em Conformidade com a Lei n. 11.101/2005 e a Alteração da Lei n. 11.127/2005*, p. 111.

13. Segundo observa Jorge Lobo, com propriedade, "o art. 60, sob a denominação 'alienação judicial de filiais ou de unidades produtivas isoladas do devedor', trata, em verdade, do decantado 'trespasse de estabelecimento empresarial'" (*Comentários à Lei de Recuperação de Empresas e Falência*, p. 160).

14. "Art. 60. Se o plano de recuperação judicial aprovado envolver alienação judicial de filiais ou de unidades produtivas isoladas do devedor, o juiz ordenará a sua realização, observado o disposto no art. 142 desta Lei. Parágrafo único. O objeto da alienação estará livre de qualquer ônus e não haverá sucessão do arrematante nas obrigações do devedor, inclusive as de natureza tributária, observado o disposto no § 1º do art. 141 desta Lei."

15. Comentando a disposição constante do § 1º do art. 141, diz Fábio Ulhoa Coelho que "a lei não pode ignorar as fraudes que a negativa expressa de sucessão pode abrigar. O controlador da sociedade falida pode, por interpostas pessoas, adquirir a mesma empresa que anteriormente explorava, liberando-se da obrigação de pagar o passivo" (*Comentá-*

do dispositivo torna expresso que o arrematante poderá contratar os empregados da falida mediante a celebração de novos contratos de emprego, liberando-se de responder por obrigações decorrentes do contrato anterior.[16]

Rachel Sztajn nota com precisão que o ponto central e realmente inovador da Lei consiste no "rompimento de um certo vínculo que prende ativo e passivo patrimoniais".[17] A unidade econômica a ser alienada destaca-se do passivo da empresa que é submetida ao processo de recuperação, ficando transferidos ao adquirente do estabelecimento apenas os seus elementos dotados de valia intrínseca.

Segundo a doutrina amplamente majoritária, a nova Lei, ao prever, na alienação judicial de estabelecimento, que o arrematante não será responsável, como sucessor, das dívidas trabalhistas, de acidentes de trabalho, fiscais, previdenciárias, comerciais e civis, procurou viabilizar a execução do plano de recuperação.[18] Trata-se da compreensão de que a sub-rogação no passivo empresarial, ocorrida sob o regime anterior, vulnerava – em termos práticos – a viabilidade da venda dos bens da empresa, comprometendo a própria recuperação econômica almejada.

Para Ricardo Negrão, "pressupõe-se que, com o afastamento dos antigos administradores, a empresa possa prosseguir suas atividades em mãos dos novos adquirentes, fazendo uso de todas ou de algumas unidades que compõem o complexo de bens, incluindo bens corpóreos e incorpóreos e contratos firmados com terceiros, preservados pelo administrador judicial".[19]

A aparente contrariedade dessa medida ao interesse dos credores, segundo Fábio Ulhoa Coelho, dissolve-se na constatação de que, se mantida a sucessão do adquirente – na linha da sistemática anterior – simplesmente não apareceriam interessados na aquisição da filial ou da unidade produtiva da empresa sob recuperação judicial, de modo que a recuperação não seria atingida, e perderiam todos os credores.[20]

A admissão de que tais operações sejam processadas no âmbito da falência obedece a lógica análoga, com o acréscimo de que nesse espaço há também a previsão de que o adquirente dos ativos poderá celebrar novos contratos de trabalho com os funcionários da falida, não respondendo pelas obrigações relativas aos contratos anteriores.[21]

rios à Nova Lei de Falências e de Recuperação de Empresas: Lei n. 11.101, de 9.2.2005, p. 367).

16. "Art. 141. Na alienação conjunta ou separada de ativos, inclusive da empresa ou de suas filiais, promovida sob qualquer das modalidades de que trata este artigo: (...); II – o objeto da alienação estará livre de qualquer ônus e não haverá sucessão do arrematante nas obrigações do devedor, inclusive as de natureza tributária, as derivadas da legislação do trabalho e as decorrentes de acidentes de trabalho. § 1º. O disposto no inciso II do *caput* deste artigo não se aplica quando o arrematante for: I – sócio da sociedade falida, ou sociedade controlada pelo falido; II – parente, em linha reta ou colateral até o 4º (quarto) grau, consanguíneo ou afim, do falido ou de sócio da sociedade falida; ou III – identificado como agente do falido com o objetivo de fraudar a sucessão. § 2º. Empregados do devedor contratados pelo arrematante serão admitidos mediante novos contratos de trabalho e o arrematante não responde por obrigações decorrentes do contrato anterior."

17. *Comentários à Lei de Recuperação de Empresas e Falência*, p. 383.

18. Jorge Lobo, *Comentários à Lei de Recuperação de Empresas e Falência*, p. 163.

19. *Aspectos Objetivos da Lei de Recuperação de Empresas e de Falências: Lei n. 11.101, de 9.2.2005*, p. 119.

20. *Comentários à Nova Lei de Falências e de Recuperação de Empresas: Lei n. 11.101, de 9.2.2005*, p. 172.

21. Ricardo Negrão qualifica de redundante tal previsão (*Aspectos Objetivos da Lei de Recuperação de Empresas e de Falências: Lei n. 11.101, de 9.2.2005*, p. 119). Contudo, não se trata, a rigor, de disposição supérflua, pois, em conformidade com a legislação trabalhista, a contratação de tais empregados poderia facilmente ser tomada como sub-rogação do novo exercente da atividade empresarial no contrato de trabalho anterior, sobretudo se a falida houvesse se mantido em atividade até o momento da alienação da unidade produtiva. A previsão legal busca coibir essa hipótese, reforçando o âmbito de proteção do adquirente dos ativos. Merece atenção, de todo

Outra alteração significativa da nova Lei de Falências – tendo merecido, igualmente, a impugnação da ADI mencionada – está presente no seu art. 83, que perfaz a ordem de classificação dos créditos a ser observada no processo falimentar.

A lei inova, entre outras coisas, ao reestruturar a primeira classe de credores privilegiados na falência, o que se processa de duas formas distintas: (a) na limitação do privilégio dado aos créditos derivados da legislação do trabalho, restringindo-os ao teto de 150 (cento e cinquenta) salários-mínimos por credor, com a recondução dos valores que eventualmente sobejarem a esse valor à classe dos créditos quirografários; e (b) na elevação, à primeira categoria, dos titulares de créditos decorrentes de acidente do trabalho, credores estes que não eram distinguidos por nenhum privilégio legal no regime anterior, e agora o recebem sem limite algum de valor[22] (permitindo defini-los, nesse contexto, como créditos *superprivilegiados*).

4. A decisão do STF na ADI n. 3.934-DF

A Ação Direta de Inconstitucionalidade n. 3.934, de que cuida o presente ensaio, impugnou dispositivos da Lei n. 11.101/2005 e teve seu mérito julgado pelo plenário do Supremo Tribunal Federal, em decisão dotada da seguinte ementa:

"*Ação Direta de Inconstitucionalidade. Artigos 60, parágrafo único, 83, I e IV, 'c', e 141, II, da Lei n. 11.101/2005. Falência e recuperação judicial. Inexistência de ofensa aos arts. 1º, III e IV, 6º, 7º, I, e 170, da Constituição Federal de 1988. ADI julgada improcedente.* I – Inexiste reserva constitucional de lei complementar para a execução dos créditos trabalhistas decorrente de falência ou recuperação judicial. II – Não há, também, inconstitucionalidade quanto à ausência de sucessão de créditos trabalhistas. III – Igualmente não existe ofensa à Constituição no tocante ao limite de conversão de créditos trabalhistas em quirografários. IV – Diploma legal que objetiva prestigiar a função social da empresa e assegurar, tanto quanto possível, a preservação dos postos de trabalho. V – Ação direta julgada improcedente" (Tribunal Pleno, ADI 3.934, rel. Ministro Ricardo Lewandowski, j. 27.5.2009, *DJe* 208, 5.11.2009, publicado em 6.11.2009, ement. vol-02381-02, pp. 374).

A demanda de controle objetivo – dentre outras questões que não interessam ao presente exame – sustentou que os arts. 60, parágrafo único, e 141, inciso II da Lei de Falências, bem como o art. 83, inciso I da mesma Lei, resultariam inconstitucionais do ponto de vista material por infringirem os postulados constitucionais do valor social do trabalho e da dignidade da pessoa humana.[23]

Resolveu o STF, por maioria, pela declaração da constitucionalidade dessas disposições.

O enfrentamento do tema pelo Relator do acórdão, Ministro Ricardo Lewandowsky, identificou como fundamento nu-

modo, o alerta de José da Silva Pacheco no sentido de que "essa eliminação da figura da sucessão (...) não deve ser uma porta aberta à fraude de empresários desonestos ou terceiros com eles em conluio" (*Processo de Recuperação Judicial, Extrajudicial e Falência: em Conformidade com a Lei n. 11.101/2005 e a Alteração da Lei n. 11.127/2005*, p. 332).

22. "Art. 83. A classificação dos créditos na falência obedece à seguinte ordem: I – os créditos derivados da legislação do trabalho, limitados a 150 (cento e cinquenta) salários-mínimos por credor, e os decorrentes de acidentes de trabalho; (...); VI – créditos quirografários, a saber: (...); c) os saldos dos créditos derivados da legislação do trabalho que excederem o limite estabelecido no inciso I do *caput* deste artigo; (...); § 4º. Os créditos trabalhistas cedidos a terceiros serão considerados quirografários."

23. A seleção dos dispositivos questionados deu margem à alegação, pelo Advogado-Geral da União e pelo Procurador-Geral da República, oficiantes no processo, de inépcia do pedido de controle objetivo em razão da ausência de impugnação do § 2º do art. 141 da Lei de Falências. A matéria preliminar foi rejeitada pelo STF mediante a invocação da possibilidade de ser declarada a inconstitucionalidade por arrastamento, se fosse o caso.

clear da questão o princípio da função social da propriedade, inscrito entre os primados da ordem econômica (art. 170, inciso III).[24]

Observou o Ministro, sob o prisma teleológico, que a Lei n. 11.101 "surgiu na necessidade de preservar-se o sistema produtivo nacional inserido em uma ordem econômica mundial caracterizada, de um lado, pela concorrência predatória entre seus principais agentes, e, de outro, pela eclosão de crises globais cíclicas altamente desagregadoras".

Na tensão entre interesses constitucionalmente tutelados dos credores e o interesse alusivo à preservação da própria empresa, identificou o Relator a exigência de uma ponderação, emergente da "colisão entre distintos princípios constitucionais".

Na concepção do Relator, a exclusão da responsabilidade do adquirente em face do passivo da empresa falida, ou em recuperação judicial, cumpriria o desejável propósito de viabilizar a arrecadação de recursos destinados ao atendimento dos credores, permitindo o resultado exitoso do próprio procedimento de falência ou recuperação: "A realidade é que visto o fato de forma econômica, a entidade produtiva mais valor terá na medida em que se desligue do ônus que recaiam sobre si, independentemente da sua natureza. Via de consequência, a procura será maior tanto quanto garanta o Poder Judiciário a inexistência de sucessão. Pago o preço justo de mercado, quem efetivamente sai ganhando com o fato será o credor de natureza trabalhista e acidentário que são os primeiros na ordem de preferências estabelecidas pelo legislador".

Assim, a colisão principiológica resolver-se-ia, segundo a visão aceita pelo entendimento vitorioso, no reconhecimento de uma superior dimensão de peso ao valor da livre iniciativa, materializado na correspondente noção da *preservação da empresa*: "entendo que os arts. 60, parágrafo único, e 141, II, do texto legal em comento mostram-se constitucionalmente hígidos no aspecto em que estabelecem a inocorrência de sucessão dos créditos trabalhistas, particularmente porque o legislador ordinário, ao concebê-los, optou por dar concreção a determinados valores constitucionais, a saber, a livre iniciativa e a função social da propriedade – de cujas manifestações a empresa é uma das mais conspícuas – em detrimento de outros, com igual densidade axiológica, eis que os reputou mais adequados ao tratamento da matéria".

De resto, afiançou o Relator a inexistência de regra expressa no texto constitucional a estabelecer eventual direito de cobrança dos créditos trabalhistas contra o adquirente da empresa falida ou em processo de recuperação judicial.

No que diz com a limitação dos privilégios anteriormente reconhecidos em grau absoluto aos credores titulares de créditos decorrentes da legislação do trabalho, o voto condutor do acórdão faz registrar que "as disposições da Lei n. 11.101/2005 abrigam uma preocupação de caráter distributivo, estabelecendo um critério o mais possível equitativo no que concerne ao concurso de credores. (...) a Lei n. 11.101/2005 busca assegurar que essa proteção alcance o maior número de trabalhadores, ou seja, justamente aqueles que auferem os menores salários".

Assim, consoante o Relator, Ministro Ricardo Lewandowsly, teria o regramento legal o objetivo de preservar "o caráter isonômico do princípio da *pars conditio creditorum*, segundo o qual todos os credores que concorrerem no processo de falência devem ser tratados com igualdade, respeitada a categoria que integram".

A fundamentação do voto vencedor alude ainda à Convenção 173 (Convenção

24. "Art. 170. A ordem econômica, fundada na valorização do trabalho humano e na livre iniciativa, tem por fim assegurar a todos existência digna, conforme os ditames da justiça social, observados os seguintes princípios: (...); III - função social da propriedade."

sobre a Proteção dos Créditos Trabalhistas em Caso de Insolvência do Empregador) da Organização Internacional do Trabalho – OIT, destacando que esta, embora pendente de ratificação pela República Federal do Brasil, fornece substrato ideológico favorável à tese da constitucionalidade, pois faculta às legislações nacionais "limitar o alcance do privilégio dos créditos trabalhistas a um montante estabelecido", sob a condição de que referido limite não seja "inferior a um mínimo socialmente aceitável".

Por fim, menciona o Relator, com propriedade, que a restrição colocada não tangencia as indenizações devidas por acidente do trabalho, as quais deverão ser pagas integralmente.

Por seu turno, em voto parcialmente vencido, o ilustre Ministro Carlos Brito pronunciou-se pela inconstitucionalidade parcial do inc. I do art. 83, justificando – em implícita remissão aos arts. 7º, *caput*, e 193 da Constituição – que "a preferência [absoluta] estabelecida em favor dos créditos derivados da relação de trabalho é absolutamente constitucional. Porque essa primazia do trabalho resulta de diversos dispositivos da Constituição, pelo caráter alimentar do salário, sobretudo, e pela sua natureza de direito social".

O Ministro Marco Aurélio de Mello – em voto no qual resultou vencido por questão não afeita ao debate enfocado neste texto – expressou-se reconhecendo no art. 47 uma verdadeira exposição de motivos da nova Lei de Falências em prol da preservação da empresa, tendo qualificado de louvável o instituto da recuperação judicial.

Analisando a questão da alienação do estabelecimento da empresa, observou o ilustre Ministro que "não se parte para a alienação do que seria o passivo. Busca-se um aporte em pecúnia para fazer, em passo seguinte, frente ao passivo". Assim, destacou ele a legitimidade da solução legal e a "racionalidade da recuperação judicial, no que se busca, evidentemente, aproveitar o que há de positivo em termos de empresa a ser recuperada para terem-se recursos objetivando a satisfação de obrigações".

Quanto ao art. 83, inc. I, observou o Ministro Marco Aurélio que "não há (...) a pecha de inconstitucionalidade no que se acabou por limitar (...) a preferência dos créditos trabalhistas a certo patamar", tendo declarado a inconstitucionalidade de tal dispositivo, exclusivamente no que concerne à vinculação do piso legal ao salário-mínimo.[25]

5. Análise crítica: à demanda de uma interpretação sistemática

A interpretação tópico-sistemática anuncia – e exige – um compromisso entre formalismo e pragmatismo.[26] Não prescinde ela do respeito aos limites dogmáticos do direito, mas tampouco abre mão da vinculação do intérprete à vontade do sistema, plasmada teleologicamente nos princípios e valores estruturadas pela Constituição.

Nesse contexto, não há como conceber, na linha de Ronald Dworkin, estejam os problemas interpretativos sujeitos a uma única resposta correta – *a one right answer*. Torna-se possível, isto sim, conceber a "melhor interpretação" – meta do intérprete sistemático –, por ela entendendo-se a hermenêutica capaz de realizar, no sistema integrado por princípios reciprocamente complementares, a sua mais completa eficácia e realização prática, sem admitir ataques ao seu núcleo essencial.

Segundo acentua Juarez Freitas, manifestando-se com absoluta precisão, "não enfraquece, mas, ao contrário, fortalece o sistema não haver respostas únicas corretas em matéria de direitos fundamentais, mas simplesmente respostas melhores".[27]

25. Trata-se de posição que, conforme já ressaltado, não foi acompanhada pelos demais Ministros integrantes da sessão.

26. Juarez Freitas, *A Interpretação Sistemática do Direito*, pp. 186-187.

27. "A melhor interpretação constitucional *versus* a única resposta", pp. 345-346.

Essa lógica, ainda, pressupõe a abertura do intérprete para um processo dialético – um diálogo circular que conecta o sujeito intérprete às diversas faces do sistema, e retorna àquele, constituindo-se no assim chamado "círculo hermenêutico".[28] Essencial é que a dialética desenvolvida pelo hermeneuta esteja fundada numa teoria interpretativa que reafirme a supremacia valorativa da Constituição e reitere a necessidade de se proceder, topicamente, à hierarquização dos princípios.

Voltando ao tema do exame de constitucionalidade da Lei de Falências, torna-se possível investigar, a partir da análise empreendida nos tópicos anteriores, como a decisão do STF se coloca em face das exigências de uma interpretação tópico-sistemática.

Inicialmente, faz-se claro que a controvérsia em questão coloca sob perspectiva, de forma bastante presente no acórdão do Supremo Tribunal Federal, as vertentes ditas "econômica" e "social" da atual Constituição.[29]

Como deduz José Afonso da Silva, a múltipla consagração do valor social da livre iniciativa e do direito de propriedade querem dizer "que a Constituição consagra uma economia de mercado, de natureza capitalista, pois a livre iniciativa, que, especialmente, significa a garantia da *iniciativa privada*, é um princípio básico da ordem capitalista".[30]

Tais postulados, todavia, são matizados por uma dimensão social onipresente no texto constitucional – tendência essa, a bem dizer, que não se apresenta revestida de nenhum aspecto de novidade na história do constitucionalismo brasileiro. Com efeito, o valor da função social da propriedade incorporou-se a nossa experiência constitucional em 1934, e dela passou a constituir parte indelével, com o breve interregno da Constituição de 1937, propondo um equilíbrio entre os valores do trabalho e da livre iniciativa.[31]

No seu âmago, os questionamentos propostos no âmbito da ADI 3.934 remetem ao balanceamento entre os valores da *propriedade* e *igualdade*, tensão que só pode ser resolvida dialeticamente, sem o sacrifício de nenhum dos polos considerados. Com efeito, "afigura-se absurdo adotar uma teoria que leia toda a constituição ignorando as exigências da propriedade em nome de uma generosa, mas indevida, hipertrofia da igualdade, tão equivocada como a que enxerga, no extremo oposto, toda a constituição como devendo apenas proteger a propriedade privada. Ora bem: uma posição hermenêutica tópico-sistemática acerca dos direitos fundamentais não pode deixar de realizar a devida ponderação entre os direitos, hierarquizando-os de sorte a determinar, topicamente, o critério que determinar a preponderância deste ou daquele direito (...)".[32]

Fábio Ulhoa Coelho sinaliza que o ponto crítico a caracterizar os juízos concursais – tendo sido bem reconhecido pela Lei n. 11.101 – é que tais procedimentos intentam dar conta, embora muito imperfeitamente, da *justa distribuição dos insuficientes bens* do devedor entre os credores.[33]

28. Juarez Freitas, *A Interpretação Sistemática do Direito*, p. 82.

29. Segundo Washington Peluso Albino de Souza, "o modo pelo qual as Constituições Brasileiras, especialmente a de 1988, incorporam os 'direitos econômicos' configura-se portador de organicidade e de esquematização que permite o seu tratamento como autêntica 'Constituição Econômica' dentro da Constituição Geral e propriamente dita, sem com isto violentar a integridade e o conjunto desta" (*Direitos Econômicos na Constituição*, pp. 259-260).

30. *Comentário Contextual à Constituição*, p. 709.

31. Gilmar Ferreira Mendes *et alii*, *Curso de Direito Constitucional*, p. 1.290. Para Celso Ribeiro Bastos, "o interesse coletivo passa desse modo a fazer parte integrante do regime da propriedade individual" (*Comentários à Constituição do Brasil*, pp. 25-26).

32. Juarez Freitas, "A melhor interpretação constitucional *versus* a única resposta", p. 340.

33. *Comentários à Nova Lei de Falências e de Recuperação de Empresas: Lei n. 11.101, de 9.2.2005*, p. 215.

Segundo conceito oriundo da doutrina francesa, invocado por Jorge Lobo, os processos concursais constituem-se em "procedimentos de sacrifício", uma vez que limitam os poderes do devedor e restringem os direitos dos credores. A escassez dos meios disponíveis torna inevitável a ponderação de fins,[34] como requisito necessário para que seja alcançada uma realização satisfatória dos interesses envolvidos.

A solução perpassa a necessária consideração dos valores constitucionalmente assegurados que intervêm no espaço da falência/recuperação da empresa. Deve atentar o intérprete para o fato de que na falência – e, em menor grau, na recuperação – os recursos remanescentes no patrimônio da empresa são, como regra, insuficientes para atender aos legítimos interesses dos credores da empresa devedora, sendo que, reiteradas vezes, a proclamação de garantias ou privilégios, longe de redundar em eficácia social, pode comprometer a efetividade do próprio instituto e bloquear a obtenção de resultados parciais, mas factíveis.

Em essência, parece substancialmente correta a percepção de Rachel Sztajn ao afirmar que "o movimento de categorias clamando por injustiça que as prejudicaria, deveria levar em conta que, na falência, todos os credores são prejudicados, alguns mais do que os outros, mas ninguém escapa a alguma perda. Objetivo da nova regra é reduzir o montante de perdas imposto aos credores como um todo".[35]

Com tais pressupostos estabelecidos, impõe-se realizar um exercício interpretativo dos aspectos específicos da ADI, iniciando pela questão da sucessão do adquirente de ativos nas obrigações da empresa falida ou em processo de recuperação.

A argumentação do STF harmoniza-se com a posição amplamente defendida pela doutrina, no sentido de que as alterações da Lei objetivaram "atrair, ou pelo menos, não afastar pretendentes à aquisição de bens da massa falida, valorizando-os".[36]

Tal conclusão provém de diagnóstico corrente em relação à Lei anterior – enunciado, é verdade, sem maior comprovação empírica – segundo o qual "o pressuposto de que a continuidade da atividade gera sucessão alcança os créditos trabalhistas e previdenciários, tornando inviável a aquisição de estabelecimentos. O 'buraco negro' dessas obrigações cria temor que anula qualquer manifestação de interesse".[37]

É perceptível que a abordagem da justificação decisória aqui retratada é essencialmente *consequencialista*, remontando não à sua fundamentação normativa, mas às consequências econômicas e sociais da aplicação da norma, isto é, aos efeitos que produziu ou está apta a produ-

34. "No caso da recuperação judicial, a assembleia geral de credores e o juiz da causa deverão entregar-se à 'ponderação de fins' – salvar a empresa, manter os empregos e garantir os créditos – pelo princípio da razoabilidade ou proporcionalidade, quando, então, talvez, venham a concluir que o caso concreto exige o 'sacrifício', por exemplo, do interesse da empresa e de seus sócios ou acionistas em benefício dos empregados e credores, ou dos direitos dos empregados e credores em prol da empresa" (*Comentários à Lei de Recuperação de Empresas e Falência*, p. 110).

35. *Comentários à Lei de Recuperação de Empresas e Falência*, p. 388. Importa, contudo, não recair num liberalismo mais extremo, voltado a um certo *laissez faire* que propõe o *abandono* da empresa *menos apta*, como aquele defendido, no ponto, por Fábio Ulhoa Coelho: "A recuperação da empresa não pode ser vista como um valor jurídico a ser buscado a qualquer custo. Pelo contrário, as *más* empresas devem falir para que as *boas* não se prejudiquem. Quando o aparato estatal é utilizado para garantir a permanência de empresas insolventes inviáveis, opera-se uma inversão inaceitável: o risco da atividade empresarial transfere-se do empresário para seus credores" (*Comentários à Nova Lei de Falências e de Recuperação de Empresas: Lei n. 11.101, de 9.2.2005*, p. 117).

36. José da Silva Pacheco, *Processo de Recuperação Judicial, Extrajudicial e Falência: em Conformidade com a Lei n. 11.101/2005 e a Alteração da Lei n. 11.127/2005*, pp. 331-332.

37. Rachel Sztajn, *Comentários à Lei de Recuperação de Empresas e Falência*, p. 385.

zir, tanto no plano singular como no geral.[38]

No caso, embora os resultados inexitosos dos tradicionais leilões de bens de empresas falidas ou concordatárias fossem suficientemente generalizados para conferir-lhes a natureza de *senso comum*, uma abordagem calcada no consequencialismo, como a adotada pelo STF e pela generalidade da doutrina, certamente está a demandar do intérprete um maior esforço argumentativo e, sobretudo, a *exposição de dados empíricos* capazes de confirmar, por um lado, a ineficácia das alienações judiciais promovidas sob o regime jurídico anterior, e, por outro, a qualidade superior dos resultados alcançados sob a égide da nova Lei n. 11.101.[39]

Cumpre ressaltar, todavia, que apesar dessa carência argumentativa, é defensável a correção do posicionamento que reconhece a higidez constitucional das disposições que promovem o afastamento da responsabilidade do adquirente dos ativos.[40]

É bem verdade que há aspectos intervenientes na análise que, para além daqueles expressamente abordados na decisão do Supremo Tribunal Federal, mereceriam ter sido considerados na justificativa da constitucionalidade desses dispositivos da Lei de Falências, dentro de uma visão sistemática do processo interpretativo.

Exemplo é o princípio fundamental da ordem econômica positivado pelo art. 170, inciso VIII da Constituição, pertinente à "busca do pleno emprego".

Com efeito, a facilitação da Lei à alienação de estabelecimentos ou unidades produtivas da empresa devedora, a par de permitir angariar recursos indispensáveis ao pagamento dos credores, tende ao apreciável efeito de *preservar essas unidades econômicas*. Uma vez adquiridos, é presumível que os estabelecimentos alienados serão mantidos e adequadamente geridos por seus novos proprietários, permitindo a recontratação dos empregados da devedora e mesmo a ampliação do quadro laboral. Por outro lado, na impossibilidade de sua alienação, a consequência normal será a deterioração dos ativos (no caso da falência) ou a quebra da empresa (na hipótese de recuperação), conduzindo a um único resultado – a extinção dos postos de trabalho.

Uma análise pormenorizada da Lei também permite identificar aspectos não ressaltados pela decisão do STF, e que, devidamente considerados, poderiam auxiliar a explicitar a conformidade do modelo legal com uma interpretação capaz de efetivar os princípios de proteção social e de proteção aos créditos decorrentes da legislação do trabalho. Conforme ressalta Ricardo Negrão, a Lei n. 11.101 exige "a discriminação pormenorizada dos meios de recuperação a ser empregados, conforme o art. 50 da Lei, e seu resumo, podendo-se entender que o devedor deve detalhar e discriminar as ações e as estratégias a ser empregadas (...) dentre os meios de recuperação previstos no art. 50 ou outros que justificar, apresentando também um resumo dos objetivos e etapas".[41]

38. Riccardo Guastini, *Das Fontes às Normas*, pp. 238-239.

39. De se registrar que a criação do Conselho Nacional de Justiça, pela reforma da EC 45/2004, aparelhou o Estado brasileiro com ferramentas aptas a propiciar o recolhimento dessas e outras informações relevantes, não mais se justificando o argumento de serem tais dados inexistentes, ou então de difícil acesso pelos operadores do direito.

40. Cf., com largo proveito, a narrativa registrada por Fábio Ulhoa Coelho sobre os interessantes eventos ocorridos na audiência pública para a discussão do Projeto de Lei de Falências na Comissão de Assuntos Econômicos do Senado, ocasião em que o autor ofereceu palestra sobre a previsão da inexistência de sucessão na hipótese de venda judicial da empresa, tendo encontrado incompreensão e até certa indignação dos senadores presentes (*Comentários à Nova Lei de Falências e de Recuperação de Empresas: Lei n. 11.101, de 9.2.2005*, pp. 368-369).

41. *Aspectos Objetivos da Lei de Recuperação de Empresas e de Falências: Lei n. 11.101, de 9.2.2005*, p. 190.

O mesmo autor registra as limitações impostas à confecção do plano de recuperação, no *resguardo dos créditos de natureza trabalhista*: para os créditos vencidos, decorrentes da legislação trabalhista ou de acidente do trabalho, a proposta de pagamento não poderá exceder a um ano (art. 54).

Os saldos de crédito de natureza estritamente salarial, de até cinco salários-mínimos por credor, vencidos nos três meses anteriores ao pedido de recuperação, deverão ser pagos em até trinta dias (art. 54, parágrafo único).[42]

Assim, o que resta claro é que a Lei buscou assegurar, quanto à recuperação, a montagem de um plano viável e a preservação de um tratamento especial aos créditos trabalhistas, determinando que os recursos angariados com a execução do plano de recuperação – *tornados possíveis, em larga medida, pelo afastamento da sucessão do adquirente nas dívidas da empresa* – terão por destinatário preferencial os trabalhadores.

Ademais, segundo o art. 45 da Lei, todas as três classes de credores deverão ser ouvidas e manifestar sua aprovação ao plano de recuperação, incluindo-se na primeira os titulares de créditos derivados da legislação do trabalho ou decorrentes de acidente do trabalho. É permitido à Assembleia Geral promover alterações no plano, desde que com a aquiescência do devedor (art. 55, § 3º), ficando evidenciada, assim, a participação dos credores na concepção e implementação do plano.

Ressalta-se, ainda, a possibilidade apresentada pela Lei no sentido da aquisição do estabelecimento ou unidade econômica por uma *sociedade de empregados do devedor*,[43] hipótese esta que, além de afiançar a fundamental legitimidade do processo, torna problemática a tese da inconstitucionalidade da Lei de Falências: afinal, supondo-se que uma unidade produtiva seja assumida por sociedade de empregados constituída para esse fim, a sub-rogação da entidade adquirente nos débitos da devedora certamente reverteria em grave prejuízo aos interesses dos trabalhadores da empresa, comprometendo a adoção desse interessante mecanismo que, em boa hora, restou instituído pela nova Lei de Falências.

Por outro lado, a afirmação de que a Lei n. 11.101 é constitucional quanto à responsabilidade do adquirente não exclui a possibilidade de o julgador, em face da situação específica do processo, determinar sejam os ativos da empresa alienados *juntamente com o passivo trabalhista ou fiscal*, se identificar a existência de demanda no mercado e a conveniência dessa solução para os fins da falência.[44]

Referida interpretação guarda profunda coerência com os princípios atuantes no processo falimentar, pois resguarda a vinculação do julgador ao *telos* não da lei, *mas do sistema*, reconhecendo-o, enfim, como positivador de seus valores fundamentais.

Na sequência, importa seja problematizada a interpretação constitucional em torno do art. 83, inciso I, da Lei de Falências.

Ao abordar o estabelecimento de limites quantitativos aos privilégios dos créditos trabalhistas, o voto proferido pelo Relator identifica, corretamente, que a

42. Idem, ibidem.

43. "Além das alienações indicadas, apresenta-se como forma especial de realização do ativo, exigindo a aprovação da assembleia de credores, a possibilidade de se constituir uma sociedade de credores ou de empregados do devedor, participando ou não os sócios da falida, e, eventualmente, terceiros (LF, art. 145). Esta nova sociedade não sucede a antiga pelas dívidas anteriores, mas os credores titulares de créditos derivados da legislação do trabalho poderão usar esses valores na aquisição ou arrendamento da empresa" (Ricardo Negrão, *Aspectos Objetivos da Lei de Recuperação de Empresas e de Falências: Lei n. 11.101, de 9.2.2005*, p. 120).

44. Fábio Ulhoa Coelho, *Comentários à Nova Lei de Falências e de Recuperação de Empresas: Lei n. 11.101, de 9.2.2005*, p. 367.

nova Lei de Falências representa, em termos gerais, uma ruptura com o modelo do Decreto-lei n. 7.661/1945, "cujo principal enfoque girava em torno da proteção do credor e não da preservação da empresa como fonte geradora de bens econômicos e sociais".

Todavia, diversamente do afirmado pelo Relator do acórdão, o modelo da preservação da empresa parece constituir-se em fundamento justificativo da supressão da responsabilidade do adquirente pelo passivo da empresa, *mas não da restrição aos privilégios trabalhistas*. O objetivo essencial perseguido pela alteração da relação de precedência dos créditos é a *satisfação dos credores*, e não a sobrevivência da empresa.

Outra questão merece uma consideração crítica na argumentação desenvolvida pelo voto do ilustre Relator do acórdão. Sustenta o Ministro Ricardo Lewandowsky, em determinado ponto, que "não há aqui qualquer perda de direitos por parte dos trabalhadores, porquanto, independentemente da categoria em que tais créditos estejam classificados, eles não deixam de existir nem se tornam inexigíveis. Quer dizer, os créditos trabalhistas não desaparecem pelo simples fato de serem convertidos em quirografários, mas apenas perdem o seu caráter preferencial, não ocorrendo, pois, nesse aspecto, qualquer afronta ao texto constitucional".

Ora, parece razoável admitir que a Lei de Falências estabelece, efetivamente, a restrição de direito tradicionalmente reconhecido aos credores trabalhistas. O privilégio creditício integra a estrutura do crédito e, conforme tem sido historicamente reconhecido pelo mercado, repercute de forma decisiva na sua avaliação pelos agentes econômicos.[45]

Assim, o raciocínio argumentativo deveria partir da premissa de que o teto imposto ao privilégio concursal dos credores trabalhistas *representa, efetivamente*, uma restrição de direitos, *e potencialmente uma restrição* a princípio fundamental, importando evitar que a argumentação, nesse particular, converta-se num "jogo retórico". Aliás, como bem sublinhara o voto condutor, em trecho anterior, a questão abordada envolve uma *ponderação axiológica*, e tal ponderação supõe uma restrição a princípio fundamental. É esse o espaço argumentativo pelo qual a questão merece transitar.

Conforme registra Carlos Henrique Abrão, a matéria, já em sua tramitação legislativa, revestiu-se de considerável polêmica, provocando a revolta de entidades de classe.[46] É evidente, aliás, que tal constatação pode receber uma leitura diversa: o dissenso ocorrido revelou o *alto grau de participação democrática* na formulação da lei, conforme dão conta as sessões públicas realizadas para a sua discussão no Senado Federal.

A leitura do acórdão do STF evidencia posição que, nas suas linhas gerais, não se aparta do entendimento seguido pela doutrina comercialista prevalecente. Segundo Fábio Ulhoa Coelho, que bem sintetiza a questão posta, o propósito da limitação ao privilégio dos créditos decorrentes da legislação do trabalho consiste em "impedir que se consumam os recursos da massa com o atendimento a altos salários dos administradores da sociedade falida. A preferência da classe dos empregados e equiparados é estabelecida com vistas a atender os mais necessitados, e os credores por elevados salários não se consideram nessa situação".[47]

45. No momento de sua comercialização os créditos são avaliados economicamente em função do grau de seu privilégio e de suas garantias, verdade que se reputa, para esses efeitos, quase que intuitiva.

46. *Comentários à Lei de Recuperação de Empresas e Falência*, p. 208.

47. *Comentários à Nova Lei de Falências e de Recuperação de Empresas: Lei n. 11.101, de 9.2.2005*, p. 217.

A lógica que preside à limitação, como visto, parte da consideração da *pars conditio* entre os créditos concursais de mesma classe. Argumenta-se que a concessão de um privilégio ilimitado a todos os participantes da primeira classe de credores, conforme dispunha a Lei anterior, *iguala, indevidamente, grandes e pequenos credores trabalhistas*, determinando que os primeiros – muitas vezes bem aquinhoados – sejam beneficiados com parcela substancial dos recursos arrecadados, diluindo, assim, as parcelas destinadas aos demais credores da mesma classe (teoricamente, os únicos verdadeiramente hipossuficientes).

Em caráter secundário, se assim se pode qualificá-lo, essa compreensão do tema procura *limitar o quinhão geral* destinado aos créditos de primeira classe, sob o argumento de que, reiteradas vezes, o acervo da falida esgota-se no seu pagamento, sem que outros credores tenham sequer a expectativa de receber uma parcela do quanto lhes é devido.[48]

De resto, há que se ter presente, como já foi acentuado, que a Lei instituiu um superior grau de privilégio aos créditos decorrentes de acidente do trabalho, *lato sensu*, emprestando-lhes tratamento adequado, já que esses direitos, no mais das vezes, decorrem de indenizações devidas por lesão à integridade biopsíquica do empregado (recebendo em seu reforço, portanto, o influxo do direito fundamental à saúde).

Tal argumentação parece ser, em larga medida, bastante apreciável, revestindo-se de um sentido de equalização de interesses que contribui para promover, à primeira vista, os valores constitucionais do trabalho. Falta-lhe, contudo, a exemplo do que se afirmou sobre o primeiro tema do julgamento, um melhor embasamento em dados que permitissem fundamentar os aspectos consequencialistas da justificação decisória. Afirma o Relator, em seu voto, que "as indenizações trabalhistas, levando-se em conta os valores vigentes à época da edição do diploma legal, foram, em média, de 12 (doze) salários-mínimos". Sem dúvida, essa informação permitiria afirmar que o limite de 150 salários-mínimos estabelecido pela legislação obedece a uma relação de proporcionalidade. Contudo, não é apresentada a origem dos dados citados na decisão, desconhecendo-se, por exemplo, se tais cifras foram extraídas dos anais das discussões do Senado sobre o Projeto de Lei.

Além disso, num exame de proporcionalidade, a previsão de que o montante excedente a 150 salários-mínimos por credor será inscrito na classificação concursal como *crédito quirografário* não encontra uma justificação sistemática tão clara quanto aquela que ampara essa limitação na relação *interna* dos credores de primeira classe. Essa imprecisão poderia sugerir uma leitura distinta sobre a constitucionalidade da norma. Talvez se pudesse argumentar que outorgaria maior efetividade aos princípios constitucionais, numa visão essencialmente sistemática, a interpretação que conferisse validade ao inciso I do art. 83 da Lei, ao mesmo tempo em que reputasse inconstitucional o inciso VI, "c" (ou seja, dando ensejo a que os credores da primeira classe recebessem seus créditos proporcionalmente até o limite de 150 salários-mínimos, mas que os valores excedentes, *em lugar de ser remetidos* à classe dos quirografários, formassem uma *subclasse à parte*, pagável antes das demais categorias).

A classificação dos excedentes dos créditos derivados da legislação do trabalho como *quirografários* permanece a mais razoável, e tem em seu favor ponderáveis argumentos de índole constitucional – o limite de 150 salários-mínimos, eleito pela

48. Confira-se a posição de Rachel Sztajn: "A legislação tutela que privilegia o Fisco e empregados, estes ditos vulneráveis ou hipossuficientes, como preferem alguns, tem como resultado o aumento da probabilidade de os demais créditos não serem pagos" (*Comentários à Lei de Recuperação de Empresas e Falência*, p. 385).

Lei, é elevado em face da realidade brasileira, abrangendo, talvez, a imensa maioria dos credores trabalhistas, o qual torna especialmente duvidosa a *relevância social* dos respectivos excedentes. Entretanto, tal questão merecia, por certo, maior atenção, inclusive mediante a exposição de evidências que não foram exploradas pelo STF em seu julgamento.

Outro ponto de expressiva importância, que poderia ter sido manejado pelo Supremo Tribunal Federal, na defesa do ponto de vista da constitucionalidade, refere-se à previsão constante do art. 151 da Lei de Falências. Conforme estabelece a legislação falimentar, "os créditos trabalhistas de natureza estritamente salarial, vencidos nos três meses anteriores à decretação da falência, até o limite de cinco salários-mínimos por trabalhador, deverão ser pagos tão logo haja dinheiro em caixa".[49] A Lei institui, no ponto, privilégio que ultrapassa a própria ordem do art. 83, legitimando a interpretação de que foram contempladas, em maior ou menor grau, *todas as situações socialmente relevantes*.

Em consequência, também se justifica a rejeição da interpretação defendida no âmbito da decisão do STF pelo Ministro Carlos Brito, na proclamação da parcial inconstitucionalidade do inc. I do art. 83 da Lei de Falências. Não resta dúvida de que a primazia do trabalho está a reclamar tratamento privilegiado aos créditos dele decorrentes. Isso não significa, entretanto, que essa prioridade não possa sofrer limitações no compatibilizar-se com outros valores fundamentais. Aqui, claramente a restrição operada pela Lei vislumbra a fundamental *isonomia* entre os credores trabalhistas, de modo a obviar que trabalhadores de condição social mais elevada, detendo créditos expressivos contra a empresa falida, venham a apropriar-se de parcelas vultosas do acervo falimentar em detrimento dos créditos de empregados mais necessitados.

6. Conclusão

As conclusões alcançadas no decorrer do texto podem ser resumidas conforme segue:

1. O sistema jurídico, formado por princípios, valores e regras, tem natureza axiológico-teleológica e caracteriza-se como um sistema aberto e permeável à moral;

2. A legítima interpretação jurídica é tópica e sistemática, convertendo-se, invariavelmente, em face da centralidade dos princípios fundamentais, numa interpretação do texto constitucional. Interpretar significa, nesse contexto, hierarquizar princípios no caso concreto, sem permitir a quebra de seu núcleo essencial;

3. A nova Lei de Falências foi editada com o propósito de harmonizar os interesses dos credores e da preservação da empresa, superando concepções anteriores que estabeleciam como objetivo primordial do juízo concursal a satisfação de créditos;

4. A Lei inovou ao afastar, na falência e na recuperação da empresa, a sucessão do adquirente de unidade econômica no passivo da empresa falida ou sujeita à recuperação, bem assim ao restringir, na ordem de prelação dos créditos concursais, o privilégio dos créditos decorrentes da legislação do trabalho;

5. A declaração de constitucionalidade dessas disposições no âmbito da ADI 3.934 teve por fundamento os princípios da livre iniciativa e da função social da propriedade (preservação da empresa), restando vencido o entendimento segundo o qual a limitação do privilégio do crédito trabalhista arrostaria o valor social do trabalho;

6. As questões interpretativas não se submetem a uma única resposta correta, mas admitem a *melhor solução*, reconheci-

49. José da Silva Pacheco, *Processo de Recuperação Judicial, Extrajudicial e Falência: em Conformidade com a Lei n. 11.101/2005 e a Alteração da Lei n. 11.127/2005*, p. 208.

da a supremacia dos princípios, a necessidade de sua hierarquização tópica e de sua máxima efetivação (concordância prática);

7. A interpretação que legitima o afastamento da responsabilidade do adquirente é compatível como o modelo tópico-sistemático, por tender à realização dos valores da preservação da empresa e da promoção do pleno emprego, sem afetar substancialmente a tutela do trabalhador e do crédito trabalhista, as quais, em realidade, são promovidas pela viabilização da alienação de ativos e arrecadação de recursos. Para tanto, contudo, há alguns fundamentos sistemáticos que não foram apreciados pelo STF;

8. A restrição quantitativa ao privilégio do crédito trabalhista não foi trabalhada com igual êxito pelo STF, seja por vincular a específica interpretação à *preservação da empresa*, seja por deixar de identificar a potencial restrição existente a princípio fundamental, seja ainda por renunciar a uma justificação consistente da equiparação dos créditos excedentes a quirografários. Não obstante, o modelo sistemático autoriza considerar-se constitucional o art. 83 da Lei, por preservar suficientemente o âmbito de proteção ao trabalho ao conciliar seu interesse com o do quadro geral de credores;

9. As abordagens consequencialistas, tanto no que se refere à sucessão do adquirente como no caso da limitação do privilégio concursal, mereciam o acompanhamento de uma comprovação objetiva das circunstâncias invocadas.

7. Referências bibliográficas

ABRÃO, Carlos Henrique. In TOLEDO, Paulo F. C. Salles de, e ABRÃO, Carlos Henrique (coords.). *Comentários à Lei de Recuperação de Empresas e Falência*. São Paulo, Saraiva, 2005.

ALEXY, Robert. *Teoría de los Derechos Fundamentales*. Madri, Centro de Estudios Constitucionales, 1997.

BASTOS, Celso Ribeiro. *Comentários à Constituição do Brasil*. vol. 7, 2ª ed. atual. São Paulo, Saraiva, 2000.

CANARIS, Claus-Wilhelm. *Pensamento Sistemático e Conceito de Sistema na Ciência do Direito*. 2ª ed. Lisboa, Fundação Calouste Gulbenkian, 1996.

COELHO, Fábio Ulhoa. *Comentários à Nova Lei de Falências e de Recuperação de Empresas: Lei n. 11.101, de 9.2.2005*. São Paulo, Saraiva, 2005.

FREITAS, Juarez. *A Interpretação Sistemática do Direito*. 5ª ed. rev. ampl. São Paulo, Malheiros Editores, 2004.

______. "A melhor interpretação constitucional *versus* a única resposta". In SILVA, Virgílio Afonso da (org.). *Interpretação Constitucional*. São Paulo, Malheiros Editores, 2005.

GUASTINI, Riccardo. *Das Fontes às Normas*. São Paulo, Quartier Latin, 2005.

LOBO, Jorge. In TOLEDO, Paulo F. C. Salles de, e ABRÃO, Carlos Henrique (coords.). *Comentários à Lei de Recuperação de Empresas e Falência*. São Paulo, Saraiva, 2005.

MENDES, Gilmar Ferreira, COELHO, Inocêncio Mártires, e BRANCO, Paulo Gustavo Gonet. *Curso de Direito Constitucional*. São Paulo, Saraiva, 2007.

NEGRÃO, Ricardo. *Aspectos Objetivos da Lei de Recuperação de Empresas e de Falências: Lei n. 11.101, de 9.2.2005*. São Paulo, Saraiva, 2005.

PACHECO, José da Silva. *Processo de Recuperação Judicial, Extrajudicial e Falência: em Conformidade com a Lei n. 11.101/2005 e a Alteração da Lei n. 11.127/2005*. Rio de Janeiro, Forense, 2006.

SARLET, Ingo Wolfgang. *A Eficácia dos Direitos Fundamentais*. 4ª ed. rev., atual. ampl. Porto Alegre, Livraria do Advogado, 2004.

SILVA, José Afonso da. *Comentário Contextual à Constituição*. São Paulo, Malheiros Editores, 2005.

SOUZA, Washington Peluso Albino de. "Direitos econômicos na Constituição". *Revista dos Tribunais* 684. São Paulo, Ed. RT, 1992, pp. 254-262.

SZTAJN, Rachel. In TOLEDO, Paulo F. C. Salles de, e ABRÃO, Carlos H. (coords.). *Comentários à Lei de Recuperação de Empresas e Falência*. São Paulo, Saraiva, 2005.

Atualidades

CRISE DOS DERIVATIVOS: REFORMA DODD-FRANK E O *CLEARING* CENTRALIZADO

Samy Sanches de Almeida

1. Lei Dodd-Frank e iniciativas europeias. 2. Crise: as origens: 2.1 "Credit Default Swaps" (CDS): características e histórico: 2.1.1 Revolução do CDS: padronização, múltiplas entidades e liquidação financeira; 2.2 "Collateralized Debt Obligations" (CDO): 2.2.1 CDO-fluxo de caixa; 2.2.2 CDO-sintético; 2.2.3 Forças de mercado nas atividades com CDO e bolha imobiliária; 2.3 CDSs sobre CDOs: desestímulo à monitoração; 2.4 O colapso. 3. Medidas de urgência. 4. Regulação do Sistema Financeiro: Lei Dodd-Frank de Reforma de Wall Street: 4.1 Derivativos de crédito: "clearing" centralizado: 4.1.1 "Clearinghouse": operação e funcionalidades; 4.1.2 "Clearinghouse": possíveis efeitos sobre a Crise dos Derivativos. 5. Apontamentos finais. 6. Bibliografia.

1. Lei Dodd-Frank e iniciativas europeias

Produtos financeiros gestados no mercado financeiro americano foram fortes protagonistas de uma das mais graves ameaças à organização econômico-social vivenciada em tempos recentes. O colapso da ciranda financeira, e seu choque sobre as atividades produtivas, sinalizaram tempos tão sombrios para o início do século XXI quanto a Grande Depressão de 1930. Não fossem as maciças intervenções estatais para socorro de instituições moribundas, o mundo não estaria voltando, no início de 2011, aos níveis econômicos anteriores à Crise dos Derivativos. Mas além das medidas de urgência, revisões conjunturais serão igualmente importantes.

Grande avanço, naturalmente, foi a aprovação da *Dodd-Frank Wall Street Reform and Consumer Protection Act* ("Lei Dodd-Frank") em julho de 2010, a qual representa a mais ampla revisão regulatória do sistema bancário-financeiro dos Estados Unidos desde a década de 1930. De um vastíssimo conteúdo de mais de 800 páginas, uma das marcas principais da nova lei é seu capítulo VII, o qual pretende trazer nova roupagem aos derivativos negociados fora de bolsa (*over-the-counter*). Por seu turno, e à reboque das medidas adotadas nos EUA, veremos muitas das características da Lei Dodd-Frank no projeto de regulação de derivativos proposto pela Comissão Europeia (COM(2010) 484/5), o qual pende de aprovação pelo Parlamento Europeu.

Assim, em vista da abrangência global dos derivativos, tanto a Dodd-Frank quanto a proposta europeia atenderão à agenda definida pelo G-20 de tornar tal mercado um ambiente mais transparente, íntegro e sujeito à regulação. Neste aspecto, embora as particularidades do sistema bancário brasileiro tenham evitado no país os mesmos problemas vistos no exterior, o tamanho e a importância do mercado de derivativos no mundo recomendam o acompanhamento detido das reformas em curso, particularmente nos EUA.

Deste modo, este trabalho abordará a mecânica de funcionamento dos produtos financeiros que operaram na eclosão e disseminação da crise a partir dos EUA, bem como analisará como Lei Dodd-Frank, atualmente em fase de regulamentação, tenta atingir as causas do problema. Embora a reforma financeira na Europa não tenha sido iniciada, muitos conceitos abordados neste artigo serão aplicados, em menor ou maior escala, pelas nações europeias que revisarem seus sistemas bancários e financeiros.

2. *Crise: as origens*

As expressões "Crise dos Derivativos", ou "Crise", conforme aqui aplicadas, dirão respeito ao ciclo de depressão financeira iniciada nos EUA em 2007, com a quebra do banco Bear Stearns (socorrido pelo governo americano e comprado pelo banco JP Morgan Chase), e que, em setembro de 2008, foi profundamente agravada com o pedido de recuperação judicial do banco Lehman Brothers.

Dentre os fundamentos da Crise dos Derivativos, a literatura americana é virtualmente unânime em indicar a participação de dois instrumentos financeiros, quais sejam: (i) derivativos de crédito, especialmente o *Credit Default Swap* (CDS), e (ii) os *Collateralized-Debt Obligation* (CDO) – títulos garantidos por renda fixa – relacionados a financiamentos hipotecários. Utilizados de forma combinada, CDSs e CDOs teriam gerado uma intensa distribuição de riscos de crédito que culminariam na quebra, ou socorro, de diversas instituições tradicionais dos Estados Unidos.

Claro que muitos outros componentes do sistema financeiro americano (atividades ao largo da regulação, concentração de riscos em enormes instituições, alta alavancagem, complacência de agências de classificação de risco etc.) também se somaram ao conjunto de distorções que culminaram com a Crise. No entanto, em vista da particular relevância destes instrumentos, o foco do presente artigo será o funcionamento do CDS, do CDO e a resposta da nova regulação.

Para que se entenda vivamente a Crise dos Derivativos e a reforma em execução pelos reguladores americanos, partiremos da caracterização de tais instrumentos financeiros e, a seguir, identificaremos como contribuíram com a Crise. Em seguida, examinaremos os aspectos centrais do Título VII da Lei Dodd-Frank, o qual trata da submissão destes produtos à compensação (*clearing*) centralizada.

2.1 "Credit Default Swaps" (CDS): características e histórico

De forma geral, "derivativo" designa um contrato bilateral que transfere risco de uma parte para outra e cujo valor é derivado de um certo preço, taxa ou índice.[1] Tipos básicos de derivativos são os contratos de *Swap*, Futuros, a Termo e as Opções. Dentre os derivativos tipo *Swap*, um dos principais no cenário mundial é o *Credit Default Swap* (CDS).

O CDS é um contrato no qual o risco de uma ou mais entidades referenciadas é transferido de uma parte (vendedor) a outra (comprador). Em um contrato CDS, o vendedor se obriga a indenizar o comprador na hipótese de ocorrer um "evento de crédito" (inadimplência, por exemplo) com a entidade referenciada. Em contrapartida, o comprador paga ao vendedor uma porcentagem sobre o valor do contrato, o qual é chamado de *spread*. O CDS, como se nota, muito se assemelha a um clássico seguro contra riscos de crédito.

1. David Mengle, *Credit Derivatives: an Overview*, International Swaps and Derivatives Association, 2007, Financial Markets Conference Federal Reserve Bank of Atlanta, 15.5.2007, p. 3.

Figura 1

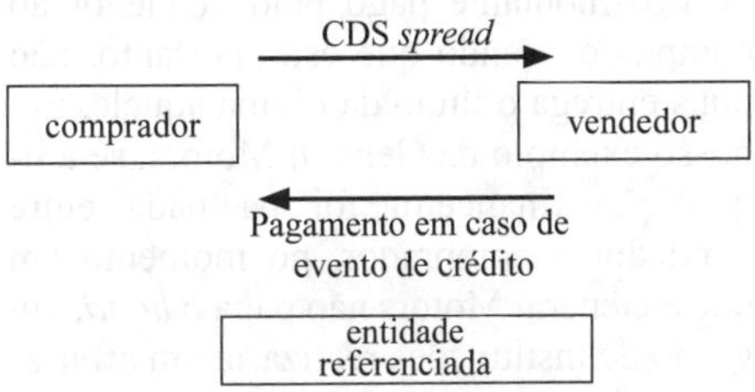

Como exemplo meramente fictício de CDS, tomemos uma dívida (*bond*) de US$ 100 mil emitida pela General Motors e comprada pelo investidor George Soros. Este investidor, temendo que a General Motors não pague pelo *bond* (juros ou principal), procura um vendedor de CDS (nos EUA, um banco, seguradora ou outra instituição financeira) e contrata proteção para o caso de ocorrência de um evento de crédito com a GM ou seu *bond* (*i.e.*, inadimplência, falência, reestruturação de dívida, pagamento antecipado e moratória). Para tanto, o Sr. Soros paga ao vendedor um *spread*. Assim, em caso de não pagamento da dívida pela General Motors, o comprador do CDS, George Soros, cede o título (*bond*) da GM ao vendedor, que então lhe paga US$ 100 mil.

Além disso, figura comum em tais transações é a obrigatoriedade das partes depositarem margens de garantia (*colateral*) ao longo da execução do contrato, as quais buscam assegurar a obrigação assumida pelo depositante. Para que o processo de colocação de margens seja eficiente, as posições das partes são usualmente "marcadas a mercado", vale dizer, a posição diária do vendedor e do comprador (ou em frequência inferior) é revista para refletir o valor real de sua posição no momento da avaliação. Tomemos então o exemplo General Motors: se o vendedor ofereceu um CDS ao George Soros com relação ao *bond* GM, as cláusulas do CDS preveem que a queda no valor da GM (ou a queda na classificação de risco de seu *bond*) representa maior risco de que a GM não honrará o pagamento da dívida. Neste momento, o vendedor deverá aumentar a margem, ou seja, depositar dinheiro (ou outro ativo líquido) que represente alguma fração do valor que deverá pagar ao investidor Soros em caso de inadimplência da GM. Quanto pior o risco do *bond* GM, maior o valor do colateral a ser colocado pelo vendedor.

Visto desta maneira, o CDS é uma simples transação bilateral, negociada caso a caso. No entanto, a realidade deste mercado, impulsionada principalmente por instituições americanas, foi um tanto diferente. Estando ao largo da regulação bancária dos EUA até a edição da Lei Dodd-Frank (e até que venha sua plena regulamentação), o CDS passou por intensa mecanização com a alta padronização de seus contratos, a possibilidade de existirem múltiplas entidades referenciadas e a previsão de liquidação financeira no lugar da cessão física da dívida. Todos estes elementos possibilitaram que sua utilização ganhasse escala e extrapolasse muito a mera função de seguro. De fato, compradores passaram a adquirir CDS em transações *naked*, ou seja, sem estarem diretamente expostos ao risco subjacente (no nosso exemplo, sem possuírem qualquer dívida da GM).[2] Examinemos assim como a instrumentalização do CDS permitiu sua utilização em massa.

2.1.1 *Revolução do CDS: padronização, múltiplas entidades e liquidação financeira*

Sobre a uniformização de contratos e práticas relativas ao CDS, notaremos que muito embora tais contratos sejam teoricamente negociados caso a caso, a *International Standard and Derivatives Association* (ISDA), organização privada composta por instituições financeiras, promoveu sua uniformização. Tal processo se dá pela

2. As operações *naked* podem ter caráter de arbitragem (obtenção de ganhos a partir de desequilíbrios de mercado) ou especulação (aposta em tendências do valor do ativo).

publicação de uma estrutura contratual padronizada amplamente utilizada pelo mercado,[3] o que permite maior segurança e repetição nas transações.

Sobre a noção de múltiplas entidades referenciadas, trata-se da possibilidade de um mesmo contrato CDS oferecer proteção a todo um conjunto de riscos. Exemplos de tais CDS "multinome" são o *first-to-default basket swap*, no qual o comprador, detentor de diversos títulos de dívidas (*bonds* da General Motors, General Electric, Citibank ou quaisquer outros), recebe a garantia de que o primeiro evento de crédito envolvendo alguma destas entidades (falência de algum deles, por exemplo), implicará em recebimento da indenização. Com o pagamento, encerra-se o contrato CDS e eventuais novas inadimplências não estarão cobertas. CDS *second* e *third-to-default* seguem a mesma lógica.[4] Em 2005, as três maiores entidades referenciadas no mundo, em volume de CDS, eram, respectivamente, General Motors, Ford e o Brasil.[5]

Por fim, a liquidação financeira, ao invés da entrega física da dívida, é outro componente propulsor dos derivativos de crédito. Por esta medida, agentes operam a definição do valor da entidade referenciada quando ocorre o evento de crédito. Uma vez que vendedor e comprador obrigaram-se contratualmente a aceitar esta definição como sendo o valor da dívida em *default*, tal é o montante pago pelo vendedor ao comprador, sendo que este, portanto, não mais entrega o título da dívida àquele. Em nosso exemplo da General Motors, se a liquidação financeira foi pactuada entre vendedor e comprador, no momento em que a General Motors não paga o *bond*, um grupo de instituições realizaria um arbitramento do valor do título. Imagine que a arbitragem conclui que seu valor, cujo valor de face era US$ 100 mil, seja de US$ 10 mil. Neste caso, o vendedor deverá pagar ao comprador US$ 90 mil (US$ 100 mil do valor de face menos US$ 10 mil do valor arbitrado) e o comprador não precisará entregar o título (o *bond* da GM). Claro que esta modalidade de liquidação do CDS aumentou enormemente a liquidez do mercado, pois o comprador não precisava mais sequer adquirir uma dívida da GM, ele apenas comprava proteção deste crédito em uma transação *naked*.

Como resultado desta evolução (padronização contratual, múltiplas entidades de referência e liquidação financeira), dados imediatamente anteriores à pior fase da Crise dos Derivativos (setembro de 2008) indicam que 90% das transações CDS eram firmadas sob a forma de contratos ISDA e submetidas aos procedimentos de uma entidade privada americana chamada *Depositary Trust and Clearing Corporation* (DTCC).[6] Os contratos CDS submetidos às regras de tal organização permitem a utilização de procedimentos céleres e padronizados de evento de crédito e liquidação financeira, o que leva a uma "automatização" do CDS (ao invés de negociações caso a caso). Ilustração deste processo seria a falência de um banco sobre o qual existam inúmeras posições vendidas e compradas em contratos CDS, vale dizer, o banco é a entidade referenciada. Sendo contratos submetidos à DTCC, a

3. Esta estrutura é composta fundamentalmente por cinco partes: (i) o Contrato Padrão (*Master Agreement*), que é firmado pelas partes antes de qualquer transação e que servirá de fundamento contratual dos futuros negócios; (ii) a Carta de Confirmação, pela qual as partes definem um negócio CDS específico (entidade de referência, prazo, valor nocional, prazo etc.); (iii) as Definições sobre Derivativos de Crédito, o qual traz definições sobre os termos citados na Carta de Confirmação; (iv) Suplementos, que são documentos emitidos pela ISDA para corrigir, atualizar ou esclarecer as Definições; e (v) a Documentação de Apoio ao Crédito, usado em contratos que exigem margens ("colateralização" de exposições líquidas).

4. Antulio Neves Bomfim, *Understanding Credit Derivatives and Related Instruments*, San Diego, Elsevier Academic Press, 2005, p. 8.

5. Id. David Mengle, nota 1 supra, p. 47.

6. V. Bradley Rogoff e Michael Anderson, *DTCC Data Show Corporate CDS Fear Overblown*, Barclays Capital Credit Strategy, 6.11.2008.

própria organização ISDA promove uma conferência telefônica entre seus participantes para alcançar um consenso acerca da ocorrência ou não de um evento de crédito (neste caso, a falência é obviamente um evento). Determinada a existência do evento de crédito, todos os participantes identificam suas posições como vendedores e compradores de proteção CDS. Em seguida, um leilão extrai o valor arbitrado de todas as posições vendidas e compradas de todos os participantes. Quando um preço final é obtido, a própria DTCC calcula todos os valores que seus membros devem receber um dos outros com relação aos contratos CDS liquidados por força daquele evento de crédito.

Registre-se que procedimento similar ao relatado acima foi efetivamente utilizado na quebra do banco Lehman Brothers em setembro de 2008. De um valor total de exposição (venda de proteção por meio de CDS) de US$ 72 bilhões relativo ao risco Lehman Brothers, o valor líquido pago entre as instituições vendedoras e compradoras, após o ordenado processo de encontro de contas promovido pela DTCC, foi de US$ 5,2 bilhões.[7]

Todo este aparato de padronização envolvendo contratos CDS permitiu uma revolução na indústria financeira mundial, em particular nos Estados Unidos. Bancos comerciais, de investimentos, seguradoras, *hedge funds* e fundos de pensão passaram a adotar o CDS não apenas como um seguro contra risco de crédito, mas também o incorporaram em suas políticas de risco. Como consequência, estima-se que cerca de 80% dos CDS são *naked*, ou seja, firmados entre partes que não tem exposição direta ao risco.[8]

Para se ter uma ideia da importância de tais contratos no mercado financeiro, o volume de negócios envolvendo CDS no mundo saltou de US$ 600 bilhões em 2001[9] para US$ 62 trilhões em 2007.[10]

O CDS foi, inclusive, aplaudido como poderosa ferramenta de gestão de risco e promoção de liquidez antes de se tornar o vilão da Crise. O antigo presidente do Banco Central Americano, Alan Greespan, considerava os CDSs essenciais à estabilidade e flexibilidade da economia daquele país.[11] Exemplo prático desta importância envolveu a quebra da Enron e WorldCom, ocasião em que bancos utilizaram CDSs para se protegerem de riscos envolvendo estas companhias (US$ 8 bilhões da Enron e US$ 10 bilhões da WorldCom) e evitaram assim perdas maciças quando tais empresas faliram.[12]

2.2 "Collateralized Debt Obligations" (CDO)

Outro agente central para compreensão da Crise dos Derivativos é o CDO. Em um *Collateralized Debt Obligations* (CDO) – títulos garantidos por dívidas –, o fluxo de caixa oriundo de um conjunto de ativos de renda fixa (recebíveis de cartão de crédito, *bonds* corporativos ou hipotecas, por exemplo) é "repartido em pedaços" e vendido a investidores. Tal qual um FIDC (Fundo de Investimento em Direitos Creditórios) ou CRI (Certificados de Recebí-

7. *Senior Supervisors Group: Observations on Management of Recent Credit Default Swap Credit Events*, março/2009, último acesso 5.5.2009, *http:// www.newyorkfed.org/newsevents/news/markets/ 2009/ SSG_030909.pdf*.

8. Houman B. Shadab, "Guilty by Association? Regulating Credit Default Swaps", *Entrepreneurial Business Law Journal*, p. 40, último acesso 5.5.2009, *http://papers.ssrn.com/sol3/papers.cfm?abstract_id=1368026*.

9. Id. David Mengle, nota 1 supra, p. 11.

10. V. *ISDA Publishes Year-End 2008 Market Survey*, disponível em *www.isda.org/press/press042209market.html*.

11. *Remarks by Chairman Alan Greespan to the Federal Reserve Bank of Chicago's 41 Annual Conference*, 5.5.2005, último acesso 16.9.2009, *http://www.federalreserve.gov/Boarddocs/Speeches/2005/20050505/default.htm*.

12. Frank Partnoy e David A. Skeel Jr., "The promisses and perils of credit derivatives", *University of Cincinnati Law Review*, vol. 75, p. 1.021, nota 2.

veis Imobiliários), figuras conhecidas no Brasil, o CDO é utilizado na securitização de uma determinada carteira de recebíveis. Não obstante as semelhanças, não há registros que as particularíssimas características dos domésticos FIDC e CRI possuam as fragilidades estruturais que, como será visto, transformaram a securitização de recebíveis imobiliários um gerador da Crise nos Estados Unidos.

Duas formas centrais de CDO são CDO-fluxo de caixa e CDO-sintético. Embora parecidos, suas mecânicas são ligeiramente distintas.

2.2.1 *CDO-fluxo de caixa*

Embora o "CDO-fluxo de caixa" possa ser estruturado a partir de diversas formas de recebíveis, usaremos as hipotecas residenciais (ou *mortgages*) como exemplo, haja vista serem uma das fontes principais da Crise.

Em um CDO-fluxo de caixa de financiamento hipotecário (CDO-hipoteca), o chamado originador (um banco que realiza financiamentos ao público para aquisição de imóveis) vende o fluxo de caixa derivado de tais contratos a uma SPE (Sociedade de Propósito Específico), uma subsidiária criada exclusivamente para suportar a transação. A SPE emite títulos de dívida (*bonds*) e/ou capital (*equity*),[13] os quais são chamados de fatias (*tranches*) e possuem diferentes níveis de senioridade. Valores mobiliários originados de cada um desses níveis são, então, vendidos a investidores qualificados, nos EUA ou exterior, os quais dão direito ao recebimento de valores derivados do fluxo de caixa dos contratos de financiamento hipotecário. Como as fatias apresentam diferentes níveis de senioridade, o retorno dos valores mobiliários de cada fatia também é diferente, ou seja, a fatia mais sênior possui menor risco de perdas e menor potencial de ganhos em comparação à fatia mais júnior, que apresenta maior risco de perda, mas também maior potencial de ganho. Entre as fatias sênior e júnior estão as fatias por vezes apelidadas de *mezanino*.

Figura 2 – CDO-fluxo de caixa

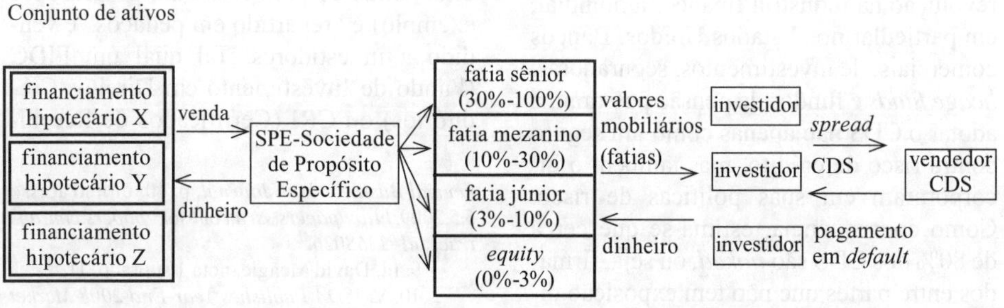

13. A depender da estrutura adotada na SPE (*debt* e/ou *equity*), poderíamos comparar os valores mobiliários representativos da porção *equity* a ações preferenciais e/ou ordinárias de diferentes classes emitidas por uma S/A (cujas regras de distribuição de dividendos determinariam quais classes, de qual senioridade, primeiro receberiam os lucros disponíveis) e os valores da porção *debt*, por seu turno, poderiam ser equivalentes a debêntures de séries e/ou classes distintas, com diferentes níveis de senioridade/preferência, ou ainda com um FIDC com diversas classes de cotas, com prioridade de resgate e recebimento entre elas.

O risco associado a cada uma das fatias é então objeto de classificação (basicamente pela Standard & Poor's, Moody's ou Fitch). A porção *equity* (normalmente não vendida), é a que suporta as primeiras perdas advindas dos contratos de hipoteca. Em nossa figura, isto significa que quando o volume de dinheiro não pago pelos mutuários (tomadores do financiamento hipotecário) é de até 3%, os prejuízos são absorvidos pela porção *equity*. Quando as perdas ultrapassam 3%, os investidores em fatias júnior, como se vê na figura acima, passam a sofrer estas perdas, ou seja, deixam de receber o fluxo de capital esperado. As fatias sênior (estruturadas para receber a melhor classificação, triplo A ou próximas)[14] são então as últimas afetadas. Em nosso exemplo, apenas o *default* global superior a 30% nas hipotecas atingiria tais investidores.

Imagine agora que os investidores na Figura 2 passassem a adquirir contratos CDS para prevenção de perdas oriundas da compra das "fatias". Em termos econômicos, o risco de crédito do banco originador frente aos mutuários teria sido transferido três vezes: inicialmente do originador para a SPE, desta para os investidores, destes para os vendedores de CDS. Esta ciranda de transferência de riscos é fundamental à compreensão de como este processo colaborou na disseminação da Crise dos Derivativos, o que veremos adiante. Antes disto, contudo, examinaremos o CDO-sintético, outra usual ferramenta na securitização de recebíveis.

2.2.2 *CDO-sintético*

A forma mais comum de CDO é o denominado "sintético". Seu conceito subjacente é muito similar ao CDO-fluxo de caixa, com a diferença de que os ativos (o fluxo de caixa oriundo dos financiamentos hipotecários na origem) não são vendidos. Ao invés de vender os ativos à SPE, o originador firma com a SPE um contrato de CDS no qual o originador é o comprador da proteção do risco e a SPE é a vendedora. Assim, a SPE se expõe artificialmente ao risco de crédito dos contratos de financiamento hipotecário. Vejamos como funciona. A SPE, vendedora do CDS, obriga-se a ressarcir o originador, comprador do CDS, caso as perdas deste ultrapassem certo percentual. O originador, para tanto, paga um *spread* para a SPE. Esta então emite novos títulos (fatias) aos investidores nos mesmos moldes do CDO-fluxo de caixa. No entanto, como somente o valor de *spread* recebido não é suficiente para pagar os investidores, a SPE investe o valor oriundo da emissão dos títulos em ativos com baixíssimo risco (como títulos do Tesouro americano, por exemplo). Tais ativos passam então a servir como garantia para os investidores e como fonte de recursos (juros) à SPE, os quais, juntamente com o *spread* recebido por força do contrato de CDS, serão utilizados no pagamento dos títulos (fatias) emitidos.

Figura 3 – CDO-sintético

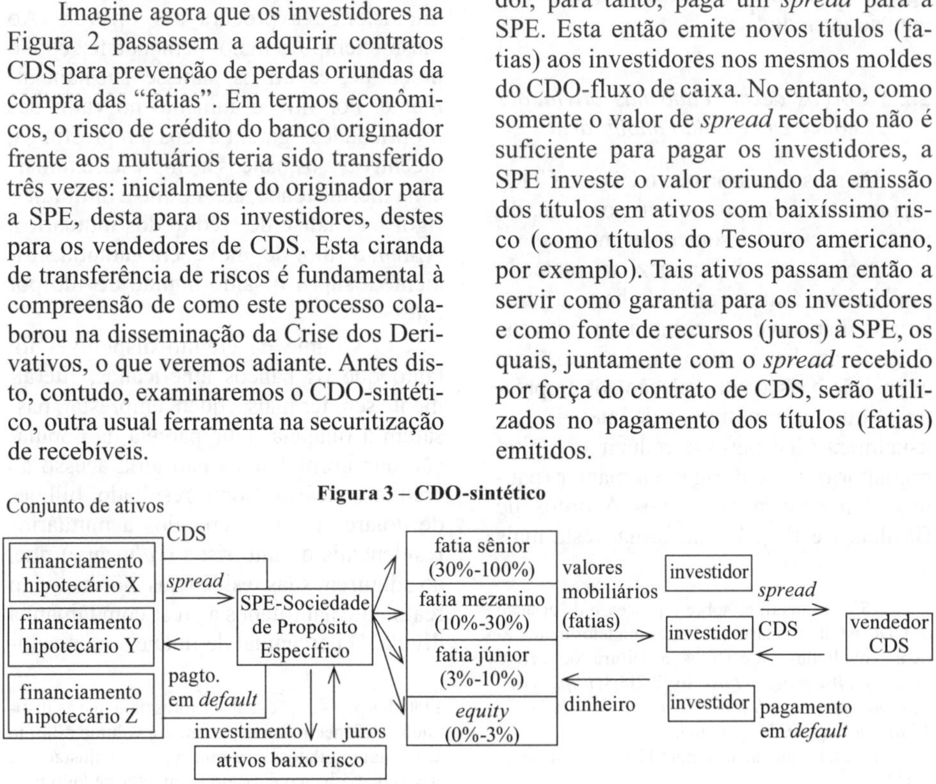

14. Dentre os critérios utilizados pelas três grandes empresas de classificação de risco (Standard and Poor's, Fitch e Moody's), o *ranking* triplo A (AAA ou Aaa) é o de maior segurança *ranking* investimento.

Portanto, se houver inadimplência entre os tomadores do financiamento hipotecários, os primeiros 3% de perdas ficam com a porção *equity* (usualmente não vendida). A partir de 3%, os investidores passam a sofrer diminuição em seus fluxos de pagamento, pois a SPE, ao invés de pagá-los, utilizará os recursos para indenizar o originador nos termos do contrato CDS. No vencimento dos títulos, a SPE vende os títulos nos quais investiu e retorna o principal aos investidores.

Hoje é reconhecido que os modelos matemáticos envolvidos na criação de um CDO foram de uma complexidade (e obscuridade) tamanha que muitos investidores institucionais (bancos, fundos etc.) acabaram adquirindo tais papéis em mera confiança à classificação proporcionada pelas agências, mas sem entenderem o que estavam adquirindo.[15]

2.2.3 *Forças de mercado nas atividades com CDO e bolha imobiliária*

Da mesma forma que o CDS, o CDO-hipoteca também promoveu, por anos, diversos benefícios à sociedade americana,[16] pois trouxe maior liquidez ao mercado imobiliário, é dizer, mais dinheiro a juros baixos disponíveis à compra de imóveis. Quando um banco elimina, ou reduz, sua exposição a risco com relação aos empréstimos que faz a mutuários de imóveis, isto usualmente lhe permite reduzir o capital regulatório que é obrigado a manter (pautado fundamentalmente nos Acordos de Basileia I e II[17]). Desta forma, resta mais dinheiro para que se façam mais empréstimos com menores taxas de juros.

Nos EUA, desde que a entidade governamental Fannie Mae começou a adquirir CDOs-hipoteca diretamente dos bancos e repassá-los ao mercado, constatou-se um aumento concomitante na concessão de empréstimos hipotecários.[18] Isto porque, reputa-se, tais bancos emprestavam aos tomadores de empréstimo e, ato contínuo, "vendiam" o risco através de CDOs-fluxo de caixa ou CDOs-sintéticos (neste caso, à Fannie Mae). Com este processo, reduziram sua exigência de capital regulatório, estando habilitados a oferecer novos empréstimos, com baixas taxas de juros, a mais tomadores. Tal dinâmica, naturalmente, dava maior liquidez ao mercado de hipotecas imobiliárias, aumentando o volume de recursos a baixos juros que impulsionou a procura por imóveis. Ao mesmo tempo, a maior demanda fez com o preço destes ativos subisse substancialmente. Por fim, o aumento no valor das propriedades, garantia dos empréstimos, incentivava os bancos a emprestarem mais e, na mesma toada, até mesmo a diminuir o rigor na análise de crédito dos mutuários. Afinal, o valor do imóvel era garantia suficiente a suprir o saldo líquido devido por estes.

O volume de crédito disponível foi tanto que os bancos americanos, literalmente sem ter mais a quem emprestar, passaram a financiar uma parcela da população que normalmente não teria acesso ao crédito bancário. Como resultado, bilhões de dólares foram oferecidos a mutuários residenciais de alto risco (*subprime*) que, ao adquirem suas residências, não estavam realmente habilitados a arcar com tamanha dívida. O percentual de financiamentos hi-

15. Para detalhes sobre o processo de criação de CDO e falta de clareza sobre os modelos matemáticos envolvidos, sugerimos a leitura do artigo "Frenzy", *Washington Post*, 16.12.2008, *http://www.washingtonpost.com/wp-dyn/content/article/2008/12/15/AR2008121503561_pf.html*.

16. Id. Frank Partnoy, nota 12 supra, vol. 75, p. 1.023.

17. O *Basel* I (Acordo de Basileia I), firmado em 1988, e o *Basel* II (Acordo de Basileia II), finalizado em 2004, servem como parâmetros a serem adotados pelas nações subscritoras para que as instituições financeiras mantenham um volume mínimo de capital regulatório, ou seja, a parcela ajustada de ativos que o banco é exigido a manter de lado para suporte às atividades de risco. Id. Antonio Bonfim, nota 4 supra, capítulo 25.

18. Id. Frank Partnoy, nota 12 supra, p. 1.026.

potecários *subprime*, por força da maior leniência dos bancos com a baixa capacidade creditícia dos mutuários, aumentou 292% entre 2003 e 2007.[19]

Deste modo é que, por anos, o mercado imobiliário americano cresceu de maneira vertiginosa. Este inchaço é hoje reconhecido como uma bolha (*housing bubble*), pois se constata que a apreciação dos imóveis estava comprometida pela artificialidade. Estima-se que, no verão de 2006, a sobrevalorização média nacional dos imóveis americanos era de 50%.[20] O colapso começou quando o alto valor chegou a um ponto em que a compra de casas tornou-se inviável, levando à queda nas vendas (em 2005) e, ato contínuo, nos preços (em 2006). Em 2007, as execuções de hipotecas cresceram 100%, mantendo-se neste alto patamar por anos.[21] Como veremos adiante, a queda no preço das residências implicou no aumento da inadimplência, o que foi sentido rapidamente no valor dos CDO-hipotecas e na dinâmica dos CDSs a eles atrelados.

2.3 CDSs sobre CDOs: desestímulo à monitoração

O processo de venda de CDSs sobre CDOs-hipoteca (em que a proteção comprada é contra o risco deste CDO) iniciou-se nos EUA em 1998 e disseminou-se rapidamente a partir de 2005, ocasião em que os contratos de CDS para tais tipos de transação passaram a ser uniformizados pela ISDA.[22] Este dado sugere que os bancos originadores aumentaram a emissão de CDOs porque o mercado disponibilizava mais facilmente CDSs[23] que protegessem eventuais investidores. Neste sentido, o banco de investimentos Merrill Lynch detinha, no final de 2007, cerca de US$ 30,4 bilhões em CDOs-hipoteca *subprime* e, ao mesmo tempo, US$ 23 bilhões em CDSs adquiridos para proteção destes CDOs.[24]

Deste modo, percebe-se que embora o CDS tenha os benefícios antes enumerados (liquidez com menores taxas de juros e *price discovery*), a Crise revelou que a compra de CDSs para CDOs-hipoteca implicara no enfraquecimento da monitoração pelos bancos originadores.[25] Além disso, tais CDS, imagina-se, encontravam-se erroneamente precificados, não refletindo adequadamente os riscos dos ativos subjacentes, o que os tornava mais baratos e atrativos.

Assim é que, sustenta-se, a criação e a difusão dos CDOs e dos CDSs na economia americana geraram um desestímulo à monitoração dos financiamentos imobiliários. Na medida em que o banco estendia empréstimos ao público final e concomitantemente encontrava um fértil mercado de investidores dispostos a adquirir "fatias" destes ativos (que estavam dispostos a comprá-los exatamente porque podiam proteger o risco neste investimento a um baixo custo), o rigor na análise de crédito do público caiu. Em outras palavras: o banco que oferecesse CDO-hipoteca ou comprasse um CDS aliviava-se da potencial inadimplência de seu cliente, haja vista que, no primeiro caso, teria vendido os ativos, passando o risco da inadimplência para a SPE e seus investidores e, no segundo caso, estaria assegurado de que, caso a inadimplência ocorresse, seria ressarcido.

19. *A Snapshot of the Subprime Market*, Center for Responsible Lending, 27.11.2007, último acesso 5.5.2009, *http://www.responsiblelending.org/issues/mortgage/quick-references/a-snapshot-of-the-subprime.html.*

20. Paul Krugman, *The Return of Depression Economics and the Crisis of 2008*, 4ª ed., Nova York, Elsevier, p. 177.

21. V. *RealtyTrac Press Releases, http://www.realtytrac.com/.*

22. Laurie S. Goodman, *Subprime Mortgage Credit Derivative*, Frank J. Fabozzi Series, junho/2008.

23. Anthony Faiola, "What went wrong?", *Washington Post*, 15.10.2008.

24. Demonstrações Financeiras Merrill Lynch 2007 10-K at 35-37.

25. Id. Houman Shadab, nota 8 supra, p. 1.032.

Este é um dos fenômenos centrais da *moral hazard* presente no nascedouro da crise: bancos passaram a estender crédito imobiliário a clientes com alto risco de crédito (*subprime*), mas não ficavam com este risco, lançavam-no adiante em transações CDOs e CDSs que, nos modelos matemáticos, não ofereciam o risco que concretamente revelaram.

2.4 O colapso

Enquanto o valor das residências foi aumentando, o círculo vicioso que culminaria na Crise dos Derivativos foi sendo abafado. Apenas com o aumento significativo da inadimplência das hipotecas, particularmente da *subprime*, é que as fatias dos CDOs-hipoteca passaram a ser mais fortemente afetadas, gerando perdas para os respectivos investidores (ou para os vendedores de CDS protegendo CDOs-hipoteca).

Uma vez que investidores nos Estados Unidos tiveram de registrar posições em seus balanços pela técnica de marcação a mercado, a inadimplência nas hipotecas não foi o único evento a implicar em prejuízos. Por força de regras contábeis, a diminuição no valor dos CDOs-hipoteca, mesmo que não tenha impacto direto no fluxo de recebimentos (v. Figuras 2 e 3), exige que o investidor ajuste imediatamente seu balanço para reconhecimento ou provisionamento de perdas. Na Crise, portanto, a exigência de marcação a mercado levou o mercado financeiro a reconhecer bilhões de dólares em perdas quando seus CDOs-hipoteca (ou CDS protegendo CDOs) naufragaram. Seguindo ao aumento da inadimplência nos ativos subjacentes à toda cadeia de transferência de risco (CDOs e CDSs) no mercado financeiro, grandes instituições viram um declínio imediato no valor de seus portfólios e suas próprias ações. A queda generalizada do mercado afetou diretamente os vendedores de CDS, que foram instados a oferecer colaterais. Muitos, porém, não tinham recursos disponíveis para fazê-lo, alimentando ainda mais a crise sistêmica no mercado americano e mundial.

O banco Bear Stearns, um pioneiro na securitização de hipotecas, também foi um dos primeiros a experimentar grandes perdas neste processo. Em junho de 2007, a instituição havia comprometido US$ 3,2 bilhões em colaterais relativos a investimentos em CDO.[26] O volume de derivativos registrado pelo banco (US$ 13 bilhões em novembro de 2007), somado a seu alto grau de alavancagem financeira, implicou na necessidade do *Federal Reserve* salvar a organização em 2007, para que, então, fosse adquirida pelo JP Morgan Chase em 2008.[27] O desaparecimento do banco decorreu, em grande parte, de sua incapacidade de oferecer as garantias exigidas em contratos CDS.

O clássico exemplo de companhia afetada pela combinação de CDSs com CDO-hipotecas, no entanto, é a AIG (*American International Group*), umas das maiores companhias seguradoras do mundo. Embora a AIG fosse submetida à regulação de seguros, uma de suas subsidiárias, a *AIG Financial Products* (AIGFP), especializou-se na venda de CDSs e passou ao largo da supervisão estatal. A AIGFP registrava em seus balanços, no final de 2007, US$ 527 bilhões em proteção CDS vendida.[28] De acordo com a instituição, a maioria de seus clientes (compradores de CDS) eram investidores a procura de proteção em seus portfólios de *bonds* corporativos e investimentos em ativos relacionados a hipotecas (tal qual o CDO-hipoteca).[29]

26. Walden Siew e Al Yoon, "Bear Stearns CDO liquidation sparks contagion fears", *Reuters*, 21.6.2007, último acesso 15.9.2009, *http://www.reuters.com/article/ousiv/idUSN2136425520070622*.

27. Roddy Boyd, "The last days of Bear Stearns", *Fortune*, 31.3.2008, último acesso 5.5.2009, *http://money.cnn.com/2008/03/28/magazines/fortune/boyd_bear.fortune/*.

28. Demonstrações Financeiras AIG, 2007 Form 10-K, p. 122, disponível em *www.aig.com*.

29. Id. AIG Form 10-K, nota 28 supra, p. 122.

Uma vez que a percepção de risco no mercado financeiro foi seriamente abalada com a quebra do banco Lehman Brothers em setembro de 2008, ativos negociados em bolsa ou balcão, incluindo CDOs-hipoteca, tiveram uma abrupta queda de valor e/ou reclassificação a maior do risco. Neste cenário, a AIGFP, garantidora de muitos investimentos em CDOs-hipoteca através de CDS, foi acionada a prover margens (colaterais). Sendo fiadora da AIGFP, a AIG foi também atingida. Como resultado, a AIG foi subitamente obrigada a postar US$ 40 bilhões em colateral em favor dos clientes AIGFP que adquiriram CDS.[30] A companhia não foi capaz de honrar tais compromissos e esteve à beira da falência, o que só foi evitado pela imensa intervenção do Tesouro americano através de linhas de crédito e subscrição de novas ações, levando assim à virtual estatização da companhia. As perdas registradas em 2008 pela AIG e AIGFP em relação a CDOs-hipoteca, ou CDSs relacionados a tais ativos, foi de US$ 58 bilhões (US$ 32,6 bilhões pela AIG e US$ 25,7 bilhões pela AIGFP).[31]

A constatação de que o grupo AIG não foi capaz de prover suficiente colateral com recursos próprios indica, em primeiro lugar, que as suas contrapartes contratuais não mantiveram adequada gestão de risco. Mais importante: sugere que um volume tão alto de posições vendidas de CDS não poderia existir sem que a AIGFP oferecesse, desde o início das relações contratuais, alguma forma de colateral, o que não ocorria. De fato, a AIG foi objeto de um imenso volume de solicitações de colateral nos meses de agosto (US$ 20 bilhões) e setembro (US$ 20 bilhões) de 2008, quando já não detinha recursos para honrar tais demandas.

Se o governo americano arrependeu-se por não ter socorrido o banco Lehamn Brothers, não estava disposto a incorrer no mesmo erro no caso da AIG. Desta forma, implementou medidas de urgência e propôs uma ampla reforma estrutural, hoje refletida na Lei Dodd-Frank.

3. Medidas de urgência

Com a rápida deterioração do cenário financeiro após a quebra do Lehman Brothers e chance eminente de que outras grandes instituições (dentre elas a AIG) viessem a falir, o Tesouro americano iniciou um esforço sem precedentes para injetar capital em instituições problemáticas.

A primeira medida de socorro, ainda na gestão George Bush, foi o *Troubled Asset Repurchase Program* (TARP), o qual permitia ao Departamento do Tesouro adquirir até US$ 700 bilhões em ativos relacionados a hipotecas comerciais ou residenciais (tais quais o CDO-hipoteca) de instituições financeiras. No entanto, seguindo as medidas adotadas na Inglaterra, os recursos do TARP, ao invés de comprarem ativos, foram aplicados majoritariamente na injeção direta de capital nas instituições problemáticas através da aquisição de ações ou concessão de empréstimos.[32]

Como o crédito interbancário estava congelado (pois os bancos não mais acreditavam se os balanços uns dos outros refletiam a realidade de suas capacidades financeiras), o TARP funcionou para o desembaraço do crédito e retomada gradual da normalidade até outubro de 2010, data em expirou o prazo para a realização de novos investimentos com recursos do programa.

Uma segunda medida de urgência adotada pelo Tesouro americano foi a *Public-Private Investiment Program for Legacy Assets* (PPIP). Criada em março de 2009, a PPIP utiliza a combinação de recursos públicos (advindos do TARP) e privados para adquirir, em um horizonte de

30. Id. Houman Shadab, nota 8, p. 7.

31. Demonstrações Financeiras AIG, 2008 4Q 10-K, p. 117, disponível em *www.aig.com*.

32. *Treasury Announces TARP Capital Purchase Program Description*, disponível em *http://www.treas.gov/press/releases/hp1207.htm*.

médio a longo prazo (8 anos), ativos problemáticos legados da Crise e que congestionam balanços, dificultando financiamentos e o normal funcionamento da economia daquele país.[33]

Deste modo, CDOs e outros *asset backed securities* relacionados às hipotecas residenciais estão sendo adquiridos por fundos público-privados (capitalizados pelo Tesouro americano e investidores particulares), permitindo assim que as respectivas instituições financeiras beneficiárias – que atualmente detêm tais ativos, mas sem possibilidade de correta precificação – possam "limpar" seus balanços e reorganizar sua estrutura de capitais com vistas a retomarem a extensão de financiamentos ao público.[34]

Pelo balanço divulgado no 3º trimestre de 2010, os fundos PPIP contariam com cerca de U$ 30 bilhões, dos quais US$ 18,6 bilhões já aplicados na aquisição de ativos.

4. Regulação do Sistema Financeiro: Lei Dodd-Frank de Reforma de Wall Street

Paralelamente à execução do TARP e do PPIC, o Secretário do Tesouro dos EUA apresentava ao Congresso a proposta de um novo arranjo regulatório para o setor. Após quase um ano e meio de debates, a Lei Dodd-Frank foi finalmente aprovada, tendo sido sancionada pelo presidente Barack Obama, em 21 de julho de 2010.

De modo amplo, pode-se dizer que o objetivo central da lei foi evitar que instituições financeiras (i) sejam novamente socorridas pela sociedade americana em caso de nova crise; (ii) desenvolvam atividades financeiras sensíveis à margem da regulação bancária; (iii) alcancem um tamanho tal que imponham riscos à economia (*Too Big to Fail*); (iv) não possam ser liquidadas ordenadamente caso quebrem; (v) estendam empréstimos hipotecários de risco; (vi) repassem todo o risco das securitizações (CDOs) a terceiros; (vii) continuem a negociar um grande volume de *swaps* (derivativos) no mercado de balcão (*over-the-counter*), entre outros. Para a execução destes objetivos, descrevemos sumariamente algumas das medidas adotadas pela Lei Dodd-Frank:

Criação do Conselho de Supervisão da Estabilidade Financeira

Composto por presidentes das agências reguladoras, o Conselho será responsável pela identificação de riscos sobre o sistema financeiro e será dotado de poderes para responder imediatamente a estes riscos. Para tanto, deverá recomendar ao *Federal Reserve* (Banco Central) medidas como (i) regras mais restritas de capital regulatório, alavancagem e liquidez; (ii) necessidade de uma instituição financeira se desfazer de ativos caso seu grande tamanho ameace o sistema financeiro; (iii) exigir que as instituições mantenham um plano de liquidação ordenada de seus ativos em caso de quebra; (iv) submeter instituições não financeiras, mas de atividades com tais características, à regulação.

Limitação a Grandes Instituições Financeiras

Outras medidas relacionadas a mitigar a presença do *Too Big to Fail* são: (i) instituições com mais de US$ 50 bilhões em ativos estão sujeitas a regras mais restritas de prudência na gestão de seus negócios; (ii) ficam proibidas fusões que resultem em companhia que concentre mais de 10% dos passivos de todas as instituições financeiras americanas; entre outras.

33. *http://www.treasury.gov/press-center/press-releases/Documents/ppip_whitepaper_032309.pdf.*

34. "U.S. expands plan to buy banks' troubled assets", *New York Times*, 24.3.2009, último acesso 5.5.2009, *http://www.nytimes.com/2009/03/24/business/economy/24bailout.html.*

Restrições aos Financiamentos Residenciais

Buscando evitar financiamentos de mutuários incapazes de honrá-lo (*subprime*), a Lei Dodd-Frank estabelece padrões aos empréstimos residenciais, determinando, entre outras: (i) a obrigatoriedade do mutuante assegurar que o financiado possui crédito suficiente; (ii) que mutuante e corretores sejam penalizados por violação dos novos padrões; (iii) a proteção contra execução do imóvel hipotecado se o empréstimo for concedido sem observância destes padrões; *Hedge Fund* e *Private Equity*. As atividades de fundos de investimento (*Hedge Fund* e *Private Equity*) estiveram por anos à sombra da supervisão estatal, impedindo que os reguladores tivessem clara visão de seus portfólios e o risco sistêmico que ofereciam. Assim, as hipóteses de registro destes fundos junto à SEC foram ampliadas, bem como se passou a exigir que reportem suas atividades àquela agência.

Firmas de Classificação de Risco

Como vimos, a avaliações de risco dos CDOs realizadas por estas organizações mostraram-se comprometidas. Assim, a Lei Dodd-Frank procurou ampliar a supervisão sobre as agências de classificação, de modo que (i) passem a revelar suas metodologias de avaliação; (ii) utilizem informações obtidas de fontes outras, independentes, que não apenas as oferecidas pelo cliente. Além disso, é conferido aos investidores prejudicados o poder de processarem diretamente as agências caso se demonstre que a investigação realizada por estas não tenha sido adequada.

Securitização ("Asset-Backed Securities")

Com vistas a evitar que originadores de CDOs e outros *asset-backed securities* transfiram ao mercado todo o riscos de ativos empacotados em securitizações, a Lei Dodd-Frank exige que 5% dos riscos sejam retidos, salvo exceções. Além disso, a SEC passa a ter autoridade de exigir ampla divulgação de informações sobre os ativos subjacentes a tais produtos.

Além das medidas descritas acima, muitas outras poderiam ser abordadas. Não obstante, dadas as limitações inerentes a um trabalho desta natureza, trataremos mais detidamente das previsões da Lei Dodd-Frank que determinam o *clearing* obrigatório dos derivativos.

4.1 Derivativos de crédito: "clearing" centralizado

Conforme o Título VII da Lei Dodd-Frank, os contratos de derivativos serão submetidos a uma inédita supervisão estatal. Toda a ampla liberdade historicamente concedida à negociação destes contratos será comprometida pela exigência de que tais instrumentos, hoje transacionados no mercado de balcão (OTC – *Over-The-Counter*), passem ao mercado de bolsa e sejam submetidos ao processo de *clearing* (compensação) centralizado a partir de julho de 2011.[35]

Para tanto, a lei atribuiu a duas agências a incumbência de regular este mercado: (i) à Comissão de Valores Mobiliários (SEC – *Securities and Exchange Commission*) competirão os derivativos cuja entidade referenciada seja ações ou dívidas de um único emissor (GM, por exemplo), ou de um grupo limitado de emissores; (ii) e à Comissão de Mercados Futuros de *Commodities* (CFTC – *Commodity Futures Trading Commission*) é conferida a responsabilidade sobre os demais derivativos.

Uma vez que os contratos passíveis de serem absorvidos por um sistema de

35. O *clearing* obrigatório passará a ser exigido após 360 dias da publicação da Lei Dodd-Frank ou até que as regulamentações cabíveis sejam emitidas pelas agências reguladoras, o que ocorrer por último.

clearing centralizado e negociação em bolsa devem ser padronizados (entidade referenciada, valores, prazos de vencimento etc.), não serão todos os derivativos que entrarão neste novo regime. Para tanto, a Lei Dodd-Frank deixou amplo espaço à SEC e à CFTC para que construam as definições do que será, ou não, obrigatoriamente levado ao novo sistema, respeitadas algumas exigências. Uma delas é que a entidade responsável pelo *clearing* (poderão ser inúmeras) tenha admitido tal contrato em suas atividades e a CTFC ou SEC o tenha definido como de *clearing* obrigatório. Por outro lado, algumas situações em que o *clearing* obrigatório será dispensado já foram definidas na própria lei, dentre estas os contratos com usuários finais em atividades típicas de *hedge*.

Como se percebe, restam inúmeras definições até que as novas regras sejam obrigatoriamente aplicadas ao cotidiano das instituições financeiras americanas, o que não ocorrerá antes de julho de 2011. Mas mesmo depois das definições, o mercado financeiro precisará de certo tempo para assimilar o resultado prático de tais medidas.

Não obstante as incertezas que ainda permeiam o tema, passaremos a analisar as formas de funcionamento de um sistema de *clearing* centralizado e seu impacto na mitigação de riscos.

4.1.1 *"Clearinghouse": operação e funcionalidades*

Em uma *Central Counterparty Clearinghouse* (CCP), ou câmara centralizada de compensação, a própria CCP (instituição privada formada por instituições financeiras) se torna o comprador para cada venda, e vendedor para cada compra, através de um processo de novação.[36] Em uma transação de derivativos que não passa por este processo (negociação direta entre o banco A e a empresa B), o banco A vende um *Credit Default Swap* para a empresa B, que então assume o risco de que A, no vencimento, irá ou não pagá-lo (por exemplo: se B precisa ser indenizado por A em função de um evento de crédito ocorrido com o *bond* da GM, mas A faliu, B não será indenizado). Contudo, se o contrato tivesse sido submetido a uma CCP, tão logo A e B definissem os termos da negociação e a CCP a confirmasse, a CCP estaria comprando o *Credit Default Swap* de A e vendendo para B. Desta forma, a CCP estaria assumindo o risco de que uma das partes não pagará a outra no vencimento. Portanto, como o banco A de nosso exemplo faliu, a CCP iria honrar o contrato e pagaria B (extraindo recursos de seus fundos, os quais são mantidos por todos os membros da CCP).[37] Este é o chamado efeito da "mutualização" (*mutualization*) de risco obtida em uma CCP.

Além deste efeito, a CCP também tende a ser um ambiente mais rigoroso para exigências de colateral. Como vimos, as contrapartes da AIG em contratos CDS já possuíam prerrogativas contratuais para a AIG lhes fornecesse colateral. No entanto, possíveis falhas na avaliação do risco AIG levaram a que a exigências não fossem demandadas ao longo do tempo, tendo sido requeridas, em altíssimos montantes, em 2008. Diferentemente de uma situação como esta, todas as instituições que participam de uma CCP estão diretamente expostas aos riscos dos demais membros, motivo pelo qual as exigências de colateral são mais bem monitoradas e rigorosas. Uma vez que as posições das partes são marcadas a mercado, as regras da *clearinghouse* determinam que as partes ofereçam colateral diariamente, ou várias vezes ao dia, à medida que o mercado se move con-

36. Craig Pirrong, "The Clearinghouse Cure", *Regulation*, vol. 31, n. 4, Winter 2008-2009, pp. 45-47, disponível em *http://papers.ssrn.com*.

37. Id. Craig Pirrong, nota 36 supra.

tra elas.[38] Este é o efeito de "colateralização" (*collateralization*).

O terceiro efeito é transparência das informações. Historicamente negociado de maneira bilateral, as informações do *Credit Default Swaps* estiveram disponíveis apenas aos envolvidos.[39] Portanto, o mercado não tem informações sobre o quanto de derivativos de crédito é carregado pelas instituições. Em uma CCP, a posição geral de todos os membros da CCP é mutuamente conhecida.

A experiência também indica que as *clearinghouses* são atrativas à prevenção de risco e funcionam bem no mercado futuro.[40] Estudo da Universidade de Stanford demonstrou matematicamente que uma *clearinghouse* para uma classe de ativo efetivamente reduz o risco das contrapartes. Segundo o trabalho, a eficiência do sistema de *clearing* está relacionada à quantidade de instituições em uma única *clearinghouse*. Como exemplo, compara uma *clearing* de 8 membros com outra de 26 para concluir que, na câmara de 8, o risco é 88% daquele que existiria se não houvesse câmara alguma e, na CCP de 26 membros, o risco é de apenas 41,7% do que haveria se não existisse a *clearinghouse*.[41]

A própria indústria financeira americana foi favorável à submissão do CDS às câmaras de compensação centralizadas ao apresentarem, em agosto de 2008, o dossiê CRMPG III (*Counterparty Risk Management Policy Group III*) ao então Secretário do Tesouro Henry Paulson. No documento, as maiores instituições financeiras analisaram os fundamentos da Crise e prescreveram sugestões. Dentre estas, a adoção de *central clearing counterparties* para derivativos, iniciando-se com os *Credit Default Swaps*.[42]

4.1.2 *"Clearinghouse": possíveis efeitos sobre a Crise dos Derivativos*

É obviamente impossível saber como seria a Crise, ou mesmo se haveria, caso o *clearing* obrigatório de derivativos nos Estados Unidos já existisse. No entanto, parte do exercício para a existência da Lei Dodd-Frank é presumir como os eventos teriam se desdobrado. Neste aspecto, ao menos dois cenários podem ser cogitados como efeito do *clearing*: (i) aquele que chamaremos de *efeito distante*, ou seja, a espiral de empréstimos temerários para hipotecas *subprime* seria desestimulada, e (ii) o que denominaremos de *efeito próximo*, vale dizer, a quebra de bancos por conta de CDSs poderia ter sido amortecida nos efeitos de colateralização e mutualização da CCP.

Voltemos ao caso AIG para ilustrar o *efeito distante*. Aquela organização financiou, de forma indireta, a liquidez nas hipotecas *subprime*. Na medida em que ofereceu *Credit Default Swaps* para investidores no mercado de CDO-hipotecas, a AIG possibilitou que geradores deste produto

38. O conceito de "movimento de mercado" pode ser assim ilustrado: uma vez que vendedores de um CDS têm a posição "comprada", eles oferecem colateral quando os preços do ativo subjacente (o *bond* da GM, p. ex.) declinam. Os compradores, por seu turno, mantêm uma posição "vendida", estando sujeitos a oferecer colateral quando os preços do ativo protegido aumentam.

39. Id. Craig Pirrong, nota 36 supra, p. 47.

40. Id. Craig Pirrong, nota 36 supra, pp. 50-51.

41. Darrell Duffie e Haoxiang Zhu, *Does a Central Clearing Counterparty Reduce Counterparty Risk?*, Rock Center for Corporate Governance, *Working Paper* 46, pp. 2-3.

42. "A CCP will provide financial resources to absorb the shock of a major participant default through use of initial margin, variation margin and a guarantee fund structure. This effectively mutualizes the counterparty risk of participants to each other". Relatório CRMPGIII apresentado pelas maiores instituições financeiras americanas ao Secretário do Tesouro daquele país em agosto de 2008. O relatório examina as causas da crise e oferece propostas de reforma. Counterparty Risk Management Policy Group, CRMPG III ("Containing systemic risk: the road to reform"), Nova York, 6.8.2008, p. 4, último acesso 21.8.2009, *http://www.crmpolicygroup.org/*, p. 125.

tivessem fértil mercado para venda. Afinal, se os investidores em CDO-hipotecas conseguiam fácil proteção com a AIG (e outras instituições) através do CDS mal precificado, continuavam comprando "fatias" com mitigação de risco.

Uma vez que manter colaterais é custoso, é válido supor que AIG, em um cenário de *clearing* obrigatório, seria mais criteriosa na oferta do CDS. As transações CDS da AIG foram firmadas ao longo de anos em que a empresa não foi instada a prover colaterais. Baseados nas regras de uma *clearinghouse*, como vimos, seus membros são obrigados a postar esta garantia desde o início dos contratos e, dali em diante, continuamente toda a vez que o mercado se move contra elas. Se o custo do CDS é maior para a AIG (o colateral torna-o mais caro), é mais caro para os investidores do CDO-hipoteca que querem comprá-lo. Em um mercado no qual a oferta do CDS é mais restrita, a transferência do risco é mais difícil e os próprios investidores em CDO-hipoteca seriam premidos a adotar um maior rigor na seleção destes produtos. O resultado potencial é que os bancos geradores da securitização de hipotecas teriam mais dificuldades de revender o CDO-hipoteca e, com isto, tenderiam a oferecer menos empréstimos de risco. A liquidez ao mercado imobiliário seria menor, mas as causas da Crise poderiam ter sido mitigadas ou evitadas.

O *efeito próximo* é muito mais simples. É de se esperar que se a AIG tivesse submetido seus US$ 500 bilhões em CDS a uma *clearinghouse* ao longo do tempo, teria entregue colaterais correspondentes. Portanto, a falta de recursos vivida pela empresa em agosto e setembro de 2008 poderia ter sido amortecida pela exigência contínua e perene de tais garantias anteriormente (*efeito colateralização*). Por fim, caso a companhia ainda assim atingisse o colapso, os demais membros da CCP é que estariam obrigados a honrar, ao menos no primeiro momento, as posições da AIG (*efeito mutualização*).

Mas não se pode esperar que uma CCP seja eficiente apenas porque existe. Se a deterioração de um membro da câmara, ou de vários simultaneamente, não estiver amparada por calibradas regras de colateralização e manutenção de capital mínimo, a própria CCP pode naufragar. Isto porque *clearinghouses* avaliam basicamente o risco de posições de cada membro na CCP ("risco de posições"), e não o risco do membro em todas as suas outras posições fora da CCP ("risco de balanço").[43] Assim, se os colaterais de um membro não forem suficientes ao pagamento de determinada transação, ele poderá recorrer a seu capital próprio. O risco de que não tenha tal capital é o risco de balanço. Portanto, uma equação que, a custos viáveis, traga o risco de balanço para dentro da CCP é um desafio crucial à SEC e CFTC na regulação destas entidades.

Antes mesmo da edição Lei Dodd-Frank, a SEC editou duas medidas, em dezembro de 2008 e março de 2009, que facultaram ao mercado submeter o *Credit Default Swap* ao processo de *clearing* centralizado na LCH. Clearnet e ICE Trust.[44] Contudo, as medidas adotadas pela SEC tornaram o *clearing* destes derivativos uma possibilidade, enquanto a Dodd-Frank o torna obrigatório. Destaque-se que, de março de 2009 (quando iniciou o *clearing* de CDS como contraparte central) a janeiro de 2011, a ICE Trust já efetivou o *clearing* de mais de US$ 9 trilhões de CDS em valores nocionais. Composta de 14 membros (instituições financeiras), a ICE Trust já lista, para realização do *clearing*, 89 tipos de CDS-*single-name* e 37 tipos de CDS-*index*.[45]

43. Id. Craig Pirrong, nota 36 supra, p. 46.

44. Id. Houman B. Shadab, nota 8 supra, p. 14.

45. "CE surpasses $ 15 trillion milestone in global CDS clearing", disponível em *http://ir.theice.com/releasedetail.cfm?ReleaseID=545362*.

5. *Apontamentos finais*

É amplamente conhecido que a combinação de exóticos instrumentos financeiros está na origem da crise deflagrada nos Estados Unidos em 2007 e agravada em 2008. Mas mesmo no início de 2011, período em que a economia mundial já mostra sinais de fôlego, as reformas do sistema financeiro daquele país estão apenas em fase de maturação.

Neste sentido, vimos que as estruturas com *Collateralized Debt Obligations* foram apontadas como um dos elementos centrais para a bolha imobiliária que viria culminar na Crise. Por tais estruturas, bancos ofereciam vasto crédito imobiliário, inclusive a mutuários de baixa capacidade creditícia, mas não retinham o risco em seus balanços. Passavam-nos adiante em securitizações que recombinavam hipotecas em *tranches* de aparente qualidade. No entanto, como os modelos matemáticos de classificação de risco revelaram-se irreais, as fatias foram mal precificadas e carregaram riscos indevidamente apurados. O financiamento imobiliário cresceu, mas se chocou com uma desastrosa crise do sistema financeiro. Dentre as inúmeras previsões da Lei Dodd-Frank, as que atingem pontualmente tais questões são as novas regras sobre as agências de classificação e a exigência de que parte dos riscos do CDO-hipoteca seja retida nos originadores.

Mas se o CDO ajudou a aliviar o risco dos originadores, examinamos também como o *Credit Default Swap*, por seu turno, colaborou na disseminação deste risco para todo o sistema financeiro. Criou uma teia de trilionárias garantias de parte a parte em que a quebra de uma única instituição (Lehman Brothers) trouxe o risco de paralisação do capitalismo mundial. Não fosse a virtual estatização da AIG e a injeção de bilhões de dólares em outras instituições (além de ações similares tomadas em muitos outros países), a destruição de valor provocada pela Crise dos Derivativos seria inimaginável. A submissão destes instrumentos a câmaras de *clearing* centralizado, sob vigilância da *Securities and Exchange Commission* e da *Commodity Futures Trading Commission*, é uma das previsões da Dood-Frank que visa a evitar a proliferação destes riscos e, consequentemente, a necessidade de futuros aportes governamentais.

Não obstante a aprovação da Dodd-Frank e sua paulatina regulamentação pelas autoridades financeiras americanas, ainda não é possível afirmar o quanto das atividades com derivativos será concretamente afetada. A futura definição dos contratos a serem submetidos ao *clearing*, por exemplo, é essencial ao tamanho que se dará à intervenção regulatória. Disto dependerá o equilíbrio entre, de um lado, evitar-se riscos financeiros potencialmente incontroláveis e, de outro, não se estrangular a liberdade dos agentes econômicos para criarem produtos que possam servir construtivamente à sociedade.

6. *Bibliografia*

BOMFIM, Antulio Neves. *Understanding Credit Derivatives and Related Instruments*. San Diego, Elsevier Academic Press, 2005, p. 8.

BOYD, Roddy. "The last days of Bear Stearns". *Fortune*, 31.3.2008, último acesso 5.5.2009, *http://money.cnn.com/2008/03/28/magazines/fortune/boyd_bear.fortune/*.

DATTELS, Peter. *Further Action Needed to Reinforce Signs of Market Recovery*. International Monetary Fund, 21.4.2009.

DUFFIE, Darrell Duffie, e ZHU, Haoxiang. "Does a central clearing counterparty reduce counterparty risk?". Rock Center for Corporate Governance. *Working Paper* n. 46, pp. 2-3.

FAIOLA, Anthony Faiola. "What went wrong?". *Washington Post*, 15.10.2008.

GOLDSTEIN, Sergio Mychkis. "Aspectos jurídicos dos derivativos de crédito no Brasil". *Revista do Direito Bancário e de Mercado de Capitais*, vol. 7, n. 2. São Paulo, Ed. RT, jul.-set./2004, pp. 63-81.

GOODMAN, Laurie S. *Subprime Mortgage Credit Derivative*. Frank J. Fabozzi Series, junho/2008.

JACOB, Luiz Carlos, e ISHIKAWA, Sergio. *Utilização de Derivativos de Crédito como Mitigantes de Risco no Brasil*. Outubro/2002, acesso 16.6.2009, *http://www.mackenzie.br/7481.html*.

MENGLE, David. *Credit Derivatives: an Overview. International Swaps and Derivatives Association. 2007 Financial Markets Conference*. Federal Reserve Bank of Atlanta, 15.5.2007, p. 3.

PARTNOY, Frank, e SKEEL JR., David A. "The promisses and perils of credit derivatives". *University of Cincinnati Law Review*, vol. 75, p. 1.021, nota 2.

PIRRONG, Craig. "The clearinghouse cure". *Regulation*, vol. 31, n. 4, winter 2008/2009, pp. 45-47, disponível em *http://papers.ssrn.com*.

ROGOFF, Bradley, e ANDERSON, Michael. "DTCC data show corporate CDS fear overblown". *Barclays Capital Credit Strategy*, 6.11.2008.

SHADAB, Houman B. "Guilty by association? Regulating credit default swaps". *Entrepreneurial Business Law Journal*, p. 41, último acesso 5.5.2009, *http://papers.ssrn.com/sol3/papers.cfm?abstract_id=1368026*.

SHENN, Jody. *Dudley's TALF Comments Add Signs of a PPIP Stall. Bloomberg.com*, 4.6.2009, último acesso 15.9.2009, *http://www.bloomberg.com/apps/news?pid=newsarchive&sid=a2Wl7tAD6rEA*.

SIEW, Walden, e YOON, Al. "Bear Stearns CDO liquidation sparks contagion fears". *Reuters*, 21.6.2007, último acesso 15.9.2009, *http://www.reuters.com/article/ousiv/idUSN2136425520070622*.

SOUZA, Eduardo Abrahão de. *Uma Visão Geral dos Derivativos de Crédito e sua Aplicação na Administração de Carteiras Expostas a Riscos de Crédito*. Dissertação de Mestrado Profissionalizante em Economia, IBMEC, 11.8.2006.

WALLISON, Peter J. *Everything you Wanted to Know about Credit Default Swaps – But Were Never Told*. American Enterprise Institute for Public Policy Research, dezembro/2008, p. 7.

______. *Reinventing GSE: Treasury's Plan for Financial Restructuring*. American Enterprise Institute for Public Policy Research, mar.-abr/2009.

CRMPG III – Counterparty Risk Management Policy Group. "Containing systemic risk: the road to reform". Nova York, 6.8.2008, p. 4, último acesso 21.8.2009, *http://www.crmpolicygroup.org/*.

Demonstrações Financeiras AIG, 2007 Form 10-K, p. 122, disponível em *www.aig.com*.

Discurso do Secretário das Finanças Timothy F. Geithner perante o "Committee on Financial Services", do Congresso Americano, em 26.3.2009, *http://www.house.gov/apps/list/hearing/financialsvcs_dem/geithner032609.pdf*.

Executive Summary of Financial Regulatory Reform: a New Foundation, último acesso 15.9.2009, *http://www.ustreas.gov/initiatives/regulatoryreform/*.

Financial Regulatory Reform, a New Foundation: Rebuilding Financial Supervision and Regulation, último acesso em 15.9.2009, *http://www.ustreas.gov/initiatives/regulatoryreform/*, p. 47.

ISDA Publishes Year-End 2008 Market Survey, disponível em *www.isda.org/press/press042209market.html*.

Observations on Management of Recent Credit Default Swap Credit Events. Senior Supervisors Group, março/2009, último acesso 5.5.2909, *http://www.newyorkfed.org/newsevents/news/markets/2009/SSG_030909.pdf*.

Remarks by Chairman Alan Greespan to the Federal Reserve Bank of Chicago's 41 Annual Conference, 5.5.2005, último acesso 16.9.2009, *http://www.federalreserve.gov/Boarddocs/Speeches/2005/20050505/default.htm*.

A Snapshot of the Subprime Market. Center for Responsible Lending, 27.11.2007, último acesso 5.5.2909, *http://www.responsiblelending.org/issues/mortgage/quickreferences/a-snapshot-of-the-subprime.html*.

Treasury Announces TARP Capital Purchase Program Description, disponível em *http://www.treas.gov/press/releases/hp1207. htm*.

The New York Times. Editorial, "Questions for Reform", 29.3.2009.

______."U.S. expands plan to buy banks' troubled assets", 24.3.2009, último acesso 5.5.2009, *http://www.nytimes.com/2009/03/24/business/economy/24bailout.html*.

Washington Post. "Frenzy", 16.12.2008, *http://www.washingtonpost.com/wpdyn/content/article/2008/12/15/AR2008121503561_pf.html*.

A LIVRE CONCORRÊNCIA E AS PRÁTICAS PREDATÓRIAS NA ECONOMIA

MIRIAN FRANCIELE OLSEN

1. Introdução. 2. A regulação da concorrência. 3. A defesa da concorrência no Brasil. 4. O Conselho Administrativo de Defesa Econômica. 5. As infrações à ordem econômica. 6. O art. 20 da Lei n. 8.884/1994 – Responsabilidade subjetiva ou objetiva. 7. As práticas predatórias na economia. 8. Práticas predatórias – Aplicação. 9. Conclusão. Referências bibliográficas.

1. Introdução

O capitalismo, ascendido pelo renascimento urbano e comercial dos séculos XIII e XIV, desde sua origem na Baixa Idade Média até o século XVIII, esteve sempre ligado ao processo de circulação de mercadorias. Foi, entretanto, a partir da segunda metade do século XVIII, com a Revolução Industrial, que teve início a fundamental mudança em sua estrutura, deslocando seu foco para a produção mercantil.

O desenvolvimento da burguesia mercante cada vez mais ia de encontro com o exagerado domínio do Estado, no antigo regime, quando o "Rei" centralizava o poder, dificultando o progresso econômico e industrial. A ideia do absolutismo monárquico se pode traduzir como entrave a diferentes práticas socioeconômicas, quiçá pelo temor dos monarcas diante da possibilidade de verem enfraquecido o seu controle sobre todos os setores da sociedade.

Na contramão do regime absolutista encontramos o liberalismo econômico, surgido no movimento do Iluminismo (séculos XVII e XVIII). Tal ideologia se baseava na livre concorrência, tendo como base o "fisiocratismo", a defesa de uma economia livre da tutela do Estado, que funcionava segundo as leis naturais. Adam Smith, considerado o pai da economia, condenava o mercantilismo, demonstrando em tal prática uma lesão à ordem econômica. Em sua obra *Riqueza das Nações*, Adam defendia a livre concorrência, dizendo que, por meio desta, a justiça social seria alcançada.

Na primeira fase, conhecida como Capitalismo Comercial, houve o surgimento das grandes navegações e expansões marítimas europeias, devido aos interesses da burguesia mercante em buscar riquezas em outras terras. O acúmulo de capitais provenientes do comércio, com destaque para a Inglaterra – que mais rapidamente enriqueceu – deu ensejo à outra fase do Capitalismo, a Industrial.

Já a partir da segunda metade do século XIX, com a segunda Revolução Industrial, novas técnicas e fontes de energia foram desenvolvidas, auxiliadas pelo surgimento dos meios de transporte e comunicação. Muitas inovações apareceram, como a intensa produção de aço, a produção mecanizada, a siderurgia e indústria química. Os derivados do petróleo passaram a ser utilizados como fonte de energia, colaborando para o avanço dos transportes ferroviários, sendo possível impulsionar o comércio por este meio. A navegação a vapor, com a construção de grandes navios, culminou no cruzamento dos mares e na dinamização intensa do processo de circulação de mercadorias.

Tudo isso deu ensejo à concentração de capital. Indústrias novas, sofisticadas, necessitavam de investimentos maciços de dinheiro, surgindo, assim, conglomerados industriais, como as *holdings*, os cartéis e os trustes. Iniciava-se, logo, a tendência ao monopólio; uma única empresa no controle do mercado. O projeto liberal da prosperidade, idealizado por Adam Smith, entretanto, não se observava na prática.

Diante do fracasso do liberalismo, a história mundial se deparou com o surgimento do socialismo. As ideias marxistas, destinadas a explicar os mecanismos de exploração do capitalismo, propunham a construção de uma sociedade mais justa, embasando-se na chamada "mais-valia". As tensões geradas por esta culminaram na Revolução Socialista, que marcou a destruição do capitalismo e culminou na implantação de um novo e diferente sistema social e econômico.

Nessa etapa, o Estado reassume o controle sobre os meios de produção, devendo, segundo os ideais socialistas, administrar as riquezas produzidas e as distribuir de forma mais justa. Posteriormente, todavia, pode-se dizer que houve a abolição do Estado, diante da superação das heranças burguesas, surgindo a fase em que, conforme Marx, cada um viveria de acordo com sua capacidade e segundo sua necessidade. A esta etapa final foi dada a seguinte denominação: comunismo.

O velho liberalismo econômico foi sepultado de vez no cenário norte-americano com o advento da quebra da Bolsa de Nova Iorque, em 1929 (*crack* de *Wall Street*), quando o presidente dos Estados Unidos, Franklin Delano Roosevelt, assessorado por um grupo de economistas chamado do *Brain Trust*, adotou uma nova política, qual seja, *New Deal*, visando à superação da crise pela intervenção do Estado na economia. Mais uma vez o Estado volta ao controle.

Tempos depois, já por volta da década de 70 do século passado, massificou-se, em contrapartida, o discurso "neoliberal", na tentativa de acentuar o intensificado dirigismo do Estado. O liberalismo, agora, com nova denominação e ideal, aparecia, novamente, como remédio capitalista. Dentre as características neoliberais podemos citar a mínima participação estatal nos rumos da economia de um país; pouca intervenção do governo no mercado de trabalho; a política de privatização de empresas estatais; a livre circulação de capitais internacionais e ênfase na globalização; a abertura da economia para a entrada de multinacionais; novas regras econômicas mais simplificadas para facilitar o funcionamento das atividades econômicas; posição contrária aos impostos e tributos excessivos; aumento da produção visando o desenvolvimento econômico; a autossuficiência da lei da oferta e da procura para o controle de preços; empresas privadas como base da economia e a defesa dos princípios econômicos do capitalismo.

Durante a República Velha, a economia brasileira prosseguiu baseada na exportação de produtos primários (café, algodão, borracha), sendo o café o principal responsável pelo avanço da economia. Não se pode esquecer que a exploração da borracha na Amazônia gerou, também, grandes recursos para as exportações brasileiras, valendo frisar que, nessa época, vigorava o princípio da não intervenção do Estado na economia, advindo do liberalismo econômico, pregando-se que a lei da oferta e da procura manteria o equilíbrio do mercado. O fenômeno da grande depressão, todavia, modificou por completo o cenário político-econômico brasileiro. Tal modificação teve força até o fim da guerra fria.

Não é de se estranhar o fato de o tema ser, ainda, tão ignorado no Brasil. Enquanto em países como Estados Unidos o assunto é amplamente tratado há mais de um século, no Brasil a situação é bem diferente. Não se pode esquecer um fator importante: o controle de preços aqui por parte do governo é histórico; embora a legislação da concorrência remonte aos anos 1930, tal política somente se tornou questão importante a partir da década de 90 do século XX, principalmente com o advento da Lei n. 8.884/1994 que transformou o CADE (Conselho Administrativo de Defesa Econômica), criado em 1962, pela Lei n. 4.137/1962, em autarquia.

2. A regulação da concorrência

Foi somente a partir do final do século XX que houve o pulular de avançadas legislações acerca da concorrência, sobretudo em países em desenvolvimento. Embora o comércio seja praticamente inerente às próprias civilizações, fundamental para a economia, vemos que a sua evolução é algo muito recente, com certeza motivada pela globalização e por avanços tecnológicos. Não se pode dizer que não havia necessidade de leis protetoras da concorrência antes deste período, haja vista que o "homem lobo do homem" rompe os séculos desde a mais remota antiguidade. Uma das diferenças está no fato de que até a segunda metade do século passado a informação e comunicação eram artigos raros.

Principalmente com o advento da informática, a comunicação passou a exercer poderosa influência, d'antes inimaginável. Obviamente, em toda a existência do ser humano houve as práticas abusivas no comércio, todavia, diante da difícil e demorada comunicação entre os povos, os preços predatórios, o *dumping* etc., eram menos famosos.

Conforme lição de José Tavares de Araújo Junior,[1] a estabilização, a liberalização do comércio e a privatização foram metas louváveis das novas políticas implementadas na América Latina a partir do fim dos anos 1980, haja vista a dificuldade em manter uma posição coerente durante o processo de reforma econômica. Quando os governos deste continente se mostraram incapazes de deixar de lado interesses especiais, as reformas se transformaram em âncoras monetárias efêmeras, políticas comerciais errantes e monopólios privados mal administrados, resultando em desemprego, desigualdade social, decadência do desenvolvimento econômico e crise cambial.

A abordagem econômica mais aceita acerca da concorrência é oriunda da teoria proposta por Joseph Schumpter, conhecida como "concorrência schumpteriana", segundo a qual se trata de um processo dinâmico em que as empresas lutam para sobreviver sob um conjunto de normas em evolução que constantemente geram ganhadores e perdedores. O instrumento básico que possibilita às empresas estarem à frente de seus concorrentes é a introdução de assimetrias de informações que, dependendo do conjunto momentâneo de normas, podem ser resultantes de três tipos de atividade empresariais: inovação tecnológica, comportamento oportunista e crime organizado.

Dentro do nosso contexto capitalista, é natural aceitar que as empresas devam saber conviver com o processo de destruição criativa que, segundo o entendimento de Joseph Schumpeter, consiste em revolucionar a estrutura econômica a partir de dentro, destruindo incessantemente a velha, criando uma nova.

Dessa forma, surgiu a necessidade de modos de regulação da concorrência. Em 1964 foi criada a UNCTAD,[2] Conferência

1. José Tavares de Araújo Junior, "A concorrência schumpteriana e suas implicações normativas: o caso da América Latina", in Pedro da Motta Veiga (org.), *O Brasil e os Desafios da Globalização*, pp. 149-151.

2. "Established in 1964, UNCTAD promotes the development-friendly integration of developing countries into the world economy. UNCTAD has

das Nações Unidas sobre Comércio e Desenvolvimento, visando, dentre outras coisas, estabelecer uma homogeneidade entre as leis de política de concorrência, cooperar tecnicamente com países que buscam capacitação, conservando um fórum anual de desenvolvimento de políticas intergovernamentais focadas em direito de concorrência.

No ano de 1999, em pesquisa feita pela revista *Global Competition Review*,[3] o CADE, principal agência reguladora de defesa da concorrência no Brasil, recebeu três estrelas em classificação feita de uma a cinco, perdendo para o *Bundeskartellamt* da Alemanha que ficou em primeiro lugar, e para EUA (DOJ), Finlândia, Israel, Itália, Suécia e Suíça que receberam duas estrelas. No mesmo patamar do Brasil estavam Austrália, Espanha (SDC e TDC), EUA (FTC), Holanda, Inglaterra (CC), Nova Zelândia e União Europeia. Vê-se, portanto, que no último ano do século XX, o Brasil já havia vivido uma melhora em seu sistema de regulação de mercados que tanto havia se preocupado em impor regras à economia popular, em face da forte intervenção estatal. Não se pode olvidar o fato de o nosso país ter vivido no final dos anos 1980 a terrível inflação, bem como não se pode deixar de lado a chegada do Plano Real, na década de 1990, que abriu de vez as portas do mercado brasileiro para o mundo.

O avanço tecnológico, sem sombra de dúvida, também auxiliou o comércio. O progresso do Brasil no comércio internacional é espantoso. De acordo com a tabela *Unctad Handbook of Statiscts 2009*,[4] enquanto no ano de 1980 o valor das exportações (em dólares) era de US$ 36.54676, no ano de 2008 foi de US$ 359.11820. Necessárias, portanto, medidas contra práticas abusivas, internacional e nacionalmente.

3. A defesa da concorrência no Brasil

A maior preocupação das leis acerca da concorrência no Brasil, no início, esteve focada em reprimir o abuso econômico. Como já foi dito, o intervencionismo estatal perdurou até o final do século XX, quando houve a privatização e abertura comercial.

Nos idos de 1940, a Lei Malaia resplandecia o controle excessivo do executivo no poder econômico do país. A Constituição Federal de 1946 foi a pioneira em expressar o princípio da repressão ao abuso do poder econômico, em seu art. 148 ("A lei reprimirá a toda e qualquer forma de abuso do poder econômico, inclusive as uniões ou agrupamentos de empresas individuais e sociais seja qual for a sua natureza, que tenham por fim dominar os mercados nacionais, eliminar a concorrência e aumentar arbitrariamente os lucros").

4. O Conselho Administrativo de Defesa Econômica

Trazido pela Lei n. 4.137/1962, inspirado no *Sherman Act* (Estados Unidos, 2 de julho de 1890), o Conselho Administrativo de Defesa Econômica foi o primeiro órgão do Brasil a regulamentar a concorrência. Embora atuando tímida e anonimamente até 1994, quando foi transformado em autarquia, o CADE foi fundamental no processo evolutivo da defesa concorrencial brasileira.

progressively evolved into an authoritative knowledge-based institution whose work aims to help shape current policy debates and thinking on development, with a particular focus on ensuring that domestic policies and international action are mutually supportive in bringing about sustainable development" (*http://www.unctad.org*).

3. Nota metodológica da pesquisa no *site* da revista *Global Competition Review*, in *http://www.global-competition.com*, *apud* Gesner Oliveira, *Concorrência: Panorama no Brasil e no Mundo*, p. 7.

4. "Current value of exports (FOB) converted to dollars and expressed as a percentage of average for the base year (2000)" (*Unctad Handbook of Statiscts 2009*).

Segundo estudo da AMCHAM,[5] as circunstâncias da época permitiram uma atuação estatal menos focada na política industrial e mais preocupada com a organização de uma nova e importante economia de mercado. A modificação do CADE em autarquia se tornou imprescindível diante do crescimento econômico do país. Assim, a Lei n. 8.884/1994, além de ampliar os poderes do antigo órgão, definiu suas funções, impondo-lhe mais respeitabilidade diante das empresas. Tal lei delimitou precisamente as práticas consideradas ofensivas à livre concorrência, além de trazer o controle obrigatório dos atos de concentração das empresas. Ainda, redefiniu a finalidade de atuação da Secretaria de Direito Econômico e da Secretaria de Acompanhamento Econômico que, a partir de então, passaram a desempenhar papéis de auxiliares do CADE.

O CADE é a última instância na via administrativa, responsável pelas decisões sobre matérias concorrenciais, desempenhando três funções, quais sejam, preventiva, repressiva e educativa.

Conforme disposto no art. 54 da Lei n. 8.884/1994, os atos, sob qualquer forma manifestados, que possam limitar ou de qualquer forma prejudicar a livre concorrência, ou resultar na dominação de mercados relevantes de bens ou serviços, deverão ser submetidos à apreciação do CADE. Trata-se da função preventiva, segundo a qual o CADE desempenha a tarefa de analisar operações de fusões, incorporações e associações de qualquer espécie entre agentes econômicos, que, em potencial, representem perigo à livre concorrência, que concentrem 20% ou mais do mercado de bem ou serviço analisado ou que englobem empresas cujos faturamentos anuais superem R$ 400 milhões no Brasil.

Como exemplo de operação sob controle preventivo, pode-se citar o atual e polêmico acordo de fusão assinado em 19.5.2009 pelas empresas Sadia e Perdigão, visando à criação da gigantesca indústria alimentícia Brasil Foods (BRF). A nova empresa passaria a ser a maior produtora e exportadora de carnes processadas, segundo reportagem da *Folha*.[6]

Hodiernamente, a matéria da fusão está sob análise da SEAE (Secretaria de Acompanhamento Econômico) que pode dar às empresas a chance de renegociar um acordo com o CADE que seja mais flexível do que o chamado "Apro", pelo qual elas se comprometeram a se manter sem adoção de medidas definitivas até a final avaliação acerca da união. Algumas alternativas já foram sugeridas à pretensa BRF pela Secretaria da Fazenda, na tentativa de aumentar a concorrência, estando dentre elas a venda de suas oito marcas (Batavo, Doriana etc.), o que mudaria o fato de as duas terem, juntas, mais de 20% de poder de mercado e poderia viabilizar um reposicionamento do CADE, conforme notícia de *O Globo*.[7]

O controle preventivo se faz imperioso nesse caso concreto, haja vista que a fusão das catarinenses ameaça a livre concorrência. Segundo o *Portal Exame*,[8] o negócio seria "excelente para as duas empresas, péssimo para os rivais e neutro para os consumidores". Sadia e Perdigão, juntas, teriam um gigantesco alcance geográfico, dificultando para os principais concorrentes diretos, que ficariam debilitados peran-

5. Câmara Americana de Comércio (*Relatório sobre o Sistema Brasileiro de Defesa da Concorrência – 2006*).

6. "Perdigão e Sadia assinam acordo de fusão (...). A nova empresa nasce com os apostos de décima maior empresa de alimentos das Américas, segunda maior indústria alimentícia do Brasil (atrás apenas do frigorífico JBS Friboi), maior produtora e exportadora mundial de carnes processadas e terceira maior exportadora brasileira (atrás de Petrobras e da Mineradora Vale)" (fonte: *http://www1.folha.uol.com.br/folha/dinheiro/ult91u568000.shtml*).

7. Fonte: *http://oglobo.globo.com/economia/mat/2010/06/30/parecer-da-seae-pode-permitir-novo-acordo-entre-sadia-perdigao-cade-917027913.asp*.

8. Fonte: *http://portalexame.abril.com.br/negocios/impacto-eventual-fusao-sadia-perdigao-469667.html*.

te a nova titã. Há estudiosos que apontam, como uma possível restrição a ser imposta pelo CADE, a venda de um dos nomes para uma concorrente.

No âmbito repressivo, o CADE visa a frear as infrações à ordem econômica, consoante disposto no art. 20 e incisos, da Lei n. 8.884/1994. É nessa esfera que a autarquia em comento cuida da coibição de práticas como cartéis, preços predatórios, *dumping*, açambarcamento, etc., sendo, portanto, o principal ponto de estudo deste trabalho.

Por fim, o CADE desempenha o papel educativo, intentando difundir a cultura da concorrência, que está presente no art. 7º, inciso XVIII, da Lei n. 8.884/1994. Isso pode ser promovido por meio de palestras, seminários, internet. O resultado do exercício deste papel pedagógico está presente na consolidação dos conceitos, na propagação das regras de livre concorrência junto à sociedade, bem como na crescente demanda pela maior qualidade técnica das decisões, sendo forçoso para o cumprimento de tal função haver a parceira com instituições de ensino, órgãos do governo e institutos de pesquisa.

5. *As infrações à ordem econômica*

No âmbito do controle preventivo, juntamente com o CADE atuam a Secretaria de Direito Econômico (SDE) e a Secretaria de Acompanhamento Econômico (SEAE), compondo o Sistema Brasileiro de Defesa da Concorrência (SBDC), que tem por principal objetivo garantir uma economia competitiva, protegendo o consumidor e, por conseguinte, o país que, quando tem assegurada a livre concorrência, tem mais potencial para se estabilizar economicamente, podendo se desenvolver no âmbito interno e externo.

Contudo, o controle preventivo não se faz suficiente, uma vez que, mesmo se impondo limites a incorporações, fusões, *joint ventures* etc., na busca da garantia de igualdade de mercado, surgem problemas graves que somente podem ser combatidos quando analisados repressivamente. Passa-se, portanto, da defesa ao ataque.

O controle repressivo, conforme ensina o Guia Prático do CADE (*CADE Pratical Guide*),[9] corresponde à análise e coibição de condutas anticoncorrenciais, conforme o art. 20 da Lei n. 8.884/1994. Ainda segundo tal livro, um leque de condutas meramente exemplificativo e não exaustivo está no art. 21 da Lei Antitruste, sendo que, no exercício deste papel, o CADE tem o poder de reprimir práticas contrárias à ordem econômica, tais como: cartéis, vendas casadas, preços predatórios, acordos de exclusividade, etc.

Bom acrescentar que, conforme explanação feita no *Guia*, a existência de estruturas concentradas de mercado não é considerada ilegal do ponto de vista concorrencial; todavia, nestes casos há maior probabilidade de exercício abusivo do poder de mercado e maior ameaça potencial de condutas anticompetitivas. Muitas destas situações ocorrem em mercados regulados, em que as imperfeições econômicas ou mesmo aspectos relativos ao meio ambiente, integração regional, dentre outras, estão presentes e demandam regulação por parte do Estado. Nestes mercados regulados, a atuação do CADE também é de extrema importância, em conjunto com as respectivas agências reguladoras.

Chegamos, assim, às infrações à ordem econômica, dispostas nos arts. 20 e 21 da Lei n. 8.884/1994, valendo frisar que o objetivo principal desta pesquisa é abordar as situações decorrentes de práticas predatórias (inciso XVIII do art. 21: vender injustificadamente mercadoria abaixo do preço de custo), conhecidas como condutas restritivas horizontais.

9. *Guia Prático do CADE: a Defesa da Concorrência no Brasil* 3ª ed., revista, ampliada, São Paulo, CIEE, 2007 (ed. bilíngue, *CADE Practical Guide: the Defense of Competition in Brazil/CADE*, 3rd. ed. revised and expanded).

6. *O art. 20 da Lei n. 8.884/1994 – Responsabilidade subjetiva ou objetiva*

Indaga-se: o que é necessário para a caracterização de uma infração à ordem econômica? Assim como em situações de ilícitos cometidos por pessoa física, por pessoa jurídica pública ou privada, há que se ponderar se a responsabilidade é objetiva ou subjetiva, ou seja, se há necessidade de culpa ou não.

De uma análise superficial do art. 20 da Lei n. 8.884/1994 ("Constituem infração da ordem econômica, *independentemente de culpa*, os atos sob qualquer forma manifestados, que tenham por objeto ou possam produzir os seguintes efeitos, ainda que não sejam alcançados"), pode-se vislumbrar que ali se consagra a responsabilidade objetiva, restando inócua qualquer tentativa de se apurar se houve o elemento "vontade", com o escopo de beneficiar os agentes econômicos de responsabilidade diante de potencial ou efetiva produção de ilícitos. Assim, não haveria que se falar em apuração da intenção dos agentes econômicos quando se tratasse de infrações "anticoncorrenciais".

Vale esclarecer a discussão levantada por muitos acerca do possível confronto, nesse sentido, entre a Lei Antitruste e a Constituição Federal, em seu art. 173, § 4º ("A lei reprimirá o abuso de poder econômico *que vise* à dominação dos mercados, à eliminação da concorrência e ao aumento arbitrário dos lucros").

Passando a uma análise secundária do art. 20 ("Constituem infração da ordem econômica, independentemente de culpa, os atos sob qualquer forma manifestados, que *tenham por objeto* ou possam produzir os seguintes efeitos, ainda que não sejam alcançados..."), podemos concluir que a intenção do legislador pode ter sido a de deixar expressa a necessidade do elemento volitivo para a responsabilização dos infratores econômicos. Isso, se aceito, nos levaria a crer que são dolosos os delitos classificados como infrações à ordem econômica, portanto, seria a responsabilidade subjetiva. A expressão "independentemente de culpa", portanto, segundo este raciocínio, foi mal utilizada, ofendendo o texto constitucional.

Vale lembrar que a Constituição de 1988, na mesma direção de constituições atuais de outros países, apoia a livre iniciativa, mas expele qualquer forma de abuso do poder econômico. Entretanto, não se pode olvidar que o poder de mercado, por si só, não é considerado ilegal; porém quando uma empresa abusa desse poder, por meio de adoção de condutas que ferem a livre concorrência, tal prática passa a configurar abuso econômico. Este descomedimento não está limitado a um conjunto restrito de práticas específicas, pois a análise sobre a possibilidade de uma conduta causar dano à concorrência é muito complexa e são vários os fatores analisados para que se possa caracterizar uma prática como abuso. Por isso, a legislação é ampla, e em certos pontos dúbia, permitindo a atuação do CADE para reprimir as condutas que, após investigação, possam ser caracterizadas como danosas à concorrência.

Em medida cautelar na ação direta de inconstitucionalidade,[10] proposta perante o Supremo Tribunal Federal, a Confederação Nacional da Indústria objetivou obter previamente a declaração de inconstitucionalidade de parte de alguns artigos da Lei n. 8.884/1994, tais como art. 20, art. 21 inciso XXIV, art. 23, argumentando, em suma, que o Poder Público, admitindo a redação de tais dispositivos, estaria impedindo o livre exercício da atividade empresarial, embaraçando a necessidade de competição da indústria nacional que, naturalmente, mesmo obedecendo às imposições do CADE, poderia culminar em atos de

10. STF, Tribunal Pleno, ADI 1.094-MC-DF (Medida Cautelar na Ação Direta de Inconstitucionalidade), Rel. Ministro Carlos Velloso, j. 21.9.1995.

concentração empresarial, sem qualquer intenção prejudicial à ordem econômica.

Diante da fundamentação da Confederação Nacional da Indústria, podemos visualizar a pretensão de angariar o esclarecimento acerca da responsabilidade subjetiva, ou seja, somente configurariam abuso do poder econômico, passíveis de repressão, os atos que visassem à dominação de mercado, à eliminação da concorrência e ao aumento arbitrário dos lucros.

Posicionando-se *a contrario sensu*, o então Advogado-Geral da União, Doutor Geraldo Magela da Cruz Quintão, afirmou, em parecer dado em tal ação, que a Lei n. 8.884/1994 está embasada nos melhores princípios constitucionais, alinhada com a legislação dos países mais desenvolvidos onde impera o regime da livre concorrência, além de constituir poderoso instrumento colocado nas mãos do Estado para reprimir os abusos do poder econômico e defender o consumidor.

Cumpre esclarecer que tal ação ainda tramita pelo STF que, por unanimidade de votos, em 19 de maio de 1995, indeferiu o pedido de medida liminar de suspensão dos arts. 20, 21 inciso XXIV e parágrafo único, inciso I do art. 23 e dos arts. 55, 65 e 66, todos da Lei n. 8.884/1994, afastando a alegação de que o art. 20 seria inconstitucional por consagrar a responsabilidade objetiva. Importante consignar que, em 29.10.2008 o CADE foi admitido, na condição de *amicus curiae*, neste processo.

Ousamos entender, diante da controvérsia estabelecida, que o art. 20 não erra quando traz a expressão "independentemente de culpa", muito embora respeitáveis entendimentos contrários se apeguem à ideia de que a Lei Antitruste se lança em um mar de erros ao deixar, ainda que implícito, o estabelecimento da responsabilidade objetiva.

Ainda que por analogia, conveniente citar o Código Civil brasileiro que, em seu art. 927, parágrafo único, estabelece o seguinte: "haverá obrigação de reparar o dano, independentemente de culpa, nos casos especificados em lei, ou quando a atividade normalmente desenvolvida pelo autor do dano implicar, por sua natureza, risco para os direitos de outrem", ou seja, adota critérios de responsabilidade objetiva no âmbito do direito privado.

Eis aqui a "Teoria da Responsabilidade Objetiva", atualmente adotada em certos casos, em que não mais se baseia em culpa, mas meramente na demonstração da existência de nexo causal entre o dano e o agente que praticou a conduta lesiva. Nosso direito evolui para a adoção da responsabilidade objetiva incorporando a teoria do risco, pois o fundamento desta teoria é mais humano que o da culpa, haja vista que as "vítimas" desses eventos são sempre mais vulneráveis em relação aos agentes que os ensejam. Por exemplo: imaginemos situação hipotética em que determinada empresa com grande poder de mercado passa a praticar condutas predatórias, se seguíssemos a teoria subjetiva, o ônus de provar a culpa, elemento muitas vezes implícito, caberia às empresas menores prejudicadas por tais condutas. Seria o equivalente a desconsiderar a inversão do ônus probatório em uma relação fornecedor-consumidor.

Segundo Carlos Roberto Gonçalves,[11] é ideal considerar cinco estágios evolutivos que podem ser resumidos em: (a) facilitação à prova da culpa por parte da vítima, por meio do abrandamento jurisprudencial; (b) utilização da teoria do abuso de direito como forma de responsabilizar aqueles que, por seu agir, causavam lesão a terceiros em detrimento da finalidade social do direito; (c) utilização da presunção de culpa que representa, na prática, uma inversão do ônus da prova em favor da vítima, de tal forma que a esta bastaria provar a ocorrência do dano e o nexo de causalidade, cabendo à parte contrária demonstrar a existência de excludentes; (d) am-

11. Carlos Roberto Gonçalves, *Responsabilidade Civil*, 2003.

pliação dos casos de responsabilidade contratual, o que implica vantagem às vítimas e (e) adoção da teoria do risco, que dispensa totalmente a verificação da culpa, bastando apenas a demonstração da existência de nexo de causalidade entre a conduta e o dano.

Ainda segundo lição brilhante de Carlos Roberto Gonçalves, esse dispositivo do Código Civil representa elogiável avanço em matéria de responsabilidade civil, pois aproxima o nosso *Codex* aos de outros países que já alcançaram, nesse ponto, estágio superior, como o Código Civil italiano e o Código Civil português.

Importante assinalar que há muitas críticas em relação a esse entendimento. Como bem explanado por Sérgio Cavalieri Filho,[12] os adeptos de correntes subjetivistas argumentam que a demasiada atenção à vítima acaba por negar o princípio da justiça social, impondo cegamente o dever de reparar, além de que o risco configura mera probabilidade de dano ("ninguém viola dever jurídico simplesmente porque exerce uma atividade perigosa, muitas vezes até socialmente necessária").

A despeito de formidáveis entendimentos nesse sentido, mantemos nossa visão de que a teoria objetiva deve ser aplicada, sobretudo analisando o caso concreto. Nessa direção, Fernando Noronha[13] enfatiza que cada pessoa tem uma esfera jurídica que, precisamente porque é jurídica, deve ser tutelada, sendo que todos nós temos o direito de não ser afetados por atuações de outrem. Arremata dizendo que os riscos de cada atividade devem ficar com a pessoa que a realiza.

Ora, se na esfera civil admitimos como mais acertada a teoria objetiva, não há justificativa plausível para não aplicá-la aos casos empresariais que, na maior parte das vezes, envolve empresas ou grupos econômicos muito abastados.

Para arrematar, ressalte-se que a Lei n. 8.884/1994 veio para disciplinar uma situação específica e não deixou lacuna no sentido de aplicação da responsabilidade, tampouco contrariou o dispositivo constitucional. Aquele que se arrisca no ramo empresarial tem o dever de observar os riscos e ser cauteloso para não abusar de seu poder de mercado.

7. As práticas predatórias na economia

A prática de preços predatórios configura situação em que uma empresa reduz intencionalmente o preço de venda de seu produto, submetendo-se a perdas em curto prazo, com o objetivo de eliminar rivais que já estejam estabelecidas no mercado ou aquelas que têm potencial para entrar no mesmo ramo. Após lograr o êxito almejado, qual seja, retirar do mercado as demais empresas que não tiveram condições de concorrer com os preços ínfimos (abaixo do custo de média de determinado produto), tais empresas praticantes de preço predatório elevam os preços novamente, galgando lucros a longo prazo.

Como bem ensina Ricardo Thomazinho da Cunha,[14] a expressão "preço predatório" se associa à cobrança de preços excessivamente baixos por parte de empresa que está em situação dominante, com a finalidade de eliminar ou enfraquecer o competidor.

Nesse sentido, a Resolução 20/1999, do CADE, sobre preço predatório diz se tratar de prática deliberada de preços abaixo do custo variável médio, visando eliminar concorrentes para, em momento posterior, poder praticar preços e lucros mais próximos do nível monopolista.

Assim, a prática de preços predatórios no curto prazo aumenta o bem-estar do

12. Sérgio Cavalieri Filho, *Programa de Responsabilidade Civil*, 2002.

13. Fernando Noronha, "Responsabilidade Civil: uma tentativa de ressistematização", *Revista de Direito Civil*.

14. Ricardo Thomazinho da Cunha, ob. cit., p. 98.

consumidor, porque este se beneficia dos preços mais baixos. Todavia, a longo prazo, como a predação reduz o número de firmas no mercado e, consequentemente, a concorrência, o bem-estar do consumidor se reduz. A presença da concorrência no contexto de uma economia de mercado é essencial, uma vez que possibilita um aumento na variedade e na qualidade de produtos e ainda colabora para a diminuição dos preços, caracterizando a verdadeira benesse ao consumidor.

A sociedade tende a "descriminalizar" a prática de preços predatórios, entendendo ser extremamente benéfica a baixa no valor do preço de um determinado produto. Esquece-se, entretanto, de ir a fundo e buscar a causa de tal baixa repentina. A intenção do "predador" não é favorecer o consumidor, nem alavancar a economia, mas sim dominar o mercado, eliminando deste as empresas que não tenham condição de com ele competir em tais situações.

8. Práticas predatórias – Aplicação

Surge uma dúvida: como saber se estamos diante de uma prática comercial predatória? Vender produtos abruptamente abaixo do preço, simplesmente, torna condenável a conduta de uma empresa, caracterizando o preço predatório?

Para que cometa a infração decorrente da venda de produtos abaixo do preço de custo, a empresa tem que produzir efeito ou ter como escopo prejudicar a livre concorrência. A constatação de uma estratégia de preço predatório exige, além da venda abaixo do preço de custo, as condições necessárias para que essa estratégia seja lucrativa.

Como bem explica Aurélio Virgílio Vargas Rios, nos autos do procedimento administrativo[15] em que analisa a conduta de prática de preço predatório, é necessário que se analise os detalhes das condições efetivas de custos e do comportamento dos preços ao longo do tempo, para afastar a hipótese de práticas sazonais normais ou de outras políticas comerciais da empresa, além de a análise de comportamento estratégico para avaliar as condições objetivas de ganhos potencialmente extraordinários, posteriores, suficientemente elevados e capazes de compensar as perdas em razão das vendas abaixo do custo.

Ainda, há que se considerar que o sucesso da prática de preços predatórios está ligado, dentre outros fatores, à existência de duas condições, quais sejam, domínio de mercado por parte da empresa infratora e barreiras à entrada no mercado em análise.

O *Guia para Análise Econômica da Prática de Preços Predatórios*[16] exige que estejam presentes, no mercado que está sendo analisado, as seguintes condições: (a) significativa participação de mercado da firma predadora; (b) elevadas quatro barreiras à entrada; (c) capacidade produtiva para atender o incremento da demanda em curto prazo; (d) capacidade de financiamento devido às perdas incorridas nesta estratégia.

No voto à Averiguação Preliminar n. 08012.007897/2005-98,[17] o então Conselheiro do CADE Luiz Carlos Delorme Prado apresentou etapas com o objetivo de verificar se o preço é predatório ou não:

(a) o infrator deve ter poder de mercado (verificar se ele consegue alterar o comportamento do mercado, gerando dano coletivo ou difuso, tutelado pelo direito concorrencial). É por isso que um agente que está entrando no mercado (estratégia de

15. CADE – Processo Administrativo n. 123.000.000567/2005-49.

16. SEAE n. 70/2002, de 12.12.2002.

17. Averiguação Preliminar (CADE). Representantes: Refinaria de Petróleo de Manguinhos S/A e Refinaria de Petróleo Ipiranga S/A. Representado: Petróleo Brasileiro S/A – Petrobras. Imputação à Petrobras das práticas de preços predatórios de derivados de petróleo, criação de dificuldades artificiais à entrada de rivais no âmbito do refino e discriminação do preço de petróleo por meio de preço de transferência. Brasília/DF.

entrada) pode praticar preços abaixo dos seus custos; a prática de preços não pode ser sustentada por um período muito longo (longo prazo ou cerca de um ano): nenhum agente conseguiria sobreviver um ano praticando preços abaixo dos seus próprios custos. Se conseguir sustentar esses preços baixos, certamente não estão abaixo do seu custo;

(b) o objetivo é excluir o concorrente: ou seja, não há outra explicação econômica para o comportamento do agente (as denominadas justificativas);

(c) a prática é lucrativa, no longo prazo: ou seja, uma vez excluídos os concorrentes, o agente conseguirá impor preços altos o suficiente para recuperar os prejuizos logrados durante a prática da predação (o denominado *recoupment*): é a denominada racionalidade econômica da conduta;

(d) por último, toda essa prática deve gerar perda de bem-estar pelo consumidor. Ou seja, se o agente prova, milagrosamente, que a sua prática gerará benefícios que não seriam alcançados em um mercado competitivo, a prática pode vir a ser considerada legal.

9. Conclusão

Muito embora a economia brasileira tenha passado por períodos de aclive, políticas de defesa comercial começaram a ser criadas somente nos anos 1930, quando se percebeu que se fazia imperioso o combate às infrações à ordem econômica que, em sua maioria, sempre foram motivadas pela ganância intrínseca do ser humano que, não sem exceção, quando se vê detentor do poder, tende a não considerar o seu igual.

Muito embora parte da jurisprudência não aceite a culpabilidade da pessoa jurídica, ainda que sigamos este entendimento, há a possibilidade de se recorrer à teoria da despersonalização, para que os dirigentes possam ser responsabilizados criminalmente pelas infrações previstas na Lei n. 8.884/1994.

Indaga-se: será que não é o momento de se rever a postura frente às infrações acima citadas? Não seria a hora de tratá-las com mais inflexibilidade do que atualmente se trata no que tange à função repressiva do CADE? Será que imposições meramente administrativas são suficientes para coibir a desenfreada ambição que, tal qual um veículo desgovernado, passa por cima de quem está em seu caminho, visando granjear lucros cada vez maiores?

Ante todo o exposto, é possível enxergar a insuficiência das políticas atuais de combate às práticas predatórias. A economia saudável é extremamente importante para o desenvolvimento e solidificação de um país e o que vemos é o aumento de condutas que infringem a livre concorrência cada vez mais preponderando sobre corretos posicionamentos.

O potencial do nosso Brasil é eminente. Mais rigor se faz necessário na repressão dos comportamentos que, visando o enriquecimento isolado, próprio, prejudica o abrilhantamento de empresas que, mesmo ainda não detendo poder de mercado, caso encontrem solo fértil para uma concorrência leal, poderão se desenvolver, e o retorno, ainda que demorado, será benéfico ao país.

Referências bibliográficas

BAUMANN, Renato (org.). *O Brasil e a Economia Global*. Rio de Janeiro, Campus, 1996.

CADE. *A Defesa da Concorrência no Brasil*. 3ª ed., revista, ampliada. São Paulo, CIEE, 2007 (edição bilíngue. *CADE Practical Guide: the Defense of Competition in Brazil/CADE*. 3rd. ed. revised and expanded).

CAVALIERI FILHO, Sérgio. *Programa de Responsabilidade Civil*. São Paulo, Malheiros Editores, 2002.

COELHO, Fabio Ulhoa. *Direito Antitruste Brasileiro*. Saraiva, 1995.

CONSELHO ADMINISTRATIVO DE DEFESA ECONÔMICA – CADE. *Guia Prático do CADE: a Defesa da Concorrência no Brasil*. 3ª ed., revista, ampliada. São Paulo, CIEE, 2007 (edição bilíngue. *CADE Practical Guide: the Defense of Competition in Brazil/CADE*. 3rd. ed. revised and expanded).

CUNHA, Ricardo Thomazinho da. *Direito de Defesa da Concorrência: Mercosul e União Europeia*. São Paulo, Manole, 2003.

DRUCKER, Peter Ferdinand (1909). *A Sociedade Pós-Capitalista*. Trad. Nivaldo Montgelli. 6ª ed. São Paulo, Pioneira, 1997.

DUTRA, Pedro. *Livre Concorrência e Regulação de Mercados: Estudos e Pareceres*. Rio de Janeiro, Renovar, 2003.

FORGIONI, Paula A. *Os Fundamentos do Antitruste*. São Paulo, Ed. RT, 1998.

GIAMBIAGI, Fabio, e VILLELA, André (orgs.). *Economia Brasileira Contemporânea*. Rio de Janeiro, Elsevier, 2005.

GONÇALVES, Carlos Roberto. *Responsabilidade Civil*. São Paulo, Saraiva, 2003.

NORONHA, Fernando. "Responsabilidade Civil: uma tentativa de ressistematização". *Revista de Direito Civil*.

OLIVEIRA, Gesner. *Concorrência: Panorama no Brasil e no Mundo*. São Paulo, Saraiva, 2001.

SANTIAGO, Luciano Sotero. *Direito da Concorrencial: Doutrina e Jurisprudência*. São Paulo, Editora JusPodvim, 2008.

SCHUMPETER, Joseph Alois. *Capitalismo, Socialismo e Democracia*. Rio de Janeiro, Zahar Editores, 1978.

SOROS, George (1930). *A Crise do Capitalismo*. Trad. Afonso Celso da Cunha Serra. Rio de Janeiro, Campus, 1978.

SOUZA, Simone Letícia Severo e. *Regime Jurídico da Concorrência: as Diferenças entre Concorrência Desleal e Infração à Ordem Econômica*. 2ª ed. Curitiba, Juruá, 2009.

TADDEI, Marcelo Gazzi. "O CADE e o controle preventivo dos atos de concentração empresarial". *Revista de Direito Mercantil* 121, jan.-mar./2001.

VEIGA, Pedro da Motta (org.). *O Brasil e os Desafios da Globalização*. Rio de Janeiro, Relume Dumará, 2000.

Espaço Discente

UMA BREVE ABORDAGEM NACIONAL E INTERNACIONAL SOBRE A PROTEÇÃO LEGAL DE SINAIS E EXPRESSÕES DE PROPAGANDA

CARLOS EDUARDO NEVES DE CARVALHO

1. Breve histórico – Conceito de sinal e expressão de propaganda ("slogan"). 2. Requisitos para sua proteção legal (de acordo com a Lei n. 5.772/1971). 3. Jurisprudência: requisitos para proteção legal de expressão de propaganda. 4. Situação no atual ordenamento jurídico (Lei n. 9.279/1996). 5. Alguns exemplos ilustrativos de "slogans". 6. Proteção da expressão de propaganda em obra publicitária: 6.1 Proteção legal da expressão como tema de uma obra publicitária; 6.2 Mecanismo de depósito de campanhas publicitárias na Agência Brasileira de Propaganda – Proteção da ideia publicitária enquanto for "sigilosa". 7. Proteção legal em outros países: 7.1 América Latina; 7.2 Estados Unidos da América (EUA); 7.3 Reino Unido; 7.4 França; 7.5 Protocolo de Madrid. 8. Conclusão. Bibliografia.

1. Breve histórico – Conceito de sinal e expressão de propaganda ("slogan")

Uma frase publicitária tem por objetivo chamar a atenção do público e, em seguida, despertar-lhe a curiosidade e o interesse para o produto e/ou serviço divulgado.

A expressão de propaganda, ou *slogan*, tem como função estimular e incentivar o público ao consumo de determinado produto ou serviço.

A definição legal da expressão publicitária por Pontes de Miranda[1] é idêntica ao teor do art. 121, do Decreto-lei n. 7.903, de 27.8.1945: "expressão de propaganda refere-se ao sinal distintivo que tem por fim recomendar a atividade do estabelecimento, ou do gênero de indústria ou de comércio, ou realçar as qualidades dos produtos ou mercadorias do estabelecimento ou do gênero de indústria ou de comércio, ou atrair a atenção dos adquirentes ou consumidores".

Já Gama Cerqueira[2] trata como: "frases relativas a um produto, a um estabelecimento ou a qualquer atividade comercial ou industrial. Pelo seu arranjo especial, pela sua originalidade, essas frases são de grande eficácia como meio de tornar conhecidos os produtos (...). Geralmente, preconizam uma qualidade do produto ou a sua utilidade, em poucas e concisas pala-

1. Tinoco Soares cita em sua obra *Tratado da Propriedade Industrial*, à p. 262, Pontes de Miranda (*Tratado de Direito Privado*, 4ª ed., t. XVII, Ed. RT, 1983, p. 157).

2. João da Gama Cerqueira, *Tratado ad Propriedade Industrial*, vol. I, Parte I, p. 292.

vras, que mais facilmente impressionam a memória".

De acordo com o jurista,[3] as legendas podem ser consideradas como marcas verbais e registradas com essa finalidade, sendo aplicados para sua proteção legal "os mesmos princípios que justificam as normas relativas à concorrência desleal e à defesa dos sinais distintivos das mercadorias e dos estabelecimentos comerciais e industriais".

Ainda, segundo Gama Cerqueira,[4] o Código de Propriedade Industrial de 1945 instituiu o registro de sinais de propaganda por inspiração da Lei Cubana, Lei n. 805, de 4.4.1936, em seus arts. 168 e ss., onde tinham proteção e registro especial sob a denominação de *lemas comerciales*.

Apenas por curiosidade, a atual Lei Cubana, Decreto-lei n. 203 de Marcas e outros Sinais Distintivos, de 2 de maio de 2000, em seu art. 109.1, ainda prevê o registro de frases publicitárias (*lemas comerciales*) pelo período e renovação idêntico às marcas: 10 anos.

A obra de Gama Cerqueira é tão atual que ele já defendia a proteção legal do sinal de propaganda pelo direito da concorrência nos casos em que ocorresse concorrência desleal face à confusão entre mercadorias, produtos e estabelecimentos comerciais.

Segundo o doutrinador Newton Silveira,[5] pouco antes da instituição do Código de Propriedade Industrial de 1945, Gama Cerqueira considerava que tais legendas deveriam encontrar proteção jurídica por constituírem um dos elementos principais do estabelecimento comercial ou industrial ao lado da insígnia, das marcas, etc., como parte do "complexo de meios idôneos, materiais e imateriais, pelos quais o comerciante explora determinada espécie de comércio", como Carvalho de Mendonça definia o estabelecimento comercial.

O registro de expressão ou sinal de propaganda sempre foi previsto em nosso ordenamento jurídico, desde a primeira Lei de Propriedade Industrial (art. 121 do Decreto-lei n. 7.903, de 27.8.1945;[6] art. 101 do Decreto-lei n. 254, de 28.2.1967,[7] e art. 73 da Lei n. 5.772, de 21.12.1971, antiga Lei de Propriedade Industrial).

A Lei n. 5.772/1971, antigo "Código da Propriedade Industrial", não apenas definia o conceito de "sinal e expressão de propaganda", mas também previa sua proteção legal através de registro específico, conforme dispunham os arts. 2º, *c*, e 73 do referido, e revogado, diploma legal:

"Art. 2º. A *proteção dos direitos relativos à propriedade industrial* se efetua mediante:

"a) concessão de privilégios: de invenção; de modelo de utilidade; de modelo industrial; e de desenho industrial;

"b) *concessão de registros*: de marca de indústria e de comércio ou de serviço; e de *expressão ou sinal de propaganda*;

"c) repressão a falsas indicações de procedência;

"d) repressão à concorrência desleal.

"(...).

3. Ibidem, p. 292.

4. Idem, ibidem.

5. Newton Silveira, "Expressão ou sinal de propaganda", verbete da *Enciclopédia Saraiva do Direito*, p. 425.

6. Assim dispõe o art. 121 do Código de Propriedade Industrial de 1945: "Art. 121. Entende-se por expressão ou sinal de propaganda toda legenda, anúncio, reclame, frase, combinação de palavras, desenho, gravura, originais e característicos, que, destinem a emprego como meio recomendar as atividades comerciais, industriais ou agrícolas, realçar as qualidades dos produtos, e atrair a atenção dos consumidores".

7. Assim dispõe o art. 101 do Código de Propriedade Industrial de 1967 (redação idêntica ao do art. 121 do Código de 1945): "Art. 101. Entende-se por expressão ou sinal de propaganda toda legenda, anúncio, reclame, frase, combinação de palavras, desenho, gravura, originais e característicos que se destinem a emprego como meio de recomendar as atividades comerciais, industriais ou agrícolas, realçar as qualidades dos produtos e atrair a atenção dos consumidores".

"Art. 73. Entende-se por *expressão ou sinal de propaganda* toda legenda, anúncio, reclame, frase, palavra, combinação de palavras, desenhos, gravuras, ***originais*** e característicos que se destinem a emprego como meio de *recomendar quaisquer atividades lícitas, realçar qualidades de produtos, mercadorias ou serviços, ou a atrair a atenção dos consumidores ou usuários*."

Segundo Denis Barbosa: "Apesar de ser eliminado a possibilidade de registro de um sinal de propaganda, para sua tutela legal, aplica-se o conceito disposto na Lei antiga" (art. 73 da Lei 5.772/1971).

Conforme será tratado em outro tópico, a Lei 9.279/1996 aboliu o registro específico e sua proteção legal recai em crimes por uso indevido dos sinais e atos de concorrência desleal conforme dispõem os arts. 193, 194, 195, IV e VII, e 209.

2. Requisitos para sua proteção legal (de acordo com a Lei n. 5.772/1971)

Para sua devida proteção legal como expressão de propaganda, o sinal deverá preencher os seguintes requisitos: originalidade (novidade), veracidade, distintividade (disponibilidade) e licitude.

a) Originalidade – Novidade

O art. 73 da Lei 5.772/1971 exigia que o sinal de propaganda fosse original (criativo), inédito, e não simplesmente um aglomerado de palavras de uso comum e conhecidas pelo público.

Segundo Gama Cerqueira,[8] "se a legenda se compuser de palavras de uso comum, inapropriáveis a título exclusivo, a proteção legal recairá somente sobre seu conjunto, sendo lícito a terceiros o emprego das mesmas expressões, desde que não se estabeleça confusão com outras legendas já registradas".

8. João da Gama Cerqueira, *Tratado da Propriedade Industrial*, vol. I, Parte I, p. 293.

Para Newton Silveira,[9] "a questão da exigência da originalidade é, na verdade, exigência de novidade, em sentido objetivo, não se podendo registrar os sinais ou expressões conhecidos e usados publicamente (em relação a qualquer artigo ou serviço), que já tenham sido registrados por terceiros (em qualquer classe pois o registro anterior seria sinal de conhecimento e uso público) ou os que sejam imitação de outros anteriormente registrados".

O art. 76, incisos 1 e 2, da Lei n. 5.772/1971 estabeleciam que *não seriam registráveis* sinais de propaganda que simplesmente descrevessem as qualidades de um produto ou serviço, que *não apresentassem cunho da originalidade, ou que fossem conhecidos e usados publicamente em relação a outros artigos ou serviços por terceiro*.

"Art. 76. Não são registráveis como expressões ou sinais de propaganda:

"1) palavras ou combinações de palavras ou frases, exclusivamente descritivas das qualidades dos artigos ou atividade;

"2) cartazes, tabuletas, anúncios ou reclames que não apresentem cunho da originalidade ou que sejam conhecidos e usados publicamente em relação a outros artigos ou serviços por terceiro."

Seriam isentos de originalidade os sinais utilizados corriqueiramente pelo público, e aqueles sinais dotados de caráter puramente descritivos de produtos ou serviços.

José de Oliveira Ascensão[10] considera que uma expressão de propaganda poderá ser protegida pela Lei de Direitos Autorais quando "revestir um caráter tal de criatividade que deva ser considerado por si só obra literária".

Assim, a originalidade significa que um sinal de propaganda deve ter um grau

9. Newton Silveira, "Expressão ou sinal de propaganda", verbete da *Enciclopédia Saraiva do Direito*, 35/ 425-428.

10. José de Oliveira Ascensão, *Direito Autoral*, 2ª ed., p. 452.

mínimo de distintividade em relação àquilo que já existe no mercado; é equivalente ao conceito empregado no direito autoral: *uma obra intelectual é original quando dotada de criatividade, possuindo elementos distintivos face às características de seu criador*.

Neste sentido, por originalidade, entende Carlos Alberto Bittar:[11]

"A obra deve ser dotada de *originalidade*, que é seu requisito fundamental para a proteção legal: deve 'encerrar contribuição do autor' em sua organização, escolha e disposição das matérias, enfim, ter caracteres distintivos próprios.

"Mas pode-se considerar como *criatividade* o algo novo, o produto intelectual inserido pelo autor no mundo exterior ou a individualização da representação do pensamento. Por *originalidade*, entende-se os *elementos distintivos da obra*, vale dizer, as *características intrínsecas próprias* que a distinguem de outras."

Denis Barbosa[12] entende que a "originalidade" do sinal de propaganda se traduz em "disponibilidade", pois não se pode utilizar expressões que tenham se tornado comuns ou que já tenham sido registradas por terceiros.

Assim, *a proteção legal ao sinal de propaganda pressupõe novidade absoluta*, ou seja, a expressão utilizada deve ser nova, sem conhecimento público, e dotada de originalidade/criatividade.

Portanto, para a proteção legal de uma expressão de propaganda não se aplica o princípio da novidade relativa, como ocorre no caso do direito marcário. Segundo Denis Barbosa,[13] a novidade relativa "constitui apenas o requisito de que a marca tem de se distinguir dos outros signos já apropriados por terceiros", ou seja, a marca não poderá infringir direitos de terceiros.

Um exemplo de novidade relativa pode ser a marca *Veja* para Revista e Periódicos e Veja, para produtos de limpeza em geral, que se destinam a ramos de atividades comerciais diferentes, podendo ambas as marcas conviverem pacificamente no mercado consumidor.

b) Veracidade

A veracidade, como requisito legal, significa não induzir o consumidor a erro ou dúvida por falsas ou enganosas afirmações quanto à qualidade, origem ou propriedades da atividade empresarial do titular de uma marca.

Segundo Tinoco Soares,[14] "considera-se preenchido o requisito da veracidade, quando o sinal não contiver indicação contrária à verdade, que possibilite erro, dúvida ou confusão para o consumidor, no que se refere a lugar de origem, natureza, qualidade e composição do produto ou espécie de serviço, objeto da propaganda".

Isto significa que a expressão de propaganda não deverá incitar o consumidor a erro sobre a origem, qualidade e composição do produto ou serviço, objeto da propaganda.

Assim, os incisos 5 e 6, do art. 76 da Lei 5.772/1971 estabeleciam que *não seriam registráveis* sinais de propaganda que fossem capazes *de originar erro ou confusão* com sinais que já tivessem sido registráveis ou o que estivesse compreendido em quaisquer das proibições concernentes ao registro de marca, como, por exemplo, aquela que possa falsamente induzir indicação de qualidade ou procedência de um produto ou serviço.

"Art. 76. Não são registráveis como expressões ou sinais de propaganda:

"(...).

11. Carlos Alberto Bittar, *Direito de Autor na Obra Publicitária*, pp. 42-43.

12. Denis Borges Barbosa, *Uma Introdução à Propriedade Intelectual*, 2ª ed., p. 904.

13. Idem, p. 806.

14. Ibid., p. 906.

"5) palavras, frases, cartazes, anúncios, reclame ou dísticos que já tenham sido registrados por terceiros *ou sejam capazes de originar erro ou confusão com tais anterioridades*;

"6) o que estiver compreendido em quaisquer das proibições concernentes ao registro de marca."

c) Distintividade (disponibilidade)

O conceito aplicado para distintividade de uma propaganda é o mesmo aplicado para as marcas: significa ter cunho próprio, possuir características que as distingam das demais usadas por terceiros. A capacidade distintiva é a função de distinguir um produto ou um serviço de outro de origem diversa.

O sinal de propaganda, além de poder identificar a sua origem, serve também para incitar ao consumo de um produto ou serviço, realçar suas qualidades, ou valorizar a atividade econômica do titular.

Segundo Denis Barbosa,[15] "é distintivo, subjetivamente considerado, o sinal ou expressão suficientemente característico para ficar na memória do público, ou seja, que tenha o mínimo de cunho próprio que o torne potencialmente capaz de exercer suas funções: a propaganda deve ser 'característica'. É distintivo, objetivamente considerado, o que se distingue dos outros signos já apropriados por terceiros, ou mais precisamente, o que pode ser apropriado pelo titular sem infringir direitos de terceiros".

Assim, os incisos 4 e 5 do art. 76 da Lei n. 5.772/1971 estabeleciam que *não seriam registráveis* sinais de propaganda que já tenham sido registrados por terceiros. Neste sentido, a expressão de propaganda estará disponível quando pode ser utilizada sem infringir direitos de terceiros.

"Art. 76. Não são registráveis como expressões ou sinais de propaganda:

"(...).

"4) todo cartaz, anúncio ou reclame que inclua marca, título de estabelecimento, insígnia, nome de empresa ou recompensa, *dos quais legitimamente não possa usar o registrante*."

d) Licitude

O sinal de propaganda não pode ser contrário à moral, aos bons costumes, à ordem pública, ou proibidos pela Lei, quando usado para incitar o consumo.

Assim, o inciso 3 do art. 76 da Lei 5.772/1971 estabelecia que *não seriam registráveis* sinais de propaganda *contrários a moral* ou que contenham *ofensas ou alusões individuais, ou atentem contra ideias, religiões ou sentimentos veneráveis*.

"Art. 76. Não são registráveis como expressões ou sinais de propaganda:

"(...).

"3) anúncios, reclames, frases ou palavras contrárias a moral ou que contenham ofensas ou alusões individuais, ou atentem contra ideias, religiões ou sentimentos veneráveis."

3. Jurisprudência: requisitos para proteção legal de expressão de propaganda

Na lei antiga, havia a exigência dos requisitos de originalidade e criatividade para devido registro no INPI do sinal como expressão de propaganda.

Na Lei atual, após a abolição do registro de sinal como expressão de propaganda, a proteção legal recai em atos de concorrência desleal, como utilizar sinal alheio de modo a causar confusão perante o mercado consumidor sobre a origem dos produtos, serviços ou estabelecimentos comerciais.

1) 7ª Câmara de Direito Privado do Tribunal de Justiça de São Paulo, Apela-

15. Ibid., p. 904.

ção Cível com Revisão n. 376.628-4/9-00, Relator José Carlos Ferreira Alves, Apte.: Companhia Brasileira de Bebidas, Apdo.: Luis Carlos Gomes Borges, j. 15.8.2007.

"Ementa: *Indenização* – Direito Autoral – Alegação de uso pela ré, sem autorização, de criação intelectual elaborada pelo autor, consistente no *slogan* 'Antártica: é do Pinguim', em campanha publicitária – *'Slogan' publicitário que não se reveste de criatividade e originalidade suficientes a ensejar proteção jurídica – Dado provimento ao recurso da ré e negado provimento ao do autor*."

Nesse caso, em 1995, o autor José Carlos Ferreira Alves criou o *slogan* "Antártica: é do Pinguim", juntamente com outras ideias para uma campanha comercial de televisão para a empresa ré Companhia Brasileira de Bebidas.

Após o autor enviar o *slogan* à re e sua agência de propaganda, ambas recusaram as ideias publicitárias.

Em 2000, o autor foi surpreendido ao ver seu *slogan* veiculado em diversos comerciais de televisão, sem sua autorização, para publicidade da cereja Antártica.

A sentença de 1ª Instância julgou a ação procedente, condenando a ré a pagar o montante de R$ 20.000,00 (vinte mil reais) ao autor a título de dano moral, acrescido de juros legais, e correção monetária. Também foi condenada a ré a pagar indenização por dano material, a ser fixada na fase de execução de sentença, tomando por base a média de remuneração paga por serviço similar.

Segundo as fundamentações do relator, *o "slogan" do autor carece de criatividade e originalidade, não merecendo proteção jurídica*. Ele considerou que a criação do *slogan* decorre de um simples aperfeiçoamento da logomarca ostentada pela Antártica em seu produto, "tratando-se de uma associação banal de palavras, uma combinação trivial de termos".

Assim, foi dado provimento à apelação interposta pela ré invertendo-se o ônus da sucumbência.

Na minha opinião, o *slogan* até poderia carecer de criatividade e originalidade, entretanto, o autor despendeu horas de trabalho para desenvolver suas ideias, merecendo ser remunerado devidamente por seus serviços. Nesse sentido, haveria enriquecimento ilícito por parte do réu, conforme dispõe a doutrina do direito civil.

2) 3ª Câmara de Direito Privado do Tribunal de Justiça de São Paulo, Apelação Cível n. 591.512-4/8-00, Relator Donegá Mornadini, Apte.: Companhia Brasileira de Distribuição Ltda., Apdo.: Carrefour Comércio e Indústria Ltda., j. 27.10.2009.

"Ementa: *Concorrência desleal*. Ação de preceito cominatório, cumulada com pedido de indenização. Imputação de utilização de *slogan* publicitário assemelhado pela recorrente. Distinção, no entanto, entre os *slogans* normalmente utilizados pelas partes. *Veiculações, ademais, acompanhadas dos nomes das redes de supermercados anunciantes (Extra ou Carrefour) que, prepondera, na escolha dos consumidores, sendo irrelevante os 'slogans' utilizados. Ausência da possibilidade de confusão entre os estabelecimentos comerciais*. Improcedência da ação preservada. Apelo improvido."

No caso em tela, o autor da ação, Supermercado Extra (Companhia Brasileira de Distribuição Ltda.), sempre promoveu seus produtos e serviços através da veiculação do seguinte *slogan*: "Extra – Hipermercado da Família Brasileira".

Esporadicamente, utilizava o *slogan*: "Faz Parte de sua Família, Faz Parte do Extra".

O *slogan* que o réu utilizou foi: "Carrefour Faz Parte da sua Família".

Assim, com base em uso indevido de criação alheia, o Extra ingressou com uma ação de indenização face ao Carrefour.

A ação foi julgada improcedente em 1ª Instância, sendo negado provimento do recurso de apelação.

O Relator ao comparar os dois *slogans* à luz do disposto no art. 195, inciso III, da Lei de Propriedade Industrial, considerou "não existir qualquer indício da utilização de meio fraudulento por parte do recorrido para fins de desvio da clientela da apelante (Extra), vez que considerou marcantes as diferenças entre os *slogans*".

Ademais, não ensejou a possibilidade de confusão entre os estabelecimentos comerciais, conforme exige o art. 209 da Lei de Propriedade Industrial.

Assim, *o Relator afirmou que não há concorrência desleal ou violação de qualquer direito autoral.*

Eu acompanharia o voto do relator, uma vez que *os "slogans" não são criativos nem originais, e cada qual contém a marca do supermercado*. Com isso, *evita-se qualquer possibilidade de confusão entre os estabelecimentos comerciais*, não havendo concorrência desleal.

3) Tribunal Regional Federal da 2ª Região, 6ª Turma, AC 9102004844, Apelação Cível n. 91.02.00484-4,[16] Relator Des. Sergio Schwaitzer, Apte.: INPI – Instituto Nacional da Propriedade Industrial, Apdo.: AKZO Ltda., publicado em 22.7.2005, p. 186.

"Ementa: Administrativo – Registro de expressões de propaganda – Superveniência da Lei n. 9.279/1996 – Perda de objeto não configurada – Vigência da Lei n. 5.772/1971 – *Necessidade de preenchimento dos requisitos de originalidade e criatividade*.

"I – *Embora tenha abolido o registro no INPI de expressões e sinais de propaganda, a Lei n. 9.279/1996 não deixou de contemplar sua proteção, na medida em que estabeleceu como crime de concorrência desleal a utilização de expressão ou sinal de propaganda alheios (art. 195, IV)*.

"II – Subsiste, destarte, o interesse da demandante na declaração de que suas expressões de propaganda eram registráveis na vigência da lei anterior, o que poderia ser útil na caracterização de eventual concorrência desleal por parte de outra empresa.

"III – O art. 76, 1), da Lei n. 5.772/1971, vedava expressamente o registro de expressões de propaganda que fossem meramente descritivas da qualidade do produto. E o item 6) do mesmo artigo igualmente proibia o registro de expressões que estivessem compreendidas nas vedações ao registro de marcas.

"IV – Consequentemente, incidia também, no que se refere às expressões ou sinais de propaganda, a vedação contida no art. 65, 6), da Lei n. 5.772/1971, segundo o qual não é registrável como marca 'denominação genérica ou sua representação gráfica, expressão empregada comumente para designar gênero, espécie, natureza, nacionalidade, destino, peso, valor e qualidade'.

"V – Extrai-se, do conteúdo das normas em questão, que somente seria admissível o registro de expressões que apresentassem originalidade e criatividade, ou seja, que fugissem ao mero aspecto referencial da linguagem.

"VI – A frase 'Ypiranga uma Tinta para cada Fim' é meramente referencial, não havendo como conceder a exclusividade em sua utilização, porquanto claramente incidente nas vedações contidas no art. 76, 1) e 6) da Lei n. 5.772/1971.

"VII – *As expressões 'Ypiranga a Tinta do Pintor Inteligente' e 'Quem Pinta Sabe, Ypiranga É a Tinta' apresentam os aspectos de originalidade e criatividade exigidos na Lei n. 5.772/1971 para fins de registro no INPI*.

"Acórdão: Vistos, relatados e discutidos estes autos em que são partes as acima indicadas.

"Decide a Sexta Turma do Tribunal Regional Federal da 2ª Região, à unanimi-

16. Acórdão localizado na base de dados de Jurisprudência do escritório Dannemann, Siemsen, Bigler & Ipanema Moreira: *http://www.dannemann.com.br*.

dade, dar parcial provimento à apelação, nos termos do voto do Relator, constante dos autos, que fica fazendo parte integrante do presente julgado.

"Rio de Janeiro, (data de julgamento)".

4) 4ª Câmara de Direito Privado, Tribunal de Justiça de São Paulo, AC 2145794100, pelação Cível n. 214.579-4/1-00,[17] Relator Dr. Jesus Lofrano, Apte.: Denver Comunicação Ltda., Apdo.: Credicard S/A Administradora de Cartões de Crédito, publicado em 28.11.2008.

"Ementa: Indenização – Extinção – Utilização de expressão de propaganda – *Expressões de uso corrente que não podem ser registradas* – Instrumento de cessão de direito que não observou a lei reguladora da matéria – Arts. 124, 135 e 137 da Lei n. 9.279/1996 – Inteligência – Recurso improvido, alterado o dispositivo de carência para improcedência.

"*As expressões 21 de abril de 2000 e Brasil 500 anos 'são expressões de uso corrente, ligadas às respectivas datas comemorativas, enquadrando-se ao disposto no art. 124 da Lei n 9.279/1996, não podendo ser registráveis como marca'*.

"O instrumento de cessão de direitos não faz referência ao certificado de registro de expressão ou sinal de propaganda n. 817512497, não havendo indicação de anotação da cessão, ou de sua publicação, tudo levando à inobservância da lei reguladora.

"Acordão: Acordam, em Terceira Câmara de Direito Privado do Tribunal de Justiça do Estado de São Paulo, proferir a seguinte decisão: 'negaram provimento ao recurso, alterado o dispositivo da sentença de carência para improcedência, v.u.', de conformidade com o voto do Relator, que integra este acórdão. O julgamento teve a participação dos Desembargadores Beretta da Silveira (Presidente), Donega Morandini. São Paulo, 4 de novembro de 2008."

17. Ibid: *http://www.dannemann.com.br*.

4. Situação no atual ordenamento jurídico (Lei n. 9.279/1996)

A Lei atual, apesar de impossibilitar o registro de expressão de propaganda como figura autônoma de propriedade industrial, confere a devida tutela legal ao determinar sanções legais pelo uso indevido de tais expressões, conforme dispõe o art. 194, IV, podendo também ser caracterizado por crime de concorrência desleal, caso o uso indevido do *slogan* cause confusão no mercado consumidor sobre a origem dos produtos ou serviços, conforme art. 195, inciso IV, da LPI.

"Art. 194. Usar marca, nome comercial, título de estabelecimento, insígnia, *expressão ou sinal de propaganda* ou qualquer outra forma que *indique procedência que não a verdadeira*, ou vender ou expor à venda produto com esses sinais.

"Pena – detenção, de 1 (um) a 3 (três) meses, ou multa.

"Art. 195. Comete crime de concorrência desleal quem:

"(...).

"IV – *usa expressão ou sinal de propaganda alheios, ou os imita, de modo a criar confusão entre os produtos ou estabelecimentos*".

Em se tratando o uso indevido da expressão de propaganda um ato de concorrência desleal, caberá ao prejudicado ingressar com uma ação de indenização, conforme dispõe o art. 209 da Lei 9.279/1996:

"Art. 209. Fica ressalvado ao prejudicado o direito de haver perdas e danos em ressarcimento de prejuízos causados por atos de violação de direitos de propriedade industrial e atos de concorrência desleal não previstos nesta Lei, tendentes a prejudicar a reputação ou os negócios alheios, *a criar confusão entre estabelecimentos* comerciais, industriais ou prestadores de serviço, *ou entre os produtos e serviços postos no comércio*."

A Lei 9.279/1996, a atual "Lei de Propriedade Industrial", eliminou de seu bojo a possibilidade de registro das expressões e sinais de propaganda, como marca, empregados *apenas* como meio de propaganda.

Assim dispõe o inciso VII do art. 124:

"Art. 124. Não são registráveis como marca:

"(...).

"VII – sinal ou expressão empregada *apenas* como meio de propaganda."

Isto significa que se o sinal de propaganda for empregado como meio de recomendar quaisquer atividades lícitas, realçar qualidades de produtos ou serviços, ou a atrair a atenção do público, estimulando e incentivando-o ao consumo de determinado produto ou serviço, não poderá ser objeto de proteção como marca.

Entretanto, caso um sinal de propaganda tenha uma grande capacidade distintiva, e ***não*** seja utilizado meramente com a função de recomendar atividades, realçar as qualidades de produtos ou serviços, ou a atrair a atenção dos consumidores ***mas*** seja utilizada para ***distinguir*** um produto ou serviço de outro de origem diversa, PODERÁ esta expressão ser registrada como ***marca***, conforme dispõe o art. 122 da Lei de Propriedade Industrial, visto que este sinal não estaria dentro das proibições legais contidas no art. 124 da Lei de Propriedade Industrial, uma vez que não é utilizado apenas como expressão de propaganda. Nesse caso, o sinal possui dupla função: marcária e expressão de propaganda.

A ABPI – Associação Brasileira da Propriedade Intelectual, ao analisar a questão dos sinais, frases e expressões de propaganda em face da proibição contida no inciso VII do art. 124 da Lei de Propriedade Industrial, aprovou a Resolução n. 38,[18] concluindo, dentre outros pontos que, "a diferenciação entre marca e os sinais, frases e expressões de propaganda somente se dá através da *função distintiva ou sugestiva* que for respectivamente desempenhada por cada qual, através do uso em concreto que lhe é dado".

Nesse sentido, a Resolução da ABPI afirma que "não pode o INPI antecipadamente indeferir um pedido de registro de marca pela presunção ou receio de que o mesmo venha no futuro a ser usado unicamente como sinal, frase ou expressões de propaganda".

Ademais, "o uso da marca não pode ser erigido como requisito para a apresentação de um pedido de registro de marca, seja porque o art. 124 da LPI não o exige, seja porque o art. 15,[19] § 3º, do TRIPs claramente o impede".

Assim, o INPI, ao analisar a viabilidade de registro de uma expressão como marca não poderá ater-se ao uso da marca.

A Resolução da ABPI também conclui que não há na lei qualquer restrição para o número de palavras ou expressões a serem utilizadas na composição de uma marca. O art. 15,[20] § 1º, do TRIPs destaca

18. Portal Online da ABPI, no *link* biblioteca – Resolução n. 38: *http://www.abpi.org.br/biblioteca1.asp?idioma=&secao=Biblioteca&subsecao=ResoluçõesdaABPI&assunto=Resolução especifica&id=31.*

19. Art. 15, § 3º, do TRIPS: "3. Os Membros poderão condicionar a possibilidade do registro ao uso da marca. *Não obstante, o uso efetivo de uma marca não constituirá condição para a apresentação de pedido de registro.* Uma solicitação de registro não será indeferida apenas com base no fato de que seu uso pretendido não tenha ocorrido antes de expirado um prazo de três anos, contados a partir da data da solicitação".

20. Art. 15, § 1º, do TRIPS – Proteção caso exerça *função marcária*: "1. *Qualquer sinal, ou combinação de sinais*, capaz de distinguir bens e serviços de um empreendimento daqueles de outro empreendimento, poderá constituir uma marca. *Estes sinais, em particular palavras*, inclusive nomes próprios, letras, numerais, elementos figurativos e combinação de cores, *bem como qualquer combinação desses sinais, serão registráveis como marcas.* Quando os sinais não forem intrinsecamente capazes de distinguir os bens e serviços pertinentes, os Membros poderão *condicionar a possibilidade do registro ao caráter distintivo que tenham adquirido pelo seu uso.* Os Membros poderão exigir, como

ao seu turno que é registrável como marca qualquer combinação de palavras e sinais (sem limitação de número, portanto) que exerçam função distintiva.

Assim, o INPI, durante a análise e exame de registrabilidade de uma expressão de propaganda como marca, não poderá indeferir tal pedido de registro pelo simples fato da expressão ser composta por um certo número de palavras, ou que tal expressão será utilizada como meio de propaganda. O INPI deveria ater-se aos requisitos de registrabilidade do *slogan* como marca, ou seja, o *slogan* deverá ser utilizado para ***distinguir*** um produto ou serviço de outro de origem diversa.

Ao nosso entendimento, nada impediria que uma expressão de propaganda tivesse dupla função: marca e meio de propaganda.

5. Alguns exemplos ilustrativos de "slogans"

Segundo Tinoco Soares,[21] sob a vigência do antigo Código de Propriedade Industrial, Lei n. 5.772/1971, foram conferidos registros de expressões de propaganda que se tornaram muito conhecidas no Brasil, e até hoje mantém em nossa lembrança como:

- Coca Cola é o que é;
- Coca Cola Sempre;
- Viaje Bem, viaje VASP;
- Se a marca é Cica, bons produtos indica.
- Bombril, a esponja de mil e uma utilidades;
- 51 é uma boa ideia;
- Kibon, a delícia que alimenta, etc.

Para registros de expressões de propaganda concedidos em vigência da Lei antiga, determina o art. 233 do atual diploma legal que tais registros permaneçam em vigor pelos prazos de suas vigências, não podendo ser prorrogados:

"Art. 233. Os pedidos de registro de expressão e sinal de propaganda e de declaração de notoriedade serão definitivamente arquivados e os *registros e declaração permanecerão em vigor pelo prazo de vigência restante, não podendo ser prorrogados*."

Abaixo, elencamos dois exemplos de sinais extintos com base no art. 233 da Lei de Propriedade Industrial:

1. *Expressão nominativa:*

Sempre Coca-Cola

Processo n. 816.974.314 – Titular: The Coca-Cola Company – Data do depósito: 27.11.1992 – Situação: extinto – Classe Prod./Serv.: 35:10-20-30 (bebidas alcoólicas e não alcoólicas) – Concessão: 26.4.1994 – Natureza: propaganda – N. RPI: 1780, de 15.2.2005; Despacho: 700 ("Registro ***extinto***, com base no art. 233 da LPI").

2. *Expressão nominativa:*

Só Bombril Tem 1001 Utilidades

Processo n. 608298212 – Titular: Bombril Mercosul S/A – Data do depósito: 30.10.1967 – Situação: extinto – Classe Prod./Serv.: 03:10 (produtos de limpeza e higiene doméstica) – Concessão: 24.6.1986 – Natureza: Propaganda – N. RPI: 1890, de 27.3.2007; Despacho: 700 ("Registro ***extinto*** com base no art. 233 da LPI").

Os dois casos abaixo, apesar de serem considerados *slogans* conhecidos, foram depositados como marca de serviço, mas extintos com base no inciso I do art. 142 da Lei de Propriedade Industrial (expiração do prazo de vigência):

3. *Marca nominativa:*

Viaje Bem... Viaje Vasp

Processo n. 720139430 – Titular: Viação Aérea São Paulo S/A – Vasp – Data do

condição para registro, que os sinais sejam visualmente perceptíveis".

21. Tinoco Soares, *Tratado da Propriedade Industrial*, p. 263.

depósito: 11.8.1972 – Situação: extinto – Apresentação: nominativa – Classe Prod./Serv.: 38:20-30-40 (serviços de comunicação) – Concessão: 23.1.1996 – Natureza: de serviço – N. RPI: 1898, de 22.5.2007; Despacho: 700 ("Registro ***extinto*** com base no inciso I do art. 142 da LPI").

4. *Marca nominativa:*
Se a Marca É Cica, Bons Produtos Indica

Processo n. 810967979 – Titular: Unilever N.V. – Data do depósito: 17.9.1982 – Situação: extinto – Classe Prod./Serv.: 35:10 (bebidas, xaropes e sucos concentrados) – Concessão: 10.4.1990 – N. RPI: 1898, de 22.5.2007; Despacho: 700 ("Registro ***extinto*** com base no inciso I do art. 142 da LPI").

Hoje em dia, para tentar garantir a dupla proteção, ou a comprovação de autoria da criação do sinal, empresas tem depositado suas expressões de propaganda como marca no INPI, mesmo que o órgão indefira tais pedidos de registro.

Abaixo, seguem dois casos nos quais o INPI indeferiu os pedidos de registro, com fundamentação no inciso VII, do art. 124 da Lei de Propriedade Industrial, por entender que se tratam de expressões de propaganda.

As razões do indeferimento foram que tais sinais são expressões que se destinam exclusivamente a recomendar quaisquer atividades lícitas, realçar a qualidade de produtos ou serviços, ou a atrair a atenção e consumidores.

5. *Pedido de Registro de Marca de Serviço (Nominativa):*
Viva o Lado Coca-Cola da Vida

Processo n. 828493413 – Titular: The Coca-Cola Company – Data do depósito: 8.6.2006 – Classe Prod./Serv.: Ncl(8)35 (serviços de propaganda e publicidade) – Situação: indeferido publicado na N. RPI: 1942, de 25.3.2008.

6. *Pedido de Registro de Marca de Produto (Mista):* ***Claro. A Vida na sua Mão***

Processo n. 828895694 – Titular: Telet S/A – Data do depósito: 15.12.2006 – Situação: publicado pedido de registro em 13.2.2007 – Classe Prod./Serv.: Ncl(8)38 (telecomunicações) – Situação: indeferido publicado na N. RPI: 2005, de 9.6.2009.

7. *Pedido de Registro de Marca de Serviço (Nominativa):* ***A Vida É dos Nets***

Processo n. 827808437 – Titular: Net Serviços de Comunicação S/A – Data do depósito: 5.10.2005 – Classe Prod./Serv.: Ncl(8)38 (serviços de telecomunicações) – Situação: indeferido publicado na N. RPI: 1923, de 13.11.2007.

Como exemplos de *slogans* em peças publicitárias também utilizados como marcas, elencamos os exemplos abaixo:

8. *Marca de Produto (Mista):*
Always Coca-Cola

Processo n. 817215409 – Titular: The Coca-Cola Company – Data do depósito: 20.4.1993 – Situação: registro – Concessão: 5.11.1996 – Classe Prod./Serv.: 35:10-20-30 (bebidas alcoólicas e não alcoólicas).

9. *Marca de Produto (Nominativa):*
Just Do it

Processo n. 814621988 – Titular: Nike Int., Ltd. – Data do depósito: 2.12.1988 – Situação: registro – Concessão: 8.5.1990 – Classe Prod./Serv.: Ncl(8)25 (vestuário, calçados e chapelaria).

10. *Marca de Produto (Nominativa):*
Think Different

Processo n. 821880284 – Titular: Apple Inc. – Data do depósito: 2.8.1999 – Situação: registro – Concessão: 30.9.2003 – Classe Prod./Serv.: Ncl(8)9 (computadores: *hardware*, *software* e servidores de redes).

6. Proteção da expressão de propaganda em obra publicitária

6.1 Proteção legal da expressão como tema de uma obra publicitária

Cabe ressaltar que uma expressão ou sinal de propaganda também pode ser protegido pela Lei de Direitos Autorais, desde que seja enquadrada como parte de uma obra publicitária.

Assim, o sinal de propaganda, sendo tema de uma campanha publicitária, será protegido juntamente com a obra intelectual, conforme dispõe o art. 10, da Lei de Direitos Autorais: "Art. 10. A proteção à obra intelectual *abrange o seu título*, se original e inconfundível com o de obra do mesmo gênero, divulgada anteriormente por outro autor".

Carlos Alberto Bittar[22] entende que as obras publicitárias podem compreender diversas espécies de obras por natureza, "como os anúncios, *jingles*, filmes, *filmlets*, *clips*, *spots*, cartazes, gravuras, cada qual sujeita ao respectivo regime de espécie, assim, a música, ao sistema de execução; o filme, à obra cinematográfica".

Eliane Abrão[23] entende que "a obra publicitária é o anúncio em si, veiculado sob a forma gráfica para jornais, revistas, e *outdoors*, sob a forma exclusivamente sonora para veiculação em rádio (*spot*), ou sob a forma audiovisual para exibição em TV ou cinema".

O conceito de agência de propaganda está previsto no art. 6º do Decreto n. 57.690, de 1.2.1966, que aprova o regulamento para a execução da Lei n. 4.680, de 18 de junho de 1965 (profissão do publicitário).

"Art. 6º. Agência de Propaganda é a pessoa jurídica especializada nos métodos, na arte e na técnica publicitários, que, através de profissionais a seu serviço, estuda, concebe, executa e distribui propaganda aos veículos de divulgação, por ordem e conta de clientes anunciantes, com o objetivo de promover a venda de mercadorias, produtos e serviços, difundir ideias ou informar o público a respeito de organizações ou instituições a que servem."

As agências possuem direito às ideias próprias de uma campanha publicitária (entendimento de Bittar[24] e Oliveira Ascensão[25]). Nesse sentido, podemos dizer que possuem direitos sobre as expressões de propaganda criadas para determinadas campanhas publicitárias, os quais ainda não foram inseridas no mercado consumidor.

Através da contratação e do financiamento de um anunciante, a agência de propaganda cria e roteiriza uma campanha publicitária (que terá um *slogan* inserido), e contrata uma produtora para dirigir e materializar esta campanha. (no caso de obras audiovisuais).

No caso de obra audiovisual publicitária, o direito autoral será de coautoria entre a agência de propaganda, que criou o argumento e o roteiro da campanha publicitária, e o diretor da produtora, que dirige, seleciona e edita artisticamente as imagens, finalizando e materializando a obra.

Assim define o art. 16 da Lei de Direitos Autorais: "Art. 16. São coautores da obra audiovisual o autor do assunto ou argumento literário, musical ou lítero-musical e o diretor".

O diretor da produtora possui os direitos morais da obra audiovisual publicitária, conforme dispõe art. 25 da Lei de Direitos Autorais: "Art. 25. Cabe exclusivamente ao diretor o exercício dos direitos morais sobre a obra audiovisual".

Com isso, a obra publicitária materializada com seu *slogan* incluído, seria de ti-

22. Carlos Alberto Bittar, *Direito de Autor*, 3ª ed., p. 83.

23. Eliane Yachouh Abrão, *Direitos de Autor e Direitos Conexos*, 1ª ed., p. 111.

24. Carlos Alberto Bittar, *Direito de Autor*, p. 83.

25. José de Oliveira Ascensão, *Direito Autoral*, p. 452.

tularidade patrimonial de quem encomendou a campanha publicitária, e que arcou com as despesas de sua criação, produção e finalização para determinado fim específico (anunciante).

Entretanto, podendo se tratar a obra publicitária da junção de diversas obras, qualquer utilização econômica deverá ser estipulado por contratos entre a agência, produtora (no caso de obra audiovisual) e o anunciante.

6.2 Mecanismo de depósito de campanhas publicitárias na Agência Brasileira de Propaganda – Proteção da ideia publicitária enquanto for "sigilosa"

Face à extinção da possibilidade de registro de *slogan* como expressão de propaganda com a Lei atual de Propriedade Industrial, uma das maneiras de se comprovar a autoria e a anterioridade de criação da expressão é o registro do *slogan* como parte integrante de uma campanha publicitária na Associação Brasileira de Propaganda.

A Entidade Depositária da Criação de Propaganda foi criada pela ABP – Associação Brasileira de Propaganda – com a finalidade de proteger a autoria de ideias publicitárias – campanhas, peças, obras, temas e conceitos – desenvolvidas pelas agências de propaganda.[26]

A ideia-base de uma campanha publicitária tem um alto valor econômico (segredo de negócio enquanto for informação sigilosa), e caso outra empresa se apodere indevidamente desta ideia, o ato pode ser tipicamente qualificado como concorrência desleal, conforme dispõem os incisos XI e XII do art. 195 da Lei de Propriedade Industrial:

"Art. 195. Comete crime de concorrência desleal quem:

"(...).

"XI – divulga, explora ou utiliza-se, sem autorização, de conhecimentos, informações ou dados confidenciais, utilizáveis na indústria, comércio ou prestação de serviços, excluídos aqueles que sejam de conhecimento público ou que sejam evidentes para um técnico no assunto, a que teve acesso mediante relação contratual ou empregatícia, mesmo após o término do contrato;

"XII – divulga, explora ou utiliza-se, sem autorização, de conhecimentos ou informações a que se refere o inciso anterior, obtidos por meios ilícitos ou a que teve acesso mediante fraude."

Caso não se comprove que a outra parte, indevidamente, teve acesso ao original da campanha publicitária, apropriando--se da ideia publicitária sem autorização do titular, esta ideia não é protegida por direitos autorais, conforme incisos I e VII do art. 8º da Lei 9.610/1998.

"Art. 8º. Não são objeto de proteção como direitos autorais de que trata esta Lei:

"I – *as ideias*, procedimentos normativos, sistemas, métodos, *projetos* ou conceitos matemáticos como tais;

"(...).

"VII – o aproveitamento industrial ou comercial das ideias contidas nas obras."

A jurisprudência também já se posicionou com relação à impossibilidade de proteção autoral de ideias:[27]

Apelação Cível n. 1.989.001.05724, reg. 10.7.1990, 2ª Câmara Cível, Rel. Desembargador Murillo Fábregas: "Ementa: Direito Autoral. *Não merece a proteção legal a ideia publicitária, senão a sua forma de expressão*. Não comprovado o acesso à obra original; ausente o interesse econômico; e se não há identidade na forma de expressão, não está caracterizado o plágio".

26. Informações obtidas no *website* da ABP – Associação Brasileira de Publicidade: *http://www.abp.com.br/entidadedepositaria/index.asp*.

27. Eliane Yachouh Abrão, *Direitos de Autor e Direitos Conexos*, p. 112.

Apesar da impossibilidade da proteção autoral de ideias e projetos bem como do aproveitamento econômico de ideias contidas em obras intelectuais, o que se visa proteger com o depósito na ABP é o risco de tais ideias publicitárias serem copiadas ou utilizadas indevidamente por terceiros.

Segundo a Associação Brasileira de Propaganda, o uso indevido de uma campanha publicitária poderá ocorrer em dois casos:[28]

• quando a agência estiver participando de concorrências ou processos de seleção de fornecedores de serviços de comunicação, em organizações públicas ou privadas, ocasião em que o material criado será exposto a grupos de profissionais, sem possibilidade de controle do uso das informações por essas pessoas, no caso da agência não vier a vencer a disputa;

• quando houver a previsão (ou a ocorrência) de um período longo entre a criação do material objeto do depósito e sua efetiva veiculação ou utilização, período em que, seja por algum eventual vazamento da informação, ou até por coincidência criativa, houver riscos ao investimento feito no desenvolvimento do material.

Deverá ser depositado na Associação Brasileira de Propaganda toda forma de expressão criativa desenvolvida especificamente para um dado cliente ou *prospect*, que, por ter sido objeto de investimento de tempo e recursos da agência, passou a representar um ativo a ser explorado comercialmente pela agência.

Os trabalhos recebidos pela Entidade ficarão em depósito por um período de seis meses, podendo ser renovados uma única vez, por mais seis meses, devendo ser paga uma taxa de R$ 200,00 (duzentos reais). Para a renovação, por mais seis meses, deverá ser paga uma nova taxa de R$ 200,00 (duzentos reais).[29]

Os registros das campanhas publicitárias, assim como de obras intelectuais na Biblioteca Nacional, têm natureza meramente declaratória de direito, cujo intuito é a comprovação de autoria e a anterioridade da criação.

Apenas as Agências de Propaganda certificadas no CENP – Conselho Executivo das Normas Padrão, através de representante expressamente credenciado para este fim poderão efetuar o depósito de suas obras publicitárias.

Por autor da obra entende-se aqui redatores e diretores de arte (inclusive *freelancers*), compositores, e outros profissionais, ou seja, a equipe envolvida no desenvolvimento do material.

Caso a agência faça o depósito do material publicitário e apareça alguma campanha utilizando os elementos criativos dessa campanha, a agência aciona a Entidade/ABP, que enviará o material depositado ao Conar e/ou ao Judiciário para os devidos procedimentos no âmbito daqueles fóruns, aos quais caberá o processo e o julgamento da questão.

A Associação Brasileira de Propaganda não terá, portanto, qualquer papel de análise ou avaliação do material depositado.

Ao contrário do que se idealizou, não foi obtido o credenciamento dessa associação no governo – a decisão foi no sentido de que a Associação Brasileira de Propaganda não pode ser órgão público depositário – de modo que não há qualquer garantia perante os Tribunais de que a titularidade de um *slogan* ou sinal de propaganda depositados na ABP serão reconhecidos.

Diante disso, recomenda-se que as Agências de Publicidade e Cliente Anunciantes tentem efetuar o registro da expressão de propaganda como marca no Instituto Nacional da Propriedade Industrial, ou como obras intelectuais na Fundação da Biblioteca Nacional, que possuem uma sistemática oficial de registro.[30]

28. V.: *http://www.abp.com.br/entidadedepositaria/faq.asp*.

29. Informações obtidas no *website* da ABP – Associação Brasileira de Publicidade.

30. © por Mariana L. Galvão – *http://www.direitoautoral.com.br*.

7. Proteção legal em outros países

7.1 América Latina

Segundo Tinoco Soares,[31] grande parte dos países latino-americanos, como, Paraguai, Argentina, Chile, México, Uruguai, Honduras e República Dominicana, permite o registro de uma expressão ou sinal de propaganda como marca, desde que tenha cunho distintivo, devendo a frase de propaganda conter a marca registrada que será objeto de propaganda.

Conforme já mencionado, Cuba ainda prevê o registro de expressão de propaganda como figura autônoma de propriedade industrial pelo período e renovação idêntico às marcas: 10 anos.

7.2 Estados Unidos da América (EUA)

A lei estadunidense anterior de marcas, Lei Federal de Marcas de 1905 não continha dispositivos legais prevendo a possibilidade de se registrar uma frase publicitária como marca. Até a década de 1950, o USPTO (*United States Patent and Trademark Office*) rejeitou os pedidos de registros sob a alegação de que "frases publicitárias continham meramente aspectos descritivos de uma propaganda".[32]

A jurisprudência que reverteu esse posicionamento do USPTO foi "American Enka Corp. *vs*. Marzall",[33] o qual a Corte reconheceu que, "os indeferimentos dos registros de marcas anteriores foram contrários a lógica tradicional do instituto marcário o qual uma combinação de palavras capaz de distinguir produtos ou serviços possui significado marcário, e então, é registrável".

Após o precedente "American Enka Corp. *vs*. Marzall Marzall", a atual Lei Federal Estadunidense de Marcas (US Federal Trademark Act of 1946, The Lanham Act) prevê em seu art. 23(c) a possibilidade de registro de frase publicitária (*slogan*) como marca, desde que presentes os requisitos legais para proteção:

"Section 23(c) of the Federal Trademark Act (Lanham Act):

"For the purposes of registering on the supplemental Register, a mark may consist of any trademark, symbol, label, package, configuration of goods, name, word, *slogan*, phrase, surname, geographical name, numeral, device, any matter that as a whole is not functional, or any combination of any of the foregoing, but *such mark must be capable of distinguishing the applicant's goods or services*."

Segundo a doutrina estadunidense um *slogan* ou grupo de palavras pode ser registrado e protegido se tiver exercido sua "capacidade distintiva" de identificar e distinguir o titular de uma marca registrada de produto ou serviço, de outras marcas de origens diversas.

Determina a doutrina norte-americana que o cumprimento da frase publicitária é de fundamental relevância para sua habilidade de agir como uma marca. Assim, "quanto maior for uma frase, mais difícil será compreendê-la quando for lida casualmente e sem a devida atenção, portanto, será diminuída sua capacidade distintiva, requisito essencial de uma marca".[34]

Ademais, para que uma expressão de propaganda seja qualificada como marca, deverá conter um dos requisitos abaixo:

• ter capacidade distintiva e ser criativa;

• tenha adquirido capacidade distintiva através de seu prolongado uso no mercado consumidor (*secondary meaning*) para imediatamente estar na mente do público.

31. Tinoco Soares, *Tratado da Propriedade Industrial*, p. 265.

32. Jane C. Ginsburg, Jessica Litman e Mary L. Kevlin, *Trademark and Unfair Competition Law – Cases and Materials*, p. 51.

33. *Case quoted* (*citation*): 92 U.S.P.Q. 111 (D.D.C. 1952).

34. Allison Hoch, *Easy Review*, "The Law of Trademarks", p. 37.

Pelo princípio do *secondary meaning* (significado secundário), uma expressão considerada não criativa e de uso comum ou descritiva de um produto ou serviço, após o uso prolongado e reiterado por uma empresa, através de altos investimentos publicitários, torna-se válida para sua proteção legal como marca.

Assim, uma frase publicitária que descreve um produto ou serviço pode adquirir uma capacidade distintiva através de seu extensivo, contínuo, e substancial uso exclusivo, e então obter o requisito legal do *secondary meaning* para sua devida proteção legal como marca.

Pelo princípio do *secondary meaning*, o USPTO deferiu no final da década de 1960 os pedidos de registros como marcas dos *slogans* "Hair Color so Natural Only her Dresser Knows for Sure" e "If I Have Only one Life to Lead, Let me Live it as a Blonde", ambos de titularidade de Clairol Incorporated.[35] Como fatos consideráveis para registrabilidade dos *slogans* através do *secondary meaning*, o USPTO, em sua decisão, levou em consideração a capacidade distintiva adquirida através do uso, visto que durante os anos de 1956-1966, a empresa Clairol teve um faturamento de mais de 50 milhões de dólares, e investimentos publicitários de 22 milhões de dólares.

Outro caso importante ocorreu no final da década de 1980, entre a empresa "Ringling Bros. & Bailey Combined Shows, Inc. *vs*. Celozzi-Ettelson Chevrolet, Inc.",[36] referente à violação de marca pela teoria da diluição, através do uso indevido de *slogan* pelo requerido.

Os *slogans* em conflito eram "The Greatest Show on Earth", de titularidade do requerente Ringling Bros. & Bailey Combined Shows, Inc., e "The Greatest Used Car Show on Earth", utilizado pelo requerido, Celozzi-Ettelson Chevrolet, Inc.

Como elemento fático do reconhecimento da capacidade distintiva adquirida pelo uso, tem-se como prova que, a requerente Ringling Bros. é uma empresa norte-americana circense de mais de 100 anos e, está presente em 48 estados norte-americanos. Para divulgar seus serviços através do *slogan* marcário "The Greatest Show on Earth" tem despesas anuais de publicidade em US$ 10 milhões e receita de US$ 50 milhões.

O requerido Celozzi-Ettelson Chevrolet, Inc. é uma revendedora de automóveis situada em Elmhurst, Illinois, e em 1986 usou o *slogan* "The Greatest Used Car Show on Earth" em comerciais de televisão para divulgar seus produtos e serviços.

A empresa circense, sob pena de sofrer danos irreparáveis, obteve liminar na Corte Distrital do Estado de Illinois para que a revendedora de veículos se abstivesse de utilizar seu *slogan*. A Corte Superior de Apelações do 7º Circuito confirmou a decisão de 1ª Instância.

A ação foi baseada na teoria da diluição: apesar de não ocorrer probabilidade de confusão perante os consumidores, e as partes não serem concorrentes entre si, o uso do sinal em produtos/serviços diversos ocasiona uma perda de sua distintividade da marca (*blurring*).

Assim, a jurisprudência estadunidense já pacificou a questão sobre a proteção de frases publicitárias como marca através da aplicação da doutrina do *secondary meaning*.

Outro ponto importante a ser mencionado é que o Escritório de Direitos Autorais Estadunidense (U.S. Copyright Office)[37]

35. *Quoted as* (*citation*): "Roux Labs. *vs*. Clairol, Inc.", 427 F.2d 823 (C.C.P.A. 1970).

36. "Ringling Bros. & Bailey Combined Shows, Inc. *vs*. Celozzi-Ettelson Chevrolet, Inc.", United States Court of Appeals, Seventh Circuit, n. 87-2643-855 F.2d 480, decided aug. 25, 1988.

37. V. Copyright Office Circular n. 34, *Copyright Office Compendium II*, § 202.021, disponível em *www.loc.gov/copyright/circs/circ1.html#wnp*: "The US Copyright Office cannot register claims to exclusive rights in brief combinations of words such as: Names of products or services; Names of businesses, organizations, or groups (including the name

não permite o registro de frases publicitárias como obra intelectual, considerando-as não passíveis por proteção autoral.

7.3 Reino Unido

O sistema legal do Reino Unido da Grã-Bretanha e da Irlanda do Norte é semelhante ao norte-americano por ambos serem baseados no *common law* (ordenamento jurídico baseado em precedentes – decisões judiciais), assim, a proteção legal de uma frase publicitária por marca ocorre seja por ser a expressão original e distintiva, ou por ser um termo descritivo cuja proteção legal ocorre através da adoção do princípio do *secondary meaning*.

Ademais, o Reino Unido, ao se tornar membro da Comunidade Europeia, adotou em 21 de dezembro de 1988, a Primeira Diretiva Europeia sobre Marcas (First Directive 89/104/EEC of the Council, of 21 December 1988, to Approximate the Laws of the Member States Relating to Trade Marks).

Segundo o art. 2º[38] da Diretiva Europeia, uma marca pode consistir em qualquer sinal capaz de ser representado graficamente, particularmente palavras, incluindo nomes pessoais, figuras, letras, números, o formato do produto ou de sua embalagem.

A aplicação do princípio do *secondary meaning* está previsto no art. 3 (3)[39] o qual uma marca não poderá ter ser registro indeferido ou declarado inválido em conformidade com os §§ 1(b), (c) ou (d) – (ausência do caráter distintivo), se antes da data do pedido de registro ou até mesmo após o deferimento do registro, o sinal tenha adquirido capacidade distintiva através de seu uso.

Como precedente importante sobre essa matéria, citamos o caso "Nestlé *vs.* Mars UK Ltd.", decidido pela Corte Europeia de Justiça em 7 de julho de 2005 (Case number: EUECJ C-353/03): "Ementa:[40] Marcas – Diretiva Europeia 89/104/EEC – Ausência de caráter distintiva – Caráter distintivo adquirido pelo uso – Uso como parte ou em conjunto com uma marca registrada".

Nesse importante precedente, a multinacional Nestlé é titular dos registros das marcas na classe 30 (chocolates):

- *Have a break – Have a Kit Kat* (frase publicitária como marca) e,
- *Kit Kat*.

Face à utilização ostensiva da frase publicitária no mercado inglês, e seu reconhecimento perante seus consumidores, em 28 de março de 1995, a Nestlé requereu no Reino Unido um novo pedido de registro como marca, na Classe 30, de parte de sua frase publicitária: *Have a Break*.

Esse pedido de registro sofreu oposição pela multinacional Mars Ltd. (titular de várias marcas globais de chocolate, como *M&M*) com base no art. 3(1)(b) da Diretiva Europeia 89/104/EEC: irregistrabilidade da frase publicitária *Have a Break*

of a group of performers); Names of pseudonyms of individuals (including pen name or stage name); Titles of works; Catchwords, catchphrases, mottoes, *slogans, or short advertising expressions*".

38. "*Article 2 of the Directive 89/104/EEC – Signs of which a trade mark may consist*: A trade mark may consist of any sign capable of being represented graphically, particularly words, including personal names, designs, letters, numerals, the shape of goods or of their packaging, provided that such signs are capable of distinguishing the goods or services of one undertaking from those of other undertakings."

39. "*Article 3 (3) of the Directive 89/104/EEC: (principle of secondary meaning)*: A trade mark shall not be refused registration or be declared invalid in accordance with paragraph 1(b), (c) or (d) if, before the date of application for registration and following the use which has been made of it, it has acquired a distinctive character. Any Member State may in addition provide that this provision shall also apply where the distinctive character was acquired after the date of application for registration or after the date of registration."

40. "Nestle *vs.* Mars UK Ltd." (2005) EUECJ C-353/03. Ementa em inglês: "Trade marks – Directive 89/104/EEC – Absence of distinctive character – Distinctive character acquired through use – Use as part of or in conjunction with a registered trade mark".

por não possuir qualquer caráter distintivo, sinal incapaz de distinguir produtos ou serviços de outros de origem diversa.

Em maio de 2002, o pedido de registro da frase *Have a Break* foi indeferido pelo Escritório de Marcas e Patentes Inglês.

A Nestlé ingressou com recurso na Corte Civil de Apelações (Inglaterra e Reino Unido) o qual reverteu a decisão, aplicando o art. 3(3) da Diretiva Europeia 89/104/EEC (*secondary meaning*).

A Corte baseou sua decisão no precedente Philips,[41] "onde inerente ou adquirido através de seu uso, o caráter distintivo deve ser avaliado em relação, de um lado, para os produtos ou serviços nos quais o pedido de registro é requerido, e de outro lado, para as expectativas presumidas de um consumidor comum da categoria de produtos e serviços em questão, o qual é razoavelmente bem informado, observador e circunspecto".[42]

A Corte também baseando-se no § 64 do precedente Philips, considerou que[43] "em relação a aquisição do caráter distintivo do sinal através de seu uso, a identificação, por uma classe relevante de pessoas, de um produto ou serviço como originário de alguém deve ocorrer através do uso do sinal como marca".

Assim, "um *slogan* associado com uma marca pode, por repetição e uso prolongado, criar uma separada e independente impressão, e então adquirir capacidade distintiva através do uso".[44]

Na sua análise final, a Corte Europeia de Justiça determinou que[45] "em resposta a questão analisada, o caráter distintivo de uma marca referida pelo art. 3(3) da Diretiva pode ser adquirido em consequência do uso do sinal com parte ou em conjunto com uma marca registrada".

Apesar do princípio do *secondary meaning* não estar previsto na nossa Lei de Propriedade Industrial, Lei 9.279/1996, foi incorporado no ordenamento jurídico brasileiro em virtude do art. 6, *quinquies*, C1, da Convenção da União de Paris e art. 15.1 do TRIPS (*Trade-Related Aspects of Intellectual Property Rights*):

Convenção de Paris: Art. 6, *quinquies*, C1:C(1) "Para determinar se a marca é suscetível de proteção *deverão ser levadas em consideração todas as circunstâncias de fato, particularmente a duração do uso da marca*".

TRIPS: Art. 15.1: "Membros poderão *condicionar a possibilidade do registro ao caráter distintivo que tenham adquirido pelo seu uso*".

7.4 França

Na França, uma expressão de propaganda pode ser protegida legalmente por três possibilidades:[46]

41. Paragraphs 59 and 63 of the Case C-299/99: "Philips Electronics NV *vs.* Remington Consumer Products Ltd." (20020 ECR I-5475, European Court of Justice).

42. "Nestle *vs.* Mars" – "Whether inherent or acquired through use, distinctive character must be assessed in relation, on the one hand, to the goods or services in respect of which registration is applied for and, on the other, to the presumed expectations of an average consumer of the category of goods or services in question, who is reasonably well-informed and reasonably observant and circumspect" (judgment in Case C-299/99 Philips (2002) ECR I-5475, paragraphs 59 and 63).

43. "Nestle *vs.* Mars" – "In regard to acquisition of distinctive character through use, the identification, by the relevant class of persons, of the product or service as originating from a given undertaking must be as a result of the use of the mark as a trade mark" (judgment in Philips, paragraph 64).

44. Ibid.: "It considers that a slogan-like phrase associated with a trade mark may, by repetition over time, create a separate and independent impression and thus acquire distinctive character through use".

45. Ibid.: "In the final analysis, the reply to the question raised must be that the distinctive character of a mark referred to in Article 3(3) of the directive may be acquired in consequence of the use of that mark as part of or in conjunction with a registered trade mark".

46. *WIPO Magazine*, abril/2010, pp. 17, 18 e 19: *http://www.wipo.int/wipo_magazine/en/2010/02/*.

1) *Direito autoral*: desde que seja nova e original, com criatividade suficiente para ficar na memória dos consumidores, como: *C'est trop d'la bulle* ("É muito divertido") – da empresa fabricante de chicletes Wm. Wrigley Jr.

2) *Marca*: desde que preenchidos os requisitos legais para proteção marcária, podendo a expressão adquirir capacidade distintiva através do uso prolongado como: *Le monde sans fil est a vous* ("O mundo sem fio é seu") para serviços de telefonia.

3) *Concorrência desleal*: no caso de disputas comerciais, aonde ocorrer desvio fraudulento de clientela, como no precedente citado abaixo:

A Corte Francesa de Apelações considerou que a frase publicitária de Ryan Air's – *Faire du ciel l'endroit le moins cher de la Terre* ("Fazendo o céu o lugar mais barato da Terra") é uma ligeira modificação do *slogan* da Air France/KLM – *Faire du ciel le plus bel endroit de la Terre* ("Fazendo o céu melhor lugar da Terra").

As três possibilidades de proteção de um *slogan* podem ser preteridas em uma ação judicial.

7.5 Protocolo de Madrid[47]

O Protocolo de Madrid, administrado pela Organização Mundial da Propriedade Intelectual, é um sistema internacional de registro de marcas e contém atualmente 85 países signatários.

É um mecanismo internacional que oferece a nacionais ou residentes de um dos países signatários a possibilidade de obter proteção de sua marca em diversos países, pelo requerimento de um pedido de registro em seu país.

A concessão da proteção legal em cada país que foi designado no pedido de registro internacional, incluindo aquelas marcas que incorporam *slogans*, será determinado pela legislação local de cada país.

Alguns exemplos[48]

• *Have it your way* – titularidade de Burger King para distinguir hambúrgueres, carnes, peixes e outros produtos relacionados. Esta expressão também foi depositada por essa empresa no Brasil em 2004, e indeferida pelo INPI em 2008 (inciso VII do art. 124 da LPI – expressão empregada como meio de propaganda).

• *Style on skin* – titularidade de Lacoste para produtos de perfumaria. Também depositada no Brasil (2003), e deferida pelo INPI em 2009.

• *Passionate about creativity* – titularidade de Louis Vuitton para distinguir roupas e acessórios. Não foi depositada no Brasil.

8. Conclusão

Apesar de a Lei de Propriedade Industrial ter eliminado a possibilidade de registro de uma frase como sinal ou expressão de propaganda, a Lei não excluiu sua tutela legal visto que o sinal deixa de ser um direito de propriedade industrial, sendo tutelado no âmbito da concorrência.

Assim, caso a expressão de propaganda seja utilizada de modo a causar confusão sobre a origem de produtos ou serviços, o usurpador sofrerá as sanções legais por crime de concorrência desleal.

A Lei proíbe o registro de marca de sinal ou expressão empregada apenas como meio de propaganda. Entretanto, o INPI tem indeferido pedidos de registros de frases publicitárias depositadas como marca.

Também pode-se considerar a proteção da expressão de propaganda pela Lei de Direitos Autorais quando for tema de uma obra intelectual publicitária.

Como forma de comprovação de autoria e a anterioridade da criação, caso a expressão de propaganda faça parte de uma campanha publicitária, poderá a campanha

47. Protocolo de Madrid – *http://www.wipo.int/madrid/en/faq/*.

48. *WIPO Magazine*, abril/2010, p. 17.

ser depositada pela agência credenciada na Associação Nacional de Propaganda, ou a obra publicitária acabada na Biblioteca Nacional; tais registros não são constitutivos de direitos, têm natureza meramente declaratória.

Assim, conforme prevê a legislação da maioria dos países, caso a expressão de propaganda tenha uma grande capacidade distintiva, e ***não*** seja utilizada com a função de ***apenas*** recomendar atividades, realçar as qualidades de produtos ou serviços, ou a atrair a atenção dos consumidores (meio de propaganda), ***mas*** seja utilizada para ***distinguir*** um produto ou serviço de outro de origem diversa, ***poderá*** esta expressão ser registrada como ***marca*** no INPI.

Em quase todos os países desenvolvidos (Europa e América do Norte), é possível o registro de frase publicitária como marca, sejam de expressões criativas e distintivas, sejam de expressões descritivas de produtos/serviços e sem muita originalidade, desde que tenham adquirido capacidade distintiva através de seu uso prolongado (*secondary meaning*), através de altos investimentos em publicidade pelo titular para que a expressão se torne conhecida no mercado consumidor.

Bibliografia

ABRÃO, Eliane Yachouh. *Direitos de Autor e Direitos Conexos*. 1ª ed. São Paulo, Editora do Brasil, 2002, p. 111.

ASCENSÃO, José de Oliveira. *Direito Autoral*. 2ª ed. Rio de Janeiro, Renovar, 1997, p. 452.

BARBOSA, Denis Borges. *Uma Introdução à Propriedade Intelectual*. 2ª ed. rev. e atual. Rio de Janeiro, Lumen Juris, 2003, p. 904.

BITTAR, Carlos Alberto. *Direito de Autor na Obra Publicitária*. São Paulo, Ed. RT, 1981, pp. 42-43.

CABRAL, Plínio. *A Nova Lei de Direitos Autorais – Comentários*. 4ª ed. São Paulo, Harbra, 2003.

COSTA NETTO, José Carlos. *Direito Autoral no Brasil*. 2ª ed. rev., ampl. e atual. São Paulo, FTD, 2008.

GAMA CERQUEIRA, João da. *Tratado da Propriedade Industrial*. vol. I, Parte I. Atualizada por Newton Silveira e Denis Borges Barbosa. Rio de Janeiro, Lumen Juris, 2010, p. 292.

GINSBURG, Jane C., LITMAN, Jessica, e KEVLIN, Mary L. *Trademark and Unfair Competition Law – Cases and Materials*. Nova York, Foundation Press, 2007, p. 51.

HOCH, Allison. "The Law of Trademarks". In *Easy Review*. Law Rules Publishing Company, p. 37.

PONTES DE MIRANDA. *Tratado de Direito Privado*. 4ª ed. t. XVII. Ed. RT, 1983, p. 157, *apud* TINOCO SOARES. *Tratado da Propriedade Industrial*. 1ª ed. São Paulo, Ed. Jurídica Brasileira, 2003, p. 262.

SILVEIRA, Newton. "Expressão ou sinal de propaganda". In *Enciclopédia Saraiva do Direito* 35/425-428.

______. *A Propriedade Intelectual, Direito de Autor, Software, Cultivares*. 3ª ed., rev. e ampl. Barueri/São Paulo, Manole, 2005.

Base de dados de Jurisprudência do escritório Dannemann, Siemsen, Bigler & Ipanema Moreira: *http://www.dannemann.com.br*.

Base de dados de Jurisprudência do TJSP: *http://www.tj.sp.gov.br/*.

"Copyright Office Circular n. 34". *Copyright Office Compendium II*, § 202.021: *www.loc.gov/copyright/circs/circ1.html#wnp*.

Depósito de Campanhas Publicitárias na Associação Brasileira de Propaganda: *http://www.abp.com.br/entidadedepositaria/resolucao.asp*.

First Directive 89/104/EEC of the Council, of 21 december 1988, to Approximate the Laws of the Member States Relating to

Trade Marks: *http://oami.europa.eu/en/mark/aspects/direc/direc.htm*.

Protocolo de Madrid: *http://www.wipo.int/madrid/en/faq/*.

Resolução n. 38/2002, Comissão de Marcas da ABPI: *www.abpi.org.br*.

WIPO Magazine, april 2010: *http://www.wipo.int/wipo_magazine/en/2010/02/*.

"American Enka Corp. *vs*. Marzall". 92 U.S.P.Q. 111 (D.D.C. 1952).

"Nestle *vs*. Mars UK Ltd." (approximation of laws). (2005) EUECJ C-353/03 (7 july 2005): *http://www.bailii.org/eu/cases/EUECJ/2005/C35303.html*.

"Roux Labs. *vs*. Clairol, Inc.". 427 F.2d 823 (C.C.P.A. 1970).

"Ringling Bros.-Barnum & Bailey *vs*. Celozzi-Ettelson Chevrolet, Inc.". 855 F.2d 480: *http://ftp.resource.org/courts.gov/c/F2/855/855.F2d.480.87-2643.html*.

Jurisprudência Comentada

A INEFICÁCIA DE ATOS PRATICADOS ANTES DA FALÊNCIA

Beatriz Villas Boas Pimentel Trovo

1. Síntese do caso. 2. Inadequação da via processual. 3. A ineficácia e revogação dos atos praticados antes da falência. 4. Ineficácia de venda ou transferência de estabelecimento. 5. Cabimento de ação revocatória. 6. Conclusões. Bibliografia.

Mandado de Segurança n. 994.09.337682-8 – (TJSP)

Comarca: José Bonifácio (1ª Vara Cível – Proc. n. 513/2005)

Imptes.: Empresas Iansa S/A; Iansa Overseas Limited

Impdo.: MM. Juiz de Direito da 1ª Vara Judicial da Comarca de José Bonifácio

Litisconsorte: The Vision II Private Equity Fund LP

Ementa: "Mandado de Segurança – Falência – Cessão de quotas sociais – Trespasse de estabelecimento – Falta de iliquidez e certeza do direito invocado.

"Não se confunde cessão de quotas com trespasse de estabelecimento, este último vedado pelo art. 129, *caput*, VI, da NLF.

"Segurança concedida."

ACÓRDÃO

Vistos, relatados e discutidos estes autos de Mandado de Segurança n. 994.09.337682-8, da Comarca de José Bonifácio, em que são impetrantes Empresas Iansa S/A e Iansa Overseas Limited sendo impetrado MMJD da 1ª Vara Judicial da Comarca de José Bonifácio.

Acordam, em Câmara Reservada à Falência e Recuperação do Tribunal de Justiça de São Paulo, proferir a seguinte decisão: "*concederam a ordem. V.u. Fará declaração de voto vencedor o 2º juiz*", de conformidade com o voto do Relator, que integra este acórdão.

O julgamento teve a participação dos Desembargadores Elliot Akel (Presidente sem voto), Romeu Ricupero e Araldo Telles.

São Paulo, 14 de setembro de 2010.

Lino Machado – Relator.

VOTO N. 13.481

Vistos.

Mandado de segurança contra ato do Juízo de Primeiro Grau (fls. 992/996), que declarou ineficaz a alteração 12ª do contrato social da Sófruta Indústria Alimentícia Ltda. (fls. 424/427), por meio da qual as impetrantes se retiraram do quadro societário da empresa. Argúem que o juízo declarou ineficaz negócio jurídico perfeito violando direito líquido e certo (fl. 18, item 56); bem como que a cessão de quotas realizada pelas impetrantes não se confunde com transferência de estabelecimento comercial, pois a Sófruta não sofreu nenhuma redução do seu patrimônio. Concedida liminarmente a ordem de suspensão da r. decisão agravada (fls. 1.019/1.020), mantida à fl. 1.057, vieram informações do juízo de primeiro grau às fls. 1.090/1.091; manifestação do administrador judicial e parecer do Ministério Público ambos pela negativa da segurança, se não reconhecida a carência da ação ante a inadequação da via processual (fls. 1.117/1.123 e 1.279/1.289). Não veio manifestação da litisconsorte (fl. 1.276).

É o relatório.

Não havendo notícia de que as impetrantes participassem do processo (de concordata preventiva, de recuperação judicial ou da falência), cabível, por esse aspecto, a impetração do mandado de segurança (v. Theotonio Negrão, José Roberto F. Gouvêa e Luis Guilherme Aidar Bondioli, com a colaboração de João Francisco Naves da Fonseca, *Código de Processo Civil e Legislação Processual em Vigor*, 42ª ed., São Paulo, Saraiva, 2010, nota 9 ao art. 5º da Lei 12.016, de 7 de agosto de 2009).

A r. decisão impugnada fundamenta-se no art. 129 da NLF para declarar "a ineficácia da 12ª alteração contratual e seguintes do contrato social da falida", e o faz com a seguinte argumentação:

"Não se trata o caso vertente de alienação dos bens componentes do estabelecimento e sim a transferência da titularidade do estabelecimento. Veja-se que de acordo com a já mencionada alteração do contrato social (fls. 4.400/4.403), a sócia Empresas Iansa S/A transfere à Iansa Overseas Ltd., em decorrência de transação ocorrida no exterior, *a totalidade de suas quotas* (grifos do original), que, no mesmo ato, transferiu *a totalidade de suas quotas* (grifos do original), para a sócia The Vision II Private Equity Fund LP" (fl. 995). Acrescenta: "De todo modo, independentemente da existência à época da alienação de passivos ocultos, conforme relatório de auditoria de fls. 4.510/4.614, já se dava conta da existência de passivo e não há notícias de que notificaram os credores para anuírem ou não com a venda" (fl. 996).

Em seu parecer, o administrador judicial, quanto ao mérito, espera a denegação da segurança sob a alegação de que "para efetivação da alteração do quadro societário foi levantado balanço datado de 30.3.2004, donde restou apurado o registro Contas a Pagar R$ 51.484.993, porém, o documento anexo demonstra que a dívida da empresa naquela ocasião era de R$ 101.882.764, ou seja, o documento contábil que serviu de base para a exclusão das impetrantes do quadro societário da falida, 'camuflou' um passivo de R$ 50.000.000,00" (fl. 1.121). Complementa: "Parece óbvio que a cessão de quotas visou além da transferência dos ativos, a exoneração quanto à responsabilidade do passivo, consequência direta da cessão de quotas é, a transferência para terceiros, de todos os direitos e obrigações atinentes à propriedade das cotas sociais da empresa", razão pela qual "a norma disposta no inciso VI do art. 129 da Lei 11.101/2005 incide no caso dos autos, cabe lembrar que se trata de *ineficácia objetiva*, o que não depende da perquirição de fraude, visando justamente desencorajar manobras como esta realizada pelas impetrantes, que no final buscam benefício próprio em detrimento aos interesses de seus credores, que, não fosse pela decisão guerreada, jamais teriam esperança de reverem seus créditos" (fl. 1.122).

Não discrepa das palavras do administrador judicial o parecer da Procuradora de Justiça Maria Cristina Pera João Moreira Viegas:

"A alteração do controle societário com a retirada das sócias, ora impetrantes, em face da alienação da totalidade de suas participações societárias para The Vision II Private Equity Fand, implica alienação de direitos e verdadeiro trespasse do estabelecimento empresarial para este, e foi considerado ineficaz em relação à massa falida posto que o art. 129 da nova lei falimentar, em seu inciso VI, prevê que a venda ou transferência de estabelecimento feita sem o consentimento expresso ou pagamento de todos os credores, a esse tempo existentes, não tendo restado ao devedor bens suficientes para solver o seu passivo, salvo se no prazo de 30 dias, não houver oposição dos credores, após regular notificação judicial ou pelo cartório de títulos e documentos" (fl. 1.285).

No acórdão desta Câmara no AI n. 556.674-4/0-00, relatado pelo Desembargador Pereira Calças, com votos vencedores do Desembargador Romeu Ricupero e deste ora relator, proferido em 9 de junho de 2009, lê-se:

"Ora, a alteração do controle societário, com a retirada do sócio agravante e da sócia Ivonildes Ferreira de Souza, em face da cessão de todas as quotas sociais, implica alienação de direitos, com o consequente trespasse do estabelecimento empresarial para a Codep, que foi realizada após a distribuição do pedido de recuperação judicial, sem o reconhecimento da evidente utilidade pela Juíza e sem a oitiva do Comitê, ou da Assembleia Geral de Credores, o que acarreta maltrato ao art. 66 (nota: da Nova Lei de Falências), que, se não é expressamente prevista como hipótese de decreto de falência, evidentemente, tem que ser levado em conta no reconhecimento de que a ausência do plano de recuperação, aliada à transferência de quotas sociais, retirada de sócios, trespasse de estabelecimento, sem expressa comunicação à Juíza, sem reconhecimento da utilidade do negócio e sem autorização dos credores, caracteriza infração legal.

Impende destacar que o art. 66 da Lei n. 11.101/2005, não prevê, de forma expressa, qual a sanção a ser aplicada para a hipótese de seu descumprimento.

A maioria da doutrina não se pronuncia a respeito da infração ao art. 66, conforme se verifica nas leituras de Jorge Lobo (p. 170) em *Comentários à Lei de Recuperação de Empresas e Falência*, coord. por Paulo F. C. Campos Salles de Toledo e Carlos Henrique Abraão, São Paulo, Saraiva, 2005; de Manoel Justino Bezerra Filho, pp. 191-192, em *Lei de Recuperação de Empresas e Falências Comentada*, 5ª ed., São Paulo, Ed. RT, entre outros.

Fábio Ulhoa Coelho trata expressamente das consequências da inobservância do art. 66. Diz o professor da PUC:

"No dispositivo equivalente da lei anterior (na verdade, no referente às limitações impostas ao concordatário) – art. 149 –, a inobservância das restrições legais acarretava a ineficácia do ato em caso de falência.

"Não há previsão semelhante na lei atual. Desse modo, a inobservância das restrições deve ser considerada descumprimento de obrigação legal por parte do requerente da recuperação judicial, em razão da qual cabe a convolação desse processo em falência" (*Comentários à nova Lei de Falências e de Recuperação de Empresas*, 2ª ed., Saraiva, 2005, pp. 179-180).

Acompanho tal entendimento, pois foi praticada grave infração à Lei n. 11.101/2005, consistente na cessão das quotas sociais, com a consequente alteração integral do quadro societário, e – ainda que persistindo a mesma pessoa jurídica –, ocorreu autêntica alienação do controle de todo o ativo e passivo, com o automático trespasse do estabelecimento empresarial, sem que se tenha observado o art. 66, o motivo pelo qual o decreto da quebra é a consequência inexorável."

No caso sob exame, a r. decisão impugnada, considerando que a 12ª alteração contratual aconteceu em 15 de junho de 2004, ou seja, no termo legal da falência, declarada esta, como se vê a fls. 147/152, em 17 de julho de 2008 (veja-se a respeito a menção feita pelo administrador judicial, no documento copiado a fls. 153/185, especificamente à fl. 174, primeiro parágrafo, de que "foi fixado em ***90 dias antes do primeiro protesto**, que por sua vez foi **lavrado em 27.7.2001**, ou seja, 27 de abril de 2001*"), declarou sua ineficácia (fls. 992/996). Tenha-se em conta, também, que a petição de concordata preventiva foi protocolada em 2 de junho de 2005 (ver fl. 68), isto é, poucos dias antes de completado um ano da 12ª alteração contratual. O processamento da concordata foi determinado em 18 de agosto de 2005 (fls. 134/137). Em 21 de maio de 2007 foi deferido o processamento da recuperação judicial (fl. 139).

Embora o art. 129, VI, da NLF não disponha expressamente sobre o prazo em que, praticado o ato, decorreria a sua ineficácia perante a massa falida, vem sendo entendido que sua ocorrência acarreta a sanção, se verificada no termo legal: "A lei não diz de maneira expressa, mas o trespasse do estabelecimento para ser atingido objetivamente pela ineficácia prevista no art. 129, n. VI, há de ter ocorrido dentro do termo legal da falência. Quando ocorrido fora do termo, pode ainda ser atacado por meio de impugnação por fraude contra credores, mas o remédio processual não será a sumária decretação de que cogita o parágrafo único do citado art. 129. O conflito terá de submeter-se às vias ordinárias, segundo as regras da pauliana" (Humberto Theodoro Júnior e Juliana Cordeiro de Faria in *Comentários à Nova Lei de Falência e Recuperação de Empresas: Lei n. 11.101, de 9 de fevereiro de 2005*, coords. Osmar Brina Corrêa-Lima, Sérgio Mourão Corrêa Lima, Rio de Janeiro, Forense, 2009, p. 930).

Outro requisito da ineficácia objetiva da alienação do estabelecimento é que esteja evidenciado prejuízo aos credores então existentes:

"Assim, para que a alienação do estabelecimento não seja havida como ineficaz, após a decretação da falência do alienante, é necessário que:

"a) a venda ou transferência tenha contado com o consentimento *expresso* ou *tácito* (silêncio dos credores durante os 30 dias da notificação), ou

"b) todos os credores, existentes ao tempo do trespasse, tenham sido pagos, caso em que se tornam irrelevantes a falta de notificação e o não consentimento para o ato de disposição do empresário; ou ainda,

"c) após o trespasse tenham restado ao devedor bens suficientes para solver o passivo então existente, caso em que, também, é desinfluente a ocorrência, ou não, de notificação e assentimento dos credores da época" (Humberto Theodoro Júnior e Juliana Cordeiro de Faria, ob. cit., pp. 928-929).

No entanto, tendo reexaminado a questão à vista dos argumentos expendidos nestes autos, convenço-me de que a cessão de quotas antes de protocolada a petição de recuperação judicial (ou concordata, no regime antigo), não pode ser equiparada à venda do estabelecimento da posteriormente falida, ainda que ocorrida no termo legal da falência. A hipótese do art. 129, *caput*, VI, da NLF não se confunde com a cessão de quotas de sociedade de responsabilidade limitada: numa se transferem bens materiais e imateriais componentes do patrimônio da falida; noutra se transferem os direitos de sócio da própria falida, à qual é proprietária (ao menos em primeiro grau) do seu patrimônio, que inclui seu estabelecimento empresarial; a venda do estabelecimento desfalca a pessoa jurídica de seu patrimônio ou parte dele, enquanto a cessão de suas quotas sociais em nada interfere no montante de seu capital social.

Como ainda não existiam concordata preventiva ou recuperação judicial da posteriormente falida, ao ser protocolada a petição de concordata preventiva, não se havia de falar em autorização judicial para a cessão das quotas, a qual foi objeto de registro na Junta Comercial do Estado de São

Paulo em 19 de julho de 2004 (como se vê no documento de fls. 980/983).

Outra podia ser a interpretação se se tratasse de desconsideração da personalidade jurídica da falida para extensão da falência a sócios e a ex-sócios, como referido no AI 615.375-4/9, de 5 de março de 2009, em acórdão da Quarta Câmara de Direito Privado desta Corte, relatado pelo Desembargador Maia da Cunha, no qual se lê:

"A r. sentença que declarou a falência foi proferida em 7 de abril de 1998 e fixou o seu termo legal em 18 de agosto de 1995. As retiradas dos sócios por venda das quotas ocorreram nos meses de novembro e dezembro de 1995, em pleno período suspeito a que se somam as declarações dos adquirentes (fls. 1.521/54, 212/223, 553) e conduzem à acertada conclusão de simulação que justificou a desconsideração da personalidade jurídica", pois "os adquirentes Francisco e Tereza declaram em Juízo que os agravantes fizeram uma proposta para que figurassem como sócios da empresa apenas formalmente para a solução de alguns problemas fiscais e trabalhistas, com o que concordaram porque lhes ofereceram emprego em troca, mas que não exerceram qualquer ato de administração que sempre coube aos agravantes, cabendo-lhes apenas assinar documentos e cheques".

Isso sem contar que, nos termos do art. 5º, XX, da CF, "ninguém poderá ser compelido a associar-se ou a permanecer associado". Como referido em acórdão da Segunda Câmara de Direito Privado de Férias "Julho/2004" do Tribunal de Justiça do Estado de São Paulo, relatado pelo Desembargador Morato de Andrade, "se o sócio retirante estiver agindo de má-fé, movido por motivo ilícito, poderá eventualmente ser responsabilizado por perdas e danos, mas não impedido de deixar o quadro social".

Na Apelação Cível com Revisão n. 211.582-4/3-00, a Primeira Câmara de Direito Privado desta Corte, em acórdão de 16 de janeiro de 2007, relatado pelo Desembargador Elliot Akel, proferido "autos de ação de anulação de transferência de cotas sociais", no qual a sentença de primeiro grau julgou extinto o processo sem apreciação do mérito em relação à corré massa falida e improcedente o pedido em relação aos demais corréus, após a observação de que "a sentença declaratória de quebra da EUROBORO data de 2.6.1997, ao passo que a cessão de cotas reputada fraudulenta já havia ocorrido em 1.9.1994", lê-se que "a lide diz respeito a típico negócio jurídico entre sócios, pessoas que não se confundem, à evidência, com a sociedade, que a rigor é objeto e não sujeito da relação jurídica obrigacional que se pretende anular", tendo sido negado provimento ao recurso porque "para o fim de anular o ato reputado viciado, é necessária prova robusta do *consilium fraudis*, inexistente nos autos, não sendo o caso de presumir a alegada má-fé, como quer o apelante". Antes, o douto relator consignara a existência de "prova suficiente de que a situação financeira da empresa à época da cessão era deficitária, afetada que estava por um elevado passivo (fls. 342/376 e fls. 322/325), daí o baixo valor das cotas sociais". Como visto, é preciso estar claro, para a incidência do art. 129, *caput*, VI, da NLF, não só que haja credores por ocasião da transferência do estabelecimento empresarial, mas, também, que a transferência lhes tenha causado prejuízo.

Como relator do acórdão proferido pela Quarta Câmara de Direito Privado desta Corte, em 8 de abril de 1999, no AI n. 102.297-4/2, em que se cuidava de transferência da totalidade das quotas sociais, quando a empresa estava em concordata, o Desembargador Fonseca Tavares referiu-se à lição do douto Procurador de Justiça Vicente de Paulo Arruda Alves, e o fez, acolhendo-o, nos seguintes termos: "A Douta Procuradoria de Justiça opina no sentido de ser possível a transferência das quotas de sociedade em concordata, durante o seu processamento. Entretanto, decretada a quebra, não cumprida a concordata, impõe-se a devida apuração no processo falimentar e nos autos do inquérito judicial, da eventual responsabilidade dos sócios e dos ex-sócios, para verificação da existência ou não de fraude de parte dos alienantes, para eventual fuga à responsabilização. Após a conclusão judicial, saber-se-á se ocorreu ou não crime falimentar e, então, o requerimento formulado poderá ser atendido".

No REsp 876.066-PR, julgado em 18 de maio de 2010, a Terceira Turma do Superior Tribunal de Justiça, em acórdão relatado pela Ministra Nancy Andrighi, faz constar de parte de sua ementa: "Assiste ao sócio que se despede da sociedade também o direito de negociar suas quotas, cedendo-as total ou parcialmente a qualquer sócio ou a terceiro, que adquire direito pessoal e patrimonial. É ato voluntário bilateral, no qual não há levantamento de fundos, mas sim uma alteração na titularidade das quotas".

Considerando o que vem de ser exposto, penso deva ser mantida a ordem liminarmente concedida, nos termos em que fundamentada, com os acréscimos ora feitos:

"Chamo a atenção das impetrantes para o acórdão proferido nesta Câmara na sessão de hoje, em que figuram como agravantes Soren Thorgaard e como agravadas Asa Serviços de Limpeza Ltda. e Asa Administração de Serviços Ltda., pelas semelhanças que existem entre aquele caso e o ora sob exame. Neste, a princípio, revela-se a legitimidade das impetrantes, que não participam, ao que parece, do processo falimentar de Sófruta Indústria Alimentícia Ltda., em cujos autos foi declarada a ineficácia da alienação de quotas sociais da falida, feita, segundo consta, antes do pedido de concordata.

"À vista disso, bem como considerando a relevância da fundamentação jurídica invocada pelas impetrantes, que argúem não poder a transferência de quotas sociais ser confundida com trespasse de estabelecimento, bem como tendo em conta o disposto no art. 7º, II, da Lei n. 1.533, de 31 de dezembro de 1951, concedo, liminar e provisoriamente, efeito suspensivo ao ato da digna autoridade apontada como coatora que decretou a ineficácia da cláusula contratual *[leia-se: da 12ª alteração contratual]* acima referida."

Por conseguinte, concedo o mandado de segurança, nos termos do parágrafo anterior. Custas na forma da lei. Sem condenação em honorários advocatícios (ver Súmula 512 do STF e Súmula 105 do STJ, bem como o art. 25 da Lei n. 12.016/2009).

LINO MACHADO – Relator.

DECLARAÇÃO DE VOTO VENCEDOR N. 14.574

1. Empresas Iansa S/A, pessoa jurídica estrangeira com sede na cidade de Santiago, Chile, e Iansa Overseas Limited, sociedade constituída e existente segundo as leis de Cayman Islands, impetram o presente mandado de segurança e alegam que, em 5 de março de 1997, a impetrante IANSA adquiriu, por meio de "Instrumento Particular de Contrato de Compra e Venda de Quota e Outras Avenças", quotas representativas de 60% (sessenta por cento) do capital social da empresa Sófruta Indústria Alimentícia Ltda.

Na mesma oportunidade e por meio do mesmo instrumento, a empresa The Vision II Private Equity Fund LP, com sede em Nassau, Bahamas, adquiriu 20% (vinte por cento) do capital social da Sófruta.

Ainda figurava na época como quotista da empresa o Sr. Nelson Bonamin, que detinha 20% (vinte por cento) do capital social da empresa.

Em razão de mudanças ocorridas ao longo dos anos, em 15 de junho de 2004 o capital social da empresa Sófruta era distribuído da seguinte maneira: 70,73% da empresa Iansa, 15,58% da empresa The Vision II e 13,69% de Nelson Bonamin.

Exatamente em 15 de junho de 2004, a empresa Iansa, por meio do instrumento denominado "Compraventa de Cuotas de La Sociedad Sófruta Indústria Alimentícia Ltda.", alienou a totalidade da sua participação societária para a outra impetrante, a empresa Overseas, que, na mesma oportunidade e por meio do mesmo instrumento, alienou a participação societária para a empresa The Vision II.

Em razão da operação, as impetrantes e a empresa The Vision II firmaram, no mesmo dia, a 12ª alteração do contrato social da Sófruta, registrada na JUCESP em 19 de junho de 2004, por meio da qual a impetrante Iansa se retirou da sociedade.

A partir de então, a composição societária da Sófruta passou a ser a seguinte: 86,31% de The Vision II e 13,69% de Nelson Bonamin.

Posteriormente, em 2 de junho de 2005, após a saída das impetrantes da sociedade, a empresa Sófruta distribuiu pedido de concordata preventiva, deferido em 18 de agosto de 2005, com migração para recuperação judicial em 21 de maio de 2007 e, finalmente, convolação em falência em 17 de julho de 2008.

Depois disso, em 7 de outubro de 2008, o Administrador Judicial requereu que fossem declaradas ineficazes as 11ª, 12ª, 13ª, 14ª, 15ª e 16ª alterações do contrato social da falida, obtendo deferimento, ato judicial que é atacado pelo presente mandado de segurança.

As impetrantes alegam que a decisão foi tomada sem que lhes abrisse vista para manifestação e sustentam o cabimento do mandado de segurança, nos termos da Súmula 202-STJ.

De outra parte, alegam a prática de ato ilegal e violador de direito líquido e certo, ou seja, por meio da decisão atacada, o Juízo entendeu que a transferência de cotas (cessão de cotas) importaria em trespasse irregular de estabelecimento comercial, sendo ineficaz em relação à massa falida, nos termos do art. 129, inciso VI, da Lei n. 11.101/2005.

As impetrantes sustentam que a cessão de quotas não se confunde com transferência de estabelecimento comercial.

2. As impetrantes foram sócias da falida, mas se retiraram formalmente em 15 de junho de 2004, antes da impetração da concordata preventiva, da migração para recuperação judicial e da convolação em falência.

Não há, nos 7 (sete) volumes deste recurso, nenhum documento que demonstre que as impetrantes, desde a retirada naquela data, tenham participado do processo de concordata, de recuperação judicial e/ou de falência.

Assim, formalmente registrada a alteração contratual na JUCESP, inclusive para validade contra terceiros, nada autoriza concluir que as impetrantes tenham sido intimadas da ineficácia nos próprios autos falimentares.

Antes, tudo faz crer que as impetrantes eram terceiras em relação à falência, estando autorizadas a impetrar o mandado de segurança, tal como estipula a Súmula 202 do Egrégio STJ.

3. Não tenho nada para acrescentar ao que foi dito pelo eminente Relator Sorteado em seu voto, no que tange à evidente diferenciação entre cessão de quotas e trespasse de estabelecimento.

A hipótese destes autos é claramente diferente de uma outra, também julgada pela Câmara Reservada, ou seja, o Agravo de Instrumento n. 556.674.4/4-00, pois naquele precedente, como constou expressamente do início do relatório, o então agravante, sócio-quotista de duas empresas falidas, afirmou que, "estando em crise econômico-financeira e com o pedido de recuperação judicial postulado em 3.8.2007, em processamento, visando salvar o empreendimento, alienou o estabelecimento empresarial para CODEP – Conservadora e Dedetizadora de Prédios e Jardins Ltda., negócio fechado em 5.10.2007, instrumentalizado em avença particular de compra e venda de quotas e trespasse, intitulado "Instrumento Particular de Compra e Venda de Quotas e outras avenças", tendo a adquirente assumido passivo e a caixa das empresas, injetado dinheiro para pagamento da folha salarial e aquisição de matéria-prima, demitido os gestores financeiros e dado publicidade da operação realizada".

Como se vê, além de o negócio ter sido realizado após a distribuição do pedido de recuperação judicial, ele abrangeu, explicitamente, o trespasse.

O ponto relevante deste mandado de segurança é a afirmação do ilustre Administrador Judicial de que, "sem mais delongas, estamos diante do caso clássico de 'alaranjamento', ou seja, a empresa estava sufocada em dívidas (R$ 100.000.000,00) e, principalmente dívidas tributárias (que totalizam R$ 61.339.465,34 – doc. 02) assim, frente ao prenuncio dos problemas que viriam, o que fizeram os sócios da empresa (impetrantes), ardilosamente, 'caíram fora', cedendo suas quotas a um The Vision II Equity Fund LP (Offshore) com sede Nassau, Bahamas, e que curiosamente, atualmente, não tem representantes no Brasil" (cf. fl. 1.120).

Com a devida vênia, é possível que tal tenha acontecido, mas é importante ressaltar que a empresa The Vision II, que seria a "laranja", já era sócia da empresa Sófruta desde muito antes, ou seja, desde 5 de março de 1997.

Mostra a experiência que os "laranjas" só aparecem às vésperas da decretação da falência, e não muito antes, como aconteceu aqui.

Como quer que seja, diante do fato de que, tecnicamente, cessão de cotas não é trespasse, o ato ainda poderá ser declarado ineficaz, mas não de ofício, mesmo porque não se enquadra no figurino do inciso VI do art. 129 da Lei n. 11.101/2005.

Anoto que, não obstante a Lei n. 11.101/2005 mencione, no parágrafo único do art. 129, que "a ineficácia poderá ser declarada de ofício pelo juiz, alegada em defesa ou pleiteada mediante ação própria ou incidentalmente no curso do processo", a jurisprudência do Egrégio Superior Tribunal de Justiça inclina-se no sentido da obrigatoriedade de ajuizamento da ação revocatória.

Com efeito, ao julgar o REsp n. 493.527-SP, Quarta Turma, Rel. Min. Carlos Fernando Mathias, j. 10.2.2009, deram provimento, v.u., aquele Tribunal decidiu, na ementa:

"Comercial. Recurso especial. Falência. Arrecadação dos bens. Bloqueio do veículo alienado antes da decretação da falência. Embargos de terceiro contra a massa falida. Sentença de improcedência com reconhecimento de ineficácia do ato de alienação. Inadmissibilidade. Necessidade de propositura de ação revocatória. Arts. 52 e 149 do Decreto-lei n. 7.661/1945 (antiga Lei de Falências). Precedentes.

"1. Nos termos da jurisprudência desta Corte Superior, é indispensável a propositura de ação revocatória para que a massa obtenha a declaração de ineficácia da alienação, sem autorização judicial, levada a efeito durante a concordata, *ipso facto*, 'Não pode o Juiz simplesmente declarar ineficaz a alienação do bem ocorrida antes da decretação da falência, incidentalmente na sentença que julga os embargos de terceiro' (REsp n. 594.609-SP, Rel. Min. Nancy Andrighi, Terceira Turma, *DJU* 24.10.2005).

"2. Recurso especial provido."

Constou do corpo desse v. acórdão:

"Cinge-se a controvérsia em saber se necessária a propositura da ação revocatória prevista na antiga Lei de Falências (do Decreto-lei n. 7.661/1945) para a declaração de ineficácia de alienação de bem pela concordatária, sem autorização judicial, independentemente da alegada boa-fé ou não do terceiro adquirente.

Asseverou a Corte de origem que “o reconhecimento da ineficácia da alienação não enseja a propositura da ação revocatória” (fls. 395), conclusão esta que, à luz da doutrina e do entendimento jurisprudencial desta Corte Superior, merece reforma.

Com efeito, do acórdão trazido pela recorrente como paradigma, qual seja, o REsp n. 6.88l-SP, de relatoria do e. Min. Fontes de Alencar (*DJ* 17.3.1997), extrai-se ser necessária a ação revocatória para a obtenção do ato declarativo de ineficácia da alienação de bem do devedor, uma vez rescindida a concordata. Neste particular, oportuna a colação da ementa do referido julgado:

“Concordata. Alienação de bem do devedor. Rescindida a concordata, a ação revocatória é necessária para obtenção do ato declarativo de ineficácia daquele desatentado no art. 52 da Lei de Falência. Recurso conhecido em parte, e provido. Unânime” (REsp n. 6.881-SP, Rel. Min. Fontes de Alencar, Quarta Turma, julgado em 27.8.1996, *DJU* 17.3.1997).

Na ocasião, o i. Relator do feito foi claro em afirmar:

“A ineficácia ou revocabilidade de um ato há de ser declarada por sentença, proferida em ação revocatória. Não pode o Juiz simplesmente arrecadar, ignorando o ato, como se não existisse, o bem alienado. O ato é eficaz até que por sentença se declare o contrário, em obediência à lei. Tanto que o art. 149, parágrafo único, condiciona esta ineficácia, o que equivale a dizê-la relativa, à rescisão da concordata. Cumprida a concordata, resta intangível o ato, sem que se possa afirmar que convalesceu, pois já era perfeito; apenas continuou sendo.”

Nesse esteira, é também a lição de Sampaio Lacerda:

“E por intermédio da ação revocatória que a massa falida pode obter a decretação de ineficácia ou a revogação dos atos indicados nos arts. 52 e 53 da Lei *[de Falências – Decreto-lei n. 7.661/1945]*” (*Manual de Direito Falimentar*, 10ª ed., Rio de Janeiro, Freitas Bastos, 1978, n. 85, p. 145).

No mesmo sentido é o entendimento de Amaury Campinho, segundo o qual para o reconhecimento de ineficácia dos atos enumerados no art. 52 do Decreto-lei n. 7.661/1945 “é necessária a propositura da ação revocatória” (*Manual de Falência e Concordata*, 6ª ed., Rio de Janeiro, Lumen Juris, 2000, p. 62).

Rubens Requião, por seu turno, observa:

“Note-se que, a princípio, não é necessário a ação para declarar a ineficácia do ato, nos casos do art. 52; aqui, a ineficácia decorre *pleno jure*, resulta da norma legal em si. *Se o terceiro, todavia, se opõe à restituição da coisa objeto do contrato, a ação se torna então necessária*” (*Curso de Direito Falimentar*, 1º vol., 17ª ed., São Paulo, Saraiva, 1998, p. 239 – grifado e destacado).

Deveras, não poderia o juiz singular declarar ineficaz a alienação do automóvel adquirido pelos recorrentes, na sentença que julgou os embargos de terceiro. Referida declaração, incidentalmente, nos embargos, ofende os princípios constitucionais do contraditório e do devido processo legal (art. 5º, incs. LIV e LV, da CF), bem como o princípio processual da adstrição (art. 128 do CPC), caracterizando a decisão como *extra petita*, tendo em vista que o juiz está adstrito ao pedido formulado (na hipótese, a proteção da posse dos recorrentes sobre o automóvel adquirido da recorrida).

Ademais, consoante já decidido por esta Corte Superior no prefalado precedente jurisprudencial “a reintegração por ordem judicial do bem ao ativo, pura e simplesmente, sob o pálio da ineficácia absoluta do ato de sua alienação, provoca o enriquecimento sem justa causa da massa" (REsp n. 6.881-SP).

Oportuno ressaltar, ainda, a existência de precedentes de ambas as Turmas integrantes da eg. Segunda Seção desta Corte Superior, no sentido da necessidade da propositura da ação revocatória para declaração de ineficácia dos atos enumerados no art. 52 do Decreto-lei n. 7.661/1945:

"Direito falimentar. Ação revocatória. Declaração de ineficácia. Dação em pagamento. Termo legal. Art. 52, DL 7.611/1945. Via adequada. Precedente. Doutrina. Recurso desacolhido.

"Na linha da melhor doutrina, 'é por intermédio da ação revocatória que a massa falida pode obter a decretação da ineficácia ou a revogação dos atos indicados nos arts. 52 e 53 da Lei' (dentre outros, Sampaio Lacerda, *Manual de Direito Falimentar*, 12ª ed., Rio de Janeiro, Freitas Bastos, 1985, n. 85, p. 143)" (REsp n. 259.265-SP, Rel. Min. Sálvio de Figueiredo Teixeira, *DJU* 20.11.2000).

"Alienação de bem pela concordatária sem autorização judicial – Ineficácia – Ação revocatória – Necessidade.

"A ineficácia em relação à massa da alienação realizada pela falida, enquanto concordatária, de bens integrantes de seu patrimônio, ainda que de boa-fé o terceiro adquirente, deve ser reconhecida em sede de ação revocatória. Recurso conhecido e provido" (REsp n. 336.732-SP, Rel. Min. Castro Filho, *DJU* 10.6.2002).

Finalmente, traz-se à colação aresto desta Corte, exarado quando do julgamento do REsp n. 594.609-SP pela eg. Terceira Turma, de relatoria da e. Min. Nancy Andrighi que, apreciando questão idêntica a que ora se afigura, ficou assim ementado:

"Direito comercial. Falência. Arrecadação dos bens. Bloqueio do veículo adquirido antes da decretação da falência. Embargos de terceiro contra a massa falida. Sentença de improcedência com reconhecimento de ineficácia do ato de alienação. Inadmissibilidade. Necessidade de propositura de ação revocatória. Interpretação dos arts. 52 e 149 do Decreto-lei n. 7.661/1945 (antiga Lei de Falências). Precedentes.

"É indispensável a propositura de ação revocatória para que a massa obtenha a declaração de ineficácia da alienação, sem autorização judicial, levada a efeito durante a concordata.

"Não pode o Juiz simplesmente declarar ineficaz a alienação do bem ocorrida antes da decretação da falência, incidentalmente na sentença que julga os embargos de terceiro.

"Recurso especial provido" (REsp n. 594.609-SP, Rel. Min. Nancy Andrighi, Terceira Turma, julgado em 6.10.2005, *DJU* 24.10.2005, p. 309).

Ante todo o exposto, também concedo a ordem.

ROMEU RICUPERO - 2º Juiz.

Comentários de

BEATRIZ VILLAS BOAS PIMENTEL TROVO

1. Síntese do caso

Trata-se de um mandado de segurança impetrado por Iansa S/A ("Iansa") e Iansa Overseas Limited ("Iansa Overseas"), tendo The Vision II Private Equity Fund LP ("The Vision") como litisconsorte, contra ato do Juiz de Direito da 1ª Vara Judicial da Comarca de José Bonifácio, o qual declarou ineficaz a 12ª alteração do contrato social da Sófruta Indústria Alimentícia Ltda. ("Sófruta").

Em 5 de março de 1997, parcela do capital social da Sófruta foi adquirida pela Iansa e pelo The Vision, passando a ter os seguintes sócios:

Sócios	% em relação ao capital social
Iansa S/A	60%
The Vision II Private Equity Fund LP	20%
Sr. Nelson Bonamin	20%

Posteriormente, em 15 de junho de 2004, o capital social da Sófruta era assim distribuído:

Sócios	% em relação ao capital social
Iansa S/A	70,73%
The Vision II Private Equity Fund LP	15,58%
Sr. Nelson Bonamin	13,69%

Nesta mesma data, a totalidade da participação societária da Iansa foi alienada à Iansa Overseas, a qual, por sua vez, nos termos do mesmo instrumento de compra e venda de quotas, alienou sua participação societária ao The Vision. A retirada da Iansa da Sófruta e o ingresso do The Vision na sociedade foram formalizados através da 12ª alteração do contrato social da Sófruta, celebrada em 15 de junho de 2004 e arquivada na Junta Comercial do Estado de São Paulo – JUCESP em 19 de junho de 2004. As tabelas a seguir mostram as alterações sofridas no capital social da Sófruta:

1ª modificação

Sócios	% em relação ao capital social
Iansa Overseas Limited	70,73%
The Vision II Private Equity Fund LP	15,58%
Sr. Nelson Bonamin	13,69%

2ª modificação

Sócios	% em relação ao capital social
The Vision II Private Equity Fund LP	86,31%
Sr. Nelson Bonamin	13,69%

Quando da efetivação da alteração do quadro societário, foi levantado balanço especial, datado de 30 de março de 2004, do qual constava passivo no valor de R$ 51.484.993,00, quando, porém, a dívida da sociedade era de R$ 101.882.764,00.

Quase um ano após a celebração da 12ª alteração do contrato social da Sófruta, a sociedade distribuiu pedido de concordata preventiva, deferido em 18 de agosto de 2005, com migração para recuperação judicial em 21 de maio de 2007, convolada em falência em 17 de julho de 2008. O termo legal da falência, neste caso, foi fixado em 90 dias antes do primeiro protesto, ou seja, em 27 de abril de 2001.

Em 7 de outubro de 2008, o administrador judicial requereu a declaração da ineficácia das 11ª, 12ª, 13ª, 14ª, 15ª e 16ª alterações do contrato social da falida, obtendo deferimento.

Esta decisão judicial foi atacada pelo mandado de segurança impetrado no caso em tela, com os argumentos de que: (i) a decisão judicial foi tomada sem que tivessem oportunidade para manifestação, cabendo, portanto, mandado de segurança nos termos da Súmula 202 do Superior Tribunal de Justiça ("STJ"); (ii) o juiz de primeira instância, ao declarar ineficaz negócio jurídico perfeito, praticou ato ilegal e violador de direito líquido e certo; e (iii) a cessão de quotas realizada pelas impetrantes não se confunde com transferência de estabelecimento comercial, já que a Sófruta não sofreu nenhuma redução do seu patrimônio.

Houve prestação de informações do juízo de primeiro grau, manifestação do administrador judicial e parecer do Ministério Público pela negativa da segurança, se não conhecida a carência da ação ante a inadequação da via processual (mandado de segurança).

De acordo com o administrador judicial, "sem mais delongas, estamos diante do caso clássico de 'alaranjamento', ou seja, a empresa estava sufocada em dívidas (R$ 100.000.000,00) e, principalmente dívidas tributárias (que totalizam R$ 61.339.465,34 – doc. 02) assim, frente ao prenúncio dos problemas que viriam, o que fizeram os sócios da empresa (impetrantes), ardilosamente, 'caíram fora', cedendo suas quotas a um The Vision II Equity Fund LP (Offshore) com sede Nassau, Bahamas, e que curiosamente, atualmente, não tem representantes no Brasil".

Em seu parecer requerendo a ineficácia da alteração da composição do capital social da Sófruta, o administrador judicial alega que "parece óbvio que a cessão de quotas visou além da transferência dos ativos, a exoneração quanto à responsabilidade do passivo, consequência direta da cessão de quotas é, a transferência para terceiros, de todos os direitos e obrigações atinentes à propriedade das cotas sociais da empresa", razão pela qual "a norma disposta no inciso VI do art. 129 da Lei 11.101/2005 incide no caso dos autos, cabe lembrar que se trata de *ineficácia objetiva*, o que não depende da perquirição de fraude, visando justamente desencorajar manobras como esta realizada pelas impetrantes, que no final buscam benefício próprio em detrimento aos interesses de seus credores, que, não fosse pela decisão guerreada, jamais teriam esperança de reverem seus créditos" (grifos do autor).

O Tribunal de Justiça do Estado de São Paulo decidiu pela legitimidade das impetrantes, que não participam do processo falimentar em cujos autos foi declarada a ineficácia da alienação das quotas de emissão da devedora, bem como, considerando a relevância da fundamentação jurídica invocada pelas impetrantes, concedeu o mandado de segurança, atribuindo, liminar e provisoriamente, efeito suspensivo ao ato da autoridade apontada como coatora que decretou a ineficácia da 12ª alteração do contrato social da Sófruta.

2. Inadequação da via processual

No caso em questão, tendo em vista o disposto na Súmula 202 do STJ ("a impetração de segurança por terceiro, contra ato judicial, não se condiciona a interposição de recurso"), o Tribunal de Justiça do Estado de São Paulo entendeu ser cabível a impetração do mandado de segurança, já que os impetrantes não participavam do processo falimentar.

Além do disposto na Súmula 202 do STJ acima referida, é importante ressaltar que, nos termos do inciso II do art. 5º da Lei n. 12.016, de 7 de agosto de 2009,[1] o mandado de segurança não cabe, diferen-

1. Disciplina o mandado de segurança individual e coletivo e dá outras providências.

temente do caso concreto ora discutido, de decisão judicial da qual caiba recurso.

Adicionalmente, este entendimento já é consolidado na jurisprudência, conforme seguinte decisão do STJ:

"Processual civil – Ação civil pública – Impetração de mandado de segurança e interposição de apelação civil contra o mesmo ato judicial – Possibilidade: Súmula 202-STJ – Art. 503, parágrafo único, do CPC.

"1. *A jurisprudência desta Corte é firme quanto à possibilidade de o terceiro impetrar mandado de segurança contra ato judicial proferido em processo do qual não é parte, independente da interposição de recurso.*

"2. Admite-se a hipótese de impetração do mandado de segurança, mesmo após a interposição do recurso cabível, o que representa a manifesta intenção de desistir do recurso anterior, praticando ato incompatível com a vontade de recorrer, nos termos do parágrafo único do art. 503 do CPC.

"3. Hipótese em que a ação antecedente foi extinta em razão do mandado de segurança.

"4. Recurso especial não provido" (REsp 1.098.283-CE) (grifamos).

No caso em tela, as impetrantes alegaram que a decisão proferida em primeiro grau não foi precedida de possibilidade de manifestação no processo, impossibilidade esta verificada pelo Tribunal de Justiça mediante análise dos autos.

3. *A ineficácia e revogação dos atos praticados antes da falência*

A Lei n. 11.101, de 9 de fevereiro de 2005 ("LRE") prevê a possibilidade de os credores se valerem de ações e procedimentos para tutelar seus interesses, para recomposição patrimonial do falido e para coibir comportamentos fraudulentos, realizados em detrimento interesses dos credores mesmo antes da decretação da quebra.

Neste contexto a LRE trata dos atos ineficazes perante a massa e revogáveis, nos arts. 129 e 130, respectivamente. Tais atos que podem ser declarados ineficazes ou revogados envolvem a alienação patrimonial do devedor, presumindo-se que tenham ocorrido com objetivo de afastamento de bens do patrimônio do devedor, a fim de que os mesmos não integrem a massa e não sejam utilizados no pagamento das dívidas do devedor.

A ineficácia dos atos listados taxativamente no art. 129 da LRE decorre da simples prática dos mesmos, independentemente do conhecimento, pelo contratante, da situação de crise do devedor ou da intenção do devedor de fraudar credores. A lei não exige a comprovação de fraude nos atos expressamente dispostos no referido art. 129.

Ademais, é importante notar que o ato é declarado ineficaz em relação à massa falida, permanecendo, portanto, válido em si mesmo.[2]

São hipóteses exaustivas mencionadas no art. 129 da LRE:

"I – o pagamento de dívidas não vencidas realizado pelo devedor dentro do termo legal, por qualquer meio extintivo do direito de crédito, ainda que pelo desconto do próprio título;

"II – o pagamento de dívidas vencidas e exigíveis realizado dentro do termo legal, por qualquer forma que não seja a prevista pelo contrato;

"III – a constituição de direito real de garantia, inclusive a retenção, dentro do termo legal, tratando-se de dívida contraída anteriormente; se os bens dados em hipoteca forem objeto de outras posteriores, a massa falida receberá a parte que devia caber ao credor da hipoteca revogada;

2. Cf. Trajano de Miranda Valverde, *Comentários à Lei de Falências (Decreto-lei n. 7.661, de 21 de junho de 1945)*, 4ª ed., p. 376.

"IV – a prática de atos a título gratuito, desde 2 (dois) anos antes da decretação da falência;

"V – a renúncia à herança ou a legado, até 2 (dois) anos antes da decretação da falência;

"VI – a venda ou transferência de estabelecimento feita sem o consentimento expresso ou o pagamento de todos os credores, a esse tempo existentes, não tendo restado ao devedor bens suficientes para solver o seu passivo, salvo se, no prazo de 30 (trinta) dias, não houver oposição dos credores, após serem devidamente notificados, judicialmente ou pelo oficial do registro de títulos e documentos;

"VII – os registros de direitos reais e de transferência de propriedade entre vivos, por título oneroso ou gratuito, ou a averbação relativa a imóveis realizados após a decretação da falência, salvo se tiver havido prenotação anterior."

Já o art. 130 do mesmo diploma disciplina a revogação dos atos praticados com a intenção de prejudicar credores, desde que provado o conluio fraudulento entre o devedor e o terceiro que com ele contratar e o efetivo prejuízo sofrido pela massa falida. Tais atos, diferentemente das hipóteses do art. 129 da LRE, não são elencados, nem taxativa nem exemplificativamente em lei. A lei apenas dispõe sobre a obrigatoriedade de comprovação de *consilium fraudis* (elemento subjetivo) e *eventus damni* (elemento objetivo).

4. Ineficácia de venda ou transferência de estabelecimento

Foi alegado que, com a cessão de quotas da Iansa à Iansa Overseas e desta ao The Vision, houve transferência dos ativos da Sófruta e consequente trespasse do estabelecimento. Por este raciocínio, esta transferência de quotas seria, conforme disposto no art. 129, inciso VI, da LRE, ineficaz em relação à massa falida.

Nos termos do art. 1.142 do Código Civil, "considera-se estabelecimento todo complexo de bens organizados, para exercício da empresa, por empresário, ou por sociedade empresária". Esta definição foi utilizada no Código Civil com base na definição de Oscar Barreto Filho, que tratava o estabelecimento comercial como "o complexo de bens, materiais ou imateriais, que constitui o instrumento utilizado pelo comerciante para a exploração de determinada atividade mercantil".[3]

Diante da definição de estabelecimento acima mencionada, entendemos que as quotas de emissão de uma sociedade não constituem um trespasse de estabelecimento, até mesmo porque o titular do estabelecimento é a sociedade empresária (Sófruta) e os alienantes das quotas de emissão da Sófruta eram a Iansa e a Iansa Overseas.

Ademais, o patrimônio da Sófruta, após as alterações em seu quadro societário, não sofreu qualquer redução. As atividades da Sófruta continuaram e a distribuição do pedido de concordata preventiva da Sófruta ocorreu quase um ano após a celebração da 12ª alteração de seu contrato social.

Em nosso entendimento, a divergência que pode surgir acerca da aplicação do inciso VI do art. 129 da LRE é apenas em relação ao alcance do dispositivo: se se aplica no caso de alienação de todo o estabelecimento[4] ou se basta a aliena-

3. Oscar Barreto Filho, *Teoria do Estabelecimento Comercial*, 2ª ed., p. 75.

4. Segundo Fábio Ulhoa Coelho, "na aplicação desse dispositivo, não têm alguns juízes atentado à diferença crucial entre alienação do estabelecimento e de bens componentes dele. O que a lei fulmina com ineficácia é o 'trespasse', um complexo e específico negócio jurídico de transferência da titularidade do estabelecimento, quando realizado sem a observância de certos pressupostos (anuência expressa dos credores ou notificação destes etc.), e não o apartamento de alguns dos seus bens por meio da venda em separado. A alienação de elementos integrantes do estabelecimento empresarial, quando feita de modo isolado e sem caracterizar o desmantelamento

ção de bens relevantes para o exercício da atividade empresarial[5] ou de qualquer ativo permanente do devedor.[6] Todavia, qualquer que seja o entendimento sobre a abrangência do inciso VI acima mencionado, não se pode aplicá-lo, diferentemente do alegado pelo administrador judicial da Sófruta, ao caso de transferência de participação societária.

No acórdão, além de a decisão proferida ter sido no sentido de que a alienação das quotas de emissão da Sófruta não pode se confundir com alienação de estabelecimento, é também ressaltado que, quando da transferência das quotas da Iansa à Iansa Overseas e desta ao The Vision, não houve notícias de notificação dos credores para consentimento ou oposição, mesmo o balanço especial, levantado à época, apresentando passivo muito menor que o correspondente à realidade.

A alteração do contrato social, cuja ineficácia foi declarada em primeira instância, foi realizada dentro do termo legal, fixado em 27 de abril de 2001. Todavia, se o Tribunal tivesse entendido que se tratava de alienação de estabelecimento, a doutrina não é unânime que, para configuração da ineficácia do trespasse do estabelecimento, este deverá ter ocorrido no termo legal.[7] Por este inciso VI do art. 129 não mencionar o prazo anterior à falência ou ao termo legal da falência para configuração da ineficácia do ato de trespasse, en-

do fundo de empresa, não é alcançada pela ineficácia do direito falimentar" (*Comentários à Nova Lei de Falências e de Recuperação de Empresas (Lei n. 11.101, de 9.2.2005)*, 2ª ed., p. 351).

5. Cf. Antonio Martin, in *Comentários à Lei de Recuperação de Empresas e Falências*, p. 468.

6. Contrariando este entendimento jurisprudencial, Ricardo Tepedino afirma que "a jurisprudência recente vem alargando o raio de ação do preceito para muito além das fronteiras marcadas no então inciso VIII do art. 52 da LF de 1945 (da redação praticamente idêntica ao dispositivo em exame), o que preocupa. Assim, aplicou-se a regra à venda de um imóvel não operacional (encontrava-se alugado), à cessão de linha telefônica (quando esta tinha algum valor), desaguando numa proclamação peremptória de que, por exemplo, uma concordatária não pode alienar bens, ainda que de boa-fé. O erro dessa compreensão, 'data venia' de seus ilustres seguidores, é palmar. Não se apercebem os que perfilham o entendimento aqui combatido que acabam por confundir estabelecimento empresarial com bens do ativo permanente; esquecem-se do velho princípio de hermenêutica, segundo o qual restritivamente se interpreta uma norma que restringe direitos, como esta, que torna ineficaz ato válido celebrado de boa-fé" (*Comentários à Lei de Recuperação de Empresas e Falência*, 4ª ed., p. 355).

Também criticando a ineficácia de alienação de venda isolada de componente do estabelecimento, o acórdão do TJSP tem a seguinte ementa: "Apelação. Embargos de terceiro. Falência. Ineficácia. Veículo alienado pela empresa cuja quebra foi decretada, durante termo legal da falência. O estabelecimento previsto no art. 129, VI, da Lei n. 11.101/2005, cuja venda pode ser decretada ineficaz, é o complexo de bens previsto no art. 1.142 do Código Civil e tem natureza de universalidade de fato. A venda isolada de componente do estabelecimento que não o fragilize ou o inviabilize como instrumento da atividade empresarial, mesmo realizada no termo legal, não incide na ineficácia objetiva legal. Manutenção da sentença de acolhimento dos embargos de terceiro com liberação do veículo cuja arrecadação foi determinada. Apelo desprovido" (Apelação com Revisão n. 599.990.4/6-00).

7. De acordo com Vera Helena de Mello Franco e Rachel Sztajn, não são todas as hipóteses elencadas no art. 129 da LRE que, para serem ineficazes, deverão ter ocorrido durante o termo legal: "somente serão revocados, pelo fato de terem ocorrido dentro do termo legal, aqueles atos a que a lei faz menção nos incisos I, II e III da norma do art. 129 da LRE" (*Falência e Recuperação da Empresa em Crise: Comparação com as Posições do Direito Europeu*, p. 171). Manoel Justino Bezerra Filho também defende que apenas os atos referidos nos incisos I a III do art. 129 da LRE, para serem considerados ineficazes, devem ter sido praticados durante o termo legal e ainda completa que "os demais, relacionados nos incisos, seguintes são ineficazes, independentemente da data em que tenham sido praticados" (*Nova Lei de Recuperação e Falências Comentada: Lei 11.101, de 9 de fevereiro de 2005, Comentário Artigo por Artigo*, 3ª ed., p. 302). Diferentemente do termo legal, Francisco Cláudio de Almeida Santos defende que, por não haver fixação de prazo legal para venda ou transferência de estabelecimento, "aquele negócio jurídico está sujeito ao prazo decadencial de 4 (quatro) anos, previsto no art. 178, inciso II, do Código Civil vigente" (Paulo Penalva Santos (coord.), *A Nova Lei de Falências e de Recuperação de Empresas: Lei n. 11.101/2005*, p. 336).

tendemos que o ato será declarado ineficaz se, no caso concreto, tiver contribuído para a falência do devedor.

É importante notar que a hipótese do art. 66 da LRE, ao contrário do que é afirmado no acórdão, não se confunde com a do art. 129, inciso VI, da mesma lei. No primeiro caso, ressalvadas as hipóteses legais, é vedada a alienação ou oneração de bens ou direitos do ativo permanente do devedor *após distribuição do pedido de recuperação judicial*.

No acórdão, é mencionado que não houve configuração da hipótese do art. 129, inciso VI, da LRE, inclusive porque a alienação de quotas da Sófruta foi realizada antes da decretação da concordata preventiva, recuperação judicial e convolação em falência.

De acordo com o Desembargador Lino Machado, Relator do Acórdão,

"a cessão de quotas antes de protocolada a petição de recuperação judicial (ou concordata, no regime antigo), não pode ser equiparada à venda do estabelecimento da posteriormente falida, ainda que ocorrida no termo legal da falência. A hipótese do art. 129, *caput*, VI, da NLF não se confunde com a cessão de quotas de responsabilidade limitada: numa se transferem bens materiais e imateriais componentes do patrimônio da falida; noutra se transferem os direitos de sócio da própria falida, à qual é proprietária (ao menos em primeiro grau) do seu patrimônio, que inclui seu estabelecimento empresarial; a venda do estabelecimento desfalca a pessoa jurídica de seu patrimônio ou parte dele, enquanto a cessão de suas quotas sociais em nada interfere no montante de seu capital social.

"Como ainda não existiam concordata preventiva ou recuperação judicial da posteriormente falida, ao ser protocolada a petição de concordata preventiva, não se havia de falar em autorização judicial para a cessão das quotas, a qual foi objeto de registro na Junta Comercial do Estado de São Paulo."

Entretanto, entendemos que, mesmo que a alienação de quotas tivesse sido realizada após a decretação da concordata preventiva, recuperação judicial e convolação em falência, por a alienação de participação acionária não se confundir com a transferência de estabelecimento, também não seria possível a aplicação do inciso VI do art. 129 da LRE e a declaração de ineficácia do ato.

Por fim, além de o Tribunal ter entendido que a alienação das quotas não pode ser considerada trespasse de estabelecimento, o mesmo ressaltou que não foi comprovado que referida transferência causou prejuízo aos credores (o The Vision, inclusive, já era quotista da Sófruta antes da transação).

Se os sócios retirantes tivessem agido de má-fé, como arguido pelo administrador judicial da Sófruta, nem mesmo a revogação do ato poderia ter sido requerida, com base art. 130 da LRE. Isto porque, mesmo que tivesse sido comprovado o conluio fraudulento entre o devedor e o sócio retirante, também entendemos que o ato não resultou em efetivo prejuízo sofrido pela massa falida.

5. Cabimento de ação revocatória

Apesar de, anteriormente à vigência da LRE, a doutrina e jurisprudência serem majoritárias no sentido da obrigatoriedade de ajuizamento de ação revocatória para declaração de ineficácia de certos atos praticados antes da falência, elencados no art. 52 do Decreto-lei n. 7.661/1945 (redação atual do art. 129 da LRE), a atual lei falimentar inovou neste sentido.

Não obstante o acórdão do caso em tela defender a necessidade de ação revocatória para declaração de ineficácia da 12ª alteração do contrato social da Sófruta, o parágrafo único do art. 129 reza que "a ineficácia poderá ser declarada de ofício pelo juiz, alegada em defesa ou pleiteada mediante ação própria ou incidentalmente no curso do processo".

Assim, com base no disposto no parágrafo único do dispositivo acima mencionado, entendemos não ser necessária ação revocatória para declaração de ineficácia dos atos elencados no art. 129 da LRE.

Todavia, a doutrina majoritária entende que, apesar de a LRE dispor que a ineficácia pode ser declarada de ofício pelo juiz, devem ser respeitados os princípios constitucionais do contraditório e do devido processo legal. Neste sentido, Antonio Martin afirma que:

"A regra em apreço representa inovação em relação à Lei anterior (Decreto-lei 7.661/1945), possibilitando a declaração de ineficácia independentemente do ajuizamento da ação revocatória.

"O legislador, que foi cuidadoso ao exigir ação própria para desconstituição da personalidade jurídica (art. 82, da Lei 11.101/2005), não tomou o mesmo cuidado quando permitiu que a declaração de ineficácia pudesse ocorrer de ofício ou motivada por simples requerimento nos próprios autos da falência. A declaração de ineficácia, consoante disposição dos atos previstos no art. 129 da Lei 11.101/2005, deveria ser precedida do devido processo legal, com intimação do terceiro que contratou com o falido, para que expusesse razões de defesa, acompanhando, assim, o mandamento constitucional, inserido no art. 5º, LIV, da CF. Evidentemente, a desobediência ao devido processo legal, poderá criar situações contenciosas que ensejarão recursos retardatários do feito falimentar" (*Comentários à Lei de Recuperação de Empresas e Falências*, São Paulo, Ed. RT, 2005, p. 463).

Com o advento da LRE, a doutrina majoritária[8] passou a entender que apenas os atos mencionados no art. 130 dessa lei, para serem revogados, necessitam de ação revocatória (art. 132 da LRE[9]).

6. Conclusões

Em nosso entendimento, foi acertada a decisão do Tribunal de Justiça do Estado de São Paulo, no que diz respeito à legitimidade das impetrantes. Isto porque as mesmas não participaram do processo falimentar e, em consonância com o disposto na Súmula 202 do STJ e no inciso II do art. 5º da Lei n. 12.016/2009, é cabível a impetração de mandado de segurança por terceiro contra decisão judicial proferida em processo do qual não participava.

Ademais, considerando que estabelecimento e todo complexo de bens organizados, para exercício da empresa, por empresário, ou por sociedade empresária, entendemos acertada a decisão, proferida em segunda instância, no sentido de que a cessão de quotas da Iansa à Iansa Overseas e desta ao The Vision, não se confunde com trespasse do estabelecimento. Portanto, também entendemos que a 12ª alteração do contrato social da Sófruta não poderia ter sido declarada ineficaz com base no art. 129, inciso VI, da LRE.

Diferentemente do que foi afirmado no acórdão, defendemos que, mesmo que a alienação de quotas tivesse sido realizada após a decretação da concordata preventiva, recuperação judicial e convolação em falência, por a alienação de participação acionária não se confundir com a transferência de estabelecimento, também não haveria possibilidade de aplicação do inciso VI do art. 129 da LRE e, consequentemente, de declaração de ineficácia da 12ª alteração do contrato social da Sófruta.

8. Neste sentido, Fábio Ulhoa Coelho (*Comentários à Nova Lei de Falências e de Recuperação de Empresas: (Lei n. 11.101, de 9.2.2005)*, 2ª ed., p. 353).

9. "Art. 132. A ação revocatória, de que trata o art. 130 desta Lei, deverá ser proposta pelo administrador judicial, por qualquer credor ou pelo Ministério Público no prazo de 3 (três) anos contado da decretação da falência."

Por fim, não obstante o acórdão analisado defender a necessidade de ação revocatória para declaração de ineficácia dos atos elencados no art. 129 da LRE, com base no parágrafo único deste mesmo artigo entendemos não ser necessário o ingresso com tal ação.

Apesar de concordarmos com a necessidade de observância aos princípios constitucionais do contraditório e do devido processo legal, defendemos que pode haver declaração da ineficácia dos atos praticados antes da falência de ofício pelo juiz, nos autos da falência se alegada em defesa ou em decisão de ação revocatória.

Bibliografia

BARRETO FILHO, Oscar. *Teoria do Estabelecimento Comercial*. 2ª ed. São Paulo, Saraiva, 1988.

BEZERRA FILHO, Manoel Justino. *Nova Lei de Recuperação e Falências Comentada: Lei 11.101, de 9 de fevereiro de 2005, Comentário Artigo por Artigo*. 3ª ed. São Paulo, Ed. RT, 2005.

______. *Jurisprudência da Nova Lei de Recuperação de Empresas e Falências: Decisões, Ofícios Judiciais, Resoluções, Sentenças, Acórdãos, dentre outros Documentos*. São Paulo, Ed. RT, 2005.

CAHALI, Yussef Said. *Fraude Contra Credores*. 4ª ed. São Paulo, Ed. RT, 2008.

CALÇAS, Manoel de Queiroz Pereira. "Da ineficácia e da revogação dos atos praticados antes da falência". *Revista do Advogado*, vol. 25, n. 83, set./2005.

COELHO, Fábio Ulhoa. *Comentários à Nova Lei de Falências e de Recuperação de Empresas (Lei n. 11.101, de 9.2.2005)*. 2ª ed. São Paulo, Saraiva, 2005.

DIREITO, Carlos Alberto Menezes. *Manual do Mandado de Segurança*. 4ª ed. Rio de Janeiro, Renovar, 2003.

FRANCO, Vera Helena de Mello, e, SZTAJN, Rachel. *Falência e Recuperação da Empresa em Crise: Comparação com as Posições do Direito Europeu*. Rio de Janeiro, Elsevier, 2008.

IMHOF, Cristiano. *Lei de Falências e de Recuperação de Empresas e Interpretação Jurisprudencial: Anotado Artigo por Artigo*. Florianópolis, Conceito Editorial, 2009.

MACHADO, Rubens Approbato (coord.). *Comentários à Nova Lei de Falências e Recuperação de Empresas*. São Paulo, Quartier Latin, 2005.

MEIRELLES, Hely Lopes. *Mandado de Segurança e Ações Constitucionais*. 33ª ed. São Paulo, Malheiros Editores, 2010.

SANTOS, Paulo Penalva (coord.). *A Nova Lei de Falências e de Recuperação de Empresas: Lei n. 11.101/2005*. Rio de Janeiro, Forense, 2006.

SOUZA JR., Francisco Satiro de, e, PITOMBO, Antônio Sérgio A. de (coords.). *Comentários à Lei de Recuperação de Empresas e Falências*. São Paulo, Ed. RT, 2005.

TOLEDO, Paulo F. C. Salles de, e, ABRÃO, Carlos Henrique (coords.). *Comentários à Lei de Recuperação de Empresas e Falência*. 4ª ed. São Paulo, Saraiva, 2010.

TZIRULNIK, Luiz. *Direito Falimentar*. 7ª ed. São Paulo, Ed. RT, 2005.

VALVERDE, Trajano de Miranda. *Comentários à Lei de Falências: (Decreto-lei n. 7.661, de 21 de junho de 1945)*. 4ª ed. Rio de Janeiro, Revista Forense, 1999.

Pareceres

NOTA INTRODUTÓRIA

O campo da aplicação do Direito Comercial é um tema extremamente recorrente na doutrina e na jurisprudência e isto tem a ver com a própria história desse pujante ramo do direito, em contínua evolução ao longo de muitos séculos.

Neste plano, a velha disputa sobre o conceito de *mercancia*, presente no art. 4º do Código Comercial de 1850, sempre retorna paralelamente à procura da identificação do campo de atuação do Direito Comercial, do entendimento do que seja empresa, atividade empresarial, empresário e sociedade empresária, entre outras tantas preocupações congêneres.

Não se trata de questão meramente acadêmica. O que se vê é uma intensa batalha em volta da conceituação daqueles institutos, extremamente acirrada pelo advento do Código Civil de 2002, mesmo que a motivação da empresa implique na busca do lucro.

Sintomática é a produção recente e descomprometida com esta matéria, demonstrada de forma exemplar por alguns artigos que foram publicados recentemente por esta *Revista*: "As Sociedades de Advogados e a Empresarialidade", de Newton Silveira; "O Que se Perdeu na Tradução", de Rachel Sztajn (*RDM* 153-154, à p. 7); "O Futuro do Direito Comercial no Brasil" (*RDM* 153-154, pp. 16-24), de Haroldo Verçosa, ou nosso "Autonomia do Direito Comercial e o Direito de Empresa" (*RDM* 155/156, pp 28-39).

A extrema atualidade desta discussão fez com que fossem requeridos por *empresa de auditoria* dois pareceres, um ao Prof. Haroldo Malheiros Duclerc Verçosa e outro ao Prof. Erasmo Valladão A. e N. França, ambos do Departamento de Direito Comercial da Faculdade de Direito da USP, que neles trabalharam de forma independente, sem ter notícia antecipada das encomendas.

Nos argumentos de ambos, houve algumas fontes coincidentes e o resultado dos dois estudos acima mencionados foi, em grande parte, concorde, especialmente no que diz respeito à inadequada interpretação que tem sido dada aos arts. 966 e 982 do Código Civil.

Um dos focos esteve na demonstração de que, ao menos quanto ao direito posto, a atividade intelectual remanesce no campo do Direito Civil, exceto quanto ao controverso instituto do *elemento de empresa*. E isto não quer dizer que os limites em questão sejam definitivos. O Direito Comercial tem evoluído naturalmente no tempo, objetivando o atendimento de conveniências econômicas, tanto quanto ao sabor das necessidades do legislador.

Isto posto, tomamos a liberdade de entender oferecer aos leitores interessados os dois pareceres que seguem.

PROF. MARCOS PAULO DE ALMEIDA SALLES
Pelo Comitê de Redação

Pareceres

SOCIEDADE QUE TEM POR OBJETO A PRESTAÇÃO DE SERVIÇOS DE NATUREZA INTELECTUAL É DE NATUREZA SIMPLES, QUALQUER QUE SEJA A FORMA DE SUA ORGANIZAÇÃO

ERASMO VALLADÃO AZEVEDO E NOVAES FRANÇA

A Consulta e os quesitos

A ilustre causídica Luciana Nini Manente, do prestigioso escritório Loeser e Portela Advogados, na condição de procuradora da Sociedade X, (doravante simplesmente Consulente), honra-nos com a Consulta abaixo, formulando, ao final, onze quesitos:

"Prezado Professor:

"Dando prosseguimento à conversa mantida no dia 7 de fevereiro p.p., vimos pela presente formalizar a apresentação do caso que enseja a necessidade do Parecer.

"A Consulente, Sociedade X, é uma sociedade de profissionais liberais de natureza simples, que tem por objeto social a prestação de serviços de auditoria e contabilidade (profissão intelectual), e, portanto, é formada exclusivamente por sócios contadores habilitados ao exercício da profissão, conforme se depreende de seu contrato social (cópia anexa).

"Em virtude da sua condição de sociedade de contadores, a Consulente sempre apurou e recolheu ao Município de São Paulo o Imposto sobre Serviços de Qualquer Natureza – ISSQN calculado com base no número de sócios e profissionais habilitados que prestam serviço em seu nome, mas que assumem responsabilidade pessoal, conforme previsto no art. 9º, § 3º, do Decreto-lei n. 406/1968, item 25 da lista anexa, e na própria Lei Municipal de São Paulo n. 13.701/2003, art. 15, itens 17.15 e 17.18 da lista anexa, cuja redação segue abaixo transcrita, *in verbis*:

"'Decreto-lei n. 406/1968: (...). Art. 9º. A base de cálculo do imposto é o preço do serviço. § 1º. Quando se tratar de prestação de serviços sob a forma de trabalho pessoal do próprio contribuinte, o imposto será calculado, por meio de alíquotas fixas ou variáveis, em função da natureza do serviço ou de outros fatores pertinentes, nestes não compreendida a importância paga a título de remuneração do próprio trabalho. (...). § 3º. Quando os serviços a que se referem os itens 1, 4, 8, 25, 52, 88, 89, 90, 91 e 92 da lista anexa forem pres-

1. *Contrato Social*: "Cláusula 3ª. Constitui objeto social a prestação, por meio de seus sócios, de serviços profissionais de natureza intelectual de auditoria e demais serviços inerentes à profissão de contador, conforme previsto no art. 25 do Decreto-lei n. 9.295/1946 e demais disposições aplicáveis".

tados por sociedades, estas ficarão sujeitas ao imposto na forma do § 1º, calculado em relação a cada profissional habilitado, sócio, empregado ou não, que preste serviços em nome da sociedade, embora assumindo responsabilidade pessoal, nos termos da lei aplicável. (...). Item 25: Contabilidade, auditoria, guarda-livros, técnicos em contabilidade e congêneres.'

"'Lei Municipal n. 13.701/2003: (...). Art. 15. Adotar-se-á regime especial de recolhimento do Imposto: (...); II – quando os serviços descritos nos subitens 4.01, 4.02, 4.06, 4.08, 4.11, 4.12, 4.13, 4.14, 4.16, 5.01, 7.01 (exceto paisagismo), 17.13, 17.15, 17.18 da lista do *caput* do art. 1º, bem como aqueles próprios de economistas, forem prestados por sociedade constituída na forma do § 1º deste artigo, estabelecendo-se como receita bruta mensal o valor de R$ 800,00 (oitocentos Reais) multiplicado pelo número de profissionais habilitados. § 1º. As sociedades de que trata o inciso II do *caput* deste artigo são aquelas cujos profissionais (sócios, empregados ou não) são habilitados ao exercício da mesma atividade e prestam serviços de forma pessoal, em nome da sociedade, assumindo responsabilidade pessoal, nos termos da legislação específica. § 2º. Excluem-se do disposto no inciso II do *caput* deste artigo as sociedades que: I – tenham como sócio pessoa jurídica; II – sejam sócias de outra sociedade; III – desenvolvam atividade diversa daquela a que estejam habilitados profissionalmente os sócios; IV – tenham sócio que delas participe tão somente para aportar capital ou administrar; V – explorem mais de uma atividade de prestação de serviços.'

"Apesar de a Consulente preencher todos os requisitos legais acima transcritos e *sem que houvesse qualquer alteração na legislação de regência*, o Município de São Paulo desenquadrou a Consulente do regime de recolhimento especial para exigir-lhe o recolhimento do ISSQN calculado com base no preço do serviço, ou seja, pela regra geral, conforme se depreende da decisão administrativa publicada no *Diário Oficial do Município* em 17 de dezembro de 2009.

"O Município de São Paulo fundamenta o desenquadramento da Consulente do regime especial de tributação do ISS em razão do seu suposto 'caráter empresarial', que na visão da Municipalidade Paulista decorre de sua estrutura organizacional (hierarquização do trabalho, plano de carreira para seus funcionários, grande número de funcionários contratados e existência de filiais em outros Municípios), o que retiraria, no seu entender, a pessoalidade na prestação dos serviços. A Consulente, a propósito, ressalta que não há na legislação federal ou municipal qualquer menção quanto ao caráter empresarial ser impeditivo da forma diferenciada de recolhimento do ISSQN!

"A jurisprudência do Superior Tribunal de Justiça é firme no sentido de que têm direito ao benefício fiscal previsto no art. 9º, § 3º, do Decreto-lei n. 406/1968 as 'sociedades civis uniprofissionais, que têm por objeto a prestação de serviço especializado, com responsabilidade pessoal e *sem caráter empresarial*' (AgRg no Ag 458.005-PR – destacamos).

"Embora o Superior Tribunal de Justiça não tenha definido especificamente o significado de 'caráter empresarial', ao julgar recursos interpostos pela Consulente decorrentes da discussão do ISSQN devido em outros Municípios onde possui filiais, manteve-se o entendimento dos Tribunais de Justiça de origem segundo o qual a sociedade desenvolveria sua atividade com caráter ou finalidade empresarial porque possui (i) complexa estrutura organizacional, (ii) alto faturamento anual, (iii) previsão contratual de pró-labore e distribuição de lucros aos sócios, (iv) muitos empregados, (v) filiais em outros Municípios, (vi) conotação de lucro na atividade e (vii) massificação do produto de sua atividade, razão pela qual se aproximaria mais das sociedades de capital que das sociedades de pessoas (EResp n. 866.286-ES, Rel. Ministro Hamilton Carvalhido, *DJe* 20.10.2010, AgRg no Ag n. 1.112.732-PR, Rel. Ministra Eliana Calmon, *DJe* 8.9.2009 e REsp n. 1.189.561-PR, Rel. Ministra Eliana Calmon, *DJe* 30.8.2010).

"Ainda, o Superior Tribunal de Justiça manifestou o entendimento segundo o qual as sociedades por quotas de responsabilidade limitada assumem feição empresarial:

"'Tributário. Agravo regimental no recurso especial. Ação declaratória cumulada com repetição de indébito. ISS. Sociedade profissional. Matéria decidida nas instâncias ordinárias. Reexame de prova. Desnecessidade. Afastamento da incidência da Súmula 7/STJ. Sociedade limitada. Caráter empresarial. Tratamento tributário privilegiado (art. 9º, §§ 1º e 3º, do DL 406/1968). Impossibilidade. Precedentes.

"'Acórdão recorrido em dissonância com a jurisprudência do STJ.

"'1. Trata-se de agravo regimental interposto pela Organização Contábil Globo S/C Ltda. contra decisão que deu provimento ao recurso especial do Município para afastar o privilégio do recolhimento do ISS com base em alíquotas fixas, previsto nos §§ 1º e 3º do art. 9º do Decreto-lei 406/1968, julgando prejudicado o apelo nobre da contribuinte.

"'2. Afasta-se, de pronto, os argumentos trazidos no presente recurso de que o relator 'não poderia este reverter a decisão de origem com base na reapreciação de provas' (fl. 590), pois, os fatos tal como postos no acórdão recorrido, não há falar em reexame dos elementos probatórios dos autos. Assim, não prospera a tese de incidência do Enunciado 7/STJ.

"'3. *A decisão foi proferida com base na jurisprudência mansa e pacífica no sentido de que o benefício da alíquota fixa do ISS somente é devido às sociedades unipessoais integradas por profissionais que atuam com responsabilidade pessoal,* ***não alcançando as sociedades empresariais, como as sociedades por quotas cuja responsabilidade é limitada ao capital social.***

"'4. O Tribunal de origem, ao analisar a demanda, consignou de forma expressa, que 'a contribuinte é uma sociedade civil por quotas de responsabilidade limitada' (fl. 330).

"'5. A orientação das Turmas que integram a Primeira Seção desta Corte firmou-se no sentido de que, 'nos termos do art. 9º, § 3º, do DL 406/1968, têm direito ao tratamento privilegiado do ISS as sociedades civis uniprofissionais, que tem por objeto a prestação de serviço especializado, com responsabilidade social e sem caráter empresarial' (AgRg no Ag 458.005-PR, 1ª Turma, Rel. Min. Teori Albino Zavascki, *DJ* 4.8.2003).

"'6. Agravo regimental não provido" (AgRg no REsp n. 1.178.984-SP, Rel. Ministro Benedito Gonçalves, *DJe* 5.11.2010 – destacamos).

"Neste contexto, solicitamos-lhe Parecer para o esclarecimento dos seguintes quesitos (os quesitos seguem ao final do Parecer)."

O Parecer

1. O entendimento segundo o qual a Consulente, pelas razões expostas na Consulta, se caracterizaria como uma sociedade empresária, nos parece, com a devida vênia, totalmente equivocado.

Mais ainda. Esse entendimento subverte abertamente o sistema do Código Civil, com consequências que não foram devidamente sopesadas nos julgamentos supramencionados, como será demonstrado.

2. Antes de mais nada, convém salientar que, salvo as sociedades por ações e as sociedades cooperativas – que se classificam pela *forma* –, todas as demais sociedades se classificam em simples ou empresárias pelo seu *objeto*, nos expressos termos do art. 982 e seu parágrafo único do Código Civil:

"Art. 982. Salvo as exceções expressas, considera-se empresária a sociedade *que tem por objeto* o exercício de atividade própria de empresário sujeito a registro (art. 967); e, simples, as demais. Parágrafo único. *Independentemente de seu objeto*, considera-se empresária a sociedade por ações; e, simples, a cooperativa."

Não há, portanto, dúvida ou ambiguidade possível: o que define uma sociedade como empresária ou simples é o *objeto social*, salvo as *exceções expressas*.[2]

Vale dizer também: não há possibilidade de *exceções implícitas!* E não as há porque, como se demonstrará ao longo deste Parecer, as graves consequências resultantes de uma insegurança jurídica, no tocante a essa questão, são catastróficas.

3. Ora, o objeto de qualquer sociedade constitui sua *atividade*.

Na conceituação mesma do contrato de sociedade, estabelecida no art. 981 do Código Civil,[3] isso resulta inequívoco: "Art. 981. Celebram contrato de sociedade as pessoas que reciprocamente se obrigam a contribuir, com bens ou serviços, *para o exercício de atividade econômica* e a partilha, entre si, dos resultados".

Portanto, toda e qualquer sociedade – simples ou empresária – tem por *objeto* – ou *escopo-meio* – uma atividade econômica.

E tem por *objetivo*, por *finalidade* – ou *escopo-fim* –, a partilha, entre os sócios, dos resultados dessa atividade.

4. Ora, qual é a atividade econômica que caracteriza um empresário sujeito a registro e que, se exercida por uma sociedade, a define como sociedade empresária?

Di-lo o art. 966, *caput*, do Código Civil: "Art. 966. Considera-se empresário quem exerce profissionalmente atividade econômica organizada para a produção ou a circulação de bens ou de serviços".

Por atividade econômica *organizada* entende-se aquela que congrega os fatores de produção: natureza, capital, trabalho e tecnologia.[4]

A atividade que caracteriza o empresário, de outra parte, deve ser exercida profissionalmente (excluída, portanto, a atividade de mera benemerência) e dirigir-se à produção ou circulação de *bens* ou de *serviços*.

Bens ou serviços. Por aí já se vê que seria difícil excluir dessa caracterização, por exemplo, um escultor que, profissionalmente, com o auxílio de diversos colaboradores, organizadamente, produzisse estátuas – que são *bens* – ou, da mesma forma, um médico ou advogado – que produzem *serviços*.

5. Bem por isso, o parágrafo único do mesmo dispositivo legal supracitado faz uma *exceção* ao disposto no *caput*:

"Art. 966. Considera-se empresário quem exerce profissionalmente atividade econômica organizada para a produção ou a circulação de bens ou de serviços. Parágrafo único. Não se considera empresário quem exerce profissão intelectual, de natureza científica, literária ou artística, *ainda com o concurso de auxiliares ou colaboradores*, salvo se o exercício da profissão constituir elemento de empresa."

O Código Civil expressamente excetua da conceituação de empresário, portan-

2. "As sociedades empresárias e as sociedades simples distinguem-se pelo objeto social, pela atividade exercida" (Silvio de Salvo Venosa e Cláudia Rodrigues, *Direito Civil – Direito Empresarial*, Atlas, 2010, p. 92). No mesmo sentido: Alfredo de Assis Gonçalves Neto, *Direito de Empresa*, 3ª ed., Ed. RT, 2010, p. 126. Haroldo Malheiros Duclerc Verçosa, *Curso de Direito Comercial*, vol. 2, Malheiros Editores, 2006, pp. 74-76.

3. O art. 981 do Código Civil acha-se localizado no Capítulo Único, do Título II, do Livro "Do Direito de Empresa", que trata das "Disposições Gerais" sobre o contrato de sociedade, que são aplicáveis tanto às sociedades simples como às empresárias.

4. Cf. Alfredo de Assis Gonçalves Neto, ob. cit., p. 73; Haroldo Malheiros Duclerc Verçosa, *Curso de Direito Comercial*, vol. 1, Malheiros Editores, 2004, p. 127; Silvio de Salvo Venosa e Cláudia Rodrigues, ob. cit., p. 19.

to – e mais adiante veremos por qual razão – quem exerce profissão intelectual, *ainda que de forma organizada*.

Nesse sentido, veja-se a clara, precisa e irretorquível lição de um dos mais conceituados mestres do Direito Comercial pátrio – o Professor Titular da Faculdade de Direito da Universidade Federal do Paraná, Alfredo de Assis Gonçalves Neto:

"*4. Quem não é empresário*

"Não se enquadra no conceito de empresário, segundo o parágrafo único do art. 966, 'quem exerce *profissão intelectual*, de natureza científica, literária ou artística, ainda com o concurso de auxiliares ou colaboradores'.

"*É importante esclarecer, desde já, que essa previsão, por excepcionar o 'caput' do art. 966, supõe, evidentemente, o exercício de atividade dessa natureza sob forma organizada e em caráter profissional, pois se assim não fosse, não precisava existir ressalva alguma*. Ou seja, se não se verificarem os pressupostos da atividade organizada e da atuação profissional do intelectual, não há como enquadrá-lo no art. 966, o que torna incogitável, por isso e por óbvio, subsumi-lo ao respectivo parágrafo: *por excluído já estar, a disposição excludente não o apanha*.

"Destarte, um escritor ocasional ou amador, mesmo que de sua produção intelectual faça profissão, não é empresário por não estar inserido no enunciado contido no *caput* do art. 966. Também o escritor profissional, que desenvolve sua atividade intelectual de modo organizado, com o concurso de colaboradores e com estrutura para produzir em escala, não é empresário porque, *embora abrangido pela referida regra, dela é excluído pelo disposto no seu parágrafo único*.

"Em primeira conclusão, portanto, não é empresário quem exerce atividade intelectual por qualquer meio, organizadamente ou não, sob forma empresarial ou não, em caráter profissional ou não, qualquer que seja o volume, intensidade ou quantidade de sua produção. Foi o que concluiu, aliás, a Comissão de Direito de Empresa na III Jornada promovida pelo Conselho da Justiça Federal: 'o exercício das atividades de natureza intelectual está excluído do conceito de empresa' (Enunciado n. 193, *III Jornada de Direito Civil*, p. 61)."[5]

A argumentação não poderia ser mais convincente!

6. Vejamos, agora, o porquê dessa exclusão.

Para tanto, o recurso ao Direito Comparado é inevitável, já que o nosso Código Civil de 2002, como ninguém desconhece, foi literalmente plasmado, na parte relativa ao direito de empresa, no Código Civil italiano,[6] que contém *exatamente a mesma exceção* no tocante à atividade intelectual, salvo se a mesma constituir elemento de empresa, como ocorre entre nós.

Quadra registrar, por oportuno, que não há ensinamento mais profundo e esclarecedor sobre o assunto do que o de Tullio Ascarelli – o jurista que viveu por doze anos aqui no Brasil, espalhando entre nós a sua cultura enciclopédica, escrevendo em português[7] – e que já foi chamado, por um autor brasileiro de renome, "de um

5. Ob. cit., p. 74, destaques nossos.

6. O art. 2.082 do Código Civil italiano, que define o empresário, assim reza, em tradução livre: "É empresário quem exerce profissionalmente uma atividade econômica organizada para o fim de produção ou troca de bens ou de serviços" (*È imprenditore chi esercita un'attività economica organizzata al fine della produzione o dello scambio di beni o di servizi*). Não é preciso muito esforço de imaginação para concluir que o art. 966, *caput*, do Código Civil brasileiro, é cópia quase *ipsis litteris* do retrocitado artigo do Código italiano.

7. Leia-se a incomparável coletânea de estudos intitulada *Problemas das Sociedades Anônimas e Direito Comparado*, Saraiva, 1945, com quase seiscentas páginas – leitura obrigatória para quem quiser se aprofundar em direito societário – bem como o *Panorama do Direito Comercial*, Saraiva, 1947, e os notáveis *Ensaios e Pareceres*, de 1952, reeditados agora pela Red Livros, Campinas, 2000.

dos maiores comercialistas de todos os tempos".[8]

"(...) o art. 2.238[9] coloca um limite em relação às prestações cumpridas no exercício das profissões intelectuais (porque também elas entram de maneira abstrata no conceito de uma atividade econômica produtora de serviços para o mercado); o termo 'profissão liberal', que, embora podendo, me parece, ser limitado às profissões nominais disciplinadas, ou às quais correspondam especiais 'listas'[10] (v. art. 2.229), é de interpretar-se com referência à *valoração social da natureza intelectual do serviço prestado* que, de resto, encontra a sua expressão no próprio e frequente recurso ao adjetivo 'liberal' para as profissões intelectuais. *A esta diversa valoração social correspondem princípios jurídicos diferentes daqueles gerais das atividades empresariais* e que se refletem na particular disciplina das várias profissões (particularmente elaborada para aquelas tradicionais), em cujo âmbito é frequentemente regulado (ao inverso do quanto ocorre para as atividades econômicas em geral) *o acesso ao exercício*, submetendo-o a condições rigorosas; *em relação às quais vigem normas, inspiradas na premissa de decoro da profissão, que impedem sistemas de concorrência* os quais, em oposição aos critérios das profissões intelectuais, se dizem justamente comerciais; em cujo âmbito resulta impossível não já uma organização, às vezes também relevante (porque a evolução da atividade profissional é exatamente no sentido de uma maior organização, como de uma maior especialização), *mas aquela produção em massa* que, pelo contrário, recordamos como conexa com os problemas suscitados pela atividade empresarial".[11]

As profissões intelectuais se distinguem da profissão do empresário, portanto, devido a uma diversa *valoração social*.

Em função dessa distinta valoração, vigem também princípios jurídicos diversos:

(i) o acesso à profissão não é livre, como na atividade empresarial (art. 170, parágrafo único, da Constituição de 1988[12]): depende de formação intelectual muito mais severa e de regular inscrição na respectiva corporação, por vezes com submissão a rigorosos exames, como no caso dos advogados *e também dos contadores*;[13-14]

8. Cf. Fábio Ulhoa Coelho, *Curso de Direito Comercial – Direito de Empresa*, 11ª ed., Saraiva, 2007, p. 32.

9. Diz o art. 2.238 do Código Civil italiano, em tradução livre: "Se o exercício da profissão constitui elemento de uma atividade organizada em forma de empresa, aplicam-se também as disposições do Título II (arts. 2.082 e ss.) (...)" (*Se l'esercizio della professione costituisce elemento di un'attività organizzata in forma d'impresa, si applicano anche le disposizioni del titolo II (2.082 ss.)* (...)). Aplicam-se, portanto, as disposições relativas aos empresários (arts. 2.082 e ss.), se o exercício da profissão intelectual consiste em elemento de empresa.

10. Na Itália, como no Brasil, para o exercício de algumas profissões (advogados, médicos, contadores, etc.) é necessário inscrever-se na respectiva corporação. Tal inscrição é feita numa "lista" ou "rol" ("albo" ou "elenco"), cf. art. 2.229 do Código Civil italiano, referido logo a seguir no texto.

11. Extraído do Capítulo VII do *Corso de Diritto Comerciale*, Milão, Giuffrè, 1962, intitulado "A atividade do empresário", tradução do signatário deste Parecer, publicada na *Revista de Direito Mercantil – RDM* 132/206-207 (destaques nossos).

12. "Art. 170. (...). Parágrafo único. É assegurado a todos *o livre exercício de qualquer atividade econômica*, independentemente de autorização de órgãos públicos, salvo nos casos previstos em lei." As exceções consistem nas atividades em que está em jogo a poupança da população, tais como as atividades ligadas ao mercado de capitais, financeiro, de seguros, etc.

13. A Lei 12.149/2010 instituiu o "Exame de Suficiência" para o exercício da profissão de contador: "Art. 12. Os profissionais a que se refere este Decreto-lei somente poderão exercer a profissão após a regular conclusão do curso de Bacharelado em Ciências Contábeis, reconhecido pelo Ministério da Educação, aprovação em *Exame de Suficiência* e registro no Conselho Regional de Contabilidade a que estiverem sujeitos".

14. Não se tem notícia de que o exercício de atividade empresarial exija formação em curso su-

(ii) imperam premissas de decoro, que impedem a *livre concorrência*, tal como a existente entre os empresários;[15]

(iii) finalmente, por mais que os serviços prestados possam ser, muitas vezes, repetitivos, inexiste a *produção em massa*, característica da atividade empresarial.[16]

7. De sua parte, o eminente mestre Sylvio Marcondes – como se sabe, o autor do anteprojeto do Livro II do atual Código Civil, que regula o Direito de Empresa –, salientava ainda que, da ampla conceituação de empresário, o anteprojeto excluía, como o Código veio a excluir, "(...) quem exerce profissão intelectual, mesmo com o concurso de auxiliares e colaboradores, por entender que, não obstante produzir *serviços*, como o fazem os chamados profissionais liberais, ou *bens*, como o fazem os artistas, *o esforço criador se implanta na própria mente do autor, de onde resultam, exclusiva e diretamente, o bem ou o serviço, sem a interferência exterior de fatores de produção*, cuja eventual ocorrência é, dada a natureza do objeto alcançado, meramente acidental".[17]

A atividade do profissional intelectual, pois, é uma atividade *criadora*, e não uma atividade de produção em massa, como a atividade empresarial.

8. Por todas as razões acima expostas, portanto, a atividade intelectual, de natureza científica, literária ou artística, não é considerada empresária, ainda quando exercida de forma organizada.

Mas o parágrafo único do art. 966 do Código Civil, tal como o art. 2.238 do Código Civil italiano, faz uma ressalva: se o exercício da profissão intelectual constituir elemento de empresa,[18] então o profissional se considera empresário.

Quando ocorre isso?

Quando, a par do exercício da atividade intelectual, há *outra atividade* não intelectual, de natureza empresária, à qual aquela primeira serve.

Ascarelli dá como exemplo as "casas de cura"[19] – hospitais – em que o serviço prestado pelo profissional intelectual é apenas elemento de uma atividade empresarial, que abrange, além dos serviços médicos, serviços de hotelaria, tais como hospedagem, lavanderia, restaurante, lanchonete, estacionamento, lojas, bancas de revistas, etc.

perior e nem da existência de exames para inscrição nas Juntas Comerciais...

15. O Código de Ética dos contadores não chega a vedar a publicidade dos serviços, mas coloca limites que não existem para os empresários (salvo, evidentemente, a hipótese de concorrência desleal): "Art. 3º. No desempenho de suas funções, é vedado ao Profissional da Contabilidade: *(redação alterada pela Resolução CFC n. 1.307/2010, de 9.12.2010)* I – anunciar, em qualquer modalidade ou veículo de comunicação, conteúdo que resulte na diminuição do colega, da Organização Contábil ou da classe, em detrimento aos demais, sendo sempre admitida a indicação de títulos, especializações, serviços oferecidos, trabalhos realizados e relação de clientes; *(redação alterada pela Resolução CFC n. 1.307/2010, de 9.12.2010)*. (...). Art. 8º. É vedado ao Profissional da Contabilidade oferecer ou disputar serviços profissionais mediante aviltamento de honorários ou em concorrência desleal *(redação alterada pela Resolução CFC n. 1.307/2010, de 9.12.2010)*". *Imagine-se uma tabela de honorários para os empresários!*

16. No caso da Consulente, ainda que ela atenda as grandes empresas do país para o mesmo fim (auditar as demonstrações financeiras), cada uma dessas empresas atua em um mercado distinto (e mesmo as que atuam no mesmo mercado têm modelos de negócio diversos), o que implica em tributação (cada Estado tem uma regra, por exemplo) e contabilização únicas – ou seja, cada trabalho é um trabalho.

17. Cf. *Problemas de Direito Mercantil*, Max Limonad, 1970, p. 141 (destaques nossos).

18. O art. 2.238 do Código Civil italiano fala, como se viu, em "elemento de atividade organizada em forma de empresa". O Anteprojeto do Código Civil brasileiro utilizava a frase "elemento de atividade organizada em empresa", que foi abreviada, na Câmara dos Deputados, para "elemento de empresa". Segundo Alfredo de Assis Gonçalves Neto, essa simplificação do dispositivo "não ocorreu para mudar-lhe o sentido, senão para limpá-lo de expressões que seriam aparentemente inúteis" (cf. o artigo "Sociedade para o exercício de trabalho intelectual", em *Temas de Direito Societário e Empresarial Contemporâneos*, Malheiros Editores, 2011, p. 44).

19. Cf. *RDM* 132/207-208.

Outro exemplo, com uma distinção esclarecedora dada pelo mestre: as sociedades formadas por conjuntos orquestrais ou teatrais consistem em sociedades simples, ao contrário das sociedades que se dediquem à atividade de espetáculos públicos, pois aí o exercício da atividade musical ou teatral será elemento da empresa de espetáculos.[20-21]

9. No Brasil, Alfredo de Assis Gonçalves Neto assim se manifesta sobre a questão: "A norma procura regular situações em que há uma empresa e o trabalho intelectual nela adentra como um dos seus componentes. É o caso do médico que fornece hospedagem para clientes em um *spa* (*sanus per acquam*) e, ao mesmo tempo, atua na área de sua habilitação profissional, dando-lhes atendimento clínico. É o caso, também – lembrado por Ascarelli –, do farmacêutico que, além de exercer seu ofício aviando receitas, compra e vende medicamentos. Tanto a prestação do serviço médico, no primeiro caso, como o exercício da farmácia, no segundo, sujeitam cada qual dos profissionais a uma particular e complexa legislação especial; mas, estando as respectivas profissões integradas a uma outra atividade de natureza empresarial (como o são a hospedagem e a intermediação de remédios), o médico e o farmacêutico que assim as exercem consideram-se empresários e devem inscrever-se no Registro Público das Empresas, subsumindo-se às disposições correspondentes".[22]

No mesmo sentido, os ensinamentos de Haroldo Verçosa, invocando a lição de Francesco Galgano: "Segundo Galgano, o titular de uma atividade intelectual (inclusive o artista) *transforma-se em empresário tão somente quando desenvolve uma atividade ulterior diversa da atividade intelectual – aquela, sim, considerada empresarial*. Ou seja, ***duas atividades são realizadas em conjunto***, uma intelectual e outra empresarial, ficando a primeira subsumida na segunda, ***como elemento desta***. Para ilustrar sua interpretação, aquele autor lembra os casos do médico que administra uma clínica privada de ensino. Referindo-se ao farmacêutico, Galgano chega a mencionar a existência de uma *azienda farmacêutica* – o conjunto de bens por ele utilizado no exercício da atividade, na qual predomina a venda de medicamentos fabricados industrialmente".[23]

E, ainda, de Silvio Venosa e Cláudia Rodrigues:

"Explorar uma atividade econômica de forma organizada, no sentido de produzir riquezas, é requisito necessário para a condição de empresário. Não é condição única e suficiente, posto que há atividades que consistem na produção de bens ou serviços, exercidas profissionalmente, não dando lugar, porém, a uma empresa.

"Essas atividades são descritas no parágrafo único do art. 966 do CC – as atividades profissionais intelectuais ou artistas. Aqui, se colocam médicos, advogados, engenheiros, administradores, economistas, *contadores*, escultores, cantores, escritores etc.

"Essa regra comporta a exceção prevista na parte final do parágrafo: os profissionais intelectuais e os artistas adquirem a condição de empresários *quando desenvolvem uma atividade distinta da intelectual ou artística e considerada em si mesma empresária*. É o caso, por exem-

20. *RDM* 132/207. A jurisprudência hodierna da Corte de Cassação italiana, citada pelos conceituadíssimos Giorgio Cian e Alberto Trabucchi (*Commentario Breve al Codice Civile*, 6ª ed., CEDAM, 2002, pp. 2.055-2.056), vai no mesmo sentido das considerações de Ascarelli. Já se julgou, inclusive, que são empresários os entes eclesiásticos civilmente reconhecidos que exercitam profissionalmente atividade hospitalar (ob. e loc. cits.).

21. A propósito, já o Regulamento 737, de 1850, que arrolava as hipóteses de mercancia, incluía entre elas a empresa de espetáculos públicos (art. 19, § 3º).

22. *Temas de Direito Societário*..., cit., p. 45.

23. *Curso*..., vol. 1, p. 143 (itálicos do original, negritos nossos).

plo, do professor que administra uma instituição de ensino privada, do médico que administra um hospital ou clínica, do músico que empresaria sua banda, pois, nesse caso, tornam-se empresários, explorando atividades típicas de empresa. A atividade intelectual se organiza como empresa.

"Os profissionais liberais são criadores de riqueza como qualquer empresário, uma vez que, na maioria das vezes, desenvolvem atividade profissional de forma organizada, não se diferenciando, assim, de qualquer prestadora de serviços. Não se vê razão real para essa diferenciação. O contexto é mais *ético* [obs. nossa: *a valoração social de que fala Ascarelli...*] do que jurídico."[24]

10. Um dos argumentos, porém, pelos quais se pretende caracterizar a Consulente como sociedade empresária, conforme relatado na Consulta, estaria na sua estrutura organizacional (hierarquização do trabalho, plano de carreira para seus funcionários, grande número de funcionários contratados e existência de filiais em outros Municípios).

O argumento, com a devida vênia, não resiste à uma análise mais aprofundada.

Em primeiro lugar, quando o art. 966 do Código Civil (e o seu correspondente art. 2.082 do Código Civil italiano) fala em atividade econômica organizada, isto não está a significar que haja necessidade de congregar necessariamente todos os fatores de produção, entre eles o trabalho alheio.

O eminente comercialista italiano Vincenzo Buonocore, em detalhada monografia sobre a empresa, assim se manifesta sobre o assunto:

"Pode-se, neste ponto, concluir o discurso, precisando que, para fins da *essencialidade*, ocorre a empresa igualmente quando, de um lado, *haja simples organização de bens e não destes e das energias laborativas em conjunto – bastando, pois, que haja estabelecimento (como complexo de capitais e de bens) predisposto ao exercício da empresa e não sendo indispensável que haja a organização do trabalho de outrem* – e, de outro lado, que a atividade se desenvolva também com o auxílio de empregados, mas sem o emprego de instrumentos materiais.

"(...).

"À luz de tais critérios, é empresa também aquela na qual o empresário exerce a atividade utilizando somente o fator capital e o próprio trabalho, sem criar nenhuma organização intermediária do trabalho de outrem, como – é exemplo clássico que se traz em apoio – no caso de uma lavanderia automatizada, *recte* movida a fichas, que, ao menos usualmente, não ocupa nenhum funcionário."[25]

No mesmo sentido, Pier Giusto Jaeger, Francesco Denozza e Alberto Toffoleto: "Quando se enfrentaram os problemas práticos de interpretação desta norma, a primeira concepção que entrou em crise foi aquela da empresa como organização do trabalho. Fez-se um exemplo deste tipo: suponhamos que haja um senhor que produz bens e serviços com cinco funcionários. Este é seguramente um empresário (...). A um certo ponto esse senhor compra uma máquina que faz o trabalho dos cin-

24. Ob. cit., p. 22 (destaques nossos).

25. *L'Impresa*, Turim, G. Giappicheli Editore, 2002, pp. 125-126 (destaques nossos). No original: "Si può a questo punto, concludere il discorso, precisando che, ai fini dell'*essenzialità*, ricorre l'impresa anche quando, da un lato, vi sia semplice organizzazione di beni e non di questi e di energie lavorative insieme – bastando, cioè, che vi sia l'azienda (come complesso di capitali e di beni) predisposta per l'esercizio dell'impresa e non essendo indispensabile che vi sia l'organizzazione di lavoro altrui – e, dall'altro, che l'atività si svolga anche con il solo ausilio di personale umano, ma senza l'impiego di strumenti materiali. (...) Alla stregua di tali criteri, è impresa anche quella in cui l'imprenditore esercita l'attività utilizzando solo il fatore capitale e il proprio lavoro, senza creare alcuna organizzazione intermediatrice del lavoro altrui, come – è l'esempio classico che si porta a suffragio – nel caso di una lavanderia automatizzata, *recte* a gettone, che, almeno di norma, non occupa alcun dipendente".

co funcionários e, dessa forma, substitui os cinco pela máquina que opera pessoalmente. Pode-se dizer que não é mais um empresário porque não tem uma organização de trabalho? Evidentemente, não. Assim sendo, a *organização do trabalho* é uma organização que em uma empresa normalmente existe, mas que *não é absolutamente essencial*. Não se pode dizer que não há uma empresa se falta a organização de trabalho".[26]

Vê-se, assim, que pode haver empresa mesmo *sem organização do trabalho alheio*.[27]

Se assim é, se a organização do trabalho de outrem é indiferente para qualificar uma atividade como empresarial, como pretender classificar a Consulente como sociedade empresária somente porque dispõe de tal organização?

Há, evidentemente, algo de errado aí.

11. E o erro está justamente em querer identificar uma atividade pela sua organização[28] e não pela sua *natureza*.

O gênio de Ascarelli também já havia advertido para esse ponto: "A classificação legal dos que exercem profissões intelectuais entre os trabalhadores autônomos induz, frequentemente, a reconhecer (assim, como veremos, ocorre de maneira geral com os trabalhadores autônomos) na falta de organização a razão da sua exclusão do âmbito dos empresários. *Isto, todavia, me parece em contraste com o art. 2.238, primeiro parágrafo, que faz referência à aplicação das normas em tema de empresa só quando o exercício da profissão constitua 'elemento de uma atividade organizada em forma de empresa'; trata-se, portanto, de uma hipótese distinta daquela da contratação de pessoal* (para tais fins, ao invés, mencionando não somente auxiliares, mas também substitutos) ***e, assim, da objetiva existência de uma organização****, que pode até ser relevante (e que, como recordamos, tende a aumentar na atual evolução da profissão, aumentando também a importância e a frequência de estudos nos quais cooperam numerosos profissionais, em uma organização única na qual as várias atividades pessoais encontram a sua coordenação) e importar, sempre, uma certa 'despersonalização'*, perante a qual podem, na verdade, também propor-se problemas não distantes daqueles que se propõem com relação aos empresários,

26. Cf. *Appunti di Diritto Commerciale – Impresa e Società*, 6ª ed., Milão, Giuffrè, 2006, p. 19 (destaques do original), que assim reza: "Quando sono stati affrontati i problemi pratici de interpretazione di questa norma, la prima concezioni che è entrata in crisi è stata quella dell'impresa come organizzazione di lavoro. Si è fatto un exempio di questo tipo: supponiamo che via sia un signore que produce bene e servizi con cinque dipendenti. Questo è sicuramente un imprenditore (...). A un certo punto questo signore compera una macchina que fa il lavoro dei cinque dipendenti, e quindi sostituisce i cinque dipendenti con la macchina que manovra personalmente. Si può dire che non è più un imprenditore perché non ha un'organizzazione di lavoro? Evidentemente no. Quindi la *organizzarione del lavoro* è un'organizzazione che in un impresa normalmente esiste, ma che *non è assolutamente essenziale*. Non si può dire che non vi è un'impresa se manca un'organizzazione di lavoro".

27. Neste sentido, também se manifesta, no direito brasileiro, Haroldo Verçosa, invocando expressamente a lição de Buonocore, supracitada, e ponderando ainda: "Suponha-se um caso-limite: um empresário individual ou uma sociedade empresária formada por dois únicos sócios exerce atividade inteiramente automatizada, seja por recorrer integralmente a robôs, seja pela utilização exclusiva de computadores, sem contar com qualquer empregado ou prestador de serviços. Mesmo assim deve ser reconhecida a existência da empresa, desde que presentes os demais requisitos" (*Curso...*, vol. 1, p. 126).

28. O requisito organização, para caracterização da empresa, é hoje completamente desvalorizado por parte da doutrina italiana, que o considera supérfluo. Jaeger, Denozza e Toffoleto observam, inclusive, que pode haver empresa sem organização do trabalho alheio e também sem organização de bens, lembrando o exemplo clássico do corretor profissional, que pode exercer a sua atividade utilizando simplesmente uma mesinha e um telefone e ao qual seria difícil negar a qualificação de empresário (ob. cit., pp. 19-20). Francesco Galgano considera a organização um "pseudo-requisito" (*Diritto Civile e Commerciale*, vol. 3, *L'Impresa e le Società*, 4ª ed., CEDAM, 2004, p. 37).

especialmente naqueles setores nos quais não se encontra a sanção das normas de ética profissional. *Não é, pois, uma pretensa constante falta de organização que leva a excluir os que exercem profissões intelectuais do âmbito dos empresários, mas uma valoração social que a seguir se liga com aquela diversa disciplina no acesso ao mercado e na produção e oferta de serviços que recordamos acima*".[29]

12. Mas a estocada final na tese que se levanta contra a Consulente é dada pela maestria dos três grandes comercialistas retrocitados: Jaeger, Denozza e Toffoleto:

"Segundo alguns, a distinção entre os empresários que têm uma organização e o profissional que não tem uma organização extrai-se de um artigo do Código. O art. *2.338*, primeiro parágrafo, CC, diz: '*Se o exercício da profissão constitui elemento de uma atividade organizada em forma de empresa, aplicam-se as disposições do título II*' (isto é, as disposições sobre a empresa). Esta é uma norma colocada entre as normas sobre as profissões intelectuais. Deve ela ser lida no sentido de que se um profissional tem uma organização (por ex., um médico, que tem funcionários e aparelhos, máquinas etc.) se torna empresário ou vai lida em modo diverso?

"Em nosso entender a norma não significa que um profissional que tem uma organização se torna um empresário. É a própria estrutura da norma que exclui tal interpretação. Ela diz: *se o exercício da profissão constitui elemento de uma atividade organizada em forma de empresa*; não diz 'se a atividade de um profissional é organizada em forma de empresa'. Portanto *a atividade do profissional permanece distinta da atividade organizada em forma de empresa*."[30]

O argumento é irresistível.

Há de haver *duas* atividades: a atividade organizada em forma de empresa *e mais a atividade do profissional*. Não é só a esta última, portanto, que a norma se refere.

É exatamente a interpretação que se deve dar ao parágrafo único, do art. 966, do Código Civil: "Parágrafo único. Não se considera empresário quem exerce profissão intelectual, de natureza científica, literária ou artística, ainda com o concurso de auxiliares ou colaboradores, *salvo se o exercício da profissão constituir elemento de empresa*".

É preciso existir, portanto, *uma empresa* – atividade econômica organizada para a produção ou circulação de bens e serviços – e, nela, *também o exercício da profissão intelectual*, como um seu *elemento*. São duas coisas diversas.

A lei brasileira, tal como a italiana, também não disse "salvo se o exercício da profissão se der de forma empresarial", ou "empresarialmente".

13. Prosseguem Jaeger, Denozza e Toffoleto, esclarecendo o seu pensamento:

"Se um médico exerce a profissão em uma clínica de sua propriedade, que ele mesmo administra, a sua atividade como médico permanece uma atividade profis-

29. *RDM* 132/208 (destaques nossos).

30. Ob. cit., pp. 22-23 (destaques do original), que assim reza: "Secondo alcuni la distinzione tra gli imprenditori che hanno un'organizzazione e il professionista che non ha un'organizzazione, si trae da un articolo del codice. L'art. *2.338* primo comma c.c. dice: '*Se l'esercizio della professione costituisce elemento de un'attività organizzata in forma di impresa, si applicano anche le disposizioni del titolo II*' (cioè le disposizioni sull'impresa). Questa è una norma collocata tra le norme sulle professioni intellettuali. Essa deve essere letta nel senso che se un professionista ha un'organizzazione (per es. un medico, che ha dei dipendenti e delle apparecchiature, delle macchine, ecc.) diventa imprenditore o va letta in modo diverso? A nostro avviso la norma non significa che il professionista che ha un'organizzazione diventa un imprenditore. È la stessa struttura della norma ad escludere questa interpretazione. Essa dice: *se l'esercizio della professione costituisce elemento de un'attività organizzata in forma di impresa*; non dice 'se la attività di un professionista è organizzata in forma di impresa. Quindi *l'attività del professionista rimane distinta dall'attività organizzata in forma di impresa*".

sional que se insere, porém, como elemento de uma atividade mais ampla (gestão da clínica) por ele desenvolvida e que constitui, ela sim, uma atividade de empresa. Tal é de fato a atividade da clínica, porque a clínica não se limita a curar os doentes (coisa que o médico pode muito bem fazer acudindo ao leito deles), mas fornece toda uma série de serviços, também do tipo hoteleiro.

"Esta é atividade de empresa, tanto é verdade que a clínica pode muito bem ser gerida por alguém que não é médico, ou pode ser gerida por uma sociedade, porventura constituída de médicos. *Em todas estas hipóteses, porém, uma coisa é a atividade de empresa e outra coisa é a atividade profissional.* Permanecem todas as obrigações do tipo profissional, como, por exemplo, para um médico, a obrigação de respeito ao sigilo profissional, também na gestão da clínica. Aquele médico é, ao mesmo tempo, profissional intelectual ***e*** empresário.

"Em conclusão: a distinção entre o profissional intelectual e o empresário não pode ser fundada na organização de um, contraposta à não organização do outro, antes de tudo porque uma distinção desse gênero não corresponde à realidade e depois porque não encontra fundamento na lei."[31]

Tollitur quaestio!

14. Até aqui, porém, o tema foi explorado sobretudo à vista da figura do empresário individual.

No caso das sociedades de profissionais, como a Consulente, porém, a questão ganha ainda outros contornos, como pondera, com argúcia, Alfredo de Assis Gonçalves Neto:

"(...) a sociedade celebrada entre quem exerce atividade intelectual ou entre profissionais liberais tendo por objeto *atividade que não é própria de empresário* – ou, por outra, *não tendo por objeto o exercício de atividade própria de empresário* – deve ser classificada como sociedade simples. Essa conclusão independe de qualquer elemento de ordem subjetiva: figurando no contrato social que determinada sociedade tem por objeto o exercício de atividade intelectual, ela será simples. É o que basta, aí não influindo fatores externos, como quantidade, organização, número de colaboradores ou auxiliares etc., ***já que o objeto é determinado na assinatura do ato constitutivo da sociedade – antes, portanto, de ser dado início à sua consecução, sendo impossível aferir, em tal momento, como ela irá desenvolver a atividade descrita no contrato social***. A sociedade que nasce para exercer atividade intelectual, ainda que não a exerça ou que o faça de maneira eventual, desorganizada ou, ainda, muito bem organizada, é e será sempre simples, não tendo como ser classificada no rol das empresárias.

"***Fixado o critério distintivo no objeto social*** (e não no modo de atuar no

31. Ob. cit., p. 23, destaques nossos, negrito do original, cujo texto é o seguinte:

"Se un medico esercita la professione in una clinica di sua proprietà che egli stesso gestisce, la sua attività come medico rimane un'attività professionale che però se inserisce come elemento della più ampia attività (gestione della clinica) da lui svolta e che costituisce, essa sì, un'attività d'impresa. Tale è infatti l'attività della clinica, perché la clinica non si limita a curare gli ammalati (cosa che può fare benissimo il medico accorrendo al loro capezzale), ma fornisce tutta una serie di servizi, anche di tipo alberghiero.

"Questa è attività di impresa, tanto è vero che la clinica può benissimo essere gestita da uno che non è medico, oppure può essere gestita da una società, magari costituita da medici. In tutte queste ipotesi, però, una cosa è l'attività d'impresa e altra cosa è l'attività professionale. Rimangono tutte le obbligazioni di tipo professionale, quale per es. per un medico, l'obbligo del rispetto del segreto professionale, anche nella gestione di una clinica. Quel medico, è, al stesso tempo, professionista intelettuale ***e*** imprenditore.

"In conclusione: la distinzione tra il professionista intelettuale ***e*** l'imprenditore, non può essere fondata sull'organizzazione dell'uno contraposta alla non organizzazione dell'altro, prima di tutto perché una distinzione di questo genere non risponde a realtà, e poi perché non trova fondamento nella legge."

mercado, como se dá com relação à pessoa natural do empresário), ***a natureza da sociedade não muda segundo sua performance financeira, estrutura ou organização***; isso só ocorrerá na eventualidade de, em alteração contratual, mudar seu objeto social."[32-33]

15. Ora, o objeto social da Consulente é claríssimo: "Cláusula 3ª – Constitui objeto social a prestação, por meio de seus sócios, *de serviços profissionais de natureza intelectual de auditoria e demais serviços inerentes à profissão de contador*, conforme previsto no art. 25 do Decreto-lei n. 9.295/1946 e demais disposições aplicáveis".

Não há, pois, a menor dúvida de que a Consulente é sociedade simples, e não sociedade empresária.[34]

Seus sócios são todos contadores e praticam a profissão por meio da sociedade que integram.

Inexiste *outra empresa* da qual o serviço prestado por meio da Consulente constitua um *elemento*.

A atividade é uma só!

16. Acresce ainda, como se disse de início, inexistir a possibilidade, nessa matéria, de estabelecer exceções que não se encontram *expressamente* na lei porque as graves consequências resultantes de uma insegurança jurídica no tocante a essa questão são calamitosas.

E tais consequências, parece, nem sequer foram vislumbradas nos julgamentos citados na Consulta.

17. A primeira delas é a seguinte:

A personalidade jurídica no direito brasileiro se adquire pela inscrição da sociedade *no registro próprio*, a teor do que expressamente dispõem os arts. 45 e 985 do Código Civil, *in verbis*:

"Art. 45. Começa a existência legal das pessoas jurídicas de direito privado com a inscrição do ato constitutivo ***no respectivo registro***, precedida, quando necessário, de autorização ou aprovação do Poder Executivo, averbando-se no registro as alterações por que passar o ato constitutivo."

"Art. 985. A sociedade adquire personalidade jurídica com a inscrição, *no registro próprio* e na forma da lei, dos seus atos constitutivos (arts. 45 e 1.150)."

O art. 1.150, por sua vez, assim dispõe: "Art. 1.150. *O empresário e a sociedade empresária vinculam-se ao Registro Público de Empresas Mercantis a cargo das Juntas Comerciais*, e a sociedade simples ao Registro Civil das Pessoas Jurídicas, o qual deverá obedecer às normas fixadas para aquele registro, se a sociedade simples adotar um dos tipos de sociedade empresária".

18. Como facilmente se pode deduzir, se uma sociedade empresária se inscrever no Registro Civil das Pessoas Jurídicas *ela não adquire personalidade jurídica!* Não é o seu *registro próprio*.[35]

32. *Temas de Direito Societário...*, cit., p. 49, itálicos do original, negritos nossos.

33. No mesmo sentido, lembra Haroldo Verçosa o exemplo dos grandes escritórios de advocacia: "Enquanto isso, por exemplo, grandes escritórios de Advocacia assumem uma organização tecnicamente empresarial. São dotados de departamentos de recursos humanos, de contabilidade, de cobrança, de compras etc. Mas eles não atuam, e nem podem atuar, para o mercado, remanescendo sua atividade plenamente no campo intelectual, não podendo ser caracterizada como elemento de empresa" (*Curso...*, vol. 1, p. 146).

34. "De modo correspondente, não há exercício de atividade empresarial, no sentido do art. 2.082, *na atividade de uma sociedade entre profissionais*, ou seja (...), de uma sociedade (...) *que exerça uma atividade profissional* (...)" (ainda Ascarelli, *RDM* 132/207, destaques nossos).

35. Não bastasse a clareza da lei, veja-se a precisa lição de Arnoldo Wald: "*244.* Da conjugação dos dois artigos citados (44 e 45) decorre, no direito empresarial, a incidência do art. 985, isto é, a sociedade somente é considerada pessoa jurídica se os seus atos constitutivos forem devidamente inscritos *no registro competente*, que é o Registro Público de Empresas Mercantis, para as sociedades empresárias, e o Registro Civil de Pessoas Jurídicas, para as sociedades não empresárias (sociedades simples

Ora, se, com total *subversão* do sistema do Código Civil, passar-se a classificar as sociedades, não pelo seu *objeto*, como clara e explicitamente dispõe o art. 982, mas pela sua *organização*, todas as sociedades simples, inscritas no Registro Civil das Pessoas Jurídicas, que dispuserem de uma organização, configuram-se como *sociedades em comum*, nos termos do art. 986.[36]

Nesse tipo societário, todos os sócios respondem *solidária* e *ilimitadamente* pelas obrigações sociais, de forma *subsidiária*, mas o sócio que contratar pela sociedade responderá ainda de forma *direta!*[37]

Como se vê, embora essa questão possa ser suscetível de controvérsias,[38] as consequências do equivocado entendimento dos julgados citados na Consulta poderão ser trágicas.

19. E esse entendimento leva a uma total insegurança, que não pode permanecer no mundo jurídico.

Com efeito, qual é a organização que supostamente caracterizaria uma sociedade empresária?

Cinco empregados? Dez empregados? Cinquenta? Cem?

Da mesma maneira, quantos sócios seriam necessários para caracterizá-la?

E o faturamento: um milhão, cinco milhões, dez, cinquenta, etc.?

Em que momento de sua organização uma sociedade simples deveria migrar do Registro Civil das Pessoas Jurídicas para a Junta Comercial, a fim de não correr o risco de transformar-se em uma sociedade em comum?

Como se percebe, inexiste qualquer critério objetivo nesse absurdo entendimento, com a devida vênia.

20. E ele é absurdo porque leva ainda a diversas outras consequências extremamente negativas.

em sentido amplo)" (*Comentários ao Novo Código Civil*, Forense, 2005, p. 87, destaques nossos).

36. Que assim dispõe: "Art. 986. Enquanto não inscritos os atos constitutivos [leia-se, enquanto não inscritos no registro próprio, como dizem os arts. 45 e 985] reger-se-á a sociedade, exceto por ações em organização, pelo disposto neste Capítulo, observadas, subsidiariamente e no que com ele forem compatíveis, as normas da sociedade simples". Confira-se o ensinamento de Arnoldo Wald: "*250.* Na hipótese de não ser cumprido o requisito legal para a constituição da pessoa jurídica, existirá uma sociedade não personificada, especificamente, denominada 'sociedade em comum', disciplinada pelos arts. 986 a 990 do novo Código Civil (...)" (ob. cit., p. 88).

37. De acordo com o art. 990, que assim reza: "Art. 990. Todos os sócios respondem solidária e ilimitadamente pelas obrigações sociais, excluído do benefício de ordem, previsto no art. 1.024, aquele que contratou pela sociedade". Este último dispositivo tem o seguinte teor: "Art. 1.024. Os bens particulares dos sócios não podem ser executados por dívidas da sociedade, senão depois de executados os bens sociais".

38. Sob a égide do Código Civil anterior, Pontes de Miranda sustentava, a nosso ver – e com o máximo respeito pelo polimorfo jurista – sem razão, pois contra a letra da lei (art. 18 do Código Civil de 1916: "Começa a existência legal das pessoas jurídicas de direito privado com a inscrição dos seus contratos, atos constitutivos, estatutos ou compromissos *no seu registro peculiar*...") que o registro, qualquer que fosse, atribuía personalidade jurídica, "ainda que não tenha a restante eficácia que dele depende (*e.g.*, a comercialidade)" (cf. *Tratado de Direito Privado*, t. 1, 4ª ed., Ed. RT, 1983, p. 326). A sociedade mercantil registrada no Registro Civil das Pessoas Jurídicas, portanto, adquiriria personalidade jurídica, mas não seria considerada uma sociedade comercial regular. Com a máxima vênia, não faz sentido. Já Fábio Konder Comparato, em Parecer citado e endossado pela Consultoria Jurídica do Ministério da Indústria e Comércio (Parecer MICT/CONJUR n. 07/1997, referente ao Processo MJ n. 08000.024887/95-78, exarado pelo Consultor Jurídico José Mário Bimbato em 25.4.1997) entendeu, corretamente, que "De qualquer modo, o certo é que a sociedade cujos atos constitutivos não forem arquivados no registro apropriado *não adquirirá personalidade jurídica*, não podendo acionar os seus membros, nem a terceiros, embora estes possam responsabilizá-los por todos os seus atos (Código Civil, art. 20, § 2º)". Como quer que seja, ainda quando se acate a opinião de Pontes de Miranda, as consequências enumeradas a seguir no presente parecer (item 20), são – de acordo com essa mesma opinião – inafastáveis, eis que a sociedade mercantil não registrada no registro próprio não adquiriria "a comercialidade", ou seja, não se tornaria uma sociedade mercantil regular.

Com efeito, se a sociedade simples "organizada" (*sic*) é uma sociedade empresária, uma vez que ela não está inscrita em seu registro próprio, que é a Junta Comercial, tal sociedade:

(i) não terá legitimidade ativa para requerimento de falência de seu devedor (art. 97, IV e § 1º da lei falimentar – Lei 11.101/2005);

(ii) não terá legitimidade ativa para requerer recuperação judicial (arts. 48 e 51, V, da lei falimentar);

(iii) não terá possibilidade de autenticar os seus livros na Junta Comercial (art. 1.181, parágrafo único, do Código Civil), o que faz com que não tenham eles eficácia probatória em seu favor (arts. 226 do Código Civil e 379 do Código de Processo Civil);

(iv) perderá a proteção ao seu nome (art. 1.166 do Código Civil, *a contrario sensu*);

(v) ficará impossibilitada de participar de licitações, nas modalidades de concorrência pública e tomada de preço (Lei 8.666/1993, art. 28, III e IV).

Mas a mais catastrófica consequência está em que ela estará sujeita, evidentemente, à falência (art. 1º da Lei 11.101/2005).

E se isso ocorrer, o art. 178 da lei falimentar dispõe o seguinte:

"Art. 178. Deixar de elaborar, escriturar *ou autenticar*, antes ou depois da sentença que decretar a falência, conceder a recuperação judicial ou homologar o plano de recuperação extrajudicial, os documentos de escrituração contábil obrigatórios:

"Pena – detenção, de 1 (um) a 2 (dois) anos, e multa, se o fato não constitui crime mais grave."

O empresário e a sociedade empresária são obrigados a autenticar os seus livros no Registro Público de Empresas Mercantis. Só que, para que isso ocorra, é necessário que, antes, eles estejam inscritos naquele mesmo registro!

Veja-se o que dispõem o art. 1.181 e seu parágrafo único do Código Civil:

"Art. 1.181. Salvo disposição especial de lei, os livros obrigatórios e, se for o caso, as fichas, antes de postos em uso, devem ser autenticados no Registro Público de Empresas Mercantis.

"Parágrafo único. A autenticação não se fará sem que esteja inscrito o empresário, ou a sociedade empresária, que poderá fazer autenticar livros não obrigatórios."

21. Como se vê, a adotar-se o entendimento profligado neste Parecer, os administradores de uma sociedade simples organizada (*sic*) estarão, em princípio, sujeitos, na hipótese de falência, a responder por crime falimentar!

Sem nenhum critério objetivo *que indique qual o tipo, ou tamanho de organização, que possa caracterizar uma sociedade como empresária!*

Com a máxima vênia, é um disparate.

As sociedades, repita-se, classificam-se em simples e empresárias *pelo objeto*, nos precisos e claríssimos termos do art. 982 do Código Civil, que aqui se repetem:

"Art. 982. Salvo as exceções expressas, considera-se empresária a sociedade *que tem por objeto* o exercício de atividade própria de empresário sujeito a registro (art. 967); e, simples, as demais.

"Parágrafo único. *Independentemente de seu objeto*, considera-se empresária a sociedade por ações; e, simples, a cooperativa."

Com este critério ***legal***, *simples e objetivo*, dirime-se a questão, sem dar margem à total insegurança a que leva o entendimento oposto.

22. Afaste-se, outrossim, a alegação de que o *intuito lucrativo* diferenciaria as sociedades simples das sociedades empresárias.

Todas as sociedades – simples ou empresárias, repita-se –, têm por objetivo, ou finalidade, a distribuição de resultados entre seus membros: "Art. 981. Celebram contrato de sociedade as pessoas que *reciprocamente* se obrigam a contribuir, com bens ou serviços, para o exercício de atividade econômica *e a partilha, entre si, dos resultados*".

Tais resultados, como se deduz do art. 1.008 (que se acha precisamente no Capítulo relativo às *sociedades simples*) consistem justamente nos lucros (e nas perdas): "Art. 1.008. É nula a estipulação contratual que exclua qualquer sócio de participar *nos lucros* e nas perdas".

É exatamente essa a nota característica que distingue as *sociedades* das *associações*, definidas no art. 53 do Código Civil:[39]

"Art. 53. Constituem-se as associações pela união de pessoas que se organizem *para fins não econômicos*.

"Parágrafo único. Não há, entre os associados, direitos e obrigações *recíprocos*."

Como se vê, o intuito lucrativo distingue as sociedades *das associações*, mas não as sociedades simples das sociedades empresárias! E nem há, nas associações, direitos e obrigações recíprocos, como nas sociedades.

Toda sociedade tem intuito lucrativo!

23. Por final, a alegação de que a sociedade limitada é sociedade empresária choca-se, frontalmente, com o disposto no parágrafo único do art. 982 do Código Civil.

As únicas sociedades que são empresárias pela *forma* são as sociedades por ações (sociedade anônima e sociedade em comandita por ações, regidas pela Lei 6.404/1976).

O novo Código Civil, tal como o anterior o fazia com as sociedades civis (art. 1.364 do Código Civil de 1916), permite que as sociedades simples adotem a forma das sociedades empresárias, sem que, com isso, se transmudem de natureza: "Art. 983. A sociedade empresária deve constituir-se segundo um dos tipos regulados nos arts. 1.039 a 1.092;[40] *a sociedade simples pode constituir-se de conformidade com um desses tipos*, e, não o fazendo, subordina-se às normas que lhe são próprias".[41]

Respostas aos quesitos

1. A Consulente, sociedade simples, formada exclusivamente por auditores e contadores, cuja profissão é regulamentada, possui caráter empresarial, à luz do disposto no art. 966 do Código Civil?

R.: A Consulente não possui caráter empresarial, a teor do disposto no parágrafo único do art. 966 do Código Civil, pois seu objeto consiste em atividade de natureza intelectual.

2. A profissão de auditoria e contabilidade é considerada intelectual para fins de aplicação do parágrafo único do art. 966 do Código Civil? O que diferencia o "empresário" previsto no *caput* do art. 966 do Código Civil, da sociedade que exerce profissão intelectual disposta no seu parágrafo único?

R.: Sim. Auditoria e contabilidade são atividades de natureza intelectual, não podendo ser exercidas sem o diploma de contador, cujo curso, de nível superior, tem

39. Nesse sentido: Haroldo Verçosa, *Curso...*, vol. 2, pp. 47-48; Alfredo de Assis Gonçalves Neto, *Direito de Empresa*, p. 119.

40. A sociedade limitada é regulada nos arts. 1.052 a 1.087.

41. Cf. Alfredo de Assis Gonçalves Neto: "A norma faculta que a sociedade simples (i) siga as normas que lhe são próprias, previstas nos arts. 977 a 1.038, ou (ii) adote um dos tipos de sociedade empresária, caso em que se subordina às regras do tipo escolhido, *sem perder, no entanto, a sua qualidade de sociedade simples* (Miguel Reale, *História do Novo Código Civil*, p. 252)" (*Direito de Empresa*, p. 132, destaques nossos). No mesmo sentido, Haroldo Verçosa, *Curso...*, vol. 2, p. 74, e Arnoldo Wald, ob. cit., p. 83, este último trazendo à colação o Enunciado n. 57, do Centro de Estudos Judiciários do Conselho de Justiça Federal, do seguinte teor: "a opção pelo tipo empresarial não afasta a natureza simples da sociedade".

a duração de *quatro anos*. O profissional que exerce atividade intelectual, como o contador, por exemplo, também produz serviços, mas é excetuado da conceituação de empresário por uma diversa valoração social, como superiormente esclarecido por Tullio Ascarelli.

3. Qual o significado e abrangência da exceção prevista na parte final do parágrafo único do art. 966 do Código Civil, "*salvo se o exercício da profissão constituir elemento de empresa*"? Em que casos o exercício da profissão constitui elemento de empresa? Isso ocorre no caso da Consulente?

R.: A norma não diz que a atividade intelectual, se exercida de forma organizada, caracteriza uma atividade empresarial. Para que o exercício da profissão constitua um *elemento* de empresa é necessário que haja *duas* atividades: uma atividade empresarial (por ex., aquela exercida por um hospital) e a atividade intelectual *como elemento daquela* (o exercício da medicina). O que evidentemente não ocorre no caso da Consulente.

4. A quantidade de sócios e colaboradores da Consulente, sua estrutura, tamanho, forma de organização departamentalizada, volume de negócios, número de filiais ou o alto faturamento retira a pessoalidade da prestação de serviços e a transforma em uma sociedade com caráter empresarial?

R.: Definitivamente, não. O que distingue uma sociedade simples de uma sociedade empresária é o *objeto social*, nos claríssimos termos do art. 982 do Código Civil.

5. Caso a Consulente, sociedade simples, viesse a se estruturar na forma de sociedade por quotas de responsabilidade limitada, se tornaria uma sociedade empresária?

R.: Não. As únicas sociedades que se classificam pela *forma* são a sociedade cooperativa (que é sociedade simples) e as sociedades por ações (que são empresárias), conforme disposto no parágrafo único, do art. 982, do Código Civil. A sociedade simples pode se estruturar na forma de sociedade limitada sem transformar a sua natureza, nos exatos termos do art. 983 do mesmo diploma legal.

6. Os contadores e auditores possuem responsabilidade técnica pessoal e ilimitada decorrente das normas que regem a profissão (Conselho Federal de Contabilidade e Conselho Regional de Contabilidade). A Cláusula 9ª do Contrato Social prevê a responsabilidade solidária e ilimitada dos sócios e da sociedade, sendo que entre os sócios será proporcional à parte de cada um no capital social. Esta limitação, por si só torna a sociedade de profissionais em sociedade empresária? A limitação da responsabilidade contratual patrimonial retira a responsabilidade técnica e pessoal inerente ao exercício da profissão?

R.: É claro que a limitação da responsabilidade nada tem a ver com a natureza da sociedade, como se disse no quesito anterior. Ainda mais no caso da Consulente, em que a limitação ocorre apenas *interna corporis*.

7. A previsão de pró-labore ou a distribuição de dividendos, a participação no lucro e nas perdas no contrato social da sociedade de profissionais a torna uma sociedade empresarial?

R.: Evidentemente, não. Toda sociedade – simples ou empresária – tem por finalidade a distribuição de resultados (lucros ou perdas) entre seus sócios, nos precisos termos do art. 981 c/c o art. 1.008 do Código Civil. É justamente esse intuito lucrativo que distingue as sociedades das associações (art. 53 do mesmo diploma legal).

8. A Consulente, ao contar com auxiliares e colaboradores de outras áreas de atuação (tecnologia, engenharia, advocacia, etc.) para dar suporte na compreensão das transações complexas de seus clientes e atingir sua atividade fim (prestação de serviços de auditoria e contabilidade), exerce sua atividade de forma empresarial?

R.: Insista-se: o que distingue uma sociedade simples de uma sociedade empresária é o seu *objeto* (art. 982 do Código Civil) e não a sua organização – mais ou menos complexa.

9. A norma contábil (Resolução CFC 868/1999) exige que os contadores e auditores, assim como as sociedades, sejam cadastrados no Conselho Regional de Contabilidade da jurisdição em que prestar os seus serviços profissionais e para atender tal determinação, a Consulente conta com diversas filiais no país. A existência de filiais atribui caráter empresarial à Consulente?

R.: Evidentemente, não, como se frisou na resposta ao quesito anterior. Tal argumento, aliás, constitui um verdadeiro despropósito.

10. A existência de relacionamentos internacionais (*network*) com sociedades de outros países, pessoas jurídicas separadas e totalmente independentes entre si, caracterizaria a Consulente como empresária?

R.: Também não. Reitere-se: o objeto social é que define uma sociedade como empresária (art. 982 do Código Civil).

11. O fato de sócios da Consulente serem também sócios em outras sociedades de prestação de serviços inerentes à profissão do contador, caracterizaria a Consulente como empresária?

R.: Obviamente, não. Uma coisa nada tem a ver com a outra.

É o Parecer, s.m.j.

São Paulo, 17 de março de 2011.

Pareceres

A NATUREZA JURÍDICA DOS SERVIÇOS PRESTADOS PELAS SOCIEDADES DE AUDITORIA

HAROLDO MALHEIROS DUCLERC VERÇOSA

I. Dos fatos. II. A jurisprudência aplicável. III. O conceito de empresário e de sociedade empresária no direito anterior. Breve escorço histórico. O comerciante, o ato de comércio e a mercancia. IV. O conceito de empresário e de sociedade empresária no direito vigente. V. Das respostas aos quesitos apresentados pela Consulente.

O Parecer

I. Dos fatos

Consulta-nos (A), por meio da Doutora Luciana Manente, de Loeser e Portela Advogados sobre questões relacionadas, fundamentalmente, à natureza jurídica da atividade da Consulente, como de ***caráter empresarial***, que lhe foi atribuída pelo Município de São Paulo e dos efeitos que esta caracterização lhe trouxe em relação à incidência do Imposto sobre Serviços de Qualquer Natureza – ISSQN (ISS).

Informou a Consulente que a situação acima exposta passou a ser feita a partir do desenquadramento feito pelo Município de São Paulo por meio de decisão administrativa publicada no *Diário Oficial* local – *DOM*, em 17.12.2009.

Antes deste ato a Consulente atuava sob o regime do art. 9º, § 3º, do Decreto-lei n. 406/1968, item 25 da lista anexa, a par de sua subordinação à Lei Municipal n. 13.701/2003, art. 15, itens 17.15 e 17.18 da lista anexa.

Nos termos do art. 9º, § 3º, do Decreto-lei 406/1968, item 25 da lista anexa, quando se trata de *serviços de contabilidade e auditoria*, entre outros, exercidos sob a forma de prestação de serviços consistente em trabalho pessoal do próprio contribuinte, *o imposto será calculado por meio de alíquotas fixas ou variáveis, em função da natureza dos serviços* ou de outros fatores pertinentes, nestes não compreendida a importância paga a título de remuneração do próprio trabalho.

Aduz a lei em tela que quando os serviços sob análise forem prestados por sociedades, estas ficarão sujeitas ao imposto calculado na mesma forma acima, em relação a cada profissional habilitado, sócio, empregado ou não, que preste serviços em nome da sociedade, *embora assumindo responsabilidade pessoal*, nos termos da lei aplicável.

Do seu lado, o art. 15 da Lei Municipal n. 13.701/2003 estabelece que é adotado um regime especial de recolhimento do ISS quando os serviços de contabilidade e de auditoria, entre outros, *forem prestados por sociedade constituída por profissionais (sócios, empregados ou não) habilitados ao exercício da mesma atividade e que prestam serviços de forma pessoal, em nome da sociedade, assumindo responsabilidade pessoal, nos termos da legislação específica.*

Do enquadramento acima são excluídas as sociedades que (i) tenham como sócio pessoa jurídica; (ii) sejam sócias de outras sociedades; (iii) desenvolvam atividade diversa daquela a que estejam habilitados profissionalmente os sócios; (iv) tenham sócio que delas participe tão somente para aportar capital ou administrar; ou (v) explorem mais de uma atividade de prestação de serviços.

Esclarece a Consulente que, não se encontrando em qualquer das situações mencionadas no parágrafo anterior, havendo continuado a exercer sem qualquer alteração a atividade consistente em seu objeto social de contabilidade,[1] veio a ser desenquadrada pelo Município de São Paulo do regime especial de contribuição do ISS, havendo passado para a situação de um novo regime tributário mais oneroso, fixado com base no preço do serviço, ou seja, segundo a regra geral, nos termos da Decisão Administrativa publicada no *DOM* de 17.12.2009.

A mudança de orientação da Prefeitura de São Paulo quanto ao regime jurídico da Consulente deveu-se a haver emprestado (indevidamente como se verá neste Parecer) à atividade da Consulente um alegado *caráter empresarial*, decorrente da sua estrutura organizacional (demonstrada pela hierarquização do trabalho, da existência de plano de carreira para seus funcionários, do grande número de funcionários contratados e da existência de filiais em outros municípios). Segundo a visão do Município de São Paulo, estes fatores retirariam da atividade da Consulente a pessoalidade na prestação dos seus serviços.

1. Cf. Cláusula 3ª do seu Contrato Social: "Constitui objeto social a prestação, por meio de seus sócios, de serviços profissionais de natureza intelectual de auditoria e demais serviços inerentes à profissão de contador, conforme previsto no art. 15 do Decreto-lei n. 9.245/1946 e demais disposições aplicáveis".

Na defesa dos seus interesses a Consulente instaurou em 15.1.2010 o Processo Administrativo n. 2009.0.217.048-8 em face da Prefeitura do Município de São Paulo, por meio do qual veio a impugnar a decisão administrativa supracitada, para o efeito de sua revisão. Excluídos desta análise os aspetos processuais e estritamente tributários presentes na aludida impugnação, no mérito, em resumo, a Consulente alegou que:

(i) Trata-se de sociedade de profissionais liberais de natureza civil que tem por objeto social a prestação de serviços de auditoria e demais serviços inerentes à profissão regulamentada de contabilidade, na forma da Cláusula 3ª do seu Contrato Social;

(ii) Que tais sociedades civis de profissionais liberais se revestem de peculiaridades, pois são formadas pela reunião dos esforços de um grupo de profissionais, os quais associam os seus conhecimentos, experiência e talento profissional, mas prevalecendo sempre a pessoa dos sócios e não a pessoa jurídica como entidade distinta dos seus membros, tendo em vista a responsabilidade pessoal que aqueles profissionais assumem, em razão das normas que regem sua profissão;

(iii) Nos termos acima, o Decreto-lei 406/1968, recepcionado como Lei Complementar pela Constituição Federal de 1988, veio sujeitar a Consulente ao recolhimento do ISS, como *calculado em função do número de profissionais habilitados a prestar serviços constantes do seu objeto social, qual seja, o de profissionais inscritos no Conselho Regional de Contabilidade*;

(iv) Que foi editada a Lei Complementar 116, de 31.7.2003, a qual, ao dispor sobre o ISS, tributo de competência dos Municípios e do Distrito Federal, ditou sobre a matéria normas gerais sobre a incidência daquele imposto, mas havendo mantido a forma diferenciada de tributação em relação aos serviços de natureza pessoal, não havendo revogado, expressa ou tacitamente, a sua disciplina específica da lei anterior, como seja, Decreto-lei 406/1968;

(v) Que, da mesma forma, o art. 15 da Lei Municipal de São Paulo, n. 13.701/2003, igualmente manteve alterada a tributação diferenciada, estabelecida para as sociedades de profissionais, conforme orientação histórica daquele Município;

(vi) Que o desenquadramento de que se trata decorreu, sinteticamente, do equivocado entendimento que as autoridades fiscais desenvolveram, havendo atribuído suposto caráter empresarial à Consulente, com o efeito da descaracterização da forma de trabalho pessoal requerida pela Lei 13.701/2003 para as sociedades da espécie, com erros de avaliação concernentes ao porte/estrutura, à organização do trabalho e à atuação integrada com outras sociedades do mesmo ramo;

(vii) Que um dos critérios utilizados pelo Município de São Paulo para o efeito do desenquadramento correspondeu a uma errônea avaliação feita pelo exame do endereço eletrônico (*site*) da Consulente, por meio do qual ela divulga os serviços que presta aos seus clientes, a forma da sua organização e seus contatos, dentre outras informações relevantes para a sua divulgação;

(viii) Que o avanço tecnológico utilizado de maneira geral pelos prestadores de serviços tornou-se um verdadeiro *cartão postal* no ambiente da internet, no qual a qualidade se liga ao máximo de informações destinadas a quem os acessa;

(ix) Que o fenômeno mundial da *globalização* não mais permite que uma sociedade de prestação de serviços deixe de expandir as suas atividades para o exterior, objetivando reforçar suas relações internacionais e até mesmo manter atualizada e ampliada sua rede de contatos, condição atualmente inerente à sociedade moderna e verificada em todos os ramos da atividade;

(x) Que este efeito da *globalização* se verifica com relação a grandes escritórios de advocacia, a médicos renomados, a economistas e a outros profissionais, indicando a existência de um *network* mundial, mecanismo do estabelecimento de relacionamento internacional com parceiros estrangeiros em todo o planeta, do que não decorre a pessoalidade dos serviços prestados aos seus clientes;

(xi) Que até mesmo o *site* da Prefeitura de São Paulo possui um *link* denominado de *relações internacionais*, do qual constam as atividades e parcerias com outras cidades do mundo, não resultando deste fato a perda da característica de ente público;

(xii) Que independentemente da forma da atividade, os profissionais da Consulente, devidamente habilitados, continuam sujeitos individualmente às consequências civis e criminais, decorrentes do trabalho pessoal que prestam, não se dando assim a ausência de pessoalidade na prestação dos seus serviços, classificados como de natureza intelectual;

(xiii) Desta forma, o número de profissionais, o tamanho da sociedade, seu porte e sua estrutura não têm o condão de retirar a pessoalidade do serviço prestado;

(xiv) Que se trata de sociedade simples e não de sociedade empresária, uma vez que voltada para o exercício de uma profissão intelectual, nos termos dos arts. 966 e 982 do Código Civil brasileiro;

(xv) Que o regime tributário sobre o qual tem a Consulente exercido a sua atividade se estende ao longo de mais de quarenta anos da sua existência, jamais tendo havido mudança em sua atividade, no conteúdo e na forma;

(xvi) Que o Conselho Regional de Contabilidade e órgãos públicos como o Banco Central do Brasil e a Comissão de Valores Mobiliários, por meio da expedição de normas de sua competência, têm reconhecido a responsabilidade técnica dos sócios de sociedades como a Consulente, a eles estabelecendo responsabilidade solidária e ilimitada pelas obrigações sociais, o que independe da existência de quadro permanente de pessoal técnico adequado ao número e ao porte dos seus clientes;

(xvii) Que a Consulente não presta qualquer outro tipo de serviço que não sejam aqueles inerentes à profissão de contador, por meio de profissionais para tanto legalmente habilitados, em nada diferindo do que acontece com outras profissões regulamentadas;

(xviii) Que existe uma interdependência entre profissionais liberais, como acontece nos casos em que um advogado necessita dos serviços de um contador e vice-versa, o que não descaracteriza a particularidade nem a independência do trabalho de cada um deles;

(xix) Que se trata claramente de profissão intelectual, que exige capacitação própria, antítese do trabalho mecanizado, o qual dispensa conhecimento científico. Esta capacitação se dá, ainda, com maior nível de exigências, quando se trata de atuação nas áreas dos mercados financeiro e de capitais, conforme determinações do Banco Central do Brasil e da Comissão de Valores Mobiliários;

(xx) Que, considerada a atuação dos clientes em diversas regiões do país, a abertura de filiais é uma exigência dos órgãos de registro profissional, como acontece também em relação aos Conselhos Regionais de Contabilidade, os quais não permitem que profissionais registrados em uma determinada jurisdição exerçam a sua atividade em outra na qual não estejam também registrados; e

(xxi) Que a existência de sócios em comum em outras sociedades ou o fato de pertencer a um *network* global não é fator que possa descaracterizar a Consulente como sociedade civil constituída por sócios habilitados, aos quais se atribui responsabilidade pessoal.

Diante destes termos, são apresentados os quesitos abaixo para serem respondidos no presente Parecer, objetivando dar à Consulente subsídios para reverter o desenquadramento fiscal de que veio a ser vítima:

1. Qual(ais) o(s) fundamento(s) legal(ais) básico(s) que atribui(em) a natureza jurídica das atividades econômicas como empresariais ou não?

2. Na decorrência da resposta ao quesito supra, a lei aplicável subordina os municípios em geral e o Município do Estado de São Paulo na classificação das atividades econômicas para o fim do ISS?

3. A Consulente, sociedade simples, formada exclusivamente por auditores e contadores, cuja profissão é regulamentada, possui caráter empresarial, à luz do disposto no art. 966 do Código Civil?

4. A profissão de auditoria e contabilidade é considerada intelectual para fins de aplicação do parágrafo único do art. 966 do Código Civil? O que diferencia o "empresário" previsto no *caput* do art. 966 do Código Civil, da sociedade que exerce profissão intelectual disposta no seu parágrafo único?

5. Qual o significado e abrangência da exceção prevista na parte final do parágrafo único do art. 966 do Código Civil "*salvo se o exercício da profissão constituir elemento de empresa*"? Em que casos o exercício da profissão constitui elemento de empresa? Isto ocorre no caso da Consulente?

6. A quantidade de sócios e colaboradores da Consulente, sua estrutura, tamanho, forma de organização departamentalizada, volume de negócios, número de filiais ou o alto faturamento retira a pessoalidade da prestação de serviços e a transforma em uma sociedade de caráter empresarial?

7. Caso a Consulente, sociedade simples, viesse a se estruturar na forma de sociedade por quotas de responsabilidade limitada, se tornaria uma sociedade empresária?

8. Os contadores e auditores possuem responsabilidade técnica pessoal e ilimitada decorrente das normas que regem a profissão (Conselho Federal de Contabilidade e Conselho Regional de Contabilidade). A Cláusula 9ª do Contrato Social prevê a responsabilidade solidária e ilimitada dos sócios e da sociedade, sendo que entre os sócios será proporcional à parte de cada um no capital social. Esta limitação da responsabilidade contratual patrimonial retira a responsabilidade técnica e pessoal inerente ao exercício da profissão?

9. A previsão do pró-labore ou a distribuição de dividendos, a participação no lucro e nas perdas no contrato social da sociedade de profissionais a torna uma sociedade empresarial?

10. A Consulente, ao contar com auxiliares e colaboradores de outras áreas de atuação (tecnologia, engenharia, advocacia, etc.) para dar suporte na compreensão das transações complexas de seus clientes e atingir sua atividade-fim (prestação de serviços de auditoria e contabilidade), exerce sua atividade de forma empresarial?

11. A norma contábil (Resolução CFC 868/1999) que os contadores e auditores, assim como as sociedades, sejam cadastradas no Conselho Regional de Contabilidade da jurisdição em que prestar os seus serviços profissionais e para atender tal determinação, a Consulente conta com diversas filiais no país. A existência de filiais atribui caráter empresarial à Consulente?

12. A existência de relacionamentos internacionais (*network*) com sociedades de outros países, pessoas jurídicas separadas e totalmente independentes entre si, caracteriza a Consulente como sociedade empresária? e

13. O fato de sócios da Consulente serem também sócios em outras sociedades de prestação de serviços inerentes à profissão de contador, caracterizaria a Consulente como empresária?

II. A jurisprudência aplicável

A Consulente relacionou algumas decisões em favor de sua tese. A primeira delas, de 21.8.2008, cuidou precisamente do caso em questão, ajuizada que foi pela (B), sociedade integrante mesmo *network* daquela, quando a MM. Juíza de Direito da 1ª Vara da Fazenda Pública de São José dos Campos (SP), no Processo 2281/07 reconheceu a natureza jurídica da autora como sociedade civil de profissionais liberais e, *portanto, não empresária*, conforme se verifica de trecho da decisão referida: "A requerente é uma sociedade de profissionais liberais de natureza civil, (...). Todos os membros da sociedade têm habilitação específica para a prestação do serviço descrito no objeto social do contrato (prestação de serviços de auditoria e demais serviços inerentes à profissão regulamentada de contabilidade) e, segundo o Decreto-lei 9.295/1946, respondem pessoalmente pelos serviços que prestam (...). E, de acordo com a norma civil, nem todas as sociedades civis que visam lucro são consideradas empresárias, mas aquelas cuja realização dos seus objetivos não se dá exclusivamente por seus sócios. No caso da requerente, tendo em vista que seus sócios são profissionais liberais de profissão regulamentada e desempenham atividades reguladas por lei específica, ou seja, atuam somente na prestação de serviços profissionais de contador, assumindo responsabilidade pessoal pelos serviços prestados – Cláusula 2ª, parágrafo único e Cláusula 3ª, § 2º, do contrato social –, fica afastado o conceito de sociedade empresária".

Observe-se desde já que, mesmo havendo tocado em pontos significativos para o deslinde da questão em tela e com base neles julgado corretamente, a decisão acima não percorreu de forma completa e adequada todos os caminhos que levam inexoravelmente ao mesmo resultado de forma indubitável definitiva, como será demonstrado neste Parecer.

A Consulente também relacionou decisão do STF (ADRE n. 396.421-6-RJ), em que foi parte a (C), por meio da qual foi reconhecido o direito da autora, na condição de sociedade civil de profissionais liberais, de recolher o ISS nos termos do Decreto-lei 406/1968, recepcionado pela Constituição Federal de 1988.

No mesmo sentido, ainda, decisão monocrática proferida pelo Ministro Octávio Galloti, então Relator, nos autos do RE 201.835, de interesse da própria Consulente, no sentido do reconhecimento do seu direito de recolher o ISS em função de cálculo de acordo com o número de sócios e profissionais habilitados.

Recorrendo a situação análoga, enfrentada por sociedades de advogados, a Consulente apontou para decisões do STJ que reconheceram o seu direito ao regime do ISS previsto no Decreto-lei 406/1968 (*v.g.* o REsp 649.094-RJ, Relator Ministro Castro Meira, *DJ* 7.3.2005, p. 288) fundadas, resumidamente, nos fatos de que, tais como ela: (i) são sociedades unipessoais; (ii) os profissionais a elas associados ou habilitados prestam serviços em nome da sociedade à qual pertencem, mas sob sua responsabilidade pessoal e ilimitada; (iii) o fato de haver relação de emprego de profissionais da mesma área não a desqualifica como uniprofissional; (iv) não apresentam natureza mercantil.

Equivocada em parte encontra-se a decisão do STJ em Embargos de Divergência no REsp 866.286-ES, Relator Ministro Hamilton Carvalhido, quando foi estabelecido que as sociedades uniprofisisonais são favorecidas pelo cálculo diferenciado do ISS quando: (i) seus serviços são prestados no próprio nome dos profissionais habilitados ou sócios, sob sua total e exclusiva responsabilidade pessoal; e (ii) inexiste estrutura ou intuito empresarial.

O primeiro ponto representaria uma exigência tão somente formal, a nosso ver não decisiva para afastar o favor legal tributário pretendido pela Consulente. Se um determinado trabalho viesse a ser assinado em nome da sociedade e não de seus sócios ou de profissionais contratados dentro da área de sua atividade, a responsabilidade pessoal, solidária e ilimitada recairia nas pessoas dos seus administradores, profissionais habilitados do mesmo setor.

Quanto ao segundo ponto, veremos que a estrutura da sociedade não é elemento caracterizado do *tipo empresarial*.

Um terceiro ponto ainda a observar está na consideração de que não é a vontade dos sócios que determina a empresarialidade ou não de uma determinada atividade, mas a qualificação da atividade em si mesma. Nestes termos, mesmo que o profissional liberal resolvesse escolher por algum motivo que sua atividade seria exercida sob a forma de empresário que ele alcançaria tal desígnio, tal como a lei em caráter excepcional autorizou a quem explora economicamente uma atividade rural (NCC, art. 971).

III. O conceito de empresário e de sociedade empresária no direito anterior. Breve escorço histórico. O comerciante, o ato de comércio e a mercancia

A interpretação e a aplicação dos dispositivos legais sobre o conceito de empresário e de sociedade empresária necessitam de alguns fundamentos tirados da origem histórica e da evolução dos conceitos de comerciante, ato de comércio, mercancia, atividade econômica e empresa. Não se trata do que se poderia taxar negativamente de *perfumaria acadêmica*, mas de *luzes* que se projetam sobre tais conceitos, as quais permitem vê-los adequadamente segundo a vontade do legislador, ora presente nos dispositivos do Código Civil vigente que regem a matéria.

É precisamente a falta do conhecimento da perspectiva histórica das condições em que nasceu e se desenvolveu o Direito Comercial que, em última análise e entre outros elementos igualmente mal apreciados, levou a Prefeitura de São Paulo a interpretar de forma absolutamente errônea os dispositivos legais que regem a matéria. Nunca é tarde nem representa uma inútil perda de tempo revisitar os conceitos básicos relativos a este tema, próprios do currículo do primeiro ano dos cursos de Direito Comercial em nossas faculdades, tão incompreendidos.

Inicialmente rememoremos o fato de que o Direito Romano não cuidava de assuntos relacionados ao comércio pelo simples fato de que, voltado para o cidadão romano, este não exercia o papel de comerciante dentro da estrutura da sociedade romana. O cidadão romano tinha a sua vida estruturada em torno da carreira militar, da política e, quando muito, dedicava-se a certo nível de produção agrícola. Isto porque, como se sabe, Roma mais tomava do que plantava. O comércio que se notava em Roma era praticado por escravos e por estrangeiros, havendo ficado, portanto, fundamentalmente à margem do direito posto.

A queda do império romano acarreta uma profunda mudança das nações que hoje formam o mundo ocidental europeu, especialmente quanto aos países banhados pelo Mediterrâneo. Ali floresceu um comércio intenso e de natureza internacional com a importação de produtos originados no Oriente. A base legal sobre a qual se apoiou tal comércio era formada pelo direito romano (aproveitado nas instituições que se prestavam ao comércio, como o direito de propriedade), ao direito local (chamado de *bárbaro*) e ao direito canônico. Este último foi importante não porque cuidava do comércio, mas porque impedia o seu desenvolvimento por força de normas restritivas, especialmente aquelas voltadas para a condenação da cobrança de juros nas operações de empréstimo. Em vista deste quadro negativo, os comerciantes necessitaram criar mecanismos aptos à superação das injunções ao comércio, do que resultou, entre outros institutos, a letra de câmbio, na imensa riqueza de sua construção.

Fora da jurisdição estatal, os comerciantes reuniram-se em núcleos especializados de atividade (as diversas corporações de ofícios) foram obrigados a criar uma justiça própria que regulasse os seus negócios (os Tribunais Consulares). Surgiram nessa época institutos que se aplicavam exclusivamente aos comerciantes (como a falência no seu sentido moderno de concurso de credores) e o estabelecimento de obrigações que lhes foram próprias. Começa então a necessidade de se identificar quem era comerciante para os fins do direito aplicável.

Observe-se que, inicialmente na história do Direito Comercial, ele foi pouco a pouco construído pelos comerciantes dentro de suas respectivas corporações (costumeiro, portanto) e voltava-se de forma exclusiva em uma primeira fase tão somente para os membros de cada corporação, nesta *matriculados*. Com o passar do tempo, a jurisdição dos Tribunais Consulares expandiu-se para questões entre um membro de corporação e terceiro e, bem mais à frente no tempo, para comerciantes em geral, matriculados ou não.

Esta última fase se deu, principalmente, após a extinção das corporações na França em 1791, pela Lei Le Chapelier, a qual resolveu acabar com os privilégios dos comerciantes que gozavam até então do monopólio do comércio, o que afrontava os princípios fundamentais da Revolução Francesa de liberdade, igualdade e fraternidade.

Sem uma referência subjetiva para a aplicação das normas mercantis, o legislador francês procurou criar um sistema objetivo, fundado no conceito de *ato de comércio*, objeto do art. 632 do Código Comercial francês de 1807, baixado por Napoleão Bonaparte. A partir de então o conceito de comerciante passou a revestir-se da qualidade de uma opção de política legislativa expressa, preenchendo os interesses determinados pelo legislador na questão dos direitos e obrigações atribuídos ao comerciante.

Considerado que o Direito Comercial não é uma ciência ontológica (que existiria como um ser próprio, bem definido), mas uma ciência histórica, cujos contornos se estabeleceram ao longo de séculos, o conceito de ato de comércio revelou-se extremamente imperfeito, o que causou grandes e insolúveis problemas na sua aplicação. Foi por este motivo que a jurisprudência francesa, apoiada pela grande maioria dos doutrinadores da época, passou a entender que os diversos casos de situações enumeradas no art. 632 do Código Comercial francês consistiam apenas nos exemplos mais conhecidos de atividades consideradas mercantis, nada impedindo a existência de outras, a serem identificadas dentro de um processo de reconhecimento ao longo do tempo. Isto gerava sérios problemas de identificação das práticas correspondentes ao comércio, diferentes daquelas inerentes à vida civil econômica das pessoas, considerada a existência de uma tutela bastante diferenciada quanto a direitos e obrigações.

Foi preciso construir a diferença entre *ato* e *atividade*, operação que mais adiante no tempo serviu para caracterizar a empresa, tomada como *atividade econômica organizada*, o que se verificou no Código Civil italiano de 1942, cujo art. 2.082 definiu o empresário como "quem exerce profissionalmente uma atividade econômica organizada para o fim da produção ou troca de bens ou de serviços".[2]

Demonstrando também que *tamanho não é documento*, ou seja, que não é o porte da atividade que qualifica o empresário, mas a própria atividade que ele exerce, a lei italiana também definiu o pequeno empresário no art. 2.083:[3] "São pequenos empresários os cultivadores diretos da propriedade (1.647, 2.139), os artesãos, os pequenos comerciantes e aqueles que exercem uma atividade profissional organizada de forma prevalecente com o trabalho próprio e dos membros da família".

Havendo reconhecido a dificuldade da conceituação do ato de comércio, o Código Comercial brasileiro de 1850 procurou fugir ao problema, havendo adotado a qualificação do comerciante pelo exercício da *mercancia*, o que implicava implicitamente em uma *atividade*, naquele tempo havendo representado uma grande mudança de orientação, demonstrando a modernidade daquele diploma legal. Dentro desta visão, o art. 4º daquele Código estabeleceu que era considerado comerciante quem exercesse a *mercancia* de forma profissional e habitual. Por sua vez, como exemplos de práticas profissionais entendidas como próprias da mercancia, o legislador as relacionou no art. 19 do Regulamento 737 de 1850, uma cópia quase idêntica ao art. 633 do Código Comercial francês de 1807.

Ou seja, para alguém ser reconhecido como comerciante e ter direito aos benefícios correspondentes (como requerer concordata) ou às obrigações que lhe eram impostas (sujeitar-se a falência ou ter que adotar livros mercantis obrigatórios), era necessário que praticasse habitual e profissionalmente certo tipo de atividades relacionadas de forma exemplificativa no art. 19 do Regulamento 737, de 1850. O fato de não encontrar-se alguém com o seu *negócio* registrado no Registro de Comércio Comercial caracterizava o agente como comerciante irregular ou de fato, se atuasse dentro daquele espectro de atividades. Ou seja, estava-se diante de um comerciante que, pela falta de registro sujeitava-se a todos os ônus da atividade, não gozando de qualquer direito.

Mesmo a tentativa de se encontrar uma solução para o problema fundada na figura da mercancia, apresentou inúmeras dificuldades, o que levou, ao longo da vigência do Código Comercial brasileiro de

2. No original, "chi esercita professionalmente un'attività economica organizzata (2.555, 2.565) al fine della produzione o dello scambio di beni o di servizi".

3. "Sono piccoli imprenditori i coltivatori diretti del fondo (1647, 2139), gli artigiani, i piccoli commercianti e coloro che esercitano un'attività professionale organizzata prevalentemente con il lavoro proprio e dei componenti della famiglia".

1850, a doutrina e a jurisprudência a elaborarem um conceito complexo de comerciante que pode ser explicitado resumidamente: (i) pela *definição legal*, conforme o exemplo das companhias (consideradas mercantis pela forma, nos termos do art. 2º da Lei 6.404/1976), das construtoras, conforme a Lei 4.068/1962, *v.g*; (ii) pelo *critério histórico* (que identificava como mercantis as atividades assim reconhecidas ao longo do tempo da criação e evolução do Direito Comercial); (iii) pelo exercício de atividades econômicas novas, identificadas como mercantis pela *dependência ou conexão* com as duas categorias anteriores; e (iv) pelo critério do *bom senso*, tendo em conta a existência de situações anômalas, com *cheiro de mercantis*, segundo o seu perfil. Observe-se que a imprecisão do conceito de ato de comércio e de atividade mercantil está diretamente ligada ao fato de que o Direito Comercial jamais foi uma ciência dogmática.

Dentro do critério histórico contava-se o Regulamento 737, de 1850, depois de revogado, pois passou a ser fonte de orientação de juristas e dos tribunais na identificação das atividades mercantis.[4]

O critério da dependência ou conexão é importante porque no direito atual ele pode ser ligado de certa forma ao chamado *elemento de empresa*, presente agora no parágrafo único do art. 966 do Código Civil. O reconhecimento da comercialidade sob esse ponto de vista se deu, por exemplo, há vários anos, em relação a uma decisão judicial quanto à atividade de intermediação da venda de espaço de tempo para comerciais em televisão, que era nova naquele tempo.[5]

O significado do que seja *elemento de empresa*, conforme já tivemos oportunidade de afirmar mais de uma vez, é fugidio, impreciso, abstrato. Segundo Rachel Sztajn, pode ser considerado como relacionado à organização e, neste sentido, qualquer empresa é uma organização e como a organização não é definida, somos conduzidos a uma interpretação que nada esclarece.[6] Vale dizer que é conceito que define pelo definido, consequentemente é logicamente imperfeito.

Tenha-se em conta que, ao longo de todos os séculos da história do Direito Comercial, as hoje chamadas *profissões liberais* jamais integraram o campo de sua disciplina, mesmo se reconhecendo o seu caráter econômico. Sob este aspecto, não havia qualquer divergência tanto na doutrina quanto na jurisprudência.

Segundo Rachel Sztajn a exclusão das profissões intelectuais do campo do comércio diz respeito ao fato de que elas agregam em bens ou serviços característicos e/ou ideias diretamente relacionadas ao seu criador, que não podem ser facilmente reproduzidas,[7] ou seja, tais serviços são de natureza infungível, enquanto no comércio denota-se a presença da fungibilidade como fator determinante.

Dentro desta visão um ponto importante foi o da caracterização dos hospitais privados como empresas mercantis, claramente delineada quando adotavam a forma de sociedades anônimas e nem tanto como limitadas, por exemplo. Do *lado externo*, ou seja, as relações com os hospitais privados foram consideradas mercantis porque efetuavam a *venda de serviços de saúde*, mas do *lado interno*, ou seja, as relações dos médicos com seus pacientes continuavam sendo exercidas sob o manto do Direito Civil, subordinadas ao tipo de responsabilidade pessoal ilimitada que lhes é próprio, não prejudicada a figura da *relação de consumo*, entre médico e paciente.

De acordo com Sylvio Marcondes Machado, mesmo quando a atividade eco-

4. Cf. Rachel Sztajn, "O que se perdeu na tradução", in *RDM* 153-154/7.

5. Deste autor, "Atividade mercantil. Ato de comércio. Mercancia. Matéria de comércio. Comerciante", in *RDM* 47/29.

6. Ob. cit., p. 11.

7. Ob. cit., p. 10.

nômica se exercia de modo habitual e sistemático, ou seja, profissionalmente, em nome próprio e na busca do lucro, quando se referia ao campo intelectual deixava de caracterizar-se como mercantil. Isto porque, segundo aquele autor, ainda que mediante o concurso de auxiliares ou de colaboradores, o esforço criador se localiza na própria mente do autor, de onde resultam, exclusiva e diretamente, o bem ou o serviço, sem interferência exterior de fatores de produção, cuja eventual ocorrência é meramente acidental, dada a natureza do objeto alcançado.[8]

Com base em tais considerações aquele autor pôde demonstrar porque médicos não são empresários enquanto hospitais privados são empresas. Desenvolvendo o raciocínio em tela, Rachel Sztajn afirma que:[9]

"[a] breve análise do conjunto de serviços prestados por um hospital demonstra que, além de serviços médicos – atividade intelectual – outros bens e serviços são fornecidos. Medicamentos, refeições e lavanderia vêm à mente e representam atividades comerciais. Os primeiros (medicamentos) refletem intermediação; as refeições são uma combinação de intermediação e produção. Uma única atividade comercial desenvolvida por hospitais seria suficiente para defini-los como empresa.

"E nesse caso, é irrelevante se o serviço de saúde fornecido pelos médicos é o mais importante. Sem outros atos (ou atividades) não seria possível tratar os pacientes que precisam de cirurgias, por exemplo. *Não apenas a organização, mas a combinação de atividades desprovidas de natureza intelectual* justifica o exemplo de Marcondes Machado" (destaques nossos).

Observe-se pela importância relacionada a este tema, que de um tempo a esta parte os hospitais passaram a abrir espaço para a exploração em suas dependências de lanchonetes e de restaurantes *de marca*, inclusive utilizando-se do contrato comercial de franquia, disponíveis não somente em favor dos funcionários, médicos e pacientes, como também para terceiros que, residindo ou trabalhando nas proximidades, desejem fazer uma refeição de qualidade. Atuação típica de empresas mercantis, que nada têm a ver com o lado intelectual da medicina.

IV. O conceito de empresário e de sociedade empresária no direito vigente

A grande mudança, cujo entendimento incorreto gerou a presente Consulta, se originou da orientação adotada pelo Código Civil vigente, nos seus arts. 966 e 982, abaixo transcritos:

"Art. 966. Considera-se empresário quem exerce profissionalmente atividade econômica organizada para a produção ou a circulação de bens ou de serviços.

"Parágrafo único. Não se considera empresário quem exerce profissão intelectual, de natureza científica, literária ou artística, ainda com o concurso de auxiliares ou colaboradores, salvo se o exercício da profissão constituir elemento de empresa."

"Art. 982. Salvo as exceções expressas, considera-se empresária a sociedade que tem por objeto o exercício de atividade própria de empresário sujeito a registro (art. 967); e, simples, as demais.

"Parágrafo único. Independentemente de seu objeto, considera-se empresária a sociedade por ações; e, simples, a cooperativa."

Anote-se que, nos termos da Constituição Federal (art. 22, I), compete à União legislar sobre direito civil e comercial (o que inclui os conceitos de empresário e de sociedade empresária tal como foram estabelecidos pelo Código Civil), não podendo o Município legislar sobre a matéria e mui-

8. Cf. "Da atividade negocial", in *Problemas de Direito Mercantil*, São Paulo, Max Limonad, 1970, p. 141.

9. Ob. cit., p. 11.

to menos negar a aplicação da lei federal por meio de uma interpretação casuística e interessada, portanto, dotada de inaceitável parcialidade.

Como se verifica, as sociedades empresárias são definidas, por sua vez, pelo conceito de empresário, o que naturalmente leva as demais para o campo das sociedades civis, como é o caso da Consulente. Continua a companhia empresária pela forma, não considerado para efeito da classificação o seu objeto.

De acordo com o texto legal, em primeiro lugar, a atividade econômica exercida sob a forma de empresa, ou seja, *organizada*, e voltada para a produção e a circulação de bens ou serviços, em princípio caracteriza a chamada *mercancia*.

Em segundo lugar, o legislador afastou expressamente do conceito de empresa a atividade intelectual, nos campos científico, literário ou artístico, havendo aberto uma exceção tão somente quando tais atividades passam a serem exercidas como *elemento de empresa*.

Observe-se que o Conselho da Justiça Federal (CJF) aprovou os Enunciados ns. 193 e 194 durante a *III Jornada de Direito Civil*, realizada em dezembro de 2004, a respeito da questão do conceito de empresa: "O exercício das atividades de natureza exclusivamente intelectual está excluído do conceito de empresa. Os profissionais liberais não são considerados empresários, salvo se a organização dos fatores de produção for mais importante que a atividade pessoal envolvida".

A este respeito, elucida Maria Helena Diniz que "se o exercício profissional for elemento preponderante da atividade econômica organizada (empresa), o profissional intelectual assume, por si próprio, a veste de empresário, devendo ser, juridicamente, considerado como tal". Mas, aduz a mesma autora, desenvolvendo o seu raciocínio, se três médicos abrirem um consultório para explorá-lo sob a forma de sociedade simples, encontram-se no plano do exercício da atividade intelectual que não se desnatura ainda que, futuramente, eles venham a contratar enfermeiras e auxiliares. Somente se sua atividade evoluir para a figura de um hospital é que ela passará a se caracterizar como uma sociedade empresária.[10]

O exercício da auditoria e de contabilidade está claramente integrado no campo das atividades científicas e, portanto, fora da caracterização como empresárias.

A utilização de auxiliares e colaboradores não descaracteriza a atividade civil, o que leva a se reconhecer que a Prefeitura do Município de São Paulo caiu em grande erro quando levou estes elementos em consideração para desenquadrar a Consulente do regime tributário especial.

Todos os doutrinadores são unânimes em considerar que não é o *tamanho do negócio* que define a empresa, mas a *organização da atividade*. Tanto é verdade que o próprio legislador estipulou categorias diferenciadas de empresas tendo em conta aquele critério, havendo-as classificado como *micro, médias e de grande porte*, em razão das quais estabeleceu regimes diferenciados de tratamento. Neste sentido, exercem a empresa tanto o pipoqueiro (microempresário) que estaciona seu carrinho nos parques das cidades, como também a mega indústria que explora a fabricação de automóveis (megaempresa). A diferença está na *qualidade* da organização necessária para cada tipo de empreendimento, não residindo ela na organização em si mesma.

Do ponto de vista *organizacional* nada impede que a Consulente seja chamada de empresa, mas *empresa civil*, dado o fato de que o legislador taxativamente afastou as atividades intelectuais como empresárias. Isto porque a organização não é fator naturalmente inerente à

10. In *Curso de Direito Civil Brasileiro*, vol. 8, *Direito de Empresa*, 3ª ed., São Paulo, Saraiva, 2011, pp. 59 e 58.

atividade mercantil, mas acessível a todas aquelas realizadas pelo ser humano. Digamos que a *organização* não é um *substantivo*, mas um *adjetivo* da forma pela qual as pessoas exercem alguma atividade.

Segundo Rachel Sztajn "organização são estruturas que reduzem custos de transação; qualquer profissional que pretenda participar do mercado, de forma competitiva, cria uma organização apenas para reduzir custos de transação. *Qualquer atividade, até mesmo as esportivas, de lazer e intelectuais, passa por processo de organização*" (destaques nossos).[11]

Deste ponto de vista, como temos afirmado reiteradamente, no campo dos serviços nada diferencia a atividade mercantil da civil, por exemplo, comparando-se um grande escritório de advocacia com uma corretora de seguros, esta última indubitavelmente de natureza mercantil. A estrutura organizacional básica é a mesma, com departamentos similares: recursos humanos, tesouraria, cobrança, contabilidade, auditoria e até ouvidoria. O que as diferencia é o objeto, mercantil ou civil conforme disciplinado pelo legislador.[12]

Tanto é verdade que nos países de *common law* a advocacia pode ser exercida sob o manto da comercialidade, até mesmo já havendo acontecido na Austrália o lançamento na Bolsa de Valores local de ações de um escritório de advocacia, então organizado como sociedade anônima aberta.[13] O mesmo deve acontecer na Inglaterra em futuro próximo.[14] Mas tem que se levar em conta que esta nova visão *depende de mudança legislativa específica*, mesmo em se tratando de países da *common law*, nos quais existe maior liberdade de organização. E esta mudança implica em que a atividade profissional liberal a ser exercida sob a forma de empresa afasta a proibição da coexistência como sócios de profissionais de áreas diversas (como é o caso do Brasil), permitindo a associação de advogados e contadores, entre outros.

Por sua vez, o conceito de *elemento de empresa* não se configura presente na atividade da Consulente porque não há uma atividade maior na qual os serviços de contabilidade prestados por ela tenham se integrado, tal como ocorre com os hospitais, conforme visto acima, que *vendem* em seu próprio nome uma série de serviços na área da saúde. Fossem as sociedades de contabilidade um *shopping de serviços* que oferecessem a seus clientes uma grande variedade de *produtos*, talvez se pudesse reconhecer a presença do *elemento de empresa*, o que não é o absolutamente o caso das sociedades de contabilidade.

É preciso para se caracterizar a presença do elemento de empresa, segundo o Enunciado n. 195 do CJF (aprovado na já referida *III Jornada de Direito Civil*, a realização de uma "interpretação econômica, devendo ser analisada sob a égide da absorção da atividade intelectual, de natureza científica, literária ou artística, como um dos fatores de organização empresarial".

Outro jurista de nomeada, Alfredo de Assis Gonçalves Neto, também partilha da mesma opinião sobre o conceito de *elemento de empresa*. Analisando o art. 966 do Código Civil de 2002 do ponto de vista lógico, aquele autor bem observa que é precisamente da atividade intelectual organizada com finalidade econômica que cuida a primeira parte do parágrafo único daquele dispositivo legal. Isto porque, como é óbvio, se tal atividade não fosse econômica e organizada, já estaria excluída do próprio *caput* do artigo em foco.[15]

Enfatiza Alfredo Assis Gonçalves Neto que a única possibilidade de se poder

11. Ob. cit., p. 10.

12. In "O futuro do Direito Comercial no Brasil", *RDM* 153/154, pp. 16 a 23.

13. Em nosso "O futuro do Direito Comercial no Brasil", ob. e pp. cits.

14. Cf. "Ingleses poderão ir à bolsa até o final deste ano", in *O Estado de S. Paulo*, 14.3.2011, p. N4.

15. In *Direito de Empresa*, 3ª ed., revista, atualizada e ampliada, São Paulo, Ed. RT, 2010, pp. 74 a 77.

enquadrar a atividade intelectual no regime jurídico empresarial estará em considerá-la como parte de um todo mais amplo e apto a se identificar como empresa ou, ainda, como um dos vários *elementos* em que se decompõe determinada empresa.

Tal absorção não ocorreu em relação à Consulente, não importando que tenha adotado uma estrutura na qual se mostra presente a hierarquização do trabalho com a criação de plano de carreira para seus funcionários, que atingem um número elevado. O gigantismo das atividades econômicas, em geral, é um sinal e uma necessidade dos tempos modernos. Isto corresponde ao estímulo na continuidade do vínculo dos colaboradores à Consulente (que investe valores ponderáveis em seleção e treinamento), em favor da qualidade dos trabalhos prestados aos seus clientes.

Também não importa a existência de *filiais*, tomado este termo na sua acepção genérica, porque, considerada a legislação aplicável, dada a individualidade jurídica das sociedades componentes do *network* do qual a Consulente é participante.

Grande número de colaboradores e estrutura fundada na formação de uma rede de sociedades ligadas umas às outras para a prestação de serviços intelectuais (principalmente nas áreas de advocacia, auditoria e contabilidade), tornam-se naturais em um mundo que conta com bilhões de habitantes, necessitados dos serviços prestados por aquelas *empresas civis*.

De acordo com a lei estes fatores não lhes tiram a qualidade de sociedades civis, pois a única exceção como se tem aqui reforçado está ligada apenas à caracterização do *elemento de empresa*, não existente em relação à Consulente.

Em um tempo no qual a internet já faz parte da vida diária dos cidadãos, que podem livremente criar *sites* e *blogs*, conectando-se a pessoas em todo o planeta via *ferramentas* como o *facebook* o *orkut* e outras, oferecendo serviços ou simplesmente relacionamentos, revela-se demasiadamente simplória e temporalmente defasada a interpretação do Município de São Paulo no sentido de que estes elementos caracterizariam a Consulente como empresa. Eles são de natureza neutra, prestando-se a qualquer utilidade lícita.

Sob outro aspecto, a verificação do tipo de responsabilidade que recai sobre a Consulente e seus sócios e/ou colaboradores é decisiva para a sua caracterização como sociedade civil e não como sociedade empresária. A responsabilidade civil, como se sabe, é classificada como de natureza subjetiva ou objetiva. A primeira depende da prova da culpa ou do dolo do agente, podendo em certos casos ser estabelecida por presunção, invertendo-se o ônus da prova. A segunda é estabelecida em função de um fato ou de um ato do agente, independentemente de culpa ou de dolo, fundada na teoria do risco criado.

Ora, tanto na atividade civil como na empresária está presente a responsabilidade subjetiva, conforme estabelecido pelo legislador. Desta maneira, tanto o médico, o advogado, o engenheiro e contador como o controlador e os administradores de sociedades em geral sujeitam-se, na forma da lei, à responsabilidade subjetiva, por danos causados. Como regra geral na vida civil essa responsabilidade é ilimitada, o que se verifica precisamente em relação aos auditores e contadores.

No entanto, quando se trata de sociedades empresárias, a responsabilidade dos sócios ou acionistas depende do tipo societário, considerando-se que é referenciada ao capital social nas sociedades limitadas e nas sociedades anônimas. E no que toca às sociedades de auditoria e de contabilidade o seu regime especial veda expressamente a possibilidade de adoção da forma anônima, tendo em vista o caráter específico da responsabilidade dos sócios, incompatível com a prevista na Lei 6.404/1976.[16]

16. Art. 1º da Resolução CFC n. 496/1979, com a nova redação dada pela Resolução CFC 680/1990:

Há que se diferenciar a responsabilidade nas sociedades de auditoria e de contabilidade por obrigações da vida comum (atividade-meio, como, por exemplo, diante de fornecedores) e aquela que decorre do exercício da sua atividade-fim. Nesta os serviços prestados têm a sua autoria identificada nos profissionais que assinam os laudos e balanços contábeis e é de natureza pessoal e ilimitada. Mantém-se, pois a pessoalidade da relação auditor e contador com seu cliente, típica da profissão liberal.

Todos estes fatores jogam decisivamente pela clara identificação da natureza jurídica da Consulente na qualidade de sociedade civil e não empresária, como erroneamente julgou a Prefeitura do Município de São Paulo. Neste sentido Rachel Sztajn afirmou que "[A] criação de sociedades de contadores (CPAS) sob a estrutura de uma sociedade de responsabilidade limitada não significa que o empreendimento será considerado empresarial. Nem a organização nem o tipo legal são suficientes, per se, para definir a empresa ou o empreendimento comercial".[17]

No artigo recente já citado, tivemos a oportunidade de tecer algumas considerações de *futurologia jurídica*, voltadas para o futuro do Direito Comercial no Brasil. Naquela ocasião avançamos que algum dia as profissões liberais também em nosso país poderão revestir-se do caráter de comercialidade. Mas isto dependerá de mudança expressa da legislação vigente, a partir de uma revolução jurídico-cultural que venha a afetar o quadro presente, a cujo respeito não há qualquer preocupação do legislador no momento.[18]

No momento as atividades intelectuais são civis, com a estreita exceção de sua configuração como *elemento de empresa*, não sendo este absolutamente o caso da Consulente.

V. Das respostas aos quesitos apresentados pela Consulente

Diante de todo o exposto, passamos a responder os quesitos apresentados pela Consulente.

1. *Qual(ais) o(s) fundamento(s) legal(ais) básico(s) que atribui(em) a natureza jurídica das atividades econômicas como empresariais ou não?*

Tais fundamentos são o art. 22, I da Constituição Federal, e os artigos 966 e 982 do Código Civil de 2002.

2. *Na decorrência da resposta ao quesito supra, a lei aplicável subordina os municípios em geral e o Município do Estado de São Paulo na classificação das atividades econômicas para o fim do ISS?*

Sim, porque se trata de matéria de competência exclusiva do legislador federal, não podendo, no caso, o Município de São Paulo legislar a respeito, nem muito menos interpretá-la de forma extensiva, de maneira a frustrar o sistema legal.

3. *A Consulente, sociedade simples, formada exclusivamente por e contadores, cuja profissão é regulamentada, possui caráter empresarial, à luz do disposto no art. 966 do Código Civil?*

A Consulente não possui caráter empresarial, constituindo a sociedade simples precisamente um tipo societário construído especificamente para as sociedades civis.

4. *A profissão de auditoria e contabilidade é considerada intelectual para fins*

"Art. 1º. Somente poderá exercer a profissão ou explorar, sob qualquer forma, serviço ou atividade técnico-contábil (...). II – A organização contábil, assim considerando (...); b) a sociedade destinada à prestação de serviços profissionais integrada: 1) exclusivamente por contabilistas registrados. (...). § 2º. Na sociedade prevista no inciso II, Letra 'B', n. 1, todos os sócios terão responsabilidade técnica, independente de qualquer previsão em dispositivo contratual".

17. Ob. cit., p. 12.

18. "O futuro do Direito Comercial no Brasil", cit.

de aplicação do parágrafo único do art. 966 do Código Civil? O que diferencia o "empresário" previsto no "caput" do art. 966 do Código Civil, da sociedade que exerce profissão intelectual disposta no seu parágrafo único?

Como se trata de um tipo de atividade de natureza científica (consistente no exercício da ciência da contabilidade), ela é indubitavelmente de natureza intelectual. Esta é precisamente a diferença entre empresário e profissional intelectual, como resultado da exclusão legislativa expressa.

5. *Qual o significado e abrangência da exceção prevista na parte final do parágrafo único do art. 966 do Código Civil "salvo se o exercício da profissão constituir elemento de empresa"? Em que casos o exercício da profissão constitui elemento de empresa? Isto ocorre no caso da Consulente?*

Em termos bem sintéticos, havendo a matéria sido extensamente tratada no corpo do Parecer, está presente o *elemento de empresa* apenas quando a atividade intelectual é incorporada dentro de uma atividade empresarial maior e variada, tal como acontece em relação aos hospitais privados.

Esta situação nada tem a ver com a forma pela qual a Consulente exerce a sua atividade de contabilidade.

6. *A quantidade de sócios e colaboradores da Consulente, sua estrutura, tamanho, forma de organização departamentalizada, volume de negócios, número de filiais ou o alto faturamento retira a pessoalidade da prestação de serviços e a transforma em uma sociedade de caráter empresarial?*

Nenhum desses fatores é apto a transformar a Consulente em uma sociedade empresarial, conforme longamente exposto no Parecer.

7. *Caso a Consulente, sociedade simples, viesse a se estruturar na forma de sociedade por quotas de responsabilidade limitada, se tornaria uma sociedade empresária?*

A estrutura da sociedade limitada pode ser considerada *neutra*, ou seja, presta-se tanto à atividade intelectual como empresária. Exceto em relação à sociedade anônima a forma societária não é elemento isolado caracterizador da empresarialidade.

8. *Os contadores e auditores possuem responsabilidade técnica pessoal e ilimitada decorrente das normas que regem a profissão (Conselho Federal de Contabilidade e Conselho Regional de Contabilidade). A Cláusula 9ª do Contrato Social prevê a responsabilidade solidária e ilimitada dos sócios e da sociedade, sendo que entre os sócios será proporcional à parte de cada um no capital social. Esta limitação da responsabilidade contratual patrimonial retira a responsabilidade técnica e pessoal inerente ao exercício da profissão?*

Estes fatores também não são determinantes para caracterizar a empresarialidade, pois são comuns a modelos de sociedades civis.

9. *A previsão do pró-labore ou a distribuição de dividendos, a participação no lucro e nas perdas no contrato social da sociedade de profissionais a torna uma sociedade empresarial?*

Também estes não são elementos definidores da atividade empresarial, uma vez que em toda e qualquer atividade econômica o objetivo é o lucro, seja ela civil ou mercantil e a participação nas perdas é o corolário do risco que se assume na exploração da atividade.

10. *A Consulente, ao contar com auxiliares e colaboradores de outras áreas de atuação (tecnologia, engenharia, advocacia, etc.) para dar suporte na compreensão das transações complexas de seus clientes e atingir sua atividade-fim (prestação de serviços de auditoria e contabilidade), exerce sua atividade de forma empresarial?*

A lei é expressa em ressaltar que a utilização de colaboradores, independentemente dos serviços por eles prestado, é uma faculdade prevista para o exercício da atividade econômica civil.

11. A norma contábil (Resolução CFC 868/1999) que os contadores e auditores, assim como as sociedades, sejam cadastradas no Conselho Regional de Contabilidade da jurisdição em que prestar os seus serviços profissionais e para atender tal determinação, a Consulente conta com diversas filiais no país. A existência de filiais atribui caráter empresarial à Consulente?

Trata-se de exigência estabelecido pelo órgão regulador da atividade da Consulente, no exercício de sua competência legal, que em nada afeta a sua qualidade de sociedade civil.

12. A existência de relacionamentos internacionais ("network") com sociedades de outros países, pessoas jurídicas separadas e totalmente independentes entre si, caracteriza a Consulente como sociedade empresária?

Os relacionamentos internacionais do tipo *network* fazem parte do mundo moderno e o entrelaçamento da Consulente com outras sociedades separadas e totalmente independentes entre si não a caracterizam como empresária, pois a lei não faz distinção deste tipo.

13. O fato de sócios da Consulente serem também sócios em outras sociedades de prestação de serviços inerentes à profissão de contador, caracterizaria a Consulente como empresária?

A participação de sócios da Consulente em outras sociedades de objeto idêntico remanesce no campo da liberdade constitucional de associação e não interfere na sua natureza jurídica, que continua civil.

Esta é a nossa firme convicção.

São Paulo, 29 de março de 2011.

Atualidades Forenses

INSTALAÇÃO DA CÂMARA RESERVADA DE DIREITO EMPRESARIAL[1]

DESEMBARGADOR MANOEL DE QUEIROZ PEREIRA CALÇAS

Excelentíssimo Senhor Desembargador José Roberto Bedran, Presidente deste Tribunal de Justiça e desta Sessão de Instalação da Câmara Reservada de Direito Empresarial.

Excelentíssimo Senhor Desembargador José Santana, nosso estimado Vice-Presidente.

Excelentíssimo Senhor Desembargador Fernando Maia da Cunha, Presidente da Seção de Direito Privado.

Exmos. Senhores Magistrados, Advogados, Membros do Ministério Público, Professores de Direito e serventuários do Poder Judiciário.

Exmos. Senhores Professores de Direito Comercial.

Senhoras e Senhores,

Estamos reunidos nesta tarde neste augusto e belíssimo salão do Tribunal do Júri para a instalação da Câmara Reservada de Direito Empresarial do Tribunal de Justiça.

Designado pelo Presidente José Roberto Bedran para falar em nome do Tribunal de Justiça de São Paulo e dos componentes da nova Câmara, por mera questão de antiguidade, agradeço a elevada honraria, comprometendo-me ser breve e objetivo nesta sessão singela e despida de formalidades, características clássicas do Direito Comercial, instituído com base nos usos e costumes do mercado marítimo e das feiras medievais. A eficiente atuação dos juízes consulares, que julgavam sob o princípio da equidade, deram à Justiça Comercial, ministrada no seio das Corporações de Artes e Ofícios, grande aceitação e credibilidade e motivaram a instalação dos Tribunais do Comércio que exerciam a função jurisdicional ao lado dos Tribunais Civis. Em nosso País os Tribunais do Comércio do Império foram abolidos em 1875, unificando-se prestação da jurisdição civil e comercial que passaram ser acumuladas no mesmo juízo ordinário ou comum. Nesta data, o Tribunal de Justiça de São Paulo, atento à autonomia e especialidade do Direito Comercial, instala o primeiro órgão fracionário especializado em matéria comercial ou empresarial.

A iniciativa da proposta para a criação de uma Câmara Especializada em Direito Empresarial foi apresentada em novembro de 2010 pelo Desembargador Fernando Maia da Cunha que, invocando a necessidade de modernizar-se com a especialização de determinados temas, justificou a imprescindibilidade da nova Câmara. Na oportunidade, Sua Excelência ressaltou o sucesso das Câmaras Especiais de

1. Discurso proferido em 29.6.2011 no Palácio da Justiça do Estado de São Paulo (TJSP).

Falência e de Meio Ambiente, enfatizando a busca da celeridade dos julgamentos e a necessidade de se consolidar nesta Corte a jurisprudência sobre o direito empresarial, a propriedade industrial e a concorrência desleal, matérias que de janeiro a dezembro de 2010 foram objeto de 2.509 recursos e medidas originárias, o que, segundo os estudos técnicos realizados, daria o prognóstico de uma média semanal de 12 recursos para cada desembargador da câmara especializada.

Após os trâmites normais da proposição, foi ela aprovada pelo Colendo Órgão Especial desta Corte, sendo editada, em 2 de fevereiro de 2011, a Resolução n. 538/2011 que, considerando a conveniência de especialização de órgão fracionário sobre temas específicos relevantes, com vista, além da sempre desejada maior agilidade nos julgamentos, à uniformização da jurisprudência e à segurança jurídica, bem como, considerando que as relações comerciais, a envolver não só o Direito Empresarial, como a propriedade industrial, a concorrência desleal e a franquia, constituem-se temas especiais e de grande importância para o desenvolvimento econômico, devendo, por isso, contar com julgamentos céleres e dispor de jurisprudência solidificada, criou a

"(...) Câmara Reservada de Direito Empresarial, integrada à Seção de Direito Privado, Subseção I, com a seguinte competência:

"Ações principais, acessórias e conexas, relativas à matéria prevista no Livro II, Parte Especial do Código Civil (arts. 966 a 1.195) e na Lei n. 6.404/1976 (Sociedades Anônimas), bem como a propriedade industrial e concorrência desleal, tratadas especificamente na Lei n. 9.279/1996, e a franquia (Lei n. 8.955/1995) incluindo também as ações principais e cautelares derivadas de arbitragem em relação a litígios sobre as matérias de competência da Câmara de Direito Empresarial."

Em 18 de maio de 2011, o Órgão Especial deste Tribunal elegeu os desembargadores titulares das cinco vagas da Câmara Reservada de Direito Empresarial: Desembargadores Romeu Ricupero, José Reynaldo, Ricardo Negrão, Enio Zulliani e este que vos fala.

A instalação no Tribunal de Justiça de São Paulo, de uma Câmara Reservada de Direito Empresarial é importante por diversas razões.

Em primeiro lugar, é importante para a consolidação do Direito Comercial brasileiro, que, atualmente, vive um momento muito singular de intensa revitalização. Por mais que soasse o alerta do saudoso Professor Miguel Reale, de que a unificação do direito das obrigações que o Código Civil tentou empreender não representava minimamente qualquer prejuízo à relevância do Direito Comercial, vozes se ouviram decretando a morte deste ramo jurídico. Passados alguns anos, revela-se a impropriedade desta interpretação precipitada do sentido e alcance da monumental obra legislativa do Código Civil. Cada vez mais se constata a necessidade de se submeterem as relações interempresariais à disciplina jurídica própria, atenta aos princípios próprios do Direito Comercial.

Neste contexto de revitalização do Direito Comercial, em que, inclusive, ganha repercussão nacional o movimento pela edição de um novo Código Comercial, a instalação, no maior Tribunal de Justiça do país (e do mundo), de uma Câmara Reservada de Direito Empresarial reveste-se de um significado extremamente relevante. Evidencia que esta Corte de Justiça, que tem jurisdição sobre o Estado de São Paulo, onde se concentra mais de 50% da economia nacional, está devotando ao Direito Comercial a atenção que esta área jurídica reclama e merece.

Em segundo lugar, é importante a instalação da Câmara Reservada de Direito Empresarial para se alcançar a segurança jurídica decorrente da interpretação das regras comerciais ser realizada por órgão especializado.

O empresário, quando bate às portas deste Tribunal, não pretende apenas obter justiça. Está buscando, igualmente, a definição precisa do conteúdo das normas incidentes sobre a atividade empresarial. A segurança jurídica é elemento indispensável ao regular funcionamento da economia de qualquer país.

Cada empresário faz os cálculos de seus custos e de projeções de retornos do investimento a partir de um pressuposto: o de que as leis em vigor serão estritamente aplicadas, com o significado que emana imediatamente de sua redação. Faz estes cálculos no pressuposto de que os contratos serão cumpridos: senão diretamente pelo contratante, com certeza mediante a intervenção firme, pronta e eficiente do Poder Judiciário. E, a partir destes cálculos, define o preço dos produtos e serviços que serão adquiridos no mercado.

Na economia globalizada dos nossos tempos, em que empresas de todo o mundo competem em todos os mercados, as margens de lucro são cada vez menores. Qualquer frustração nesses pressupostos pode acarretar o comprometimento de toda a margem de retorno, levando a perdas e, por vezes, até mesmo à falência das empresas.

Quando não se instala, na economia, um ambiente de plena segurança jurídica, com a previsibilidade necessária das decisões judiciais, os empresários muitas vezes acabam lançando mão de um recurso econômico, para tentar neutralizar as incertezas. Adotam taxas de riscos maiores na composição dos preços de seus produtos ou serviços.

O resultado é inexorável: carestia e inflação.

A criação de um ambiente de segurança jurídica nas questões de direito empresarial, portanto, não interessa somente ao empresário. É, na verdade, uma medida do interesse de toda a economia e da sociedade brasileira. Nós, brasileiros, certamente consumiremos produtos e serviços a preços cada vez menores, à medida que se inspire, no meio empresarial, a salutar sensação de plena segurança jurídica e de previsibilidade das decisões judiciais.

Outra forte indicação da grande importância da instalação da Câmara Reservada de Direito Empresarial relaciona-se com o aumento da celeridade na prestação jurisdicional. Para o empresário, mesmo para aquele cujo direito está amparado por uma medida de antecipação de tutela ou cautelar, o prolongamento da indefinição sobre determinado litígio acaba representando um *custo*, que, direta ou indiretamente, também vai impactar os preços dos produtos e serviços.

O Tribunal de Justiça de São Paulo, ao criar e instalar a Câmara Reservada de Direito Empresarial, atua com o objetivo de prestar tutela jurisdicional mais célere e eficiente, cumprindo seu papel na realização desta ambiciosa meta, desejada igualmente por todos os profissionais do direito – sejam magistrados, advogados, representantes do Ministério Público, professores e estudiosos de Direito Empresarial e outros.

Nós, os magistrados que fomos indicados para integrar a Câmara Reservada de Direito Empresarial, juntamente com os serventuários convocados para a nova e honrosa empreitada, procuraremos, com todas as nossas forças, atender de forma eficiente às expectativas que nela, hoje, se depositam, em vista da importância de sua instalação, até porque não se trata, nesta Corte, de uma experiência inteiramente inédita. As Câmaras Reservadas de Falência e Recuperação de Empresas e de Direito Ambiental revelam já uma consolidada trajetória de bons serviços prestados aos jurisdicionados de São Paulo e do Brasil. Da competência e solidez dos julgamentos já proferidos pelos desembargadores que compõem estas Câmaras especializadas, pode-se, sem hesitação, concluir o acerto da decisão do Tribunal paulista de as instalar. A Câmara Reservada de Direito Empresarial, portanto, caminhará por uma trilha que foi pioneiramente desbravada pelas ínclitas Câmaras Reservadas que a precederam no tempo.

A especialização conduz ao constante aperfeiçoamento técnico e propicia o aumento da celeridade da prestação jurisdicional, com pleno respeito ao princípio do juiz natural. São estas experiências altamente frutíferas, das Câmaras Reservadas de Falência e Recuperação de Empresas e de Direito Ambiental, diuturna e constantemente louvadas pelos profissionais que atuam perante o Judiciário bandeirante, que nos autorizam serenamente a antever que a Câmara Reservada de Direito Empresarial terá condições de atender com eficiência aos legítimos anseios de empresários, advogados de empresas, estudiosos do Direito Comercial e, a rigor, de todos os jurisdicionados, que, direta ou indiretamente, se beneficiarão das decisões a serem proferidas por seus integrantes.

Antes de encerrar, mas com o escopo de evidenciar o acerto da decisão do Tribunal de Justiça de instalar a Câmara Especializada em Direito Empresarial, não posso deixar de mencionar que, ontem à tarde, recebi do Professor Jacques Labrunie e do Professor Fábio Coelho, a informação de que, em 24 de junho passado, foi publicada em Portugal a Lei n. 46/2011 que cria a Corte Especializada em Propriedade Industrial de nossa mãe-pátria. Instala-se, portanto, em Portugal, uma Corte Especial para decidir sobre matéria também inserida na competência da nova Câmara desta Corte.

Finalizando, gostaria, em nome do Tribunal de Justiça do Estado de São Paulo, agradecer a presença de todos que aqui abrilhantaram esta sessão, magistrados, membros do Ministério Público e advogados, dando um destaque especial aos eminentes professores universitários de Direito Comercial da Universidade de São Paulo, tradicional parceira desta Corte de Justiça, da Pontifícia Universidade Católica de São Paulo, da Universidade Mackenzie, da UERJ, da Uninove, da Direito-GV, da FAAP, da FMU, da Faculdade de Direito de Bauru (ITE), da UNESP e de outras universidades, bem como aos advogados que atuam na área do Direito Comercial que prestigiaram este ato, dos estudantes de direito e dos serventuários, que, aqui comparecendo, demonstraram seu apoio e regozijo por esta feliz iniciativa de nossa Corte de Justiça. Obrigado a todos pela presença.

GRÁFICA PAYM
Tel. (011) 4392-3344
paym@terra.com.br

RDM 157

DOUTRINA: VÍNCULOS DE LEALDADE E REGRA DE SUBSTANCIALIDADE: UMA COMPARAÇÃO DE SISTEMAS – HERBERT WIEDEMANN (trad. OTTO CARLOS VIEIRA RITTER VON ADAMEK) • ***ATUALIDADES***: ESTABELECIMENTO EMPRESARIAL VIRTUAL: REGIME JURÍDICO – TARCISIO TEIXEIRA • A TRANSFERÊNCIA DA PROPRIEDADE DOS VEÍCULOS AUTOMOTORES POR MEIO DE NOTA FISCAL FATURA – ARNOLDO WALD • CONTRATOS DE GARANTIA E GARANTIAS AUTÔNOMAS – LUIZ MARIO GALBETTI e RAFAEL VANZELLA • DISCLOSURE AND COST OF EQUITY CAPITAL IN EMERGING MARKETS: THE BRAZILIAN CASE – ALEXSANDRO BROEDEL LOPES e ROBERTA CARVALHO DE ALENCAR • AS SOCIEDADES DE PESSOAS NA ATUALIDADE.UMA VISÃO COMPARATIVA CRÍTICA – VERA HELENA DE MELLO FRANCO • NOTAS SOBRE A SOCIEDADE PERPÉTUA – ERASMO VALLADÃO A. E N. FRANÇA e MARCELO VIEIRA VON ADAMEK • *POISON PILLS*: PANORAMA ATUAL – MARCELLA BLOK • DECLARAÇÕES CAMBIAIS EM TÍTULOS DE CRÉDITO ELETRÔNICO – ALEXANDRE CATEB • CONSTITUIÇÃO E INTERPRETAÇÃO: UMA ANÁLISE DA DECISÃO DO STF SOBRE A NOVA LEI DE FALÊNCIAS E RECUPERAÇÃO DE EMPRESAS (ADI 3.934-DF) – LÍVIO GOELLNER GORON • CRISE DOS DERIVATIVOS: REFORMA DODD-FRANK E O *CLEARING* CENTRALIZADO – SAMY SANCHES DE ALMEIDA • A LIVRE CONCORRÊNCIA E AS PRÁTICAS PREDATÓRIAS NA ECONOMIA – MIRIAN FRANCIELE OLSEN • ***ESPAÇO DISCENTE***: UMA BREVE ABORDAGEM NACIONAL E INTERNACIONAL SOBRE A PROTEÇÃO LEGAL DE SINAIS E EXPRESSÕES DE PROPAGANDA – CARLOS EDUARDO NEVES DE CARVALHO • ***JURISPRUDÊNCIA COMENTADA***: A INEFICÁCIA DE ATOS PRATICADOS ANTES DA FALÊNCIA – BEATRIZ VILLAS BOAS PIMENTEL TROVO • ***PARECERES***: NOTA INTRODUTÓRIA – HAROLDO MALHEIROS DUCLERC VERÇOSA • SOCIEDADE QUE TEM POR OBJETO A PRESTAÇÃO DE SERVIÇOS DE NATUREZA INTELECTUAL É DE NATUREZA SIMPLES, QUALQUER QUE SEJA A FORMA DE SUA ORGANIZAÇÃO – ERASMO VALLADÃO A. E N. FRANÇA • A NATUREZA JURÍDICA DOS SERVIÇOS PRESTADOS PELAS SOCIEDADES DE AUDITORIA – HAROLDO MALHEIROS DUCLERC VERÇOSA • ***ATUALIDADES FORENSES***: INSTALAÇÃO DA CÂMARA RESERVADA DE DIREITO EMPRESARIAL (TJSP) – Discurso do DESEMBARGADOR PEREIRA CALÇAS

MALHEIROS EDITORES